注目2歳馬 PHOTO CATALOG

(美)田村
485キロ
生産 ノーザンファーム
募集総額／4000万円

パッセージピーク 鹿毛 4.15生 牡
父 アドマイヤマーズ　母 メリート(Redoute's Choice)

(美)木村
476キロ
生産 ノーザンファーム
募集総額／6000万円

アルガルヴェ 鹿毛 4.3生 牝
父 インディチャンプ　母 ロカ(ハービンジャー)

(栗)斉藤崇
470キロ
生産 ノーザンファーム
募集総額／1億8000万円

ベレシート 黒鹿毛 2.15生 牡
父 エピファネイア　母 クロノジェネシス(バゴ)

(美)鹿戸
444キロ
生産 ノーザンファーム
募集総額／7000万円

エヴィーヴァ 栗毛 3.20生 牝
父 エピファネイア　母 ケイティーズハート(ハーツクライ)

(栗)中内田
430キロ
生産 ノーザンファーム
募集総額／1億円

エピッククイーン 栗毛 4.14生 牝
父 エピファネイア　母 コスモポリタンクイーン(Dubawi)

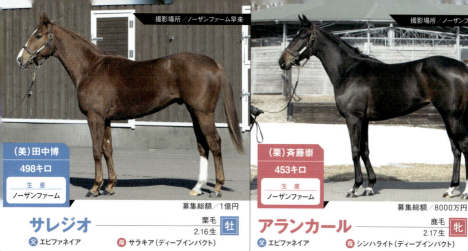

（美）田中博
498キロ
生産 ノーザンファーム
募集総額／1億円

サレジオ
栗毛　牡
2.16生
父 エピファネイア　母 サラキア（ディープインパクト）

（栗）斉藤崇
453キロ
生産 ノーザンファーム
募集総額／8000万円

アランカール
鹿毛　牝
2.17生
父 エピファネイア　母 シンハライト（ディープインパクト）

（栗）橋口
452キロ
生産 ノーザンファーム

取引価格／3億3000万円（23セレクト）

馬名未決定
青鹿毛　牡
2.16生
父 エピファネイア　母 セリエンホルデ（Soldier Hollow）

（栗）池添
460キロ
生産 ノーザンファーム
募集総額／6000万円

ティタノマキア
鹿毛　牝
3.9生
父 エピファネイア　母 タイタンクイーン（Tiznow）

（栗）安田
430キロ
生産 ノーザンファーム
募集総額／8000万円

ラルヴァンダード
青鹿毛　牡
2.19生
父 エピファネイア　母 マジックアティテュード（Galileo）

（栗）矢作
480キロ
生産 ノーザンファーム
募集総額／7000万円

カドーダムール
鹿毛　牝
5.7生
父 エピファネイア　母 ラヴズオンリーミー（Storm Cat）

(栗)矢作　429キロ
生産　ノーザンファーム
募集総額／1億8000万円

ラヴズプレミアム
鹿毛　2.27生　牡
父 エピファネイア
母 ラヴズオンリーユー（ディープインパクト）

(栗)矢作　439キロ
生産　ノーザンファーム
募集総額／8000万円

ジリアート
青鹿毛　4.7生　牝
父 エピファネイア
母 リスグラシュー（ハーツクライ）

(美)木村　433キロ
生産　ノーザンファーム
取引価格／6820万円（23ミックス）

馬名未決定
青鹿毛　3.10生　牝
父 キズナ
母 アンフィトリテⅡ（Sebring）

(栗)池添　545キロ
生産　ノーザンファーム
募集総額／8000万円

サリエンテ
青鹿毛　1.23生　牝
父 キズナ
母 サロミナ（Lomitas）

(美)萩原　508キロ
生産　ノーザンファーム
募集総額／7000万円

ドリームコア
鹿毛　2.5生　牝
父 キズナ
母 ノームコア（ハービンジャー）

(栗)松下　442キロ
生産　ノーザンファーム
募集総額／1億円

バルセシート
鹿毛　4.8生　牡
父 キズナ
母 マラコスタムブラダ（Lizard Island）

(美)手塚久	(栗)中内田
492キロ	453キロ
生産 ノーザンファーム	生産 ノーザンファーム

募集総額／7000万円

アウダーシア
黒鹿毛 2.3生 牡
父 キズナ　母 リリーノーブル（ルーラーシップ）

ストロベリーツリー
芦毛 4.18生 牝
父 キタサンブラック　母 ウィンターコスモス（キングカメハメハ）

(美)蛯名正	(美)木村
458キロ	485キロ
生産 ノーザンファーム	生産 ノーザンファーム

取引価格／1億6500万円（24セレクト）　　募集総額／1億円

ランブルスコ
黒鹿毛 3.31生 牡
父 キタサンブラック　母 サマーハ（Singspiel）

イクシード
黒鹿毛 2.26生 牝
父 キタサンブラック　母 シャトーブランシュ（キングヘイロー）

(栗)友道	(栗)友道
498キロ	522キロ
生産 ノーザンファーム	生産 ノーザンファーム

取引価格／6億4900万円（24セレクト）　　募集総額／8000万円

馬名未決定
黒鹿毛 3.26生 牡
父 キタサンブラック　母 デルフィニアⅡ（Galileo）

ブラックオリンピア
青鹿毛 3.14生 牡
父 キタサンブラック　母 ピノ（Pierro）

(栗)友道
441キロ
生産 ノーザンファーム
取引価格／4億1800万円(23セレクト)
馬名未決定　鹿毛 2.5生 牡
父 キタサンブラック　母 ファディラー(Monsun)

(栗)池添
446キロ
生産 ノーザンファーム
募集総額／6000万円
バロッカネーラ　黒鹿毛 3.10生 牝
父 キタサンブラック　母 レッチェバロック(Uncle Mo)

(美)宮田
489キロ
生産 ノーザンファーム
取引価格／1億1000万円(24セレクト)
イナズマダイモン　鹿毛 4.3生 牡
父 クリソベリル　母 パリスビキニ(Bernardini)

(美)林
450キロ
生産 ノーザンファーム
募集総額／6000万円
ヴェニゼロス　鹿毛 2.19生 牝
父 コントレイル　母 ヴァシリカ(Skipshot)

(栗)池添
470キロ
生産 ノーザンファーム
募集総額／8000万円
ヴァロンブローサ　青鹿毛 3.31生 牡
父 コントレイル　母 ヴィルジニア(Galileo)

(栗)中内田
435キロ
生産 ノーザンファーム
取引価格／3億800万円(23セレクト)
トラコ　黒鹿毛 3.3生 牝
父 コントレイル　母 シーズアタイガー(Tale of the Cat)

(美)木村　458キロ
生産　ノーザンファーム
募集総額／8000万円

ランズダウンロード ── 黒鹿毛 3.19生 牡
父 コントレイル　母 シューマ(Medicean)

(栗)矢作　434キロ
生産　ノーザンファーム
募集総額／1億2000万円

スウィッチインラヴ ── 鹿毛 3.23生 牝
父 コントレイル　母 スウィッチインタイム(Galileo)

(美)栗田　416キロ
生産　ノーザンファーム
取引価格／7700万円(24セレクト)

馬名未決定 ── 黒鹿毛 3.21生 牝
父 サートゥルナーリア　母 アドマイヤリード(ステイゴールド)

(栗)友道　477キロ
生産　ノーザンファーム
取引価格／1億9800万円(24セレクト)

馬名未決定 ── 鹿毛 2.8生 牡
父 サートゥルナーリア　母 ウィープノーモア(Mineshaft)

(美)宮田　478キロ
生産　ノーザンファーム
募集総額／6000万円

ペルウィクトール ── 青鹿毛 3.17生 牡
父 サートゥルナーリア　母 ウィクトーリア(ヴィクトワールピサ)

(美)堀　487キロ
生産　ノーザンファーム
取引価格／1億6500万円(24セレクト)

馬名未決定 ── 鹿毛 3.24生 牡
父 サートゥルナーリア　母 カデナダムール(ディープインパクト)

(美)蛯名正
438キロ
生産 ノーザンファーム
募集総額／5000万円

カーブドフェザー
黒鹿毛 2.24生 牝
父 サートゥルナーリア　母 コントラチェック (ディープインパクト)

(美)手塚久
493キロ
生産 ノーザンファーム
募集総額／3200万円

ディアダイヤモンド
鹿毛 3.6生 牝
父 サートゥルナーリア　母 スカイダイヤモンズ (First Dude)

(美)堀
470キロ
生産 ノーザンファーム
取引価格／1億4850万円(24セレクト)

ヒシアムルーズ
黒鹿毛 2.24生 牡
父 サートゥルナーリア　母 ソーメニーウェイズ (Sightseeing)

(栗)清水久
469キロ
生産 ノーザンファーム
募集総額／2800万円

アトリ
芦毛 4.24生 牝
父 シスキン　母 ウィキッドリーパーフェクト (Congrats)

(栗)友道
456キロ
生産 ノーザンファーム
募集総額／7000万円

シェリデュース
黒鹿毛 3.20生 牝
父 シルバーステート　母 ダストアンドダイヤモンズ (Vindication)

(美)加藤征
416キロ
生産 ノーザンファーム
取引価格／1億4300万円(24セレクト)

馬名未決定
黒鹿毛 3.26生 牡
父 シルバーステート　母 ツルマルワンピース (キングカメハメハ)

(栗)武英
455キロ
生産 ノーザンファーム
取引価格／5500万円(23セレクト)

馬名未決定
黒鹿毛 2.15生 牝
父 ダノンキングリー　母 カレドニアレディ(Firebreak)

(栗)四位
450キロ
生産 ノーザンファーム
取引価格／9240万円(24セレクト)

アクアアイ
鹿毛 2.6生 牝
父 ドレフォン　母 アドマイヤセプター(キングカメハメハ)

(栗)藤原英
447キロ
生産 ノーザンファーム
募集総額／6000万円

ジャミールアイン
鹿毛 4.8生 牝
父 ドレフォン　母 ドバイマジェスティ(Essence of Dubai)

(栗)杉山佳
449キロ
生産 ノーザンファーム
募集総額／4000万円

ノチェセラーダ
芦毛 2.18生 牡
父 ドレフォン　母 ノチェブランカ(ディープインパクト)

(美)堀
498キロ
生産 ノーザンファーム
取引価格／7920万円(24セレクト)

馬名未決定
栗毛 4.16生 牡
父 ドレフォン　母 ブラックエンブレム(ウォーエンブレム)

(栗)上村
479キロ
生産 ノーザンファーム
取引価格／2750万円(24ミックス)

マルコシアス
鹿毛 4.11生 牡
父 ヘニーヒューズ　母 シゲルゴホウサイ(バイロ)

(美)木村
474キロ
生産 ノーザンファーム
取引価格／7920万円（23セレクト）

サトノヴァンクル
鹿毛 牡 2.9生
父 ポエティックフレア　母 トーセンソレイユ（ネオユニヴァース）

(美)池上
450キロ
生産 ノーザンファーム
募集総額／3000万円

フレアリングベリー
鹿毛 牝 3.3生
父 ポエティックフレア　母 ワイルドラズベリー（ファルブラヴ）

(栗)武英
458キロ
生産 ノーザンファーム
募集総額／3000万円

ムーンリットアイル
鹿毛 牝 4.13生
父 ミッキーアイル　母 ムーングロウ（Nayef）

(美)萩原
500キロ
生産 ノーザンファーム
取引価格／5720万円（23セレクト）

ガロアモジュール
鹿毛 牡 2.12生
父 モーリス　母 サトノジュピター（アグネスタキオン）

(栗)矢作
462キロ
生産 ノーザンファーム
取引価格／5170万円（23セレクト）

馬名未決定
鹿毛 牝 3.5生
父 リアルスティール　母 トレジャリング（Havana Gold）

(美)木村
445キロ
生産 ノーザンファーム
募集総額／3600万円

ヴァロアーク
鹿毛 牡 1.16生
父 レイデオロ　母 ヴィンクーロ（キズナ）

(栗)池江
467キロ
生産 ノーザンファーム

馬名未決定 　　鹿毛 3.27生 牡
父 レイデオロ　母 ダノンチェリー(ディープインパクト)

(栗)坂口
418キロ
生産 ノーザンファーム

馬名未決定 　　鹿毛 3.1生 牝
父 レイデオロ　母 ダノンファンタジー(ディープインパクト)

(栗)友道
485キロ
生産 ノーザンファーム

取引価格／1億8700万円(24セレクト)

馬名未決定 　　鹿毛 2.20生 牡
父 ロードカナロア　母 ドリームアンドドゥ(Siyouni)

(栗)須貝
447キロ
生産 ノーザンファーム

募集総額／4000万円

ペスキエーラ 　　黒鹿毛 3.20生 牝
父 ロードカナロア　母 リナーテ(ステイゴールド)

(美)栗田
459キロ
生産 ノーザンファーム

取引価格／6600万円(23ミックス)

馬名未決定 　　鹿毛 3.18生 牡
父 ロードカナロア　母 レッドティー(Sakhee)

(栗)武幸
480キロ
生産 ノーザンファーム

募集総額／6000万円

アメリカンコール 　　栗毛 2.20生 牡
父 American Pharoah　母 イヴニングコール(Tapit)

撮影場所／ノーザンファーム早来

(栗)池添
459キロ
生産 愛国産
募集総額／6000万円

パーシャングレー
芦毛 3.11生 牡
父 Dark Angel　母 Lady of Persia (Shamardal)

撮影場所／ノーザンファーム早来

(栗)藤岡
439キロ
生産 ノーザンファーム
取引価格／7700万円(24セレクト)

アルデマン
鹿毛 2.14生 牡
父 St Mark's Basilica　母 カルタエンブルハーダ (Storm Embrujado)

撮影場所／ノーザンファーム空港

(美)木村
491キロ
生産 ノーザンファーム
募集総額／2億円

グランマエストロ

栗毛 1.24生 牡
父 エピファネイア　母 グランアレグリア (ディープインパクト)

撮影場所／ノーザンファーム空港

(栗)武幸
484キロ
生産 ノーザンファーム
募集総額／7000万円

ジェイストリーク

鹿毛 2.24生 牝
父 エピファネイア　母 ジェイウォーク (Cross Traffic)

(栗)松下
484キロ
生産 ノーザンファーム
募集総額／1億2000万円

チェルヴァーラ

栗毛 3.26生 牡
父 エピファネイア　母 チェッキーノ (キングカメハメハ)

(栗)杉山晴
461キロ
生産 ノーザンファーム
取引価格／1億7600万円(24セレクト)

カモンメーン

栗毛 3.29生 牡
父 エピファネイア　母 ホームカミングクイーン (Holy Roman Emperor)

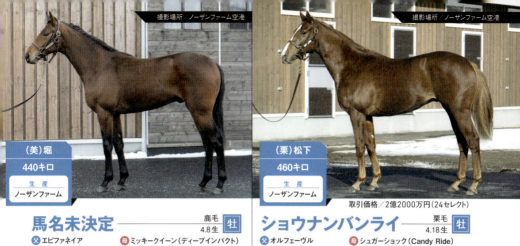

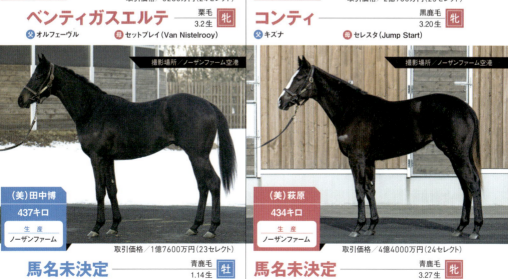

(美)堀　454キロ　生産　ノーザンファーム　取引価格／3億5200万円(23セレクト)
馬名未決定　鹿毛　3.16生　牡
父 キタサンブラック　母 キラーグレイシス(Congaree)

(栗)福永　484キロ　生産　ノーザンファーム　取引価格／1億1550万円(24セレクト)
馬名未決定　鹿毛　2.19生　牝
父 キタサンブラック　母 グローバルビューティ(Global Hunter)

(栗)福永　455キロ　生産　ノーザンファーム　募集総額／5000万円
ルージュバロン　鹿毛　3.23生　牝
父 コントレイル　母 ダンシングラグズ(Union Rags)

(栗)中内田　462キロ　生産　ノーザンファーム　取引価格／1億8700万円(23セレクト)
馬名未決定　青鹿毛　3.10生　牡
父 コントレイル　母 モアナ(キンシャサノキセキ)

(栗)池江　462キロ　生産　ノーザンファーム　取引価格／8140万円(23セレクト)
馬名未決定　栗毛　2.22生　牡
父 サートゥルナーリア　母 オンディナドパイ(E Dubai)

(美)武井　465キロ　生産　ノーザンファーム　取引価格／2億3100万円(24セレクト)
セツナサ　黒鹿毛　1.22生　牡
父 サートゥルナーリア　母 ホロロジスト(Gemologist)

撮影場所／ノーザンファーム空港	撮影場所／ノルマンディーファーム
（栗）池添 459キロ 生産 ノーザンファーム 募集総額／7000万円	（美）蛯名正 508キロ 生産 岡田スタッド 取引価格／440万円（24サマー）
クールフラン 黒鹿毛 3.6生 牝 父 Frankel 母 クールサンバ（The Wow Signal）	馬名未決定 鹿毛 2.18生 牡 父 アジアエクスプレス 母 ディスティンダリア（ショウナンカンプ）

撮影場所／ノルマンディーファーム小野町	撮影場所／ノルマンディーファーム小野町
（栗）鈴木孝 465キロ 生産 岡田スタッド	（美）鹿戸 471キロ 生産 岡田スタッド 募集総額／1628万円
馬名未決定 黒鹿毛 2.10生 牡 父 エイシンヒカリ 母 ウィズアットレース（ローレルゲレイロ）	馬名未決定 鹿毛 4.23生 牡 父 エイシンフラッシュ 母 ウェディングベール（タートルボウル）

撮影場所／ノルマンディーファーム	撮影場所／ノルマンディーファーム
（栗）須貝 481キロ 生産 岡田スタッド 取引価格／9240万円（23セレクト）	（美）蛯名正 438キロ 生産 岡田スタッド
ディースカウ 栗毛 2.16生 牡 父 エピファネイア 母 ラチェーヴェ（Danehill Dancer）	アマンヘセル 黒鹿毛 4.24生 牝 父 キズナ 母 ティズトレメンダス（Tiz Wonderful）

(栗)大久保
413キロ
生産 岡田スタッド

アゲンストオッズ
鹿毛 6.2生 牝
父 キタサンブラック　母 ワンスインアムーン（アドマイヤムーン）

(栗)新谷
494キロ
生産 岡田スタッド
募集総額／1848万円

馬名未決定
黒鹿毛 5.28生 牡
父 ゴールドドリーム　母 ジェルヴェーズ（メイショウサムソン）

(美)栗田
510キロ
生産 岡田スタッド

馬名未決定
黒鹿毛 2.27生 牡
父 ゴールドドリーム　母 ハイエストクイーン（シンボリクリスエス）

(美)尾関
464キロ
生産 岡田スタッド
募集総額／1848万円

馬名未決定
鹿毛 3.13生 牡
父 ダノンキングリー　母 クイックメール（タイキシャトル）

(美)牧
482キロ
生産 岡田スタッド
募集総額／1518万円

馬名未決定
鹿毛 3.3生 牡
父 ダノンバラード　母 ツインクルスター（サクラバクシンオー）

(栗)吉村
442キロ
生産 岡田スタッド
募集総額／1760万円

ヴェネラブル
鹿毛 4.3生 牝
父 ブラックタイド　母 マルーンドロップ（コンデュイット）

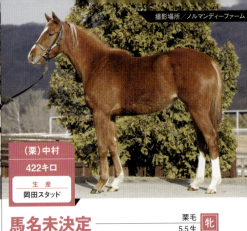

(美)高木　445キロ　生産 岡田スタッド
募集総額／1738万円
馬名未決定 ── 鹿毛 牡 3.26生
父 ブリックスアンドモルタル　母 ブラックオニキス(ブラックタイド)

(栗)中村　422キロ　生産 岡田スタッド
馬名未決定 ── 栗毛 牝 5.5生
父 ペンバトル　母 シュヴァリエ(フレンチデビュティ)

(美)栗田　447キロ　生産 岡田スタッド
シーガルワールド ── 鹿毛 牝 3.28生
父 ペンバトル　母 メーヴェ(Motivator)

(栗)吉岡　445キロ　生産 岡田スタッド
取引価格／3850万円(23セレクト)
ホウオウアシュリン ── 栗毛 牝 3.5生
父 ポエティックフレア　母 オートクレール(デュランダル)

(美)稲垣　450キロ　生産 岡田スタッド
ホウオウライセンス ── 鹿毛 牡 5.22生
父 マインドユアビスケッツ　母 ハナズリベンジ(ハーツクライ)

(美)柄崎　455キロ　生産 二風谷ファーム
募集総額／1200万円
ヘルヴィッツ ── 栗毛 牡 3.11生
父 ミスターメロディ　母 サイエン(バゴ)

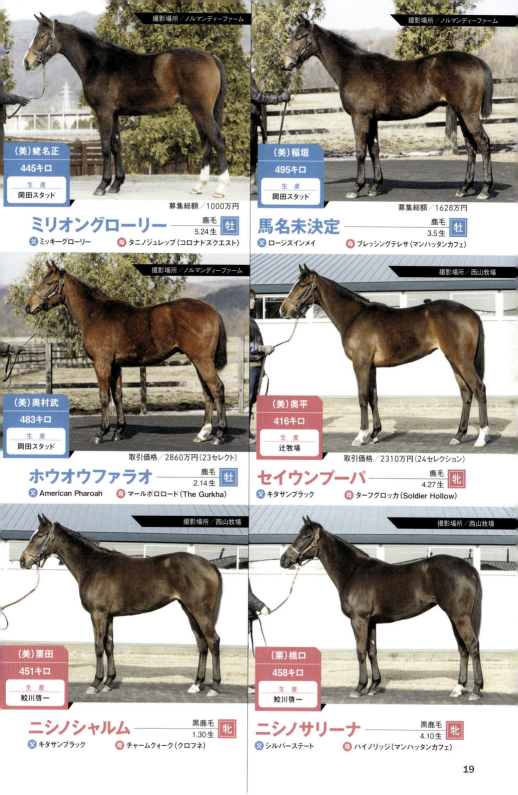

(美)鹿戸
481キロ
生産 ヤナガワ牧場

ニシノエースサマ
栗毛 2.26生 牡
父 スワーヴリチャード　母 ブルージャ(Sidney's Candy)

(美)伊藤大
510キロ
生産 村上欽哉
取引価格／3520万円(24サマー)

セイウンブシドウ
黒鹿毛 5.17生 牡
父 ヘニーヒューズ　母 ダンシングロイヤル(サクラバクシンオー)

(美)千葉
473キロ
生産 下屋敷牧場
取引価格／3740万円(24セレクション)

セイウンリメンバー
黒鹿毛 2.17生 牡
父 ミッキーアイル　母 ビートゴーズオン(Curlin)

(美)伊藤圭
501キロ
生産 村上欽哉

ニシノグラシアス
栗毛 1.16生 牝
父 モーリス　母 イェーガーオレンジ(ダイワメジャー)

(栗)新谷
513キロ
生産 メイタイファーム

ニシノトリビュート
鹿毛 3.31生 牡
父 モーリス　母 ドリームアンドホープ(Royal Applause)

(美)畠山
479キロ
生産 加野牧場
募集総額／1800万円

マイネルミラケル
芦毛 3.22生 牡
父 ウインブライト　母 ブーケドロゼブルー(ロージズインメイ)

(栗)吉田　412キロ
生産 ビッグレッドファーム
募集総額／1800万円

ヘクセンハウス 青鹿毛 4.7生 牝
父 ウインブライト　母 マイネデセール(マイネルラヴ)

(美)田島　528キロ
生産 ビッグレッドファーム
募集総額／4400万円

コスモカノーネ 黒鹿毛 3.1生 牝
父 エピファネイア　母 サッシーイメージ(Broken Vow)

(美)嘉藤　421キロ
生産 ビッグレッドファーム
募集総額／1800万円

マイネルパーロル 芦毛 4.28生 牡
父 ゴールドシップ　母 パールオブアフリカ(Jeremy)

(美)伊藤大　451キロ
生産 ビッグレッドファーム
募集総額／1800万円

コスモエーヴィヒ 芦毛 3.2生 牝
父 ゴールドシップ　母 ミルルーテウス(アグネスタキオン)

(美)黒岩　472キロ
生産 ビッグレッドファーム
募集総額／2200万円

コスモエルヴァル 鹿毛 2.17生 牡
父 ダノンバラード　母 ヴァニティールールズ(New Approach)

(川)河津　476キロ
生産 荒井ファーム
募集総額／1400万円

コスモギガンティア 鹿毛 2.20生 牡
父 ダノンバラード　母 ツウローゼズ(スターリングローズ)

21

(美)水野	
452キロ	
生産 ビッグレッドファーム	募集総額／1800万円

マイネルラジェム
鹿毛 5.3生 牡
父 ペンバトル　母 アンネリース（ヴィクトワールピサ）

(美)相沢	
466キロ	
生産 ビッグレッドファーム	募集総額／1700万円

マイネルゼーロス
黒鹿毛 3.29生 牡
父 ダノンバラード　母 マイネアルデュール（アドマイヤコジーン）

(美)加藤士	
453キロ	
生産 ビッグレッドファーム	募集総額／1800万円

シェーロドラート
鹿毛 4.28生 牝
父 ペンバトル　母 ルシェルドール（オルフェーヴル）

(栗)宮	
464キロ	
生産 ビッグレッドファーム	募集総額／1500万円

トライアンフパス
栗毛 4.1生 牝
父 ペンバトル　母 エントリーチケット（マツリダゴッホ）

(美)天間	
450キロ	
生産 仏国産	取引価格／11万ユーロ（アルカナ8月1歳）

モンドシュピーゲル
鹿毛 4.30生 牡
父 Palace Pier　母 Power of the Moon（Acclamation）

(栗)梅田	
452キロ	
生産 真歌田中牧場	募集総額／1200万円

ライツェントライゼ
青鹿毛 4.5生 牝
父 リオンディーズ　母 マイネイディール（アドマイヤマックス）

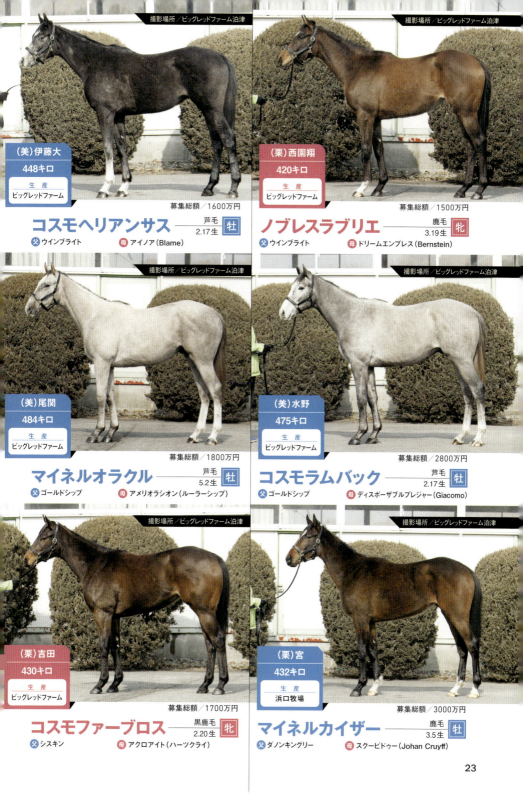

(美)伊藤大 448キロ 生産 ビッグレッドファーム 募集総額／1600万円 **コスモヘリアンサス** 芦毛 2.17生 牡 父 ウインブライト 母 アイノア（Blame）	(栗)西園翔 420キロ 生産 ビッグレッドファーム 募集総額／1500万円 **ノブレスラブリエ** 鹿毛 3.19生 牝 父 ウインブライト 母 ドリームエンプレス（Bernstein）
(美)尾関 484キロ 生産 ビッグレッドファーム 募集総額／1800万円 **マイネルオラクル** 芦毛 5.2生 牡 父 ゴールドシップ 母 アメリオラシオン（ルーラーシップ）	(美)水野 475キロ 生産 ビッグレッドファーム 募集総額／2800万円 **コスモラムバック** 芦毛 2.17生 牡 父 ゴールドシップ 母 ディスポーザブルプレジャー（Giacomo）
(栗)吉田 430キロ 生産 ビッグレッドファーム 募集総額／1700万円 **コスモファーブロス** 黒鹿毛 2.20生 牝 父 シスキン 母 アクロアイト（ハーツクライ）	(栗)宮 432キロ 生産 浜口牧場 募集総額／3000万円 **マイネルカイザー** 鹿毛 3.5生 牡 父 ダノンキングリー 母 スクービドゥー（Johan Cruyff）

(美)鹿戸　441キロ　生産 ビッグレッドファーム　募集総額／3600万円
マイネルグレート　黒鹿毛　2.1.3生　牡
父 ダノンバラード　母 オーサムボス（Street Boss）

(美)嘉藤　460キロ　生産 ブルースターズファーム　募集総額／2400万円
コスモクラシック　黒鹿毛　2.6生　牡
父 ダノンバラード　母 マーマレードガール（タイキシャトル）

(栗)西園正　390キロ　生産 ブルースターズファーム　募集総額／1400万円
ベストバラディア　鹿毛　3.4生　牝
父 ダノンバラード　母 ラッフォルツァート（グラスワンダー）

(美)高木　450キロ　生産 ビッグレッドファーム　募集総額／3000万円
スタニングレディ　鹿毛　2.3生　牝
父 ベンバトル　母 フォクシーレディ（ディープインパクト）

(美)相沢　468キロ　生産 ビッグレッドファーム　募集総額／1800万円
マイネルヴェーゼン　鹿毛　3.7生　牡
父 ベンバトル　母 ペルソナリテ（ステイゴールド）

(美)清水英　434キロ　生産 ビッグレッドファーム　募集総額／1400万円
ベレーバスク　黒鹿毛　4.28生　牝
父 ベンバトル　母 マイネサヴァラン（マンハッタンカフェ）

(美)加藤士 455キロ
生産 嶋田牧場
募集総額／3800万円

マイネルユーゲント 鹿毛 4.24生 牡
父 インディチャンプ　母 ルタンデスリーズ（サクラバクシンオー）

(美)伊藤大 490キロ
生産 ビッグレッドファーム
募集総額／2400万円

ベルランコントル 黒鹿毛 5.3生 牝
父 キタサンブラック　母 マイネヴォヤージ（Teofilo）

(美)矢嶋 454キロ
生産 ビッグレッドファーム
募集総額／1500万円

インテンスゲイズ 栗毛 3.26生 牝
父 ゴールドシップ　母 アイオープナー（スクリーンヒーロー）

(美)武市 487キロ
生産 ブルースターズファーム
募集総額／2200万円

マイネルリーヒム 黒鹿毛 5.14生 牡
父 ゴールドシップ　母 ゲハイムローゼ（ロージズインメイ）

(栗)宮 478キロ
生産 ビッグレッドファーム
募集総額／2000万円

コスモギオン 芦毛 5.4生 牡
父 ゴールドシップ　母 ハーコントゥーズ（Invincible Spirit）

(栗)清水久 490キロ
生産 ビッグレッドファーム
募集総額／4000万円

マイネルホウセン 鹿毛 2.7生 牡
父 ゴールドシップ　母 レオンドーロ（スクリーンヒーロー）

(美)高木		
520キロ		
生産 ノーザンファーム	募集総額／1億2000万円	

コスモメイウェザー — 鹿毛 1.19生 【牡】
- 父 シルバーステート
- 母 ベルヴォーグ（ジャスタウェイ）

(美)手塚久		
526キロ		
生産 ビッグレッドファーム	募集総額／4000万円	

コスモナエマ — 黒鹿毛 3.20生 【牝】
- 父 ダノンバラード
- 母 サザンスピード（Southern Image）

(美)高木		
520キロ		
生産 ビッグレッドファーム	募集総額／3000万円	

マイネルスラーヴァ — 鹿毛 4.27生 【牡】
- 父 ダノンバラード
- 母 ハイタップ（Tapit）

(美)菊川		
470キロ		
生産 金石牧場	募集総額／1700万円	

マイネルテオドロス — 鹿毛 2.19生 【牡】
- 父 ダノンバラード
- 母 マイネフェリックス（アグネスデジタル）

(美)深山		
455キロ		
生産 ビッグレッドファーム	募集総額／1600万円	

メーテルリンク — 黒鹿毛 2.14生 【牝】
- 父 ブリックスアンドモルタル
- 母 ブルーバード（リーチザクラウン）

(美)黒岩		
450キロ		
生産 ビッグレッドファーム	募集総額／1300万円	

ファムクラジューズ — 鹿毛 2.19生 【牝】
- 父 ベンバトル
- 母 キューンハイト（ディープインパクト）

(美)手塚久
565キロ
生産 岡田スタッド
募集総額／8000万円

マイネルトレマーズ
鹿毛 牡 4.1生
父 ベンバトル　母 ネイティヴコード（アグネスデジタル）

(栗)寺島
490キロ
生産 千代田牧場
募集総額／2400万円

シュネルアンジュ
鹿毛 牝 3.11生
父 キズナ　母 マーガレットメドウ（Distorted Humor）

(美)堀
475キロ
生産 千代田牧場
取引価格／3410万円（24セレクト）

インタノン
鹿毛 牡 5.23生
父 キタサンブラック　母 プレシャスライフ（タイキシャトル）

(栗)福永
487キロ
生産 千代田牧場
募集総額／9000万円

アエラリウム
栗毛 牡 2.21生
父 サートゥルナーリア　母 スティールパス（ネオユニヴァース）

(栗)須貝
459キロ
生産 千代田牧場

馬名未決定
黒鹿毛 牝 4.16生
父 サートゥルナーリア　母 トウシンハンター（エンパイアメーカー）

関西予定
489キロ
生産 千代田牧場
取引価格／1650万円（23セレクト）

タイセイドゥマーニ
黒鹿毛 牡 2.20生
父 ダイワメジャー　母 ギブユースマイル（エンパイアメーカー）

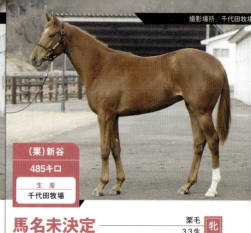

(栗)藤岡　510キロ　生産 千代田牧場
取引価格／4400万円(24セレクト)
バラクーダ　鹿毛　牡　3.27生
父 ビッグアーサー　母 オールドフレイム(ゼンノロブロイ)

(栗)新谷　485キロ　生産 千代田牧場
馬名未決定　栗毛　牝　3.3生
父 マジェスティックウォリアー　母 オリーブティアラ(キングカメハメハ)

(美)大和田　476キロ　生産 千代田牧場
取引価格／2860万円(24セレクション)
タイガーゲイト　青鹿毛　牡　4.26生
父 リオンディーズ　母 ロイヤルヴォルト(ディープインパクト)

(栗)藤岡　502キロ　生産 ダーレー・ジャパン・ファーム
馬名未決定　鹿毛　牡　5.8生
父 アメリカンペイトリオット　母 サマリーズ(Hard Spun)

(栗)千田　471キロ　生産 ダーレー・ジャパン・ファーム
馬名未決定　鹿毛　牝　2.23生
父 アメリカンペイトリオット　母 ムーンチャイム(アドマイヤムーン)

(栗)髙橋義　476キロ　生産 ダーレー・ジャパン・ファーム
馬名未決定　栗毛　牝　4.29生
父 サンダースノー　母 ニードルクラフト(Mark of Esteem)

(美)嘉藤
462キロ
生産 ダーレー・ジャパン・ファーム

馬名未決定 鹿毛 牝 2.8生
父 タワーオブロンドン 母 ヴァラークラウン（ダノンシャンティ）

(美)高柳瑞
462キロ
生産 ダーレー・ジャパン・ファーム

馬名未決定 鹿毛 牝 4.3生
父 タワーオブロンドン 母 ギフトオブアート（ヴィクトワールピサ）

(美)上原博
494キロ
生産 ダーレー・ジャパン・ファーム

馬名未決定 栗毛 牡 4.4生
父 ディスクリートキャット 母 フラマブル（パイロ）

(栗)寺島
480キロ
生産 ダーレー・ジャパン・ファーム

馬名未決定 鹿毛 牡 3.25生
父 ディスクリートキャット 母 ブルーミスト（スクリーンヒーロー）

(栗)大久保
526キロ
生産 ダーレー・ジャパン・ファーム

馬名未決定 栗毛 牡 2.26生
父 ディスクリートキャット 母 ホットミスト（パイロ）

(美)林
488キロ
生産 ダーレー・ジャパン・ファーム

馬名未決定 栗毛 牡 3.28生
父 デクラレーションオブウォー 母 オムニプレゼンス（ディープインパクト）

（栗）角田
491キロ
生産 ダーレー・ジャパン・ファーム

馬名未決定　黒鹿毛 2.19生
父 パイロ　母 エオリア（ストリートセンス）

（栗）吉村
475キロ
生産 ダーレー・ジャパン・ファーム

馬名未決定　鹿毛 3.7生
父 ファインニードル　母 プリディカメント（ハードスパン）

（栗）中内田
469キロ
生産 ダーレー・ジャパン・ファーム

馬名未決定　黒鹿毛 3.25生
父 ロードカナロア　母 ウーマンズハート（ハーツクライ）

（美）宮田
467キロ
生産 社台ファーム
募集総額／2400万円

エヴァンスベイ　黒鹿毛 5.9生
父 イスラボニータ　母 エヴァディングタンペット（Dubai Destination）

（栗）池江
453キロ
生産 社台コーポレーション白老F
募集総額／4000万円

ブレナヴォン　黒鹿毛 1.30生
父 インディチャンプ　母 ラナモン（Sky Mesa）

（栗）杉山晴
494キロ
生産 社台ファーム
募集総額／1320万円

アンビエントポップ　鹿毛 4.6生
父 ヴァンゴッホ　母 フナウタ（ダイワメジャー）

(美)小島　464キロ
生産　社台ファーム
募集総額／2000万円

イノセントホープ
黒鹿毛　牡　2.18生
父 エイシンフラッシュ　母 イノセントミューズ（ヴィクトワールピサ）

(栗)斉藤崇　450キロ
生産　社台ファーム
募集総額／5000万円

カラペルソナ
黒鹿毛　牝　3.7生
父 エピファネイア　母 カリーナミア（Malibu Moon）

(栗)矢作　482キロ
生産　社台ファーム
募集総額／8000万円

フェルギナス
栗毛　牡　4.16生
父 エピファネイア　母 カンビーナ（Hawk Wing）

(栗)杉山晴　458キロ
生産　社台ファーム
募集総額／1億円

ステラミラージュ
鹿毛　牝　4.7生
父 エピファネイア　母 サザンスターズ（Smart Strike）

(美)嘉藤　493キロ
生産　社台ファーム
募集総額／4000万円

ウェイクフィールド
鹿毛　牡　2.19生
父 キズナ　母 ハーレムライン（マンハッタンカフェ）

(栗)藤原　464キロ
生産　社台ファーム
募集総額／3500万円

アサリア
青鹿毛　牝　4.7生
父 キズナ　母 プレミアステップス（Footstepsinthesand）

31

(栗)藤岡
464キロ
生産 社台ファーム
募集総額／3200万円

ウィスカーパッド
黒鹿毛 牝 3.12生
父 キタサンブラック　母 キトゥンズダンプリングス(Kitten's Joy)

(美)栗田
429キロ
生産 社台ファーム
募集総額／3000万円

ルージュアストレア
鹿毛 牝 3.19生
父 キタサンブラック　母 プリンセスアスタ(Canford Cliffs)

(美)宮田
499キロ
生産 社台ファーム
募集総額／3600万円

ルージュアリスタ
鹿毛 牝 2.7生
父 コントレイル　母 シャーラレイ(Afleet Alex)

(栗)吉村
432キロ
生産 社台ファーム
募集総額／5000万円

スピーチバルーン
黒鹿毛 牝 5.1生
父 コントレイル　母 スピーチ(Mr Speaker)

(栗)友道
481キロ
生産 社台ファーム
募集総額／8000万円

マジョレルブルー
黒鹿毛 牡 5.9生
父 コントレイル　母 ブルーミングアレー(シンボリクリスエス)

(栗)前川
445キロ
生産 社台ファーム
募集総額／880万円

馬名未決定
鹿毛 牝 5.5生
父 サトノインプレッサ　母 ペガスナイト(Coronado's Quest)

（栗）橋口　453キロ　生産 社台ファーム　募集総額／4000万円

スクランプシャス　鹿毛　3.17生　牡
父 シルバーステート　母 サボールアトリウンフォ（Dance Brightly）

（栗）清水久　471キロ　生産 社台ファーム　募集総額／4000万円

ギレイ　栗毛　4.18生　牡
父 ブリックスアンドモルタル　母 ザレマ（ダンスインザダーク）

（美）村田　488キロ　生産 社台ファーム　募集総額／1500万円

ロングミックス　鹿毛　3.30生　牡
父 ベンバトル　母 ステレオグラム（ローエングリン）

（栗）佐藤悠　453キロ　生産 社台ファーム　募集総額／1980万円

馬名未決定　鹿毛　4.10生　牡
父 ポエティックフレア　母 クラリスピンク（ネオユニヴァース）

（美）稲垣　453キロ　生産 社台ファーム　募集総額／2000万円

レクランフランセ　栗毛　4.12生　牝
父 ポエティックフレア　母 フィルムフランセ（シンボリクリスエス）

（栗）武英　481キロ　生産 社台ファーム　募集総額／1800万円

ビスケットアソート　鹿毛　2.7生　牡
父 マインドユアビスケッツ　母 ファビュラスギフト（エイシンフラッシュ）

(美)伊藤圭　447キロ
生産　社台ファーム
募集総額／2000万円

ヘリテージブルーム
黒鹿毛　3.15生　牡
父 ミスチヴィアスアレックス
母 オールドパサデナ（Empire Maker）

(美)木村　430キロ
生産　社台ファーム
募集総額／5000万円

ココナッツコースト
黒鹿毛　5.5生　牝
父 モーリス
母 カウアイレーン（キングカメハメハ）

厩舎未定　415キロ
生産　社台ファーム

馬名未決定
鹿毛　5.7生　牡
父 モズアスコット
母 チョコレートバイン（ディープインパクト）

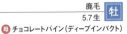

(栗)藤原　508キロ
生産　社台ファーム
募集総額／7000万円

フィンガーレイクス
鹿毛　3.26生　牡
父 ロードカナロア
母 クイーンズリング（マンハッタンカフェ）

(栗)松永幹　480キロ
生産　社台ファーム
募集総額／7000万円

ライトオブジアース
鹿毛　2.10生　牝
父 ロードカナロア
母 ディアウトオブジオフィス（Into Mischief）

(美)鈴木伸　499キロ
生産　米国産
募集総額／2400万円

アンティミスト
芦毛　3.17生　牡
父 Caravaggio
母 Olympic Las Palmas（Agnes Gold）

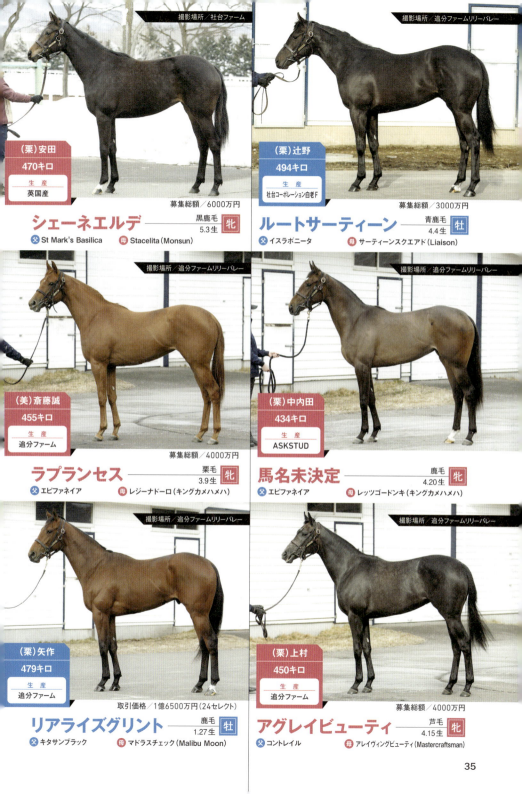

(美)堀
445キロ
生産 社台コーポレーション白老F
募集総額／1億円

シーラス
青鹿毛
4.4生
牡
父 コントレイル　母 ヴァイブランス（Violence）

(美)鈴木慎
430キロ
生産 追分ファーム

レヴェランジェ
鹿毛
3.23生
牝
父 サングレーザー　母 スキャットレディビーダンシング（Scat Daddy）

(栗)安田
553キロ
生産 社台コーポレーション白老F
募集総額／3600万円

ゴディアンフィンチ
黒鹿毛
1.24生
牡
父 シスキン　母 カラフルデイズ（フジキセキ）

(栗)吉岡
498キロ
生産 追分ファーム
募集総額／3200万円

オラヴィンリンナ
鹿毛
2.26生
牝
父 シルバーステート　母 サイマー（Zoffany）

(栗)小栗
524キロ
生産 追分ファーム
取引価格／3410万円（23セレクト）

アルファローバ
鹿毛
1生
牡
父 ドレフォン　母 リアリゾンルレーヴ（Lemon Drop Kid）

(美)上原佑
457キロ
生産 追分ファーム

馬名未決定
鹿毛
2.15生
牝
父 ニューイヤーズデイ　母 シャルロワ（ハーツクライ）

撮影場所／追分ファームリリーバレー

(美) 手塚久
469キロ
生産
社台コーポレーション白老F

取引価格／4950万円 (23セレクト)

リアライズタキオン ― 鹿毛 1.31生 牡
父 ルヴァンスレーヴ　母 タイムハンドラー (ディーププリランテ)

撮影場所／追分ファームリリーバレー

(美) 萩原
462キロ
生産
追分ファーム

募集総額／3600万円

ウリズンベー ― 栗毛 4.14生 牡
父 ルヴァンスレーヴ　母 ヌチバナ (キングカメハメハ)

撮影場所／追分ファームリリーバレー

(栗) 辻野
448キロ
生産
追分ファーム

募集総額／3200万円

メリオルヴィア ― 鹿毛 3.29生 牝
父 ロードカナロア　母 メリオーラ (Starspangledbanner)

撮影場所／コスモヴューファーム

(美) 栗田
458キロ
生産
コスモヴューファーム

募集総額／1600万円

ウインテラジーナ ― 鹿毛 2.22生 牝
父 ウインブライト　母 ウインジェルベーラ (アイルハヴアナザー)

(美) 村田
445キロ
生産
コスモヴューファーム

募集総額／1400万円

ウインラファーガ ― 芦毛 4.14生 牡
父 ウインブライト　母 フラワーウィンド (タニノギムレット)

撮影場所／コスモヴューファーム

(美) 手塚久
465キロ
生産
コスモヴューファーム

募集総額／3000万円

ウインベルチェーロ ― 鹿毛 4.26生 牝
父 エピファネイア　母 コスモチェーロ (Fusaichi Pegasus)

（栗）長谷川　480キロ　生産 コスモヴューファーム
募集総額／5800万円
ウインキングリー　黒鹿毛　1.31生　牡
父 ゴールドシップ　母 イクスキューズ（ボストンハーバー）

（栗）緒方　450キロ　生産 コスモヴューファーム
募集総額／2600万円
ウインリーブル　栗毛　5.8生　牝
父 ゴールドシップ　母 ウインリバティ（ダンスインザダーク）

（美）深山　474キロ　生産 コスモヴューファーム
募集総額／3200万円
ウインブリザード　芦毛　4.2生　牡
父 ゴールドシップ　母 エーシンマリポーサ（Pulpit）

（美）和田正　400キロ　生産 コスモヴューファーム
募集総額／1600万円
ウインアベリア　鹿毛　5.20生　牝
父 シルバーステート　母 ウインアキレア（コンデュイット）

（美）畠山　478キロ　生産 コスモヴューファーム
募集総額／3400万円
ウインスターリング　黒鹿毛　5.5生　牡
父 シルバーステート　母 サマーエタニティ（アドマイヤコジーン）

（栗）杉山晴　456キロ　生産 コスモヴューファーム
募集総額／4200万円
ウイントリベルガ　黒鹿毛　3.26生　牡
父 スワーヴリチャード　母 マリアヴェロニカ（ジャングルポケット）

(栗)西園翔
456キロ
生産 スウィングフィールド牧場
募集総額／1800万円

ウインハルフォード
鹿毛 3.31生 牡
父 タワーオブロンドン　母 ハイキートーン(ハーツクライ)

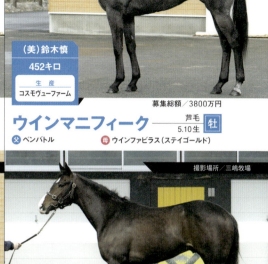

(美)鈴木慎
452キロ
生産 コスモヴューファーム
募集総額／3800万円

ウインマニフィーク
芦毛 5.10生 牡
父 ベンバトル　母 ウインファビラス(ステイゴールド)

(美)矢嶋
466キロ
生産 コスモヴューファーム
募集総額／2500万円

ウインポーシャ
黒鹿毛 2.23生 牝
父 リオンディーズ　母 ウインオリアート(ステイゴールド)

(美)高木
457キロ
生産 三嶋牧場

サンダーヴィント
黒鹿毛 4.2生 牡
父 アドマイヤマーズ　母 ジェラスガール(Petionville)

(栗)福永
470キロ
生産 三嶋牧場

馬名未決定
鹿毛 4.1生 牝
父 エピファネイア　母 エンタイスド(Galileo)

(栗)辻野
480キロ
生産 三嶋牧場

馬名未決定
鹿毛 1.28生 牝
父 ゴールドシップ　母 ランドネ(Blame)

39

(美)高柳瑞
433キロ
生産 三嶋牧場

イノーマル ── 青鹿毛 2.22生 牡
父 コントレイル　母 ステラエージェント(More Than Ready)

(栗)田中克
460キロ
生産 三嶋牧場

ココロヅヨサ ── 青鹿毛 4.17生 牡
父 コントレイル　母 ユーヴェットシー(Bodemeister)

(栗)田中克
508キロ
生産 三嶋牧場

馬名未決定 ── 黒鹿毛 4.22生 牡
父 ダノンキングリー　母 サラーバ(New Approach)

(栗)池添
474キロ
生産 三嶋牧場

馬名未決定 ── 栗毛 2.15生 牡
父 ドレフォン　母 メイショウショウブ(ダイワメジャー)

(栗)松永幹
485キロ
生産 三嶋牧場

馬名未決定 ── 栗毛 2.22生 牡
父 ナダル　母 メイショウササユリ(スズカマンボ)

(栗)上村
504キロ
生産 三嶋牧場

チェファルー ── 青毛 2.20生 牡
父 リオンディーズ　母 トレースイスラ(サウスヴィグラス)

（栗）友道
498キロ
生産 三嶋牧場

キッコベッロ ― 青毛 3.6生 牡
父 Study of Man　母 アマダブラムⅡ（Scat Daddy）

（栗）高野
474キロ
生産 谷川牧場
募集総額／5000万円

クリスレジーナ ― 青鹿毛 2.11生 牝
父 エピファネイア　母 ファンディーナ（ディープインパクト）

（栗）吉岡
504キロ
生産 谷川牧場

馬名未決定 ― 黒鹿毛 4.11生 牝
父 キズナ　母 ルパンⅡ（Medaglia d'Oro）

（栗）西村
458キロ
生産 谷川牧場
募集総額／3300万円

フィエスタ ― 青毛 2.14生 牝
父 キタサンブラック　母 ルガーサント（ヴィクトワールピサ）

（栗）清水久
468キロ
生産 谷川牧場
募集総額／3200万円

レッドパラジウム ― 芦毛 2.24生 牡
父 キタサンブラック　母 レッドシルヴァーナ（ロードカナロア）

（栗）矢作
556キロ
生産 谷川牧場

モズエムブイピー ― 鹿毛 2.8生 牡
父 グランプリボス　母 モズスーパーフレア（Speightstown）

撮影場所／谷川牧場

(栗)吉岡
500キロ
生産
谷川牧場
募集総額／6500万円

ライトフライヤー 青毛 牡 3.10生
父 コントレイル　母 ドリームオブジェニー (Pivotal)

撮影場所／谷川牧場

(栗)奥村豊
480キロ
生産
谷川牧場
募集総額／5000万円

ボーントゥウォリア 栗毛 牡 3.20生
父 シニスターミニスター　母 ヴァローア (エンパイアメーカー)

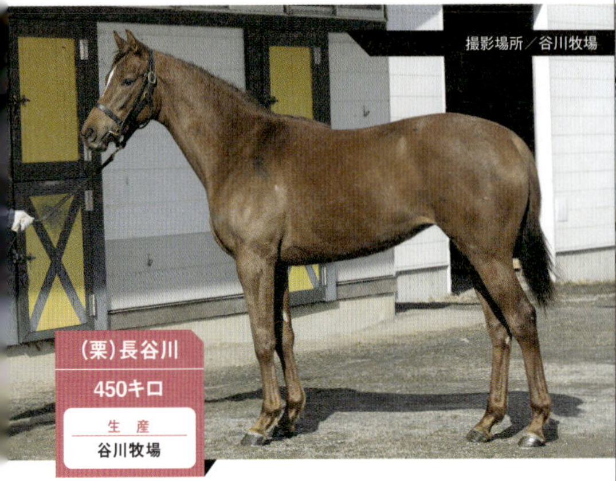

撮影場所／谷川牧場

(栗)長谷川
450キロ
生産
谷川牧場

ナムラトレビアン 栗毛 牝 2.19生
父 マクフィ　母 ナムラアン (エンパイアメーカー)

撮影場所／谷川牧場

(栗)長谷川
500キロ
生産
谷川牧場

ナムラロダン 栗毛 牡 4.13生
父 ミッキーアイル　母 サンクイーンⅡ (Storm Cat)

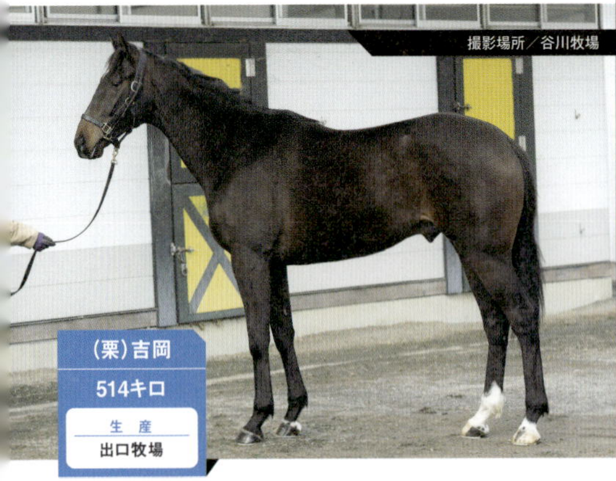

撮影場所／谷川牧場

(栗)吉岡
514キロ
生産
出口牧場

馬名未決定 黒鹿毛 牡 4.3生
父 モーリス　母 フラワーバレイ (Discreet Cat)

撮影場所／谷川牧場

(栗)佐藤悠
515キロ
生産
アサヒ牧場

ジーモンスター 栗毛 牡 5.2生
父 モズアスコット　母 ジーベロニカ (キングカメハメハ)

(栗)平田
486キロ
生産 下河辺牧場

馬名未決定 ─── 鹿毛 3.5生 牝
父 エピファネイア　母 カラズマッチポイント (Curlin)

(栗)杉山晴
483キロ
生産 下河辺牧場

馬名未決定 ─── 黒鹿毛 3.17生 牡
父 エピファネイア　母 ジェニサ (Storm Cat)

(美)斎藤誠
498キロ
生産 下河辺牧場

タイセイフレッサ ─── 黒鹿毛 2.22生 牝
父 キズナ　母 キャシーズソング (Candy Ride)

(栗)池江
553キロ
生産 下河辺牧場

ジャイアンバローズ ─── 鹿毛 2.15生 牡
父 クリソベリル　母 サトノアイビス (Bodemeister)

(栗)福永
518キロ
生産 下河辺牧場

馬名未決定 ─── 青鹿毛 2.10生 牡
父 コントレイル　母 ガリレオズソング (Galileo)

(栗)矢作
439キロ
生産 下河辺牧場

馬名未決定 ─── 青鹿毛 2.2生 牝
父 コントレイル　母 コンクエストハーラネイト (Harlan's Holiday)

43

(栗)田中克　450キロ　生産 下河辺牧場

(美)竹内　480キロ　生産 下河辺牧場

スウィーティーベル
青鹿毛　1.23生　牝
父 コントレイル　母 スウィーティーガール(Star Dabbler)

トラスコンガーデン
黒鹿毛　4.7生　牝
父 ダノンスマッシュ　母 ジャルディナージュ(Bernardini)

(美)斎藤誠　482キロ　生産 下河辺牧場

(美)田中博　484キロ　生産 下河辺牧場

サトノワーグナー
鹿毛　3.2生　牡
父 ロードカナロア　母 サトノワルキューレ(ディープインパクト)

サトノボヤージュ
鹿毛　4.3生　牡
父 Into Mischief　母 ジョリーオリンピカ(Drosselmeyer)

(栗)高橋義　485キロ　生産 富田牧場

(栗)杉山晴　449キロ　生産 富田牧場

取引価格／1760万円(24セレクション)

募集総額／5000万円

馬名未決定
鹿毛　2.11生　牡
父 ヴァンゴッホ　母 ルフランエトワール(オルフェーヴル)

レッドレグルス
鹿毛　5.10生　牡
父 コントレイル　母 レッドシェリール(ゼンノロブロイ)

（栗）斉藤崇	（栗）今野
458キロ	446キロ
生産 富田牧場	生産 大北牧場

ホーリーステップ　青鹿毛 3.16生 牝
父 ダノンキングリー　母 ホーリーシュラウド（Cape Cross）

ルナティックブルー　黒鹿毛 2.1生 牝
父 リオンディーズ　母 オーシャンティ（ダノンシャンティ）

（栗）奥村豊	（美）宮田
404キロ	472キロ
生産 カタオカファーム	生産 隆栄牧場

募集総額／2400万円

インクレイブル　栗毛 2.24生 牝
父 レイデオロ　母 ソムニアシチー（メイショウサムソン）

ワールドブレイヴ　栗毛 4.20生 牡
父 ワールドプレミア　母 リブエターナル（クロフネ）

（栗）中村	（栗）小崎
508キロ	509キロ
生産 服部牧場	生産 静内山田牧場

馬名未決定　鹿毛 2.25生 牡
父 アメリカンペイトリオット　母 メジャータイフーン（ダイワメジャー）

馬名未決定　黒鹿毛 2.20生 牡
父 イスラボニータ　母 スマートアルファ（アグネスデジタル）

(栗)前川
488キロ
生産
浦河小林牧場

馬名未決定
鹿毛 4.7生 牡
父 ヴァンゴッホ　母 カリブメーカー(エンパイアメーカー)

(栗)小栗
505キロ
生産
高橋ファーム

馬名未決定
鹿毛 1.13生 牡
父 エピファネイア　母 ディヴィニティ(リアルインパクト)

(栗)安達
484キロ
生産
木村牧場

募集総額／1320万円

馬名未決定
青鹿毛 3.11生 牡
父 カレンブラックヒル　母 サンバホイッスル(サウスヴィグラス)

(美)矢嶋
450キロ
生産
笠松牧場

取引価格／3410万円(24セレクション)

馬名未決定
青鹿毛 3.14生 牡
父 キズナ　母 ユーロナイトメア(Kodiac)

(栗)田中克
502キロ
生産
佐藤牧場

募集総額／3000万円

ハイドパーク
鹿毛 4.19生 牡
父 クリソベリル　母 エイシンピカデリー(ハードスパン)

(美)手塚久
427キロ
生産
辻牧場

募集総額／6000万円

アルタティール
鹿毛 4.9生 牡
父 コントレイル　母 シムシマー(Poet's Voice)

（栗）安田
483キロ
生産 酒井牧場
募集総額／2200万円

リボンインザスカイ
黒鹿毛 4.22生 牝
父 サートゥルナーリア　母 ココロノアイ（ステイゴールド）

（美）相沢
447キロ
生産 前野牧場

馬名未決定
黒鹿毛 3.15生 牝
父 サートゥルナーリア　母 ハイタッチクイーン（キングヘイロー）

（栗）東田
441キロ
生産 ノースガーデン
取引価格／1540万円（24サマー）

馬名未決定
鹿毛 3.20生 牡
父 サンダースノー　母 プレシャスクルー（ノヴェリスト）

（栗）石橋
422キロ
生産 三嶋牧場

馬名未決定
青鹿毛 3.6生 牝
父 シルバーステート　母 スマートオーシャン（Mr. Greeley）

（美）相沢
460キロ
生産 本間牧場

シャルムグリーン
黒鹿毛 3.29生 牡
父 スワーヴリチャード　母 ファータグリーン（タニノギムレット）

（美）西田
434キロ
生産 白井牧場

馬名未決定
青鹿毛 3.23生 牝
父 ダノンキングリー　母 ダノンコスモス（アイルハヴアナザー）

(栗)千田
491キロ
生産 桜井牧場

取引価格／1870万円（24セレクション）

馬名未決定
鹿毛 4.20生 牡
父 ダノンスマッシュ　母 ナスケンアイリス（フレンチデピュティ）

(栗)辻野
497キロ
生産 明治牧場

ウォーブレイク
栗毛 3.22生 牡
父 デクラレーションオブウォー　母 グレイスフルダンス（ノヴェリスト）

(美)高柳瑞
463キロ
生産 服部牧場

馬名未決定
栗毛 5.10生 牝
父 ビッグアーサー　母 ユキノマーメイド（スペシャルウィーク）

(栗)斉藤崇
458キロ
生産 杵臼牧場

募集総額／2400万円

レッドリガーレ
黒鹿毛 4.28生 牡
父 モーリス　母 ベイフォワード（ディープインパクト）

(美)黒岩
460キロ
生産 二風谷ファーム

取引価格／2750万円（24セレクション）

馬名未決定
青鹿毛 4.18生 牡
父 リオンディーズ　母 トウカイシェーン（ダイワメジャー）

(栗)石坂
492キロ
生産 笠松牧場

馬名未決定
鹿毛 2.22生 牡
父 レイデオロ　母 コンシダレイト（Dansili）

撮影場所／吉澤ステーブル （栗）友道 489キロ 生産 隆栄牧場 **ドリームプレミア** 栗毛 牡 4.6生 父 ワールドプレミア　母 アドマイヤシリウス（キングカメハメハ）	撮影場所／ディアレストクラブ （栗）飯田祐 474キロ 生産 松栄牧場 **馬名未決定** 鹿毛 牡 3.25生 父 ヴァンゴッホ　母 メイショウナデシコ（ヘニーヒューズ）
撮影場所／ディアレストクラブ （美）田村 486キロ 生産 梅田牧場 **馬名未決定** 鹿毛 牡 4.26生 父 カリフォルニアクローム　母 バイカーキン（エンパイアメーカー）	撮影場所／ディアレストクラブ （美）深山 474キロ 生産 鎌田正嗣 取引価格／3300万円（24セレクト） **馬名未決定** 鹿毛 牝 4.23生 父 クリソベリル　母 スターペスミツコ（カーネギー）
撮影場所／ディアレストクラブ （美）千葉 461キロ 生産 村田牧場 取引価格／825万円（24サマー） **タイセイルビー** 鹿毛 牝 2.24生 父 サトノダイヤモンド　母 ハーランズワンダー（Awesome Again）	撮影場所／ディアレストクラブ （美）高木 470キロ 生産 ディアレストクラブ 取引価格／1100万円（24セレクション） **シュピラー** 鹿毛 牡 1.31生 父 サンダースノー　母 アロンザモナ（ストリートセンス）

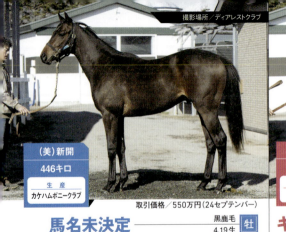

(美)新開　446キロ
生産　カケハムポニークラブ
取引価格／550万円(24セプテンバー)
馬名未決定 — 黒鹿毛 4.19生 牡
父 ダノンスマッシュ　母 カニヨット(Sunray Spirit)

(栗)牧田　440キロ
生産　天羽牧場
取引価格／1870万円(24セレクション)
キミガスキダ — 鹿毛 3.25生 牝
父 ドレフォン　母 セシリア(アグネスタキオン)

(美)栗田　482キロ
生産　ガーベラパークスタッド
取引価格／1100万円(24サマー)
レディサン — 鹿毛 4.5生 牝
父 パイロ　母 ノーブルライラック(キンシャサノキセキ)

(美)田村　448キロ
生産　ディアレストクラブ
馬名未決定 — 白毛 2.2生 牝
父 フィエールマン　母 カスタディーヴァ(High Chaparral)

(美)菊川　458キロ
生産　松栄牧場
トウカイレオ — 鹿毛 3.13生 牡
父 モズアスコット　母 トウカイパシオン(ヨハネスブルグ)

(栗)中村　468キロ
生産　矢野牧場
募集総額／1200万円
インディクイーン — 鹿毛 3.20生 牝
父 インディチャンプ　母 サラシー(Teofilo)

(美)高柳瑞　470キロ　生産 城地牧場

ビップマリク
黒鹿毛　4.25生　牡
父 インディチャンプ　母 フォワードカール(ゼンノロブロイ)

(栗)矢作　430キロ　生産 木村秀則

募集総額／6600万円

ベネディクション
鹿毛　1.30生　牝
父 エピファネイア　母 ディメンシオン(ディープインパクト)

(栗)矢作　461キロ　生産 飛野牧場

募集総額／5200万円

プリュイドール
鹿毛　3.7生　牝
父 オルフェーヴル　母 レインオンザデューン(Frankel)

(栗)森田　500キロ　生産 三嶋牧場

取引価格／572万円(24セプテンバー)

馬名未決定
黒鹿毛　3.24生　牡
父 キズナ　母 ヴァラナシ(Jimmy Creed)

関西予定　466キロ　生産 高橋ファーム

馬名未決定
黒鹿毛　3.6生　牡
父 キズナ　母 エセンテペ(Oratorio)

(美)森一　431キロ　生産 酒井牧場

募集総額／2800万円

馬名未決定
鹿毛　5.27生　牝
父 キズナ　母 スマッシュハート(キングカメハメハ)

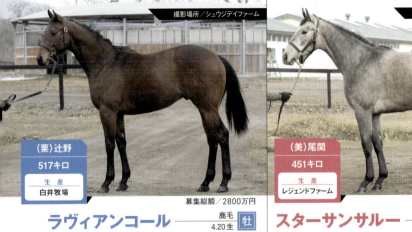

(栗)辻野　517キロ
生産　白井牧場
募集総額／2800万円

ラヴィアンコール　鹿毛　4.20生　牡
父 キセキ　母 ラヴィーゲラン(スペシャルウィーク)

(美)尾関　451キロ
生産　レジェンドファーム
募集総額／4400万円

スターサンサルー　芦毛　4.1生　牝
父 キタサンブラック　母 スターオーストラル(Cosmic)

(美)鈴木慎　472キロ
生産　パカパカファーム
募集総額／2800万円

レスター　黒鹿毛　3.23生　牡
父 ゴールドシップ　母 クエストフォーワンダー(Makfi)

(栗)矢作　468キロ
生産　北島牧場

マヤノイマジン　青鹿毛　4.27生　牝
父 コントレイル　母 マイダイアリー(Frankel)

(栗)矢作　478キロ
生産　タイヘイ牧場
取引価格／1億120万円(23セレクト)

馬名未決定　鹿毛　2.7生　牝
父 コントレイル　母 レディオブキャメロット(Montjeu)

(栗)鈴木孝　469キロ
生産　前谷牧場

馬名未決定　鹿毛　4.10生　牝
父 サートゥルナーリア　母 タンギモウジア(ハーツクライ)

(美)矢野 500キロ 生産 川島牧場 募集総額／1000万円

ルサフィール — 青鹿毛 3.13生 牝
父 シャンハイボビー　母 デフィニール（ブラックタイド）

(栗)辻野 456キロ 生産 白井牧場

オーブフレッシュ — 芦毛 2.20生 牝
父 スワーヴリチャード　母 サラトガ（クロフネ）

(栗)杉山佳 432キロ 生産 川島牧場

馬名未決定 — 黒鹿毛 4.27生 牝
父 ドレフォン　母 カフジビーナス（ディープインパクト）

(栗)中村 453キロ 生産 明治牧場

クラリティサウンド — 鹿毛 3.19生 牡
父 ハービンジャー　母 クリアサウンド（キズナ）

(栗)角田 474キロ 生産 畠山牧場 募集総額／1800万円

ルヴレアール — 鹿毛 3.3生 牡
父 リアルスティール　母 ラカリフォルニー（Dutch Art）

(美)尾関 512キロ 生産 愛国産 募集総額／8700万円

シェンロン — 青鹿毛 5.8生 牡
父 Bricks and Mortar　母 More Than Sacred（More Than Ready）

(栗)前川 439キロ 生産 仏国産 取引価格／15万ユーロ（アルカナ8月1歳）

スカイピア
鹿毛 牝 2.3生
父 Palace Pier　母 Sun Bear（Dubawi）

(栗)友道 480キロ 生産 グランド牧場

ジャスティンカレラ
鹿毛 牡 2.15生
父 エピファネイア　母 アントバール（Lope de Vega）

(栗)吉岡 490キロ 生産 グランド牧場

ジャスティンレビン
鹿毛 牡 5.1生
父 キズナ　母 ニューアンドインプルーヴド（Cairo Prince）

(栗)野中 464キロ 生産 上水牧場

馬名未決定
鹿毛 牡 4.18生
父 キタサンブラック　母 フライングニンバス（Awesome Again）

(栗)田中克 456キロ 生産 吉田ファーム 取引価格／6380万円（23セレクト）

馬名未決定
鹿毛 牝 2.13生
父 コントレイル　母 ヴァラディヤ（Siyouni）

(栗)田中克 470キロ 生産 グローリーファーム 取引価格／5060万円（23セレクト）

レヴァンターセ
青鹿毛 牡 3.23生
父 コントレイル　母 フェアウェルキッス（ヴィクトワールピサ）

（栗）高橋義
472キロ
生産 まるとみ冨岡牧場
取引価格／1595万円（24サマー）
馬名未決定　　　黒鹿毛 3.23生 牡
父 ニューイヤーズデイ　母 コンゴウレイワ（アイルハヴアナザー）

（栗）安田
486キロ
生産 下河辺牧場
馬名未決定　　　鹿毛 5.1生 牡
父 ロードカナロア　母 シュンドルボン（ハーツクライ）

（栗）吉村
460キロ
生産 木村秀則
取引価格／2750万円（23セレクト）
インサイドタピコ　　　黒鹿毛 4.20生 牝
父 American Pharoah　母 タピタルゲインズ（Tapit）

（美）田中博
546キロ
生産 高橋ファーム
馬名未決定　　　鹿毛 2.18生 牡
父 Gun Runner　母 エスティロタレントーソ（Maclean's Music）

（栗）杉山晴
516キロ
生産 三嶋牧場
ジャスティンダラス　　　鹿毛 1.23生 牡
父 Gun Runner　母 ピンクサンズ（Tapit）

（栗）吉岡
442キロ
生産 下河辺牧場
サンセバ　　　鹿毛 4.22生 牡
父 Justify　母 アモータゼイション（Kingman）

(栗)四位　477キロ
生産　村田牧場

取引価格／2420万円(24セレクション)

馬名未決定　鹿毛　牡　4.18生
父 インディチャンプ　母 エイシンキルデア(Kitten's Joy)

(栗)須貝　513キロ
生産　Yogibo Versailles Stable

ララオウ　黒鹿毛　牝　2.15生
父 エタリオウ　母 ミスキララ(ファスリエフ)

(栗)四位　473キロ
生産　タイヘイ牧場

取引価格／4840万円(24セレクション)

ソルパッサーレ　鹿毛　牝　3.13生
父 キズナ　母 ベアフットレディ(Footstepsinthesand)

(栗)四位　453キロ
生産　ヤナガワ牧場

リン　鹿毛　牡　4.13生
父 キタサンブラック　母 ティーンエイジギャル(Acclamation)

(美)斎藤誠　458キロ
生産　ラベンダーファーム

エコロセレナ　青鹿毛　牝　3.16生
父 コントレイル　母 アマルティア(アドマイヤムーン)

(美)高柳瑞　434キロ
生産　杵臼牧場

馬名未決定　青鹿毛　牝　4.23生
父 コントレイル　母 アンジェリック(シンボリクリスエス)

(栗)矢作	(美)堀
522キロ	480キロ
生産 村田牧場	生産 坂東牧場

取引価格／5500万円(23セレクト)   取引価格／—

カットソロ
青鹿毛 4.1生 牡
父 コントレイル　母 スルターナ(キングヘイロー)

クカイリモク
鹿毛 2.19生 牡
父 サートゥルナーリア　母 ウィキウィキ(フレンチデビュティ)

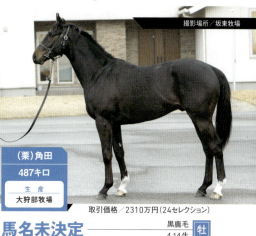

関西予定	(栗)角田
458キロ	487キロ
生産 坂東牧場	生産 大狩部牧場

取引価格／6600万円(24セレクト)   取引価格／2310万円(24セレクション)

馬名未決定
鹿毛 2.12生 牝
父 サートゥルナーリア　母 ビービーバーレル(パイロ)

馬名未決定
黒鹿毛 4.14生 牡
父 シスキン　母 アンリミテッドビサ(シンボリクリスエス)

(栗)福永	(栗)今野
475キロ	507キロ
生産 坂東牧場	生産 村田牧場

取引価格／—   取引価格／3080万円(24セレクション)

ダイヤモンドノット
栗毛 3.29生 牡
父 ブリックスアンドモルタル　母 エンドレスノット(ディープインパクト)

ゲレイロ
黒鹿毛 1.25生 牡
父 ミスターメロディ　母 キタサンテンビー(ダイワメジャー)

撮影場所／坂東牧場

(栗)渡辺
473キロ
生産 村田牧場

取引価格／1760万円(24サマー)

馬名未決定
鹿毛 4.27生 牡
父 ルヴァンスレーヴ
母 ベルキューズ(ヘニーヒューズ)

撮影場所／坂東牧場

(栗)武幸
470キロ
生産 高昭牧場

馬名未決定
鹿毛 4.28生 牡
父 レイデオロ
母 メイショウマンボ(ススカマンボ)

撮影場所／坂東牧場

(美)矢嶋
468キロ
生産 信岡牧場

募集総額／2400万円

レッドスティンガー
芦毛 3.26生 牡
父 レッドファルクス
母 マレーナ(ダイワメジャー)

撮影場所／坂東牧場

(美)戸田
456キロ
生産 オリオンファーム

募集総額／4800万円

ウインドオブヘヴン
鹿毛 4.24生 牡
父 ロードカナロア
母 キストゥヘヴン(アドマイヤベガ)

撮影場所／EISHIN STABLE

(栗)吉村
465キロ
生産 栄進牧場

エイシンビーコン
黒鹿毛 2.23生 牡
父 エイシンヒカリ
母 エイシンピカソ(Drosselmeyer)

撮影場所／EISHIN STABLE

(栗)今野
450キロ
生産 山春牧場

エイシンリキュウ
栗毛 3.28生 牡
父 コパノリッキー
母 エイシンセラード(カネヒキリ)

(栗)小崎
523キロ
生産 織田正敏

エイシンウィキッド ─── 栗毛 3.21生 牡
父 コパノリッキー　母 エーシンアマゾーン(ファルブラヴ)

(栗)中尾
460キロ
生産 吉永ファーム

エイシンディアマン ─── 黒鹿毛 4.17生 牝
父 ネロ　母 エイシントパーズ(アドマイヤムーン)

(栗)今野
443キロ
生産 栄進牧場

エイシンビリオン ─── 栃栗毛 2.21生 牝
父 モーニン　母 エイシンコアー(エイシンデピュティ)

(栗)池江
500キロ
生産 ノースヒルズ

マイバレンタイン ─── 黒鹿毛 5.11生 牡
父 キズナ　母 キトゥンズクイーン(Kitten's Joy)

(栗)吉村
461キロ
生産 ノースヒルズ

エンジェルボイス ─── 青鹿毛 5.1生 牡
父 キズナ　母 ザナ(Galileo)

(栗)松永幹
458キロ
生産 ノースヒルズ

シーズザスローン ─── 鹿毛 3.6生 牡
父 キズナ　母 ミコレジーナ(Frankel)

59

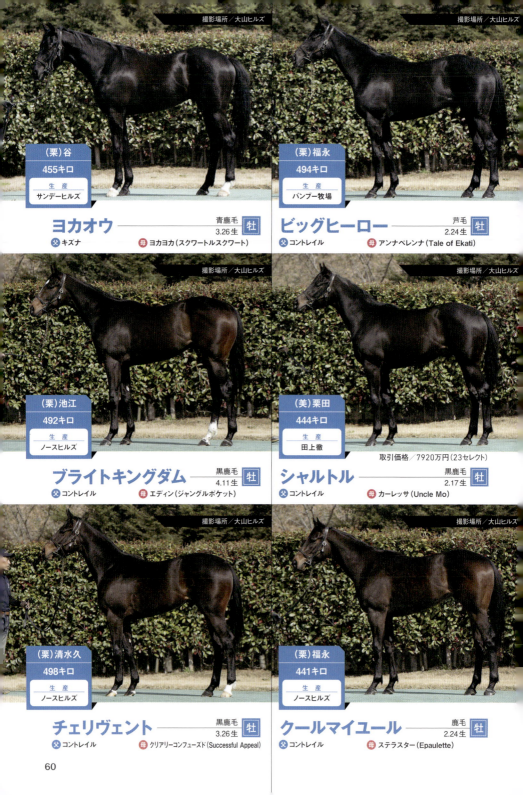

（栗）松永幹　460キロ　生産 ノースヒルズ	（美）萩原　472キロ　生産 ノースヒルズ
ゼランテ　黒鹿毛　4.15生　牡	**馬名未決定**　黒鹿毛　3.6生　牡
父 コントレイル　母 セラン（Uncle Mo）	父 コントレイル　母 ドリームジョブ（Dubawi）

（栗）安田　452キロ　生産 ノースヒルズ	（栗）矢作　454キロ　生産 グランド牧場　取引価格／3億6300万円（23セレクト）
ムスクレスト　青鹿毛　2.24生　牡	**ボンボンベイビー**　黒鹿毛　2.26生　牡
父 コントレイル　母 ノイーヴァ（Temple City）	父 コントレイル　母 バイバイベイビー（Galileo）

（美）小笠　460キロ　生産 ノースヒルズ	（美）木村　439キロ　生産 ノースヒルズ
ボーントゥラブユー　青鹿毛　5.4生　牝	**スカイドリーマー**　青鹿毛　4.3生　牝
父 コントレイル　母 フェアエレン（Street Cry）	父 コントレイル　母 フォローアドリーム（Giant's Causeway）

（栗）中竹　462キロ　生産 ノースヒルズ
馬名未決定　芦毛　3.15生　牡
父 コントレイル　母 ルミエールヴェリテ（Cozzene）

（栗）浜田　461キロ　生産 ノースヒルズ
カムアップローゼス　青鹿毛　4.3生　牡
父 リオンディーズ　母 クライミングローズ（マンハッタンカフェ）

（栗）大久保　415キロ　生産 ノースヒルズ
フーガカンタービレ　鹿毛　3.15生　牝
父 ロードカナロア　母 ベルカント（サクラバクシンオー）

（栗）松永幹　528キロ　生産 米国産
ヒットホーム　鹿毛　3.8生　牡
父 American Pharoah　母 Amour Briller（Smart Strike）

（美）木村　468キロ　生産 米国産
メルクリウス　黒鹿毛　5.15生　牡
父 Candy Ride　母 Tapit's Angel（Tapit）

（栗）藤岡　426キロ　生産 英国産
ワトルツリー　鹿毛　4.24生　牝
父 Frankel　母 Elisheva（Smart Strike）

（栗）新谷 424キロ 生産 米国産 取引価格／38万5000ドル（キーンランド9月1歳）	（栗）高野 430キロ 生産 英国産
レヴヴィ 鹿毛 牝 2.22生 父 Good Magic　母 Seasoned Warrior (Majestic Warrior)	**グッドピース** 黒鹿毛 牡 3.1生 父 Kingman　母 Fiducia (Medaglia d'Oro)
（栗）田中克 460キロ 生産 英国産 取引価格／25万ドル（キーンランド9月1歳）	（栗）福永 453キロ 生産 米国産 取引価格／105万ドル（キーンランド9月1歳）
マカホウ 黒鹿毛 牡 3.26生 父 Kingman　母 J Wonder (Footstepinthesand)	**クロレ** 鹿毛 牝 2.22生 父 Quality Road　母 Rachel's Valentina (Bernardini)
（栗）中竹 455キロ 生産 愛国産	（栗）高橋亮 503キロ 生産 米国産
クワイエットアイ 栗毛 牡 2.4生 父 St Mark's Basilica　母 Blanc Bonheur (Deep Impact)	**ペスカドール** 鹿毛 牡 2.16生 父 Uncle Mo　母 Scarlet Color (Victoire Pisa)

POG直球勝負 2025-2026

石井厩舎
石井宇宙 厩舎長

宮本（以下、宮） 先頭バッターは**シューマ23**（父コントレイル・牡・木村）です。

山本昌（以下、昌） いきなり、（出資していた）ブレステイキング、ペルラネーラの弟ですか。フォーエバーヤングとブラウンラチェット、ミアネーロとショウナンザナドゥ…実は、私が出資していた馬の弟・妹が走るというのがトレンドになっているんですよ（笑）。これは走るパターンです。

石 この馬はウチの"東のエース"ですね。中間、左前に骨瘤が出て少しお休みした期間があったのですが、休む前は3ハロン45秒まで進んでいて早期移動を目標にしていました。今は乗り出しを再開して、調教進度としては3ハロン51秒ぐらいですね。ですから早期デビューとはいきませんが、持っている素質は素晴らしいので大いに期待しています。

昌 東のエース！　確かにそれも頷けるようなバランスの良さで、"万能選手"という印象。

石 もう少し幅が出てきたら理想的ですが、それ以外は注文をつけるところはありません。（イヤリングから）移動してきた時から背中も乗り味も良く、いかにも切れそうなタイプ。前向きさもあって、坂路ではギュンギュン登っていきますよ。

昌 「背中がいい」「切れそう」「ギュンギュン」、パワーワード連発だよ。顔が小さくてシャフリヤールみたいな美男子だし、宮本さん、初っ端からこんなにいい馬を見せて大丈夫なの？

宮 まだまだ、この先も素晴らしい馬が出てきますから楽しみにしていてください。

小笠原厩舎
小笠原博 厩舎長

宮 小笠原厩舎からは**マーブルケーキ23**（父モーリス・牡・上原佑）。

昌 えっ!?　白毛!?　最近、またSwitchのダビスタをやり始めていて、今回の取材のための移動中に白毛が生まれたところなの。（厩舎から出てきて馬をみて）うおー、白いぜ。

小 白毛で、走りもこの一族特有の叩きつけるようなフォームが特徴的ですね。調教のベースは3ハロン48秒ぐらいで、6月中旬頃の移動を目標にしています。

昌 筋肉質な体はモーリス似だね。そうすると、やや適距離は短めかな？

小 マイルぐらいが適距離かなと睨んでい

スター候補生が集う聖地
ノーザンファーム

取材＝山本昌　構成＝松山崇

競馬を愛し、一口馬主をこよなく愛す球界のレジェンド山本昌さんが、未来のスターホース探しの旅へ。親交のある宮本さんの案内のもと、"勝負球"と"隠し球"を求め、全13厩舎を巡りました。

取材日・3月4日

ます。うちで育成したモーリス産駒のダノンマッキンリーは気性的に爆発しやすい部分を秘めていましたが、この子は比較的コントロールしやすいので、その点では距離の融通は利きそうですね。

昌　叩きつける走法ならダートだよね。藤田晋オーナーということは、来年の今頃、中東で走っているかもしれない。

小　そうなっていても不思議ではない能力を秘めていると思っています。

ノーザンファーム早来

撮影場所／ノーザンファーム早来

（美）上原佑
491キロ

生産
ノーザンファーム

取引価格／2億900万円（24セレクト）

スーホ
白毛　牡　2.25生

父 モーリス　母 マーブルケーキ（キングカメハメハ）

藤田オーナーなら、来年の今頃、中東を走っているかも（山本昌）

桑田厩舎
桑田裕規 厩舎長

宮　サマーハ23（父キタサンブラック・牡・蛯名正）です。

桑　品があって動きが柔らかくて、わかりやすく"いい馬"です。現状は、キタサンブラック産駒らしく、線が薄くて非力な面があるので、成長を促しながら進めています。

昌　桑田さんのところのキタサンブラック産駒といえばイクイノックスだよね。

桑　この時期に緩さ、薄さを残しているのはキタサンブラック産駒の特徴で、ここからグッと良くなってく

る馬が多い印象です。実際にイクイノックスも4月ぐらいから、放牧を挟みつつ、調教の負荷を下げずにやれるようになって、どんどんしっかりしてきました。この馬も待てば、劇的に良くなりそうです。

宮　続いてアロマティコ23（父ドレフォン・牡・木村）です。

昌　この馬はですねぇ、（募集時の）カタロ

早来

POG直球勝負 2025-2026

撮影場所／ノーザンファーム早来

(美)木村
491キロ
生産 ノーザンファーム
募集総額／7000万円

ロスパレドネス 栗毛 4.9生 牡
父 ドレフォン　母 アロマティコ（キングカメハメハ）

> わかりやすく"いい馬"ですね。
> いい成長をしてくれています（桑田）

グにもA評価をつけていますよ。

桑 はい。その評価通り、こちらもわかりやすく"いい馬"です。現在ハロン14秒まで進めていますが、入場時から動きの良さは目立っていました。完成度も高く、バランスが大きく崩れることなく、いい成長をしてくれています。ヤンチャさと繊細な面を併せ持っていて、ファンの方から人気の出そうなタイプですよね（笑）。

昌 出資には縁が無かったけど、これはいい馬だなぁ。

林宏樹調教主任ともパチリ

桑 見た目が気に入ったので、ぜひ携わりたいと思っていた1頭なんです。3月中に移動して、その後は木村先生のジャッジになりますが、十分に6月デビューできるものが備わっていると思います。楽しみですね。

宮 桑田厩舎の3頭目は**カルタエンブルハーダ23**（父St Mark's Basilica・牡・藤岡）。父のセントマークスバシリカはヨーロッパで9戦6勝。仏2000ギニーや愛チャンピオンSなどGⅠを5勝したチャンピオンホースです。

桑 血統通りの良いスピードがありますし、現在439キロとそれほど大きくありませんが、ハロン15－16でしっかり動けています。ジワジワと良くなっているので、秋移動の"隠し球"ですね。

昌 股関節が柔らかいし、流星もカッコいいね。

山根厩舎
林将太郎 厩舎長補佐

昌 こちらの**シークレットスパイス23**（父キズナ・牝・黒岩）は宮本さんのイチオシなんだよね。確かにいい！

林 現在、3ハロン41秒から42秒ぐらいで、1番進んでいる組でも1、2を争う動きをしています。その時計も押して押してではなく、「あ、出ちゃった」という感じで軽々と出したもの。スピード感があって動きが軽いですね。まだ、しっかりしてくる余地を残しながら、この時計・見た目なので将来が本当に楽しみです。

昌 サンデー（レーシング）だから募集動画を観ているはずなんだけど、あまり印象に残っていないなぁ。

カルダモン 牝

鹿毛／2.19生　撮影場所／ノーザンファーム早来

父 キズナ
母 シークレットスパイス（ディスクリートキャット）

(美) 黒岩
468キロ
生産 ノーザンファーム
募集総額 6000万円

まだ、しっかりしてくる余地を残しながら、この時計・見た目なので将来が本当に楽しみ (林)

林 確かに、入場時は薄かったですね。ただ、乗ってみたら良くて、やれば動いて。成長を促すためにギチギチに詰める感じではなく、ただ、それでも動けてしまう…本当に順調なんです。とにかく柔らかいんですよね。オンオフがしっかりしていて、競走馬向きの性格です。

昌 次々とパワーワードが出てくるなぁ。そうすると、山根厩舎の桜花賞候補ですね。

林 はい！ でもその前に阪神ジュベナイルフィリーズを獲りたいです（笑）。

宮 山根厩舎の2頭目は**スカイダイヤモンズ23**（父サートゥルナーリア・牝・手塚）です。

林 こちらもシークレットスパイス23と同じメニュー、同等の動きをしています。シークレットスパイス23の武器がスピードなら、こちらはバネ。弾むようなフットワークで走ります。2頭の比較だと、こちらの方が距離はもちそうです。時計を詰めても落ち着いて走ることができているのも心強いですね。パワーもあるので坂をグングン上がってきますよ。

昌 それも頷けるトモをしているよ。宮本さん、今年の牝馬戦線はこの2頭で決まりだね。

宮 主役候補の馬たちです。特にシークレットスパイス23は間違いないと思っています。

昌 宮本さんは一貫してシークレットスパイス23推しだね。林さんはいかがですか？

林 いや〜、難しい質問ですね。どちらも余

スカイダイヤモンズ'23 ▶ ディアダイヤモンド（493キロ）

67

裕綽々の動きで甲乙つけ難いですが、宮本さんがシークレットスパイス23なら、私はスカイダイヤモンズ23にしておきます。

野崎厩舎
野崎孝仁 厩舎長

宮　野崎厩舎の1頭目は**サトノジュピター23**（父モーリス・牡・萩原）です。
野　現在3ハロン41-42秒まで進んでいます。まだ緩さはありますが、しっかり動けているので、3月3週目に移動して、6月の競馬を目標にしています。1歳夏から何事もなく順調に調教を積み重ねることができました。うちの厩舎と萩原先生との相性が良さにも期待しています。
昌　毛ヅヤがピカピカで、トモが立派ですね。歩きをみると緩さもあまり感じないような。
宮　続いて**ヴィルジニア23**（父コントレイル・牡・池添）。
昌　出た！（お兄さんの）スカイサーベイ、ヴェルドロには出資しているんです。
野　まだ3ハロン46秒ぐらいですが、乗り味が良くていいフットワークで走ります。まだトモの薄さがあって「ゆっくりめですよ」とは伝えたのですが、宮本さんからこれを出して欲しいというリクエストがあったので…（笑）。

宮　コントレイル産駒の牡馬のエースはこれかもしれないですよ。
昌　それにしても、なんで俺は今年に限って出資していないんだ。
野　将来性は高いと思っているので、秋の王道デビューを目指しています。

木村厩舎
木村浩崇 厩舎長

宮　1頭目は**パシオンルージュ23**（父エピファネイア・牡・友道）です。
木　現在ハロン16-17秒ぐらいで、デビューは秋になると思いますが、一言で"いい馬"です。トレッドミルで運動させるスタッフからも「この馬の走りが一番いいです」と報告を受けていて、実際に乗ってみても、背中はいいし、走りは柔らかくて。
昌　素材がいいからこそ、敢えてゆっくりということかな？
木　1番進んでいる組でやっていない理由は、少し線が細かったのと、移動してきた時に、エピファネイア産駒特有の、気持ちだけで走ってしまいそうな面が見受けられたからです。なので成長をしっかり待とうと最初から目標を秋に定めてやってきました。
昌　「逃げて勝ったエピファネイア産駒は次走以降は危険」という馬券格言がありまし

「私が出資していた馬の弟・妹が走るというのがトレンドになっています。これは走るパターン」

ノーザンファーム早来

撮影場所／ノーザンファーム早来

（栗）友道
498キロ

生産
ノーザンファーム

取引価格／9240万円（23ミックス）

馬名未決定　鹿毛 4.3生 牡

父 エピファネイア　母 パシオンルージュ（ボストンハーバー）

じっくり進めている分、色々な
ことを試すことができています（木村）

て。私の出資馬サラコスティも、まさにそのパターンにハマってしまったわけですが（苦笑）。

木　難しいところですね（苦笑）。この馬も6月目標で進めることもできると思っていますが、そこでカーッと走って勝ってもその後には繋がらないですよね。目指すところはそこ（早い時期に勝ち上がること）だけの馬ではないですから。じっくり進めている分、前2頭にしたり、後ろに1頭で走らせたりと、色々なことを試すことができていますよ。

宮　2頭目はトーセンソレイユ23（父ポエティックフレア・牡・木村）。

木　正直言って、2ヵ月ぐらい前まではそこまで目立つ馬じゃなかったんです。背中はいいけど、緩いし、ズルいし。それが、乗り手を変えるなどの工夫をしたら急激に良くなりました。以前は走らせると3ハロン48秒でもフワフワしていたのに、今では45秒を切るぐらいの時計でも楽々上がってきます。手先だけで走っていたのが全身を使って走れるようになって、ボテボテしていた体もかなり締まってきました。当初はこの馬を2歳馬取材の候補には入れていなかったのですが、宮本さんから「これにしましょう！」と。

宮　この馬は調教厩舎に来る前からずっとバランスが崩れないのがいいなと思って見ていました。

木　実際、坂路のVTRを見ても、体幹が良いからブレずに真っ直ぐ上がってきます。もし自分がPOGをやるなら入れたいなと思う"隠し球"ですよ。

宮　3頭目はイヴニングコール23（父American Pharoah・牡・武幸）です。

昌　おっ、ダート枠ですか。今や、POGでもダート路線の存在は無視できないもんね。

木　本当にそうですね。この馬は、サンデー募集馬見学のツアーで見た時から「大きくて、いい馬だなぁ」と思っていました。今は480キロなので、大きくなり過ぎず、ずっと"いい馬"のまま成長しています。こちらもトーセンソレイユ23同様、ブレずに真っ直ぐ坂路を上がってきますよ。進度として3ハロン45秒を切って、43秒ぐらいまで進んでいます。

昌　となると、早期デビューですか？

木　ダートの番組は少ないので、最初は洋芝の1800mもあるかもしれません。秋のダートを使えば、ポンポンポンと上まで行けるでしょう。今、だいぶ攻め込んでいるところなので、一旦リフレッシュを入れて、もっと膨らませたいと思っています。今年、厩舎として「芝とダートの重賞を勝つ」「芝とダートのGIを勝つ」という目標を立てたので、ダートの大きいところで頑張って欲しいですね。

トーセンソレイユ23 ▶ サトノヴァンクル（474キロ）　イヴニングコール23 ▶ アメリカンコール（480キロ）

POG直球勝負 2025-2026

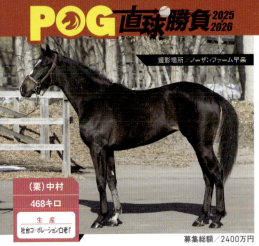

撮影場所/ノーザンファーム早来

（栗）中村
468キロ
生産
社台コーポレーション白老F
募集総額／2400万円
黒鹿毛
4.22生
牝

シルバーリム

父 シルバーステート　母 ヒカルアモーレ（クロフネ）

緩いながらも反応が良くて、終い14秒も軽く出ています（倉宗）

伊藤厩舎
大野良太 厩舎長補佐

宮　伊藤厩舎からはメリート23（父アドマイヤマーズ・牡・田村）をご紹介します。

大　この馬は3ハロン43秒ぐらいまで進んでいて、3月末移動から6月下旬の東京を目指してもらえたらと考えています。

昌　伊藤厩舎のトップバッターですか？

大　はい。スピードがあってダイナミックなフォームなので、マイル前後が良さそうです。乗り味もいいですよ。私が騎乗しているので、特に頑張って欲しいです（笑）。

昌　ダイワメジャーの血統だから、やはり先行して長く脚を使うタイプ？

大　そうですね。スパッと切れるというよりも長くいい脚を使うタイプだと思います。まだ緩さを残す中でも体幹はしっかりしていますし、まだ良くなる余地も大きいですよ。

倉宗厩舎
倉宗竜也 厩舎長

宮　1頭目はヴァシリカ23（父コントレイル・牝・林）です。

昌　かっこいい見た目だね。コントレイルみたいにスラッとしていて。

倉　乗る人は皆、背中の良さを褒めますね。体高はあるので、そこにもう少し馬体重もついてくれば力強さも出てくると思っています。現在は3ハロン47秒ぐらいですね。動かそうと思えば時計は出せるのですが、無理せず次のステージへ向けての下地作りをしているところです。

宮　続いてカレドニアレディ23（父ダノンキングリー・牝・武英）。お父さんは新種牡馬のダノンキングリーです。

倉　3ハロン45秒まで、順調に乗り込めています。当初は3月移動も意識していたのですが、年末までにしっかり負荷をかけて、リフレッシュもしっかりとったら、馬がまた変わってきました。馬体重も増えてくれて、今の体をみると待ったのがいい方に出たと思っています。

昌　いわゆるガチムチ系だよね。

倉　トモと肩の肉付きは、入場時から目をみはるものがありました。体高は少し低めですが、それはお父さんの特徴でもあります。もっとコンパクトになるかと思っていたのですが、筋肉がしっかりついて455キロあるのは嬉しい誤算ですね。スピードがあって完成度も高いので、2歳重賞で活躍して欲しいと思っています。

昌　種牡馬縛りのあるルールなら、特に狙い目だね。

宮　3頭目はヒカルアモーレ23（父シルバー

70　　メリート23 ▶ パッセージピーク（485キロ）　ヴァシリカ23 ▶ ヴェニゼロス（450キロ）　カレドニアレディ23 ▶ 馬名未決定（455キロ）

ノーザンファーム早来

ステート・牝・中村）です。

昌　めちゃくちゃいいじゃない。好きなタイプだな。

倉　調教は3ハロン46秒ぐらいで、厩舎の中では3番手グループですね。4月生まれなので焦らずやっていますが、フレームに対して身の詰まった馬体で、470～480キロぐらいを理想としています。緩いながらも動かした時の反応が良くて、終い14秒も軽く出ています。このまま状態が上がってくるようであれば5月末から6月ぐらいの移動も視野に入っています。

宮　こちらはキャロットクラブで募集総額2400万円でした。

昌　それはお買い得。自分で1頭持ちたいぐらい（笑）。

倉　お母さんが19歳のときの子なんですよ。お兄さんのルクスグロリアも早来調教馬でとてもいい馬だったのですが、怪我で競走生活を全うできませんでした。その分もという思いはありますね。

岡厩舎
岡真治 厩舎長

宮　岡厩舎からはワイルドラズベリー23（父ポエティックフレア・牝・池上）です。

岡　調教は3ハロン48秒ぐらい。まだ緩さもあるのでゆっくり進めていますが、背中が良くて、乗り味がとてもいいので、今後、変わってきそうな馬です。柔らかみがあって芝で切れ味を生かすタイプでしょう。

昌　いいですねぇ。やっぱり牝馬は切れ味が必須だから。あとは成長待ちですね。

岡　パンとしてくれば、かなり良くなりそうな感触があります。ラヴズオンリーユーもこの時期、全然やれていなかったですし、慌てる必要はありません。東京が合いそうなので、秋目標で進めています。

大谷厩舎
大谷渡 厩舎長

宮　大谷厩舎からはシーズアタイガー23（父コントレイル・牝・中内田）。

昌　これはPOGファンにはお馴染みの血統だね。

大　現状は435キロと、フォルムに対してまだ数字がついてきていない印象ですね。

昌　縦でみると薄さはあるけど、背も伸びそうだし、430キロ台には見えないな。

大　そうなんです。現時点でも動きが柔らかくて運動神経の良さを感じているので、見た目と数字が合ってきたら、もっと良くなるでしょうね。

昌　人でも馬でも、アスリートにとって運動神経は大事ですから。

大　現在は3ハロン51秒ぐらいにとどめて

「せっかく名古屋から来ているんだから、隠さないでよ（笑）」

ワイルドラズベリー23 ▶ フレアリングベリー（450キロ）
シーズアタイガー23 ▶ トラコ（435キロ）

POG直球勝負 2025 2026

撮影場所／ノーザンファーム早来

（栗）清水久
495キロ
生産 ノーザンファーム
募集総額／6000万円

ブラックコーラル
父 キタサンブラック　母 アドマイヤマリン（クロフネ）
青鹿毛　3.16生　牡

サンデーの馬が出てくると、ちょっと悔しいんです（山本昌）

いますが、気持ちも入ってきているので、時計は出そうと思えば出せますよ。POGで目立ち過ぎないように出していないだけ…というのは冗談ですが、兄姉が前評判ほど結果が出ていないので、そこも自分なりに考慮して敢えてゆっくりやっています。

宮　大谷厩舎からはラヴェル、クリスマスパレード、エンブロイダリーと毎年、重賞馬が出ていますから。他にも期待馬がいるんですが、おそらく厩舎長は取材で目立たないように隠しているんです。

昌　せっかく名古屋から来ているんだから、隠さないでよ（笑）。

加我厩舎
加我烈士 厩舎長

宮　アドマイヤマリン23（父キタサンブラック・牡・清水久）。新厩舎長の加我さん、お願いします。

加　1番早い組で、3ハロン40秒から41秒ぐらいまで出しています。来週移動が決まっていて、6月阪神芝1800mでデビューしてくれたら、というイメージですね。スピードよりもスタミナに優れたタイプなので距離はあった方がいいでしょう。気性面も扱いやすくて、真面目に調教に取り組んでくれています。

昌　サンデーの馬が出てくると、ちょっと悔しいんです（笑）。

加　ツアーの時でも馬っぷりの良さは感じていて、早い段階から早期移動を意識していました。ここまでは、そのイメージ通りに進められています。

昌　そうすると新厩舎の一番星になってくれそうですね！

加　既に移動したパリスビキニ23（父クリソベリル・牡・宮田）とあわせて、ダブルで一等星になってくれたら嬉しいですね。

岡本厩舎
岡本和大 厩舎長

宮　こちらも新厩舎。岡本厩舎からドバイマジェスティ23（父ドレフォン・牝・藤原英）です。

昌　おー、（シャフリヤールの）妹さんですね。

岡　3ハロン46秒から47秒まで進めてきています。乗り出した時はトモがかなり緩かったのですが、坂路に入れてから一変しました。今ではギアを軽く入れただけでビュンと反応してくれています。

昌　（表情を曇らせて）いいなぁ。

岡　最初は周回でもチョコチョコした走りだったのが、ハロン14－15ぐらいまで進んだらストライドの大きな走りになりました。

ノーザンファーム早来

(美) 金成
460キロ

生産
ノーザンファーム

取引価格／4620万円（24セレクト）

モルニケ
黒鹿毛
1.22生 牝

父 インディチャンプ　母 アビラ（ロックオブジブラルタル）

ピッチが上がった時の脚の回転はすごいですよ（村上）

入場時からの変化は厩舎で一番で、この辺りはさすが良血だなと。

昌　この一族は脚元が丈夫で怪我をしにくいのも魅力なんですよ。

岡　一年目の今年は、とにかくチャレンジしてみようと、牡馬に近い厳しい調教を課しています。この馬はしっかり応えてくれていますし、まだまだ良くなりそうなので、本当に楽しみですね。

村上厩舎
村上隆博 厩舎長

宮　1頭目はアビラ23（父インディチャンプ・牝・金成）です。

村　1番進んでいる組で3ハロン43秒ぐらいです。軽くて脚の回転が速いので、いかにもマイラーといった走りですね。特にピッチが上がった時の回転はすごいですよ。3月下旬移動予定で、6月東京デビューをイメージしています。父の名前を高めてくれるよう、2歳戦から活躍して欲しいですね。

宮　最後はリナーテ23（父ロードカナロア・牝・須貝）です。

昌　フォルラニーニの妹！最後も出資馬の下ですか。

村　こちらは現在3ハロン46〜47秒ぐらいで、うちの2番手グループですね。

昌　母父ステイゴールドですが、気性面はいかがですか？

村　リナーテもやっていましたが、お母さんよりは素直だと思います。もちろん、この子もお母さん譲りの我の強さは持っていますが。

昌　実は、アルアインとリナーテの二択で第一希望を悩んだんですよ。アルアインで正解でしたが、リナーテも6勝と頑張りましたよね。

村　リナーテが短距離だったのは集中力に課題があったからで、フットワーク自体は大きかったんです。この子も同じようなフットワークなので、1600〜2000mぐらいが合っているのではないでしょうか。

昌　私にとっても思い入れのある血統なので、頑張って欲しいですね。

POG直球勝負 2025-2026

A-1厩舎
橋上淳 厩舎長補佐

杉　ナダルスタートでいきましょう。**スマイルシャワー23**（父ナダル・牝・西村）。

橋　ハロン14秒までやっていて来週移動予定（3月13日移動済）。開幕開催を狙っていける馬だと思っています。パワーがあって、グイグイです。3ハロン40秒ちょっとでも、いい感じで上がってきますよ。短距離タイプではないと思いますし、番組的にも芝からになるかもしれません。これからもっとムチムチしてくると思いますが、現在はスラッとしていて変な硬さもないので、ダートはもちろんのこと、芝でもと思っているんです。

杉　**ヤンキーローズ23**（父コントレイル・牝・中内田）は、リバティアイランドと同じ馬房に入っています。

昌　プロ野球でもあるんだよ、出世部屋というのが。

橋　3月末に移動予定です。まだ緩さは残っているので、こちらは開幕開催というよりお姉さんと同じぐらいのデビュー時期になりそうです。ハロン14秒も楽々こなしていますが、まだ見た目ほどしっかりしていないので、伸びしろも相当あると思っています。

A-2厩舎
加藤慎太 厩舎長補佐

杉　続いてもコントレイル産駒です。**スウィートリーズン23**（父コントレイル・牝・鹿戸）。

加　現在、3ハロン45秒ぐらいですね。体の使い方が柔らかくて、運動能力の高そうな子です。

昌　大事なのは運動能力、運動神経だからね。

加　時計を出そうと思えば出せるのですが、まだ筋力、体力が備わっていないのでジワジワと進めてきました。ここにきてボリュームが出て逞しくなってきましたし、まだまだ成長すると思います。

杉　**フローレスマジック23**（父サートゥルナーリア・牝・木村）は母の3番仔ですね。

昌　「まだ3番仔!?」と思ったけど、（祖母の）マジックストームのイメージがあるからだね。

加　当初は3月移動も視野に入れていたのですが、成

取材=山本昌　構成=松山崇
取材日／3月5日

最強馬育成の前線基地
ノーザンファーム空港

今年はクロワデュノールがクラシック制覇に王手。昌さんも第二のシャフリヤールと出会うべく、ノーザンファーム空港を訪ね、お馴染み杉田さんの案内のもと、18厩舎の取材を敢行しました。

長して胴が伸びてきたので、少し予定を延ばしました。バランスが整ってきたので4月末からGW頃の移動をイメージしています。柔らかくて、推進力のある走りが特徴で、ストライドも伸びてきたので2000mぐらいまでこなせそうです。

D-1厩舎
高島渉 厩舎長

杉 1頭目は**インザスポットライト23**（父シルバーステート・牝・田中克）。お姉さんはライトバックです。

高 この馬は年明けからだいぶ変わってきて、競走馬らしい体になってきました。現在はハロン15秒を切るぐらいを始めたところです。思った以上に時計も出ていて、適応力がありますね。

昌 大事なんですよ。メニューが上がるたびにハァハァ言っている馬はやはり能力が足りないケースが多いですから。

杉 続いて**クールサンバ23**（父Frankel・牝・池添）。

昌 これは募集時にA評価をつけているんです。いいに決まってますよね？（笑）

高 はい、いい馬ですね。（サンデーの）ツ

ノーザンファーム空港
撮影場所／ノーザンファーム空港

（栗）中内田
477キロ
生産
ノーザンファーム

コニーアイランド 青毛 牝 2.16生
父 コントレイル 母 ヤンキーローズ（All American）
募集総額／1億円

プロ野球でもあるんだよ、出世部屋というのが(山本昌)

アーでの横見も良かったですが、実際に跨っても良かったです。来週移動（3月13日移動済）で、6月阪神デビューも十分にあり得るのではないでしょうか。可動域が広く、かなりスピードがありそうですね。

昌 大絶賛。これはいい馬です、悔しいけど（笑）。

スマイルシャワー23 ▶ スマイルガーデン（495キロ）　スウィートリーズン23 ▶ サンセリテ（434キロ）
フローレスマジック23 ▶ マジックパレス（478キロ）　インザスポットライト23 ▶ ダンデノン（466キロ）
クールサンバ23 ▶ クールフラン（459キロ）

POG直球勝負 2025-2026

撮影場所／ノーザンファーム空港

(栗)武幸
448キロ

生産
ノーザンファーム

取引価格／2億8600万円（23セレクト）

サンダーバード
青鹿毛
2.28生
牝

父 エピファネイア　母 サロニカ（ディープインパクト）

> 心肺機能がすごいので、調教を
> やっても息が切れません（菅原）

D-2厩舎
菅原洸 厩舎長

杉　1頭目はサロニカ23（父エピファネイア・牝・武幸）です。

昌　（出資している）サラコスティの妹ですね。去年、藤田オーナーと対談した時から、この馬のことは知っていました（笑）。

菅　シルエットが綺麗で、非常にバランスがいい馬です。柔軟性があって、背中がしっかり動いて、スピードは相当ありそうですね。心肺機能がすごいので、調教をやっても息が切れません。12月の大きいところを目指したいですね。

杉　続いてフォースタークルック23（父キタサンブラック・牝・奥村豊）。

菅　ハロン14秒で、サロニカ23と同じような進捗状況です。この子は凄くスピードがありますね。キタサンブラック産駒ですが、ストライドが大きいというよりはピッチ走法でとにかく脚の回転が速い！　坂路ではハロン14秒でも楽々と上がっていきます。

昌　熱いコメントだなぁ。話を聞いた印象だと距離は短めかな？

菅　スイッチが入りやすい面があるので、現状では、距離はマイルぐらいまでかなと。もう少しタメが利くようになれば弾けると思っています。大きいところを狙っている馬なので、距離をもたせられるように工夫していきたいですね。

D-3厩舎
林寛明 厩舎長

杉　ダンシングラグズ23（父コントレイル・牝・福islands）。福永厩舎のコントレイル産駒です。

林　現在、ハロン16秒ですね。常歩の時は少し硬さもあるのですが、スピードに乗ったら柔らかいバネのある走りをします。雰囲気のある馬ですよ。

杉　続いてビッシュ23（父サートゥルナーリア・牝・田村）。

林　こちらはハロン16秒から17秒。現在440キロを切るぐらいですが、体重より大きく見せます。バネがあって瞬発力のありそうなタイプで、運動神経はいいです。間違いないですね。

昌　「間違いない」コメントをいただきました。ということは、意図的にゆっくり進めているということですか？

林　成長を待ったら良くなる感覚があったので。体重もまだ増えてくると思います。お母さんにも乗ったことあるのですが、同時期の比較では、こちらの方がしっかりしていますよ。

杉　6月デビュー候補を多く紹介していますが、後からくる大物も逃したくないですよね。

フォースタークルック23 ▶ フォルナックス（452キロ）　ダンシングラグズ23 ▶ ルージュバロン（455キロ）　ビッシュ23 ▶ ジワタネホ（432キロ）

ノーザンファーム空港

D-4厩舎
橋口敦史 厩舎長

杉　ヴィヤダーナ23（父インディチャンプ・牝・松下）は新種牡馬インディチャンプの初年度産駒です。

橋　今週、移動予定（3月7日移動済）。4月生まれで緩さがありながらもしっかり動けています。完成度も高いですが奥の深さも感じるので、長く活躍を期待できそうですね。そんなにPOGで人気するタイプではないと思いますが、フットワークが軽くて背中もいいですよ。

昌　伸びしろが期待できる4月生まれは大好物なんです（笑）。

杉　続いてガロシェ23（父ポエティックフレア・牝・吉村）。

橋　体高はそれほどなくて幅があるので、距離適性は短めだと思います。ポエティックフレア産駒は産駒数が少ないのですが、去年のシスキンのように、少ない産駒からたくさん勝ち上がって欲しいですね。

B-0厩舎
齊藤嘉隆 厩舎長

杉　1頭目はミスエーニョ23（父リアルスティール・牡・森一）です。

昌　いい筋肉をしているなぁ。

齊　おっしゃる通り、筋肉量は多いですね。スピード調教にも適応できていて、前進気勢が強過ぎず、コントロールが利く中で走れています。

昌　「山本昌が出資した牝馬の下は走る」の法則に当てはまっています（笑）。しかもリアルスティール産駒なので、まんまフォーエバーヤングパターンじゃない。

齊　ダートでも走れそうですが、血統的にも芝でこそだと考えていて、昨日、来場された森調教師も「6月の東京開幕週を狙っていこう」とおっしゃっていました。

杉　イヤリングの時に仲間にかじられて、少し尻尾が短いのもチャームポイントですね。続いてオンディナドバイ23（父サートゥルナーリア・牡・池江）。お母さんはアルゼンチンのマイルGI勝ち馬で、3番仔です。

昌　ちょうどいい頃合いじゃないですか。

齊　ハロン14秒までやっていて、こちらは前進気勢が強めのタイプですね。ハミをグッとくわえこんで走っています。バネもあって芯もありますね。イヤリングから来た時が420キロぐらいだったので、かなり筋肉量が増えていい体になりました。スピード感のある動きをしているので、芝で頑張ってくれそうですね。

C-1厩舎
安藤幸宏 厩舎長

杉　エルビッシュ23（父フィエールマン・牡・高橋亮）は本日唯一のフィエールマン産駒。

昌　フィエールマンは迷った末に出資を見送った苦い記憶があるんだよなぁ。

安　実はフィエールマンはこの厩舎にいたんですよ。フィエールマン産駒は去年、2歳新馬勝ちがなかったのですが、この馬で初の2歳新馬勝ちを決めたいなと思っています。ハロン14秒までやっていて、いい動きをしているので、6月か7月…できれば6月の一発目で決めたいですね。フィエールマン自身は成長曲線が緩やかなタイプでしたが、そういう先入観は持たずに、馬が移動に耐えられそうな状況なので早期デビューを目指していくことになりました。

ヴィヤダーナ23 ▶タイセイボーグ（462キロ）　ガロシェ23 ▶タイムレスキス（464キロ）
ミスエーニョ23 ▶モノポリオ（468キロ）　オンディナドバイ23 ▶馬名未決定（462キロ）　エルビッシュ23 ▶パトローナス（472キロ）

POG直球勝負 2025-2026

杉　続いては**ルミナスパレード23**（父サトノダイヤモンド・牡・林）。

安　こちらは再来週には移動します。ジワジワ成長するタイプだと想像していたのですが、成長が停滞するような期間もなく、すこぶる順調です。ハロン14秒を乗っていますが、完歩が大きくて体感よりも時計が出てしまいます。体付きからも距離は長い方が良いでしょうね。

昌　お父さんは（出資していた）リライアブルエースの同期でいい馬だったよね。

安　サトノダイヤモンドの背中も知っているので思い入れがあります。種牡馬としてお父さんも勝負の年だと思うので、この子には頑張って欲しいですね。

C-2厩舎
藤春猛 厩舎長

杉　1頭目は**ホロロジスト23**（父サートゥルナーリア・牡・武井）。

藤　5月移動予定です。まだ走りのバランスや中身に幼いところがあるので、芯が入ってくればもっと良くなると思いますが、現段階でもかなりのスピードは感じますよ。背中の柔らかさ、手先の軽さがあって、両親の良い部分が受け継がれている印象です。サートゥルナーリア産駒は新馬を勝った後に躓くケースが多いので、2戦目の速い流れでも動けるように育てていきたいですね。

昌　初年度産駒の特徴を踏まえて育成して、2年目に成績が伸びるケースは多いよね。サートゥルナーリアには注目しておきます。

杉　続いて**マンビア23**（父キタサンブラック・牡・斉藤崇）。

藤　成長曲線がゆっくりめなので、体を膨らませながら進めていますが、それでも15秒を楽々動けています。現状はセンスだけで時計を出しているという印象なので、成長のタイミングをしっかり捉えて送り出したいですね。

杉　日本で走った産駒は、ここまで7頭全て勝ち上がっているんです。

昌　打率10割はすごいね！

B-1厩舎
田中洋二 厩舎長

杉　**ミスベジル23**（父キズナ・牡・木村）です。

田　移動してきた時、420キロにも満たないぐらいの小さい馬だったので、最初からゆっくりめで仕上げています。現在は480キロほどで、馬はかなり成長してきましたね。体高も伸びて、お腹回り、腰回りの厚みも出て、登坂している時のストライドも広いです。3ハロン45秒ぐらいで走っている時のリズムとバランスはいいのですが、まだしっかり中身が入っていないので、しっかり馬をつくってから厩舎に送りたいなと思っています。

昌　アルアインも募集時は380キロぐらいだったのに、引退する頃は、短期放牧先で550キロになっていたからね。大きくなるのも才能だから。

杉　続いて本日2頭目のナダル産駒です。ス

ミスベジル23

ルミナスパレード23 ▶ガードオブオナー（500キロ）　ホロロジスト23 ▶セツナサ（465キロ）
マンビア23 ▶バステール（440キロ）　ミスベジル23 ▶アローメタル（482キロ）

ノーザンファーム空港

撮影場所／ノーザンファーム空港

（栗）高野
521キロ
生産　ノーザンファーム
募集総額／4000万円

カレイジャスビート　鹿毛　2.11生　牡
父 リアルスティール　母 ティールグリーン（Scat Daddy）

これはヤバいです。まさしく"ポテンシャルの塊"です（足立）

ミレ23（父ナダル・牡・加藤征）。

田　4月生まれですが、入場時から大きかったですね。当初は幼さ、肩回りの華奢さを感じましたが、乗るごとに逞しい体になってきました。先週、2頭併せで3ハロン40秒の時計を出したのですが、しっかり走り切れていました。掻きこむような走りで、パワーもあるのでダート向きだと思います。

昌　今年の取材でナンバーワンのアルマジロがきました。すごい胸前だよ。

B-2厩舎
木村純一 厩舎長

杉　1頭目はデックドアウト23（父モーリス・牡・大久保）です。

木　ハロン14秒をバリバリ。明日移動で6月阪神の芝1800mを目指したい馬です。

昌　これはいい！

木　いいですよね。馬のデキをみると、3100万円（という落札価格）は衝撃の安さですね。不思議なことを言わせてもらうと、この馬は完成度が高いのに未完成なんです。現状でも6月の新馬戦からまず好勝負できると思いますが、実は乗ってみるとまだ緩い面があって。その状況でも、うちの厩舎で一番動くぐらいですし、時計も出ます。乗り味も素晴

デックドアウト23

らしいです。

昌　ノッキングポイントにダイヤモンドハンズ、木村さんから紹介された馬は新馬勝ちするから、間違いないね。

木　今、名前の挙がった馬とも遜色ない…むしろそれ以上だと思っています。

杉　続いてエディスバーグ23（父イスラボニータ・牡・上原佑）。

木　当初は血統のイメージ通り、コロンとした短距離体型だったのが、みるみる馬が変わって、上にも横にも伸びました。ストライドも大きくなって、こちらの想像を超える成長をみせていますね。面白い馬だと思います。

B-3厩舎
足立稔 厩舎長

杉　ティールグリーン23（父リアルスティール・牡・高野）は厩舎長自信の1頭です。

足　これはヤバいです。ここ数年では一番自

スミレ233 ▶ 馬名未決定（515キロ）　デックドアウト23 ▶ チュウワカーネギー（539キロ）
エディスバーグ23 ▶ リゾートアイランド（494キロ）

79

POG直球勝負 2025-2026

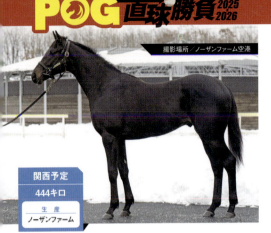

撮影場所／ノーザンファーム空港

関西予定
444キロ
生産 ノーザンファーム

青鹿毛
4.9生 牡

ウイルソン

父 コントレイル　母 ロクセラーナ（キングカメハメハ）

**軽い脚捌きで走ります。
いかにも切れそうですよ**（藤波）

信があります。

昌　今日一のコメントが出ました。

足　まだまだ良くなります。まさしく"ポテンシャルの塊"ですよ。見た目も皆褒めてくれますが、乗っても14秒を楽勝です。

昌　そこまで言われたら、ドラフト1位で指名するしかないじゃん。

足　実際にキャロットクラブの募集時にもかなり人気だったと聞きました。リアルスティールの硬さはなくて、バネとして伝わってくる柔らかさがあります。最終的にダートがベターかもしれませんが、スピードもしっかりあるので、芝でも走れるはずです。

杉　続いて**コーステッド23**（父エピファネイア・牡・堀）です。2024年のセレクトセールで税抜3億9000万円。本日、ご紹介する馬の中で最高額になります。

昌　（拝みながら）ありがとうございます。

足　ハロン14秒で4月下旬移動が目標です。フレームは素晴らしいので、あとはトモがパ

ンとしてくれば。時計も楽に出ているのに、贅沢な話ですが、求められるものが大きな馬ですからね。能力の高さは間違いありません。

昌　ここの2頭は凄いわ。勝負球と隠し球…いや、勝負球と勝負球ですね。

B-4厩舎
藤波明 厩舎長

杉　1頭目は**ロクセラーナ23**（父コントレイル・牡・関西）。

藤　背中もしっかりしていてバランスもいいですね。軽い脚捌きで走ります。現在ハロン15秒で、成長を促しながら6月ぐらいの移動を予定しています。坂路でも上体を起こして走れていて、いかにも切れそうですよ。

杉　続いて**パッシングスルー23**（父アルアイン・牡・中内田）。アルアイン産駒です。

昌　おーっ。似てる。

藤　こちらは3ハロン42秒ぐらいまで進めているので、GW明けぐらいには移動できると思います。42秒でもまだまだ余裕残しで走っていますし、緩いつくりだったのが、トモの筋肉量も増えてきました。背中の幅もあるし、とにかく動きがダイナミックです。スピードがあって、それでもまだ遊んで走っているので、奥深さも含めてかなり期待していますよ。

B-5厩舎
佐々木淳吏 厩舎長

杉　**ローズベリル23**（父ドレフォン・牡・友道）はビップデイジーの弟ですね。

佐　ハロン15秒で乗っています。ドレフォンっぽい肩回りのムキムキ感が出てきて、適性

80　コーステッド23 ▶馬名未決定（493キロ）　パッシングスルー23 ▶ブレットパス（480キロ）　ローズベリル23 ▶ジョーカー（493キロ）

的にはダート寄りかなという印象です。気持ちも強いし、併せた時にグッと気合が入って、しっかり動けていますね。今日は芝のクラシックタイプをたくさんご覧になっていると思うので、一味違ったパターンを出してみました。

昌 さすが佐々木さん。読者のニーズも取材者のニーズもわかってるね！

佐 とはいえ、筋肉自体はそこまで硬くないので、芝でもやれると思います。

杉 続いてラルケット23（父リオンディーズ・牡・武幸）です。

佐 これはもう、ビンビン。ビンビンの名に恥じぬビンビンです。体も締まってシャープさが出てきました。3月末移動予定です。

昌 ビンビン出ました。確かに、すごくバランスがいい。

佐 セーブしながら、ハロン14、15秒をやっていますが、手先の軽い、いかにも芝のスピードタイプの走りですね。2月の終わりぐらいから終いだけ強めに伸ばすような調教を入れたのですが、その時の動きが一瞬でフルギアに入るような、「これは！」という動きでした。朝日杯を目指していけるような馬だと思います。緩さも残しながらもこれだけ動けているので、芯が入った時に凄い動きをするんじゃないかな…という願望です（笑）。

昌 期待ね（笑）。

B-6厩舎
高見優也 厩舎長

杉 1頭目はミカリーニョ（父ハービンジャー・牡・須貝）です。

昌 おぉ、ハービンジャー。好きなんですよ。緩さと紙一重なんだけど。

高 この馬も緩さは残っていますが、緩さを

ノーザンファーム空港

撮影場所／ノーザンファーム空港

（栗）武幸
496キロ

生産
ノーザンファーム

取引価格／1億5950万円（23セレクト）

馬名未決定 鹿毛 牡 2.24生

父 リオンディーズ　母 ラルケット（ファルブラヴ）

ビンビンの名に恥じぬビンビンです（佐々木）

残しながらも、42秒近くまでやれています。背中が良くて、溜めがきくので、自由自在に競馬ができるタイプじゃないでしょうか。

昌 そうすると、始動も比較的早めですか？

高 函館芝1800mを目指しています。そして、札幌2歳Sを狙っています。

昌 そしてその先もね。高見さんには（育成馬のエフフォーリアに）シャフリヤールで勝っちゃったから…。

高 ダービーに行きたいですね。距離は延びていいと思いますし、もちろん、まだ成長します。

杉 こちらも凄いですよ。グランアレグリア23（父エピファネイア・牡・木村）。

昌 出ました、募集価格2億円。

高 来た時から良かったのですが、そこからの変わり身がまだ期待しているところまではきていないので、もう少し待とうという話になりました。いい馬だからこそ、いい時にデビューさせよう、ということですね。

高 お母さんのように6月デビューさせたい

グランアレグリア23 ▶ グランマエストロ（491キロ）

ショウナンガルフ 牡
鹿毛／1.16生　撮影場所／ノーザンファーム空港
父 ハービンジャー
母 ミカリーニョ（ハーツクライ）

（栗）須貝
479キロ
生産 ノーザンファーム
取引価格　2億3100万円（23セレクト）

溜めがきくので、自由自在に競馬ができるタイプ。
札幌2歳S、そしてダービーに行きたいですね（高見）

という気持ちもありましたが、一発目からしっかり決められるように、敢えて待ちます。

A-3厩舎
重永亮 厩舎長

杉　1頭目はリカビトス23（父サートゥルナーリア・牝・吉岡）。新厩舎長、お願いします。
重　体幹が強くてスピードがありますね。脂肪がつきやすい体質ですが、その脂肪がとれてきてアスリートの体付きになってきました。
杉　続いてロゼリーナ23（父ナダル・牝・加藤士）。

重　今月移動で、今は14秒をやっていますが、楽々上がってきます。1歳の時はトモが高くなって追いついてトモが高くなって追いついて…の繰り返しで、2歳になってやっとバランスが取れてきました。前向きさはありながらもコントロールは利きますし、大きいけど軽い。乗り味はとてもいいですよ。
昌　新厩舎長としての初勝利が期待できそうだね。

A-4厩舎
東谷智司 厩舎長

杉　ジューヌエコール23（父アドマイヤマー

リカビトス23▶バナテナイア（432キロ）　ロゼリーナ23▶オテンバプリンセス（479キロ）
ジューヌエコール23▶エコールナヴァール（479キロ）

ズ・牝・森一）です。

東 ハロン14秒まで進んでいます。ストライドが大きくて、切れるというよりも持続力を生かすタイプですね。

杉 森調教師のアドマイヤマーズ産駒といえばエンブロイダリー。先生は「同時期比較でエンブロイダリーと遜色ないです」とおっしゃっていました。

昌 なるほど。そのイメージね。そうすると6月東京デビューからクイーンCは勝つのか。

杉 続いてスマートレイアー23（父エピファネイア・牝・大久保）。

東 明後日移動です（3月7日移動済）。ハロン14秒を切るぐらいのところまで進めていて、動きはいいですね。6月阪神を目指しています。

撮影場所／ノーザンファーム空港

ノーザンファーム空港

（美）国枝
461キロ
生産
ノーザンファーム
募集総額／8000万円

ダーリングハースト 栗毛 牝
4.11生

父 エピファネイア　母 フォエヴァーダーリング（Congrats）

乗りやすくて、バランスも良くて、持続力もあって（中川）

A-5厩舎

中川晃征 厩舎長

杉 ブチコ23（父モーリス・牝・須貝）。白毛です。

昌 うおー、白い。

中 動きは文句無しですね。不安点は、モーリス産駒の全兄がまだそれほど走れていない点だけです。ソダシとの比較でも、完成度はこちらの方が上なので、2歳GIから桜花賞まで楽しめると思っています。

杉 大トリはフォエヴァーダーリング23（父エピファネイア・牝・国枝）。

昌 最後まで出資馬の下ですか。

中 4月生まれで早いタイプではないですけれど、現状の出来なら6月デビューもいけるでしょう。マイルよりも1800、2000。適性は中長距離だと思います。

昌 「長」まで入りますか。

中 はい、桜花賞よりはオークスというタイプでしょう。欠点は…ないですね。乗りやすくて、バランスも良くて、持続力もあって。

昌 今回の取材で「オークス候補」というワードは初めてかもしれない。

中 心臓も強いですし、ストライドも体型もオークス向きですね。早い時期にデビューできるのでPOGという意味でも楽しみですし、古馬になってからも成長するでしょう。

昌 中川さんは牝馬GIをコンプリートしていますよね？

中 いや、実はエリザベス女王杯は勝っていないんですよ。もちろんコンプリートしたい気持ちはありますが、今は海外という選択肢もありますからね。

昌 もし春に2400m（のオークス）で結果を出したら凱旋門賞もあるんじゃない？

中 あるかもしれません。そのためにも、GIを2勝して、宝塚記念を勝って凱旋門賞を狙いたいと思います。

昌 それはダビスタだよ！（笑）

スマートレイアー23 ▶ スマートプリエール（473キロ）　ブチコ23 ▶ マルガ（457キロ）

POG 直球勝負 2025-2026

INTERVIEW

青田力也 氏

ジャンタルマンタル、アドマイヤズームと生産馬が2年連続で朝日杯を制覇。勢いに乗る社台ファームを山本昌さんが訪ねました。どうやら、期待の出資馬に対し、一層、自信を深めたようですよ！

あの名牝に遜色ない手応え スキア23は期待大

青田 出資されているスキア23（父エピファネイア・牝・中内田）については、佐々木厩舎長から直接聞いてください。

昌 よろしくお願いします。どうですか、スキア23の印象は？

佐々木 凄いですね。募集馬ツアーの時から目をひく馬でしたが、跨ってみたら文句無しです。

昌 本当ですか。シャフリヤール以来のビビッとくるものがあったので、第一希望で応募を決めた馬なんです。

佐 比較対象がダービー馬なので軽々しいことは言えませんが、本当にいい馬ですよ。

青 張り合うわけではありませんが（笑）、この厩舎（F3厩舎）からはスターズオンアースが出ています。

佐 スターズオンアースも跨った時に「お

っ」となりましたが、スキア23もそれに通じる手応えはありますよ。

昌 嬉しい言葉ですねぇ。調教の進度は15－15ぐらいですか？

佐 3ハロン42秒なので、13秒台まで踏んでいます。これぐらいの時計では突き抜けてしまうぐらいの手応えですよ。

昌 いいですねぇ。エピファネイア産駒ですが、気性面はいかがですか？

佐 スキアの系統なので少し警戒していたのですが、周りの反応でピリッとすることはあっても、自分からということはありません。普段は大人しくて優しい子ですよ。

昌 牝馬はかわいいねぇ。（スキアの歩きを見ながら）募集動画でもブレることなく真っ直ぐ歩いていたのが気に入ったんです。

佐 成長に伴い前脚の掻き込み、後肢の蹴り

ダノンデサイルが24ダービー制覇

取材＝山本昌　構成＝松山崇

社台ファーム

取材日／3月5日

上げが強くなって、さらに良くなっていると思いますよ。

昌　それは心強いです。スターズオンアース以上に活躍を期待しているので、よろしくお願いします。

佐　ということは、目指すは牝馬三冠でしょうか？　頑張ります（笑）。

この世代にも素質馬が目白押し

昌　ここからは本来の取材ということで2歳馬について聞いていきます。カンビーナ23（父エピファネイア・牡・矢作）はいかがでしょうか？

青　本馬を育成する丹羽厩舎長によると「まだ幼さは残しているものの、スピードがあって、パワーも伴ってきました。前の馬を捕まえに行こうとする気持ちは好印象です。芝の中距離路線が合うと思うので、秋のデビューをイメージしています」とのことでした。

昌　出資の段階で、第一希望候補として悩んだのがカラライナ23（父コントレイル・牡・堀）でした。

青　順調に鍛錬を積んでいますよ。調教に携わる近藤厩舎長からは「活発な性格で、トビの大きな力強い走りをします。まだ成長の余地を残しているので、秋のデビューになりそうです」というコメントがありました。

社台ファーム

撮影場所／社台ファーム

（栗）中内田
469キロ
生産　社台ファーム

フィロステファニ
父 エピファネイア　母 スキア（Motivator）

黒鹿毛　牝　2.7生

募集総額／8000万円

13秒台まで踏んでいますが、突き抜けてしまう手応えです（佐々木）

昌　堀厩舎なので、秋の東京デビューが目に浮かびますね。コントレイル産駒の牡馬で第二希望以降に回らないかなと思っていたのですが、そんな甘くありませんでした（笑）。あと、募集動画でいいなと思っていたのがラナモン23（父インディチャンプ・牡・池江）

POG直球勝負 2025-2026

(美)堀
475キロ
生産
社台ファーム
募集総額／1億円

エーデルゼーレ
黒鹿毛
2.24生
牡

父 コントレイル　母 カラライナ（Curlin）

(栗)須貝
450キロ
生産
社台ファーム
募集総額／3600万円

ルージュソムニウム
黒鹿毛
4.3生
牝

父 ロードカナロア　母 レッドリヴェール（ステイゴールド）

なんです。

青「体を使えるようになってトビも大きくなりました。芝のマイル戦が合いそうなイメージです」と管理している岡部厩舎長は評価しています。この馬は夏デビューも視野に入ってくると思います（編注：3月20日に栗東・池江厩舎に入厩）。

昌 Stacelita23（父St Mark's Basilica・牝・安田）については聞かないわけにはいきません。

青 夢のある血統ですよね。増井厩舎長によると「前向きに走る子が、力の強弱を理解して余裕が出てきた」とのことですよ。マイルから中距離での活躍を思い浮かべています。

昌 そして募集価格1億円のサザンスターズ23（父エピファネイア・牝・杉山晴）。

青「素材は一級品です。落ち着きが出て、今もなお成長している段階」と弥吉厩舎長が話してくれていますので、じっくり秋デビューを目指したいですね。

昌 ディアウトオブジオフィス23（父ロードカナロア・牝・松永幹）は、募集馬ツアーに参加した仲間から「青田さんの推しだった」と聞いています（笑）。

青 覚えていていただけて嬉しいですね！適度にリフレッシュ期間を挟みながら順調に鍛錬を重ねていますよ。育成する広瀬厩舎長も「ここへきて力強さが出てきた」と好感触でした。マイルから2000mでの活躍を期待しているとのことです。

昌 社台レースホース以外では、同じロードカナロア産駒でレッドリヴェール23（父ロードカナロア・牝・須貝）が気になりました。

青 この子は優等生ですね。スキア23と同じF3厩舎で育成されています。佐々木厩舎長からは「成長してフォルムがまとまったからか、スピード感が出てきました。順調なので、夏デビューもあるかもしれません」という話が聞けましたよ。

吉田照哉代表と"パワー!"。
ぜひ、来春の仁川でも再現を

社台ファーム

その他の注目2歳馬一覧

馬名	性別	厩舎	父	母
エヴァンスベイ	牝	(美)宮田	イスラボニータ	エヴァディングタンペット(Dubai Destination)

「気持ちが入った走りをするようになってきました。体に幅が出てきて成長を感じます。柔らかみがあるので芝競馬が合いそうです」(増井厩舎長)467キロ

| アンビエントポップ | 牝 | (栗)上村 | ヴァンゴッホ | フナウタ(ダイワメジャー) |

「スピード感もありますが、パワフルな走りをするのでダートで強さを見せてくれそう。操縦性も良いので距離の融通は利きそうです」(朝日厩舎長)494キロ

| イノセントホープ | 牝 | (美)小島 | エイシンフラッシュ | イノセントミューズ(ヴィクトワールピサ) |

「騎乗者に素直で、ハミをしっかり取った走りが印象的。スピードとパワーを兼ね備えて成長してきました。調整次第では夏デビューも」(工藤厩舎長)464キロ

| カラベルソナ | 牝 | (栗)斉藤崇 | エピファネイア | カリーナミア(Malibu Moon) |

「直線坂路コースでグイッと動いてくるあたりがエピファネイア産駒だな。体を使って、伸びやかに走れるようになってきました」(佐々木厩舎長)450キロ

| ウェイクフィールド | 牡 | (美)嘉藤 | キズナ | ハーレムライン(マンハッタンカフェ) |

「いつも元気で活発です。サインに応えてグンと伸びてくれます。マイル〜2000mで速さを武器に押し切る競馬をイメージしています」(工藤厩舎長)493キロ

| アサリア | 牝 | (栗)藤原 | キズナ | プレミアステップス(Footstepsinthesand) |

「気が強いタイプで、坂路では前向きに集中力高く走ってきます。体も使えて好印象ですね。もう少し乗り込んで秋デビューが良さそう」(弥吉厩舎長)464キロ

| ウィスカーパッド | 牝 | (栗)藤岡 | キタサンブラック | キトゥンズダンプリングス(Kitten's Joy) |

「大人しく走りも素直です。背中が良くて、大きなストライドで走ってくれています。まだ良くなりそうなので秋のデビューを想定」(朝日厩舎長)464キロ

| ルージュアストレア | 牝 | (美)栗田 | キタサンブラック | プリンセスアスタ(Canford Cliffs) |

「前進気勢が旺盛です。ここへきてトモがしっかりして、踏み込みが強くなり坂路を駆けてくる脚取りも変わってきたので楽しみです」(佐々木厩舎長)429キロ

| ルージュアリスタ | 牝 | (美)宮田 | コントレイル | シャーラレイ(Afleet Alex) |

「坂路コースを集中して走っていくフォームには安定感があります。速めの時計設定の調教でもブレることなく、今後が楽しみですね」(弥吉厩舎長)499キロ

| スピーチバルーン | 牝 | (栗)吉村 | コントレイル | スピーチ(Mr Speaker) |

「操縦性が良く、前向きな走りが好印象。ブレない脚さばきや、スピード能力、体幹の強さを感じます。芝のマイルぐらいが合いそう」(朝日厩舎長)432キロ

| マジョレルブルー | 牡 | (栗)友道 | コントレイル | ブルーミングアレー(シンボリクリスエス) |

「オンオフがしっかりしていて、オンに入った時は素晴らしい動きで、高いポテンシャルを感じます。収縮が上手でバネがありますね」(工藤厩舎長)481キロ

| 馬名未決定 | 牝 | (栗)前川 | サトノインプレッサ | ベガスナイト(コロナドズクエスト) |

「坂路を終いまでしっかり伸びてくる走りが好印象。筋肉が付き、がっしりとした体に成長してきましたが、まだ変わりそうです」(増井厩舎長)445キロ

| スクランプシャス | 牡 | (栗)橋口 | シルバーステート | サボールアトリウンフォ(Dance Brightly) |

「調教開始当初から、乗り味の良さを皆が共有してきました。大きくて速いフットワークで、高いスピード能力を感じています」(宇多川厩舎長)453キロ

| ギレイ | 牡 | (栗)清水久 | ブリックスアンドモルタル | ザレマ(ダンスインザダーク) |

「脚が速く、シンプルにスピードがありそうです。まだ細身で緩さもあるので、春夏と鍛えることで変わってきそうで楽しみですね」(後藤厩舎長)471キロ

| ロングミックス | 牡 | (美)村田 | ベンバトル | ステレオグラム(ローエングリン) |

「厩舎内でも調教時でも手がかからず、順調に調整が進んでいます。トレーニングを積むにつれて、走りにパワーが出てきましたよ」(工藤厩舎長)488キロ

| 馬名未決定 | 牡 | (栗)佐藤悠 | ポエティックフレア | クラリスピンク(ネオユニヴァース) |

「普段は大人しいのですが、前進気勢に満ちてスピード十分です。パワーもついてきたので、芝ダート問わずマイル辺りが良さそう」(田邊厩舎長)453キロ

| レクランフランセ | 牝 | (美)稲垣 | ポエティックフレア | フィルムフランセ(シンボリクリスエス) |

「力が勝った走りから、半姉マビュースの同時期と比較すると、ダートが合いそうなイメージ。夏後半デビューもあるかもしれません」(増井厩舎長)453キロ

| ビスケットアソート | 牡 | (栗)武英 | マインドユアビスケッツ | ファビュラスギフト(エイシンフラッシュ) |

「しっかり乗り込んで強化中。前進気勢に満ちて力感のある走りをするので、母同様に短距離ダートで強さを発揮してくれそうですね」(近藤厩舎長)481キロ

| ヘリテージブルーム | 牡 | (美)伊藤圭 | ミスチヴィアスアレックス | オールドパサデナ(エンパイアメーカー) |

「普段は落ち着いていますが、調教では気の入った動き。いつも手応え良く、スピード・パワーに加えて、切れも感じられますね」(近藤厩舎長)447キロ

| ココナッツコースト | 牝 | (美)木村 | モーリス | カウアイレーン(キングカメハメハ) |

「母系特有の気の強さがあって、前進気勢も旺盛ですね。柔軟性に富んだ走りが印象的です。秋番組でのデビューをイメージしています」(弥吉厩舎長)430キロ

| 馬名未決定 | 牡 | 厩舎未定 | モズアスコット | チョコレートパイン(ディープインパクト) |

「体重こそ大きくありませんが、飼い葉はモリモリ食べています。スピードの持続性がありますね。セリが楽しみです」(丹羽厩舎長)415キロ

| フィンガーレイクス | 牡 | (栗)藤原 | ロードカナロア | クイーンズリング(マンハッタンカフェ) |

「ピリッとした雰囲気が出てきて、グンと動くようになってきました。柔らかいフットワークが特徴で、2000m前後が良さそうです」(後藤厩舎長)508キロ

| アンティミスト | 牡 | (美)鈴木伸 | Caravaggio | Olympic Las Palmas(Agnes Gold) |

「まだ成長の余地はありますが、集中して走れています。筋力アップに伴い後肢の蹴り上げが強くなり、フォームが良くなりました」(岡部厩舎長)499キロ

カンビーナ23 ▶ フェルギナス(482キロ)　ラナモン23 ▶ ブレナヴォン(453キロ)　スタセリタ23 ▶ シェーネエルデ(470キロ)
サザンスターズ23 ▶ ステラミラージュ(458キロ)　ディアウトオブオフィス23 ▶ ライトオブジアース(480キロ)

POG直球勝負 2025 2026

INTERVIEW

神田直明 ゼネラルマネージャー
細川隆太 アシスタントマネージャー

今年の〝直球〟は「コントレイルのエース探し」。ならば、父の乗り味を知る人に聞くのが一番です。そして、撮影と取材を終えて思いました。コントレイルのエースはこの中にいるはずです!!

コントレイル産駒は父に似てすぐに仕上がりそう

──撮影させていただいた30頭中15頭がコントレイル産駒だったことからも、並々ならぬ期待がうかがえました。まずはコントレイル産駒の全体的な印象を聞かせてください。

神田（以下、神） 運動神経が良いというのが最大の特徴です。性格は真面目で、頭も良くて素直。走ることが好きで一生懸命走る産駒が多い印象です。父がコントレイルに変わったことで気性の問題が軽減されているというパターンが多いので、今年は「母の最高傑作」と言える馬がたくさんいます。

──たしかに、コントレイル産駒は落ち着いていて撮影もスムーズでした。仕上がりの面はいかがでしょうか？

神 母のタイプにもよりますけど、全体的に早期から走れる雰囲気があります。

──コントレイル自身、2歳の撮影時には調教を休んでいましたけど、調教を再開したら一気に仕上がったんですよね？

神 はい。産駒も調教を強めるとしっかりと動けますから、父に似てすぐに仕上がる馬が多いと思います。

──では、1頭ずつ解説をお願いします。まずはセレクトセール当歳で5億7200万円で落札された**コンヴィクションⅡ23**（父コントレイル・牡・福永）からお願いします。

神 たたずまいに存在感があり、オーラを放っています。柔らかみがあって大きなストライドで走りますし、気性は素直で折り合いもつくので、距離の融通性があります。仕上げようと思えばすぐに仕上がると思いますが、王道路線を目指してほしいので、現段階では気持ちが入りすぎないようにゆったり乗っています。

バイバイベイビー23（父コントレイル・牡・矢作）もセレクトセール当歳で、3億6300万円でした。母は愛GⅢ勝ちや英オー

ダービー馬を3頭送り出した西の重要拠点　取材=柿原正紀

大山ヒルズ

取材日　3月26日

大山ヒルズ

撮影場所／大山ヒルズ

(栗)福永
477キロ
生産
ノーザンファーム
取引価格／5億7200万円(23セレクト)

サガルマータ ─── 青鹿毛 牡 2.10生
父 コントレイル　母 コンヴィクションⅡ (City Banker)

たたずまいに存在感があり、オーラを放っています（神田）

クス3着の実績がありますね。

神　母父ガリレオらしくクラシックディスタンスが合いそうです。まだ馬体に幼いところがありますが、潜在能力を感じる動きをするので、これから良くなってくると思います。秋口のデビューを目指して、じっくり乗っていく予定です。

── カーレッサ23（父コントレイル・牡・栗田）もセレクトセール当歳で落札された馬ですね（7920万円）。

神　こちらは母父がアンクルモーで、筋肉量の豊富な馬体をしています。走らせると回転の速いフットワークで一気にスピードに乗ります。仕上がりも良いので、4月上旬に入厩予定と聞いています。

── ステラスター23（父コントレイル・牡・福永）は、近親にフォレ賞（仏G1・1400m）を3連覇したワンマスターがいる良血です。

神　賢くて手がかからない馬です。単走のときはゆったり走ることができますし、併せ馬になるとハミをしっかり取って負けん気の強さを見せます。こちらも4月上旬に入厩するようです。

── エディン23（父コントレイル・牡・池江）はアブレイズの半弟になりますね。

神　大きくて見栄えのする馬体で、首を使った推進力のある走りをします。ひとつ上、ふたつ上の兄は気難しいところがありましたが、この馬はそういうところを見せないので扱いやすいです。タイプとしては中距離向きで、仕上がりも上々です。

── ドリームジョブ23（父コントレイル・牡・

POG直球勝負 2025-2026

（栗）中竹
428キロ
生産 ノースヒルズ

カモンレイル
青鹿毛 3.23生 牡
父 コントレイル　母 ヴェントス（ウォーエンブレム）

（栗）角田
472キロ
生産 ノースヒルズ

ブライトエンジェル
鹿毛 3.3生 牝
父 コントレイル　母 イベリス（ロードカナロア）

萩原）は祖母がBCフィリー＆メアターフの2着馬ですね。

神 先ほど言った「母の最高傑作」と言える馬です。素軽いピッチ走法で気性の勝ったところがあるので距離は短めになると思います。順調なので早めに入厩できそうです。

——**ヴェントス23**（父コントレイル・牡・中竹）はスカーレットカラーの半弟ですね。

神 父譲りのスピードと瞬発力があり、早くから活躍できそうです。前向きな気性ですが、短距離タイプではなくマイルから中距離向きだと思っています。スカーレットカラーは6月の阪神でデビューできるほど仕上がりが早く、古馬になって本格化するほど成長力がありましたが、この馬にも同じような雰囲気を感じています。まだ体は華奢ですが、徐々にボリュームが出てくると思います。

——続いて牝馬ですが、**イベリス23**（父コントレイル・牝・角田）は母の初仔ですね。

細川（以下、細） 母のイメージどおり素晴らしいスピードがあります。母がアーリントンCを勝っているように、マイルまでは守備範囲です。

神 コントレイル産駒は体幹が強い仔が多く、坂路でも真っ直ぐ走ってきます。この馬はまさにそんなイメージで軸がブレません。

細 今年の牝馬の中ではトップクラスです。すぐに仕上がりそうなので、早い時期にデビューできると思います。

——**フォローアドリーム23**（父コントレイル・牝・木村）は、上の2頭がオープン、準オープンで活躍していますね。

細 こちらも評価の高い馬です。キャンターではゆったり走れますし、速めの調教では集中してスピードをしっかり乗せて走ることができます。操縦性が高く距離ももちそうですし、馬体もどんどん良くなっているので楽しみです。4月中には入厩すると聞いています。

——最後に、直球でお聞きします。コントレイル牡馬のエース候補を3頭教えてください。

神 コンヴィクションⅡ23、ヴェントス23、バイバイベイビー23だと思っています。

——牝馬のエース候補もお願いします。

細 イベリス23です。

——ありがとうございました。コントレイル旋風に期待しています！

コンヴィクションⅡ23 ▶ サガルマータ（477キロ）　バイバイベイビー23 ▶ ボンボンベイビー（454キロ）　カーレッサ23 ▶ シャルトル（444キロ）
ステラスター23 ▶ クールマイユール（441キロ）　エディン23 ▶ ブライトキングダム（492キロ）

大山ヒルズ

その他の注目2歳馬一覧

マイバレンタイン | 牡 | （栗）池江 | 父／キズナ | 母／キトゥンズクイーン（Kitten's Joy）
「雄大なフットワークをする中長距離向きのキズナ産駒です。欠点がなく調教も順調に進んでいるのでいつでも入厩できます」（神田GM）。500キロ

エンジェルボイス | 牡 | （栗）吉村 | 父／キズナ | 母／ザナ（Galileo）
コンクシェルの全弟。「皮膚が薄くて毛艶も良いので目立つ馬です。馬体にも柔らかみがあり、綺麗なフットワークをします」（神田GM）。461キロ

シーズザスローン | 牡 | （栗）松永幹 | 父／キズナ | 母／ミコレジーナ（Frankel）
母はフランケル×アムールブリエ。「祖母に似て落ち着きがあり、従順で操縦性が高いので、長めの距離で活躍しそうです」（神田GM）。458キロ

ゼランテ | 牡 | （栗）松永幹 | 父／コントレイル | 母／セラン（Uncle Mo）
母はUAEオークス3着。「母に似て筋肉質な体型。まだお尻が高く成長の余地があるので、秋に向けて調整中です」（神田GM）。460キロ

ムスクレスト | 牡 | （栗）安田 | 父／コントレイル | 母／ノイーヴァ（Temple City）
「筋肉質でスピードタイプのコントレイル産駒です。母はダート血統ですが、この馬は芝で走れそうな軽さがあります」（神田GM）。452キロ

ボーントゥラブユー | 牝 | （美）小笠 | 父／コントレイル | 母／フェアエレン（Street Cry）
「長めの距離が向いていそうで、オークスが視野に入るタイプです。仕上がりも良く、いつでも入厩できる体勢にあります」（細川AM）。460キロ

カムアップローゼス | 牡 | （栗）浜田 | 父／リオンディーズ | 母／クライミングローズ（マンハッタンカフェ）
「きょうだいはダートで活躍していますが、手先が軽いので芝が向きそうなタイプです。気が良いので2歳戦から活躍できそうです」（神田GM）。461キロ

フーガカンタービレ | 牝 | （栗）大久保 | 父／ロードカナロア | 母／ベルカント（サクラバクシンオー）
「母の仔らしいスピードタイプです。まだ体が小さく成長待ちですが、スピードと乗り味を考えたら早期デビューでも走れそうです」（細川AM）。415キロ

ヒットホーム | 牡 | （栗）松永幹 | 父／American Pharoah | 母／Amour Briller（Smart Strike）
「大型馬ですが、反応が良く素軽さがあります。ダート中距離向きで確実に計算できるタイプだと思います」（神田GM）。528キロ

メルクリウス | 牡 | （美）木村 | 父／Candy Ride | 母／Tapit's Angel（Tapit）
母はラニの全妹。「跳びが大きく柔らかいキャンターをします。まだ線が細いですし、距離もあったほうがいいので秋目標です」（神田GM）。468キロ

ワトルツリー | 牝 | （栗）藤岡 | 父／Frankel | 母／Elisheva（Smart Strike）
「牝馬のなかではトップ級です。姉に似たスピードタイプですが、こちらのほうが距離の融通性がありそうです」（細川AM）。入厩時426キロ

レヴィ | 牝 | （栗）新谷 | 父／Good Magic | 母／Seasoned Warrior（Majestic Warrior）
「前進気勢があり15-15でも軽く上がってきます。もう少し体が欲しいので、成長を促しながら秋デビューを目指していきます」（細川AM）。424キロ

グッドピース | 牡 | （栗）高野 | 父／Kingman | 母／Fiducia（Medaglia d'Oro）
「血統のイメージどおり芝のスピードタイプです。まだ幼い体をしていますし、もう一回り大きくなってほしいので秋目標です」（神田GM）。430キロ

マカホウ | 牡 | （栗）田中克 | 父／Kingman | 母／J Wonder（Footstepsinthesand）
「母は英GⅢ（芝7F）勝ち。「血統どおりのスピードタイプ。気性的にも仕上がりが早そうなので、函館芝が合いそうな印象です」（神田GM）。460キロ

クロレ | 牝 | （栗）福永 | 父／Quality Road | 母／Rachel's Valentina（Bernardini）
「母は米GI（ダ7F）勝ち。「綺麗な馬体で品があります。血統はダートですが、芝の中長距離でも走れそうな感触があります」（細川AM）。453キロ

クワイエットアイ | 牡 | （栗）中竹 | 父／St Mark's Basilica | 母／Blanc Bonheur（Deep Impact）
「始動は遅れましたが、乗り始めてからは順調で他馬に追いつきました。この一族では夏競馬からの活躍を期待しています」（神田GM）。455キロ

ペスカドール | 牡 | （栗）高橋亮 | 父／Uncle Mo | 母／Scarlet Color（Victoire Pisa）
「恵まれた馬体と跳びの大きなフットワークを活かして、ダート中距離で活躍してくれそうです。秋デビューを目指してます」（神田GM）。503キロ

注目の預託馬

ヨカオウ | 牡 | （栗）谷 | 父／キズナ | 母／ヨカヨカ（スクワートルスクワート）
母は北九州記念の勝ち馬。「馬っぷりと毛艶が目立ちます。柔らかみのあるフットワークで、いかにもスピードがありそうです」（神田GM）455キロ

ビッグヒーロー | 牡 | （栗）福永 | 父／コントレイル | 母／アンナペレンナ（Tale of Ekati）
半兄ビッグシーザー。「良いスピードがあります。短距離タイプですが、操縦性が高いので兄より距離の融通は利きそうです」（神田GM）494キロ

チェリヴェント | 牡 | （栗）清水久 | 父／コントレイル | 母／クリアリーコンフューズド（Successful Appeal）
「半姉フィオリキアリに比べると、ものおじせず落ち着きがあります。指示に対する反応も良く、早い時期から活躍できそうです」（神田GM）498キロ

馬名未決定 | 牡 | （栗）中竹 | 父／コントレイル | 母／ルミエールヴェリテ（Cozzene）
キメラヴェリテ、アリスヴェリテの半弟。「運動神経が良くて素直な性格です。仕上がりも良く、いつでも入厩できます」（神田GM）462キロ

ドリームジョブ23 ▶ 馬名未決定（472キロ）　ヴェントス23 ▶ カモンレイル（428キロ）　イベリス23 ▶ ブライトエンジェル（472キロ）
フォローアドリーム23 ▶ スカイドリーマー（439キロ）

POG 直球勝負 2025-2026

INTERVIEW

飯田正剛
代表取締役
社長

飯田貴大
専務

2025年もウシュバテソーロの海外遠征に魅了され、名門の実力は証明された。日本の牝系、そして輸入牝馬からつくる牝系が2歳世代とともにまた新たな歴史を紡いでいく。

生まれたときからずっといい馬 プレシャスライフ23

——この2歳世代の育成方針から教えてください。

飯田貴大氏（以下、貴） 基礎体力をつけることに重きを置くのは例年と変わりません。本数を重ねてベースをつくる形です。雪が少なかったぶん、しっかり乗り込めています。

——今年も11頭見せていただきました。トップバッターは**プレシャスライフ23**（父キタサンブラック・牡・堀）です。

貴 生まれた時から期待の大きい1頭です。この世代は社長にお願いしてキタサンブラックをつけてもらった、そのうちの1頭です。

——キタサンブラックを評価したのは？

貴 当時、イクイノックスが東京スポーツ杯2歳Sを勝ってクラシックを獲れる器だと感じたのと、産駒が全体的に早い時期から動けて、キレのあるイメージがありました。それで手がけてみたいな、と。

——この仔の成長ぶりはどう見ていますか？

貴 生まれたときから本当にいい馬で、場内で見るたびに「ダービー馬だ」と声をかけて育ててきました。5月下旬生まれですが、年明けから背が伸びて幅も出てきて、気迫も伝わってくるようになりました。期待度の高さはまったく変わりません。

飯田正剛氏（以下、正） 調教メニューも一番進んでいる組でここまで順調ですから、秋とは言わず始動できるかもしれません。

——プレシャスライフは孫世代にもサークルオブライフなどがいて、優秀な母ですね。

貴 どんな種牡馬をつけても走ってくれますし、父のよさを引き出してくれるお母さんです。この仔も、芝の中長距離が合いそうな体形とゆったりとした走りをしています。

——**ロイヤルヴォルト23**（父リオンティーズ・牡・大和田）はどんな馬でしょうか。

正 祖母のレディジョアンは私が気に入って

取材日◎3月13日
取材・構成＝岸端薫子

ブランド血脈が大舞台で花開く

千代田牧場

千代田牧場

買ってきたアメリカG1馬ですから、もちろん走ってほしいです。この仔は青鹿毛や流星が母父のサンデーサイレンスに似ていますね。

貴 昨年も話しましたが、ひ孫世代のシリウスコルトなど活躍馬が出てきましたから、続いてほしいです。

——距離適性や気性面は？

正 背中も長いですし、中長距離でいいでしょうね。気性面は問題ないでしょう。

貴 上は穏やかな性格でしたが、この仔は荒々しさを持ちあわせています。ただ、折り合いはつきますから、早い時期から動けるかもしれません。

正 夏競馬からでもいけると思います。

貴 スタミナもあると見ているので、2400m以上でも楽しみな1頭です。

——**スティールパス23**（父サートゥルナーリア・牡・福永）は母が交流重賞の勝ち馬です。

貴 エピファネイア産駒の半兄ミッキーカプチーノが芝で走っていますから、この仔も芝もこなせるのではと見ています。

正 中距離くらいでしょうね。素質は間違いないから大事にやっていきます。

貴 ここにきてぐんぐん大きくなって体が締まってきました。体力的な余裕もありますし、これからさらによくなっていくと思います。

——**ギブユースマイル23**（父ダイワメジャー・牡・関西予定）は、祖母がスマイルトゥモローです。

貴 母はスマイルトゥモローのラストクロップです。このファミリーはスピード色が強いんですが、ダイワメジャーを迎えてさらにスピードを特化させた形ですね。

——この仔の動きもそれを感じさせますか？

貴 はい、想像した通りのスピード感ある走りが特徴的かなと思います。きょうだい同様に無駄な肉がつきづらいマッチョ体形ですが、脚さばきはシャープ。1200～1400mが主戦場になりそうです。

——短距離らしい前向きな気性ですか？

貴 ただ、そこまで激しさはなく、オンオフの切り替えができる賢さがあります。この仔はひと息入れて、早期デビューに向けて進めていく予定です。

正 早くデビューさせないともったいないくらいのタイプですよ。

——**マニクール23**（父リアルスティール・牡・嘉藤）は、撮影時に社長に「マル！」のお声をいただきました。

正 見た目もよかったでしょ？

貴 実際にすごく順調で、本数を重ねるたびに充実度が増しています。ギブユースマイル23とこの仔が一番調教を積めています。

——リアルスティール産駒はダートも走っていますが、この仔はどうでしょう？

POG直球勝負 2025-2026

(美)嘉藤　491キロ　生産 千代田牧場
取引価格／2420万円（23セレクト）

ハイライトニング
鹿毛 2.11生 牡
父 リアルスティール　母 マニクール（ヘニーヒューズ）

兄よりパワー寄りのイメージなので芝ダートどちらも対応できそうです

(栗)中内田　450キロ　生産 千代田牧場

馬名未決定
芦毛 2.28生 牝
父 エピファネイア　母 ベストクルーズ（クロフネ）

前進気勢がありながら折り合いを欠くことはありません

貴　半兄のセンチュリボンドが芝2000m で連勝していますが、その兄とくらべると掻き込みが強くパワー寄りのイメージなので、どちらも対応できると思います。
正　リアルスティール自身も母父Storm Catで、パワーもあったよね。距離はマイルあたりがベストかな。この仔は具合がいいので、4月に移動予定です。
──オールドフレイム23（父ビッグアーサー・牡・藤岡）はシリウスコルトの半弟、3代母がレディジョアンですか。
正　レディジョアンを買ったときに、この仔のおばあさんがお腹にいたんです。もう20年経ちますね。
──父がビッグアーサーということですが…。
正　全然違うでしょ。この仔の脚の長さや大きさはお母さん譲りですね。
貴　シリウスコルトもマクフィ産駒の異端児と言えますよね。
──動きはいかがですか？

貴　この仔は歩きからイメージするよりもキャンターでのフットワークが大きいです。
──距離のイメージは？
正　マイルから1800mくらい。1200や1400の馬ではないと思います。この仔はじっくり進めます。
貴　気性的にもスプリンターではないですね。

著しい成長で伸びしろも十分
マーガレットメドウ23

──ここからは牝馬です。ベストクルーズ23（父エピファネイア・牝・中内田）は牧場の根幹血統であるビューチフルドリーマー系。撮影時には「マルふたつ！」をいただきました。
貴　牝馬の中では一番調教を積んでいる1頭です。本数を重ねることでトモにボリュームと力がついてきました。
正　きょうだいは小さいけれど、調教を進めても体を維持できているのがいいですね。
──気性面はどうですか？

プレシャスライフ23 ▶インタノン（475キロ）　ロイヤルヴォルト23 ▶タイガーゲイト（476キロ）
スティールパス23 ▶アエラリウム（487キロ）　ギブユースマイル23 ▶タイセイドゥマーニ（489キロ）

千代田牧場

撮影場所／千代田牧場

（栗）矢作
475キロ
生産
千代田牧場

ノートルダム
黒鹿毛　牝
3.8生
父 コントレイル　母 タニノアーバンシー（Sea The Stars）

動きはいいですよ。乗り出しを見たときニヤッとしましたから

貴　父産駒の牝馬らしい前向きさを見せています。前進気勢がありながら、速いところで折り合いを欠くことはありません。マイルからいけるタイプだと思います。

──トウシンハンター23（父サートゥルナーリア・牝・須貝）は、母の母がトレンドハンター、その姉がスティールパス。大物感ありますね。

貴　体形も走りや乗り味も好みで、今回の撮影馬では一番のお気に入りです。

──どんな乗り味なんですか？

貴　すごくトビがきれいで、ストライドが大きくて、広いコースで長くいい脚を使ってくれるタイプだと思います。長い距離が向くのでは。母の仔のなかでは、気性も穏やかです。

──仕上がり具合は？

貴　毛ヅヤもよく皮膚も薄くてコンディション、仕上がりもいいですよ。余裕を持ったローテーションでレースに向かってほしいです。

──タニノアーバンシー23（父コントレイル・牝・矢作）は、母の父Sea The Stars、母の母ウオッカと世界が注目の血統馬です。

正　ウオッカの血はうちにしかないので、つないでいく使命があります。

──父との配合のポイントは？

正　サイズは意識しましたよ。タニノアーバンシーは大きかったからね。少し休んでいたので今はこの体重（475キロ）ですが、進めていけば競馬ではちょうどよいサイズで出られるんじゃないかな。

貴　2月から乗り出し、これから調教を重ねていきますが、どちらかといえばピッチ走法です。牝馬らしいピリッとしたところがあるので、鞍上の指示への反応はよさそうです。

正　動きはいいですよ。乗り出しのときに見てニヤッとしましたから。いいものは持っていますから、焦らずに進めていきます。

──オリーブティアラ23（父マジェスティックウォリアー・牝・新谷）も母の母がスティールパス。こちらはパワフルさを感じました。

正　隠し玉でしたが出してしまいました。

貴　父産駒らしいパワータイプだと思いますが、乗り出した頃は芝馬のようなしなやかさもあって、ここにきてボリュームが出てきました。芝・ダートどちらもこなせそうです。

正　芝・ダートは問わないと思います。夏前には移動予定です。

──マーガレットメドウ23（父キズナ・牝・寺島）は、クロパラントゥの全妹、サクラトップリアルの半妹ですね。

正　母は脚元が弱く競馬には使えませんでしたが、仔どもたちが走ってくれていますね。

貴　もともといい馬でしたが、最近の成長が著しい1頭です。

正　距離はマイルくらいでしょう。芝も対応できると思います。今が成長期なのでそれを妨げないよう、秋を目指して進めていきます。

オールドフレイム23 ▶バラクーダ（510キロ）　トウシンハンター23 ▶馬名未決定（459キロ）
オリーブティアラ23 ▶馬名未決定（485キロ）　マーガレットメドウ23 ▶シュネルアンジュ（490キロ）

95

POG 直球勝負 2025-2026

直前情報 "魔球" のお知らせ

本書に収録し切れなかった立ち写真、編集部のオススメ馬、掲載馬の最新情報などを、オーパーツ・パブリッシングのホームページで、**読者に無料**でお届け！

公開中	本編未収録馬写真
公開中	編集部のオススメ馬情報
5月中旬公開予定	ノーザンファーム追加情報
5月下旬公開予定	編集部の"隠し球"

https://oo-parts.jp/2025/04/01/makyu2025/

パスワード　190～196ページの隅に書かれている英数字を順番に並べてください（7文字）

今年も『POG直球勝負』はドラフトまで責任を持ってサポートします！

昨年版では――

――では最後に、『POG直球勝負』に掲載した馬以外で、ここにきての変化が目立つ杉田チョイスを教えていただけますか？

「3頭用意してきました。1頭目が**ヴィンセンシオ**（牡・父リアルスティール、母シーリア・森――）。キャロットクラブの追加募集馬で、その中にもかなりの人気を集めていました。現在、ハロン14秒で馬体重は488キロ。栄養の移動を予定しているほど増量の血統表にラグズオンリーミー、シーザリオなどの名前が並ぶ名馬ですが、それに相応しい実力を秘めていて、とにかく現場の声がポジティブなんです。誰に聞いても『いいです』って、強いて気になる点を挙げるとすればテンションが上がりすぎるところですが、実際に乗るまでは気にならないということです」

――それは、追加募集で出費が嵩んだきっさんにとっては嬉しい情報ですね、では残りの2頭も教えてください。

「2頭目はリンクスティップ（牡・父ドウデュース――ズトトーン・西村）。こちらは昆合のロッ――――――――――――で、この小ぶ、薄くて――――――――――――るもめている感じがなく――――――――――――う、母キングス

ヴィンセンシオ、リンクスティップ推奨！

ドンパッショーネ (牡)
（栗）斉藤崇
父／Quality Road
母／ストーミーエンブレイス（Circular Quay）

サトノシャムロック (牡)
（美）田中博
父／ニューイヤーズデイ
母／ヒップホップスワン（Tiz Wonderful）

タイセイドラード (牡)
厩舎未定
父／N
母／

ダート要員が全て勝ち上がり！

昨年に引き続き、『POG直球勝負』をお届けできることになりました。
今年は「紙でも読みたかった！」というリクエストにお応えして、紙と電子の両方での出版です。

形態は変わろうとも、「POGファンの"欲しい"に愚直に向き合う」というコンセプトは変わりません。
POGファンを代表して関係者を取材している、その意識を忘れずに、現場でファンを繋ぐ架け橋になることを心掛けました。

編集という仕事を「終わらない祭り」と表現した方がいました。
締め切り前は肉体的にはキツいのですが、取材の成果を形にして読者に届けることができるという高揚感で頑張れる。確かに「祭り」という表現が胸に落ちました。

見知ったメンバーが一年に一度集まり、取材先での再会を喜び合う。そして現場の思いを胸に、作品を作り上げていく。POG取材もまた「祭り」に似ています。

考えてみたら、POGそのものが「祭り」のような気がします。

一年に一度のドラフト会議が近づくと、「あぁ、また今年もこの季節が来たんだね」。ドラフトに向けてあーだこーだと思いを馳せる高揚感は、まさに「祭り」です。メインイベントのドラフトが終わると、ちょっとした寂寥感はあるものの、そこから一年、まるで後夜祭のようにゲームが続いていきます。
だからPOGも「終わらない祭り」。

『POG直球勝負』が、そんな「終わらない祭り」を楽しむ一助になることを願います。
そして一年先、二年先…十年先も続いていくであろうPOGという「祭り」に参加する端緒になれたとすれば、これに勝る喜びはありません。

さぁ、今年も祭りの季節がやってきます。

POG直球勝負編集部

はじめに

POG直球勝負 2025-2026

POG 直球勝負 2025-2026

CONTENTS

- 002 **2歳馬 PHOTO CATALOG**

カラー特集 育成場レポート

- 064 ノーザンファーム早来
- 074 ノーザンファーム空港
- 084 社台ファーム
- 088 大山ヒルズ
- 092 千代田牧場

第1章 育成場徹底レポート

- 追分ファームリリーバレー ―― 102
- 西山牧場 ―― 106
- ビッグレッドファーム明和 ―― 108
- ビッグレッドファーム泊津 ―― 110
- 真歌トレーニングパーク ―― 112
- コスモヴューファーム ―― 114
- 下河辺牧場 ―― 116
- ダーレー・キャッスルパーク ―― 118
- 坂東牧場 ―― 120
- 三嶋牧場 ―― 122
- 谷川牧場 ―― 124
- ディアレストクラブイースト ―― 126
- 富田ステーブル ―― 128
- ヤシ・レーシングランチ ―― 130
- EISHIN STABLE ―― 132
- ノルマンディーファーム ―― 134
- 吉澤ステーブル ―― 138
- シュウジデイファーム ―― 142

146 本編に収録し切れなかった馬のコメント一覧

第2章 特選厩舎情報

- 150 福永祐一 調教師インタビュー
- 152 田中博康 調教師インタビュー
- 154 東西厩舎 入厩予定馬リスト
- 162 立川優馬特別寄稿 POG私を熱くした名馬

第1章

育成場徹底レポート

POG 直球勝負 2025-2026

POG 直球勝負 2025/2026

イヤリング部門との連携でポテンシャルを開花させる

取材日◎3月15日
取材・構成◎岸端薫子

追分ファームリリーバレー

昨春はゴンバデカーブースやサンライズジパングがGIの舞台へ。今年もバラエティに富んだ魅力あふれる馬が続々登場しました!

T−1厩舎
加地洋太 厩舎長

——牝馬厩舎の加地厩舎長にお聞きしていきます。**レジーナドーロ23**(父エピファネイア・牝・斎藤誠)は、母の母がレジネッタですね。

加地(以下、加) 坂路でハロン14秒くらいまでやっている進んでいる組です。入厩当初は小さかったですが、体重も徐々に乗ってきました。現状でも体幹が強く、こちらが与える課題をしっかりクリアしてくれていますが、さらによくなると思います。

——適性はどう見ていますか?

加 母同様のマイルかなと。母もふくめてこの血統は3歳での勝ち上がりが多いですが、この仔はきょうだいの同じ時期でくらべるとかなり動けています。4月中に移動して、レースに向かう環境に慣らしていくほうがいいタイプ

と見ています。さらなる成長が見込めるので、楽しみが大きい1頭ですね。

——**アレイヴィングビューティ23**(父コントレイル・牝・上村)は父の初年度産駒です。

加 コントレイル産駒はディープインパクトに近いイメージがあります。背中の使い方がよくて、芝で距離の融通が利きそうなところとか。この仔は脚が長く、体重よりも大きく見せますね。

——気性面はいかがですか?

加 ハロン14秒まで進めています。気は強いけれど走り出したら真面目。芝のマイル以上、融通は利きそうです。4月中の移動予定です。

——**スキャットレディビーダンシング23**(父サングレーザー・牝・鈴木慎)も、進んでいる組なんですね。

加 はい。線は細いけれど良いバネがあって芝向きの印象ですが、きょうだいはダートが多いの

追分ファームリリーバレー

で、そのあたりがどうかといったところですね。勝ち気な部分もありますが、きょうだいのなかではおとなしいほうです。

——となると、活躍の舞台は父と同じ？

加　マイル前後かなと。父に勝利を届けてほしいですね。（追記：3月下旬美浦TCへ移動）

T-2厩舎

明石圭介 厩舎長

——T-2厩舎も牝馬厩舎です。明石厩舎長におうかがいします。**メリオーラ23**（父ロードカナロア・牝・辻野）は2年ぶりの牝馬ですね。現在の調教メニューは？

明石（以下、明）　坂路でハロン14秒までですね。やや体質的に弱いところがあり様子を見ながらも、加減はしすぎず進めています。年明けからの良化が目立つ1頭です。

——乗り味はいかがですか？

明　やや緩さが残る一方で柔らかさがあります。筋肉が強くなるにつれ、スピードに力強さが加わってきました。集中力があって反応もよいですし、適応力の高さはこの馬のセールスポイントだと思います。仕上がりも早めの血統です。（追記：3月末にチャンピオンヒルズへ移動）

——**レッツゴードンキ23**（父エピファネイア・牝・中内田）はどんなタイプですか？

明　入厩したころはひ弱な部分もあり、馬に合わせて調教を重ねてきましたが、ここ2か月ほどでぐんぐんよくなって、馬体もきれいに見せるようになりました。

——現在の調教メニューは？

明　14秒をやり始めたぐらいです。真面目に取り組んでいて、今でもスピード感は伝わりますし手応えも十分。お母さんのよいところを受け継いだかなと思います。

——父らしさもありますか？

明　ガリレオ産駒の半姉もうちにいましたが、父が替わってタイプは違うかな。姉よりスピードがあって日本の競馬に合いそうです。ここからさらに変わってくる感じもしますね。

——**シャルロワ23**（父ニューイヤーズデイ・牝・上原佑）は初仔ですね。

明　この仔も14秒を始めたところです。乗りやすい一方で気持ちの乗りがもう少し欲しいと思っていましたが、調教を進めるにつれ、騎乗者とのコンタクトの取りやすさは残しつつ、前向きさが出てきました。

——どのあたりの条件がよさそうでしょう？

明　きれいなシルエットにボリュームが出ている点からはダートが合うかなと。父の産駒の3歳世代を見ていてもダート向きのイメージがあります。距離は1800〜2000mくらいでしょうか。（追記：4月上旬に山元TCへ移動）

> 「レジーナドーロ23はきょうだいの同じ時期とくらべてかなり動けています」

レジーナドーロ23 ▶ ラブランセス（455キロ）　　アレイヴィングビューティ23 ▶ アグレイビューティ（450キロ）
スキャットレディビーダンシング23 ▶ レヴェランジェ（430キロ）　　メリオーラ23 ▶ メリオルヴィア（448キロ）
レッツゴードンキ23 ▶ 馬名未決定（434キロ）　　シャルロワ23 ▶ 馬名未決定（457キロ）

T-3厩舎

吾田翼 厩舎長

——続いて牡馬厩舎の吾田厩舎長です。**ヴァイブランス23**（父コントレイル・牡・堀）は初年度となるコントレイル産駒ですね。

吾田（以下、吾） 年明けから本格的に乗り始めています。現在はハロン16秒でいつでも15-15に移行できる状態ながら、本数をしっかり乗り込む形ですね。

——飼い葉は食べていますか？

吾 繊細なタイプでもありますが、もう少し食べてほしいですし、体重も増えてほしいです。ただ、毛ヅヤはずっといいですよ。

——距離のイメージは？

吾 芝のマイルから中距離くらいですね。うちにいるコントレイル産駒のなかでも父らしさを感じるほうなので、今後の成長が楽しみです。秋目標で進めていきます。

——ルヴァンスレーヴ産駒は2頭見せていただきました。**タイムハンドラー23**（牡・手塚久）の現在の様子は？

吾 1歳時から順調で、14秒をはじめています。（追記：3月下旬に山元TCへ移動）

——活躍の場は？

吾 スピードに加えてパワーもありそうです。将来的にはダートかもしれませんが、2歳のうちは芝でもやれるのでは。ダートなら1600、1800mくらいかな。

——気性面はどうでしょう？

吾 父の産駒は我が強く、気難しい馬が多いイメージですが、この仔は父らしくないというか。闘争心を備えながらも指示には従えています。

——もう1頭のルヴァンスレーヴ産駒**ヌチバナ23**（牡・萩原）はどんなタイプですか？

吾 タイムハンドラー23より気難しさはありますね。入厩は遅めでしたがずっと順調にきていて、今は15秒を切るくらいまで進めています。

——半兄のミッキーヌチバナはアンタレスSの勝ち馬です。

吾 この仔の走りにもパワーを感じますし、ダートの1600とか1800くらいかな。現時点では兄より完成度が高いので、GW明けくらいに送り出せたらと思っています。番組があれば夏に使えるくらいの仕上がりです。

T-4厩舎

平沼敏幸 厩舎長

——牡馬厩舎の平沼厩舎長にお聞きします。**マドラスチェック23**（父キタサンブラック・牡・矢作）から教えてください。

平沼（以下、平） 坂路でハロン15秒くらいをしっかり駆け上がっています。この馬は最初からいいですね。細身で軽いつくりは芝を走るのにちょうどいい馬体かと思います。動きもうちの厩舎でトップクラスです。

——脚長で父らしさも感じましたが、母はダート交流重賞の勝ち馬。適性は？

平 芝の中距離かなと。気性面もコントロー

「マドラスチェック23は厩舎でトップクラスの動きです」

ヴァイブランス23 ▶ シーラス（445キロ）　タイムハンドラー23 ▶ リアライズタキオン（469キロ）
ヌチバナ23 ▶ ウリズンベー（462キロ）　マドラスチェック23 ▶ リアライズグリント（479キロ）

追分ファームリリーバレー

ルが利きますから問題ないですね。

――クラシック候補として応援させていただきます。続いて、**カラフルデイズ23**（父シスキン・牡・安田）は立派な馬体ですね。

平 筋肉量があるタイプです。速い調教での動きも上々で、気合いを入れるとパワーを活かして勢いよく坂路を駆け上がっていきます。気の強いきょうだいが多かったようですが、この馬は走るときは気持ちを前面に出すものの、ふだんはおとなしく、オンオフの切り替えができる点がいいところです。

――どんな舞台が合いそうですか？

平 ダートだと思います。最初は長めでもいいのでは。レースを重ねて気が入ってくると距離は短くなるかもしれませんね。（追記：3月末に宇治田原優駿Sへ移動）

――**リアリゾンレーヴ23**（ドレフォン・牡・小栗）も大きめですね。

平 現在、ハロン15秒くらいです。骨格がしっかりしていて、調教を重ねながらさらに大きく成長もしています。

――やはりパワータイプでしょうか？

平 重苦しさはなく、スピードもありますよ。ダート1700、1800mくらいから始動のイメージですね。兄が気が勝っていたので注意しながら進めてきましたが、現状は指示に従えますし、コントロールも利いています。（追記：3月下旬にキャニオンFへ移動）

T-5厩舎

大井庸平 厩舎長

――最後は大井厩舎長にお話をうかがいます。牡馬の**サーティーンスクエアド23**（父イスラボニータ・辻野）はどんな馬でしょうか。

大井（以下、大） 坂路で15-15を切るところまで進めています。ひと冬越えてコンパクトだった体に幅が出てきました。父の産駒はお腹がボテっとしたタイプもいますが、この馬は体重を増やしながら、腹回りはそのまま。そこは母が出たのかもしれませんね。

――乗り味や感触から、活躍の場はどう見られますか？

大 背中が柔らかく、前進気勢があるけれど操作性は高いです。キレのあるスピードタイプというイメージの通りの動きをしていますから、マイルから2000mくらいでスピードを活かすレースが合うんじゃないでしょうか。

――牝馬の**サイマー23**（父シルバーステート・吉岡）も順調だそうですね。

大 はい、15-15切るところまで進められています。1つ上の姉は小さかったようですが、兄たちは骨格がしっかりしていて大きかったので、牝馬ですが兄たちに似たタイプですね。背中の柔らかさや運動神経、力強い走りは母のよさが出ているかと。

――適性はどう見ていますか？

大 折り合いがつきすごく乗りやすいので、距離は2000mくらい、トビは大きいので広いコースが合うのでは。芝・ダートはどちらもこなせそうな気がしますが、サンライズジパングと同じイメージでよいと思います。（追記：3月下旬に栗東TCへ移動）

――すでに移動したとのことですが、撮影候補に入っていた馬がいるんですよね。

大 **ヴィクトリーマーチ23**（父モーリス・牡・須貝）ですね。1歳から見栄えがよくてそのまま問題なく進められました。前進気勢が強く競走馬らしさがあって、父と母のよさを受け継いでいたと思います。マイルくらいのタイプかと。順調に成長をしていますが、さらなる伸びしろも感じさせていましたよ。

カラフルデイズ23 ▶ ゴディアンフィンチ（553キロ）　リアリゾンレーヴ23 ▶ アルファローバ（524キロ）
サーティーンスクエアド23 ▶ ルートサーティーン（494キロ）　サイマー23 ▶ オラヴィンリンナ（498キロ）
ヴィクトリーマーチ23 ▶ グロリアスマーチ（508キロ）

言わずと知れたむかわの名門
西山牧場

取材日◎3月11日
取材・構成◎菊池グリグリ

INTERVIEW
鴫原英樹
副場長

ニシノエージェントが京成杯を勝利。セイウンスカイで制した98年二冠以来のクラシック制覇なるか。

兄以上の活躍を見込むハイノリッジ23

――今年は牡牝4頭ずつ計8頭を撮影させて頂きました。いずれも毛ヅヤの良さが目立ち、特に牡馬は立派な馬格が目を引きました。

鴫原（以下、鴫） 今年は経験がないほど雪が少なく暖かい冬でした。その分、豊富に乗り込めているのでコンディションも良好です。

――他場での"修行"も継続されていますか？

鴫 他の育成牧場さんを利用させてもらう育成方針（＝修行）を取り入れて3シーズン目です。育成面での効果はもちろん日高・浦河への輸送で馬運車にも慣れますし、ゲート練習も数をこなすことで馬に度胸がつくという副産物も得ています。

――早速お伺いします。**ビートゴーズオン23**（父ミッキーアイル・牡・千葉）は、京成杯を勝ったニシノエージェントと同じ千葉直人厩舎とのタッグですね。

鴫 現在は坂路で16-15-14の3F45秒のメニューを週に2回1本ずつ。今週から2本ずつにペースアップしていく段階です。抑えつつでも行きっぷりが良くてグイグイ登坂しています。成長とともに心身ともに幼さが抜けてきて逞しくなりました。

――適性のイメージは？

鴫 気が入るタイプで芝1400～1600mが良さそうです。4月末に移動予定で、順調なら夏のデビューを目指します。

――**プルージャ23**（父スワーヴリチャード・牡・鹿戸）は1つ上の半姉ニシノラヴァンダが函館2歳Sで2着に好走しました。

鴫 こちらも同じく今週から2本ずつに強化する段階ですが、パワーもスピードも水準以上で、手先が軽く回転の速い走りが持ち味です。一方で折合い面も苦労しないので半姉より距離の融通がききそうです。この馬も4月末に移動して夏デビューを目標にしています。

――**ドリームアンドホープ23**（父モーリス・牡・新谷）は母の妹・弟に3頭の米国GⅠ馬がいる良血馬ですね。

鴫 こちらも活発な馬で、乗り手の評価も高いです。ダートでもやれそうなパワーの持ち主で、まだ良くなってきそうなのでもう1回"修行"に出します。

――移動の時期は？

鴫 ダートの番組が増える時期を見据えて今は焦らず進めている段階ですが、1800m以上にも対応できるように鍛えて大舞台を目指したい1頭です。

――**ダンシングロイヤル23**（父ヘニーヒュー

ビートゴーズオン23 ▶ セイウンリメンバー（473キロ）　プルージャ23 ▶ ニシノエースサマ（481キロ）
ドリームアンドホープ23 ▶ ニシノトリビュート（513キロ）　ダンシングロイヤル23 ▶ セイウンブシドウ（510キロ）

西山牧場

ズ・牡・伊藤大）も目指すは砂の大舞台？

鴫　この父ですからダート向きだと思いますが、パワー一辺倒ではなくスピードに富んでいて芝馬っぽい軽い走りをします。現時点でも十分に動けていますが、1600m以上に適性があるイメージなので、やはり番組が増える時期を逆算して、初秋の移動に向けて乗り込んでいきます。

――続いて牝馬についてお願いします。

鴫　ハイノリッジ23（父シルバーステート・牝・橋口）は全兄セイウンハーデスと似た成長曲線を辿っているので、この馬も兄に倣って秋デビューに向けて調整しています。

――適性面はいかがでしょう？

鴫　かなり行きっぷりが良くてやれば時計はいくらでも出ますが、芝マイル～1800m以上でも対応できそうな体型なので、距離がもつように調整しています。まだしっかりしてくる余地もあるので、兄と同等かそれ以上の成功を目指したい期待馬です。

――イェーガーオレンジ23（父モーリス・牝・伊藤圭）は母の全姉にエピセアローム（セントウルS・小倉2歳S）のいる血統ですね。

鴫　これも良いんですよ。突出した特徴はないけど、欠点がなくて総合力の高いタイプ。素直な気性で扱いやすく、走りも軽くて乗り手の評価も高いです。

――デビュー時期や移動の予定は？

鴫　間もなくペースアップして4月中旬には移動予定です。夏競馬に間に合いそうですが、早期のデビューも可能な一方で成長の余地も感じさせる点も魅力です。このあたりは血統の特徴でしょうか。楽しみです。

――チャームクォーク23（父キタサンブラック・牝・栗田）は、母のきょうだいを見ると勝ち上がり率の高い血統ですね。

鴫　体型的には2000m前後が良さそうに映りますが、気が入るタイプなのでマイルにも対応できそうです。元々良いスピードを持っていますが、最近は走るフォームを覚えてきてガラッと走りが良くなってきました。来週からペースアップする予定ですが、このまま順調なら4月中旬には移動できる見込みです。

――ターフグロッカ23（父キタサンブラック・牝・奥平）も動きが目立つようですね。

鴫　走りが軽くてスピードの乗りも良く、坂路でも14-13秒台まで楽々出てしまいます。心身ともに成長の余地が大きいのでじっくり秋デビューの予定で進めていますが、馬体も走りも数字より大きく見せますし、暖かくなって春先にもう一段階良くなりそうですよ。

――ありがとうございました。

ビートゴーズオン23は抑えつつでも行きっぷりが良くてグイグイ登坂しています

ハイノリッジ23 ▶ ニシノサリーナ（458キロ）　　イェーガーオレンジ23 ▶ ニシノグラシアス（501キロ）
チャームクォーク23 ▶ ニシノシャルム（451キロ）　　ターフグロッカ23 ▶ セイウンブーバ（416キロ）

POG直球勝負 2025-2026

マイネル軍団総本山
ビッグレッドファーム明和

取材日◎3月12日
取材・構成◎菊池グリグリ

INTERVIEW

榎並健史
調教主任

金子仁
調教主任

ゴールドシップにダノンバラードといった馴染みの血統に加え、新種牡馬ベンバトルの素質馬も。今年も目が離せません。

新体制を導入して更なる飛躍の予感！

――海沿いでは今年は雪が少なかったという声を多く聞きます。少し内陸になるこちらはいかがでしたか？

榎並（以下、榎） ここでも雪は少なくて、生産・イヤリングは苦労も多かったと思いますが、乗る分にはとても良い冬でした。オーバーワークにならないよう注意しつつ、本数は例年以上に豊富です。

――今年から体制に変化が？

榎 調教主任を2人態勢として、牡馬は私が。牝馬はこれまで多くのオープン馬に跨ってきた金子が担当するようになりました。

――ユーバーレーベンやコラソンビートを鍛えた金子さん、留意したことはありますか？

金子（以下、金） 牝馬は繊細なのでキツくあたりすぎないようにしつつ、叱る時は叱る。メリハリを意識しています。

――では、**ブーケドロゼブルー23**（父ウインブライト・牡・畠山）からお願いします。

榎 当初から乗り味の良さは感じていましたが乗り込むにつれて身体を持て余すことなく走れるようになってきました。とにかくタフで、負荷を強めても疲れずによく食べます。

――気性面やデビュー時期は？

榎 我は強いですが乗って困ることはなく、若い牡馬らしいヤンチャさと言える範疇です。さらにペースアップして夏の移動、初秋のデビューをイメージして進めています。

――**Power of the Moon23**（父Palace Pier・牡・天間）はフランス産馬ですね。

榎 馴致は最後のグループでしたが、センスの良い馬なのであっという間に追い付きました。走りにはスピード感がありストライドも伸びてトップクラスの動きをしています。早期デビューも可能ですが、成長の余地も残しているのでもう一段階良くなるのを待って送り出したいと思っています。

――ダノンバラード産駒は3頭撮影させて頂きました。**ヴァニティールールズ23**（父ダノンバラード・牡・黒岩）からお願いします。

榎 馴致の頃から乗り味の良い馬で、クラシックに行きたいと思わせてくれました。現状でも水準並みの動きが出来ていますが、まだ緩さも残しているので更に乗り込んで、もう一皮剥けるのに期待しています。フットワークが大きく手先も軽いので、芝中距離の番組が多い秋に向けて進めていきます。

マイネアルデュール23（父ダノンバラード・牡・相沢）も、調教ではトップクラスに動いています。手先の軽いフットワークで背中の感触も良く、この馬もクラシックを意識させ

ブーケドロゼブルー23 ▶マイネルミラケル（479キロ）　Power of the Moon23 ▶モンドシュピーゲル（450キロ）
ヴァニティールールズ23 ▶コスモエルヴァル（472キロ）　マイネアルデュール23 ▶マイネルゼーロス（466キロ）

108

ビッグレッドファーム明和

てくれます。力強さが加わってくれば楽しみがより大きなものになるので、少し待って夏の新潟か秋の中山を目指します。

——**ツウローゼズ23**（父ダノンバラード・牡・川崎・河津）は川崎デビュー予定ですね。

榎 調教の動きはこの世代でも上位の存在。ダノンバラード産駒らしい俊敏な反応がセールスポイントで、馬格もあって非力さも感じさせません。5～6月には川崎に入ってデビューし、秋には中央参戦というイメージです。我々も楽しみにしています。

——牝馬についてお聞きします。**ルシェルドール23**（父ベンバトル・牝・加藤士）は、半姉が2歳から重賞戦線で大活躍でした。

金 間違いなくこの世代のトップクラスで、半姉コラソンビート以上の結果まで期待してしまいます。動き過ぎるので抑える苦労があるほどスピードとパワーを持っていますが、オンオフをしっかりできる馬で、普段は大人しく調教では張り切る競走馬向きの性格です。順調なので6月東京の新馬戦を目指しています。ベンバトルの初年度産駒からこれだけ動ける馬が出て来たことも頼もしい限りです。

——**エントリーチケット23**（父ベンバトル・牝・宮）はマイネルチケットの半妹ですね。

金 バランスの良い馬体で牝馬としては体格もあり、心肺機能も優れています。一度ギアが入ると長く良い脚を使えるタイプで、持続力を活かした粘り強い走りが魅力です。

——気性面やデビュー時期は？

金 兄には少し苦労したのですが、この馬はほどよい前向きさがありつつ抑えも利く操縦性の良さも持ち味です。6月の阪神に間に合う仕上がりで、こちらも期待の1頭です。

——**マイネイディール23**（父リオンディーズ・牝・梅田）も見映えしますね。

金 バランスが良くて雰囲気のある馬です。トモがしっかりしていてパワフルなフットワークで駆けるので騎乗したスタッフは軒並み高評価です。もう少し幅が出て来れば理想的で、夏以降のデビューになる見込みです。

——**ミルルーテウス23**（父ゴールドシップ・牝・伊藤大）はいかがでしょう。

金 いかにも父の産駒らしく、軽くて柔軟なフットワークが持ち味で、前向きさもありつつ折合いにも苦労しません。これが母のラストクロップになるのですが、繁殖部門の主任からは「ブラックタイプを付けて戻せ」と言われています（笑）。

——プレッシャーがかかりますね。

金 期待に応えられそうな素材なのでむしろ楽しみが大きいです。デビューについても配合イメージ以上に早い時期から動けそうです。

その他の注目2歳馬一覧

ヘクセンハウス	牝	（栗）吉田	父 ウインブライト	母 マイネデセール（マイネルラヴ）
「小柄ながらダッシュ力、スピードは良いモノがあります。半姉シナモンスティックに似ていて同時期と比較しても遜色ありません」412キロ				
コスモカノーネ	牝	（美）田島	父 エピファネイア	母 サッシーイメージ（Broken Vow）
「雄大な馬格ながら心身ともに強い調教にも耐えられるタフさがあり、身体を持て余すことなく動けます。能力を感じる楽しみな一頭」528キロ				
マイネルパロル	牡	（美）嘉藤	父 ゴールドシップ	母 パールオブアフリカ（Jeremy）
「手先が軽くてフットワークのバランスが好印象。秋の中山・東京2000mデビューを目指しており、先々は長い距離でも活躍してくれそう」421キロ				
マイネルラジェム	牡	（美）水野	父 ベンバトル	母 アンネリース（ヴィクトワールピサ）
「来場時からバランス良く見栄えした馬で、体力強化につれて力強さも加わり動きの良化も顕著。気性面も良い意味での活発さが出てきました」452キロ				

ツウローゼズ23▶コスモギガンティア（476キロ）　ルシェルドール23▶シェーロドラート（453キロ）　エントリーチケット23▶トライアンフバス（464キロ）　マイネイディール23▶ライツェントライゼ（452キロ）　ミルルーテウス23▶コスモエーヴィヒ（451キロ）

POG直球勝負 2025→2026

ビッグレッドF第三の能力覚醒の地
ビッグレッドファーム泊津

取材日◎3月12日
取材・構成◎岸端薫子

INTERVIEW
出口宰史
場長

ビッグレッドファームの種牡馬産駒を中心に今年も2歳戦から注目したい馬が登場です！

ゴールドシップ産駒はクラシック戦線で期待大

——今年は雪が少なかったそうですが、調教への影響はありましたか？

出口（以下、出） しっかり乗り込めましたし、それにあわせて今年は坂路2本をベースに進めてきました。トレッドミルなども使いながら、負荷量は昨年より増えていると思います。今回撮影いただいた馬は、夏のデビューを目指している馬です。

——順調だからこそ乗り込めたわけですよね。では種牡馬ごとにお聞きします。初年度産駒のベンバトルですが、産駒の印象は？

出 骨太で筋肉量があって、早い時期から負荷をかけられました。パワーだけでなくスピードも兼ね備えているタイプが多く、気の強さ、闘争心は牡馬のほうがあると思います。**ペルソナリテ23**（牡・相沢）は、トップスピードに乗るまでの加速力が世代でも上位クラスで、豪快なフットワークが持ち味ですね。

——仕上がり具合は？

出 追い切り時計は水準以上ですし、気が勝っていて仕上がりもよいので、5月中の入厩も視野に入れています。芝マイルあたりの大舞台での活躍に期待したいですね。

——**フォクシーレディ23**（牝・高木）は母の初仔ですね。

出 馴致初期は緩さがありましたが、それが解消するにつれて動きが変わり、今はトップクラスと言えるくらいです。フットワークが力強く、ブレのないフォームで走れる点もこの馬のよさのひとつです。

——気性面はどうでしょう？

出 そこの苦労はないので、距離はあっていいタイプかと。将来性にも期待の1頭ですね。

——続いてゴールドシップ産駒です。今年の手ごたえはいかがですか？

出 この世代も印象は変わりませんね。やはりトップスピードに入ってからの持続力は素晴らしいものを持っていると思います。

——そのゴールドシップ産駒、**アメリオラシオン23**（牡・尾関）はどんな馬ですか？

出 持続力に長けていて、終いまでスピードに乗って坂路を駆け上がっています。力みなく走れるので、消耗戦を得意とするタイプかなと。精神的な波が少ないのもいいですね。ここからゲート練習も行っていきます。

——**ディスポーザブルプレジャー23**（牡・水野）もゴールドシップ産駒です。

出 乗り込みを重ねるたびに動きにキレが出てきました。心肺機能が高く、トップスピードを持続する持久力に秀でています。負荷の強い調教のあとでもしっかり飼い葉を食べ

ペルソナリテ23 ▶ マイネルヴェーゼン（468キロ）　フォクシーレディ23 ▶ スタニングレディ（450キロ）
アメリオラシオン23 ▶ マイネルオラクル（484キロ）　ディスポーザブルプレジャー23 ▶ コスモラムバック（475キロ）

ビッグレッドファーム泊津

られるタフさも魅力です。

――アメリオラシオン23とディスポーザブルプレジャー23の気性面はどうですか？

出 どちらも操縦性に問題はありません。ともに芝の中距離向きかなと考えています。

――ダノンバラード産駒の**オーサムボス23**（牡・鹿戸）はどんなタイプですか？

出 加速力に優れていて、トップスピードへの移行の速さは運動神経が高いからこそでしょうし、ダノンバラードのよさが出ていると思わせますね。パワーも兼ね備えていて走りにブレがなく、スピード能力を活かす基盤もしっかりしていると思います。距離は中距離くらい、芝・ダートどちらも対応できそうな印象です。

――ダノンバラード産駒はもう1頭、**マーマレードガール23**（牡・嘉藤）は全兄のコスモキャバリエが夏の福島で勝ち上がりました。

出 この馬はオーサムボス23とはタイプが違いますね。父産駒のなかでは馬格に恵まれていて、運動神経の高さから体を上手に使えています。トビが大きいぶんスピード感はそこまでありませんが、踏み込みが力強く加速していくときの動きには素質を感じますね。芝の中距離以上が合いそうです。

――ウインブライト産駒からは**アイノア23**（牡・伊藤大）を見せていただきました。

出 スピードに加えて急坂を苦にしないパ

ワーもあって、追い切りでは先着することが多いですよ。背中のバネが強く、全身を上手に使ったフットワークも目を引きます。芝・ダートを問わず中距離が活躍の場になるのでは。順調ならば早期入厩も可能だと思います。

――最後に父ダノンキングリーの**スクービドゥー23**（牡・宮）をお願いします。高齢になりましたが仔出しのよい優秀な母ですね。

出 素質の高さを感じさせる1頭です。1歳時から動きがよく、スピード能力が高いですね。追い切りでは仕掛けてからの反応がよく、瞬発力のある脚を見せてくれています。まだ馬体は幼いですが、現状での動きも水準以上で、芝の中距離をイメージしています。

――馬体重は増えてきますか？

出 そうですね、大きくなってくると思います。成長段階でもありますし、素質は確かなので、馬体と動きを見ながら送り出したいと思っています。

その他の注目2歳馬一覧

ノブレスラブリエ	牝（栗）西園翔	父 ウインブライト	母 ドリームエンプレス（Bernstein）	

「動きと馬体の仕上がり、前向きな気性からこの世代では一番新馬向きの馬。小柄でも非力感はなく軽い走りで折り合いはつく。芝のマイルくらい」420キロ

コスモファーブロス	牝（栗）吉田	父 シスキン	母 アクロアイト（ハーツクライ）	

「スピードとパワーのバランスがよく、追い切りでは上位の動き。芝短距離のスピードタイプながら、総合力が高いのでマイルも対応してほしい」430キロ

ベストパラディア	牝（栗）西園正	父 ダノンバラード	母 ラッフォルツァート（グラスワンダー）	

「スピード能力の高さが最大の魅力。前進気勢が強く一生懸命に走るが、オンオフの切り替えはできる。成長途上でも動きは水準以上。芝マイルくらい」390キロ

ベレーバスク	牝（美）清水英	父 ベンバトル	母 マイネサヴァラン（マンハッタンカフェ）	

「トップスピードまでの加速力、瞬発力が目を引く。スピード能力は母、ический は父のよさが出ている印象。レース向きの気の強さと根性もあり。芝短距離で」434キロ

オーサムボス23▶マイネルグレート（441キロ）　マーマレードガール23▶コスモクラシック（460キロ）
アイノア23▶コスモヘリアンサス（448キロ）　スクービドゥー23▶マイネルカイザー（432キロ）

111

POG直球勝負 2025 2026

ビッグレッドの秘密基地

取材日◎3月12日
取材・構成◎菊池グリグリ

真歌トレーニングパーク

INTERVIEW

九鬼勝巳 場長

活躍馬の下、ザ・BRF配合など、今年もバラエティに富んだラインナップが揃いました。

父と母父のいいとこ取り!?
レオンドーロ23

――牡馬7頭、牝馬6頭を撮影させていただきました。**ハーコントゥーズ23**（父ゴールドシップ・牡・宮）からお願いします。

九鬼（以下、九） 手先のスナップが良くて柔らかみのある体が特長。芝の長い距離で良さが出そうなタイプです。遅生まれだけど順調なので早めの移動も視野に入っており7～8月デビューのイメージで乗り込んでいます。

――**ベルヴォーグ23**（父シルバーステート・牡・高木）はセレクトセール当歳で1.2億円の高額馬ですね。

九 スピード感あふれる走りでグイグイ行くタイプです。攻めてもへこたれないタフな馬で、順調に乗り込めています。今のところは芝のマイルあたりが向きそうだと見ています。

――**レオンドーロ23**（父ゴールドシップ・牡・清水久）は大物感が漂っていました。

九 これが良い馬なんだ。操縦性は良いし、歩きにもバネがあって、父と母父それぞれから良い所をもらったような馬です。背中の感触が良くて、跨った乗り手はみんな褒めていますね。もう少し乗り込んだら送り出す準備は整いそうです。

――適性はズバリ？

九 芝1800m以上でデビューするイメージで、もちろん大舞台を目指したい馬ですね。このまま普通に進めて順調にデビューしたら自ずと走ってくると思っています。

――**ゲハイムローゼ23**（父ゴールドシップ・牡・武市）も父・母父の名からも、いかにもBRF配合ですね。

九 この馬もここに来て良くなってきました。欲を言えばもう少しバネ感がほしいけど、追いきりでも溜めて伸びるし、動きの良さが目立っています。遅生まれながら夏デビューも可能な仕上がりですし、成長力にも期待が持てます。2つ上の兄は早くに勝ち上がったけど故障で大成できなかったので、兄の分も頑張って欲しいです。

――**ルタンデスリーズ23**（父インディチャンプ・牡・加藤士）は父の初年度産駒ですね。

九 4月後半生まれでまだ成長の余地あるのでじっくり進めていますが、スピードの勝ったタイプで良い所があります。もう少し体

ハーコントゥーズ23▶コスモギオン（478キロ）　ベルヴォーグ23▶コスモメイウェザー（520キロ）　レオンドーロ23▶マイネルホウセン（490キロ）　ゲハイムローゼ23▶マイネルリーヒム（487キロ）　ルタンデスリーズ23▶マイネルユーゲント（455キロ）

真歌トレーニングパーク

重が増えてくれば理想的ですね。良いキレ味を持っているので、距離をこなせるように意識しながら調整しています。夏に移動して秋のデビューをイメージしています。

——続いて牝馬についてお願いします。

アイオープナー23（父ゴールドシップ・牝・矢嶋）はトモの蹴りが良くてバネのきいた走りをする、いかにも活躍するゴールドシップ産駒の牝馬というタイプ。楽しみな1頭です。

——デビュー時期や適性のイメージは？

九 追うごとに馬体が締まって、良い意味でのピリッとしたところも出てきています。中距離にも対応できると思うし、このまま順調なら夏にデビューできそうです。牝馬の中では早めに本州へ送り出せる組です。

サザンスピード23（父ダノンバラード・牝・手塚久）はクラシックで活躍したコスモキュランダの半弟ですね。

九 現時点で526キロもあって、見た目どおり走りはかなりの大跳びですが、トロさはなくて、手先は軽いし体格の割に回転の速い走りをします。馴致の頃は少し脚元が気になったけど今はもう固まって問題ありません。

——適性面はいかがでしょう？

九 まだ背丈は伸びそうなので、兄のように中距離以上で良さが出そうなタイプです。じっくりやって適性のある番組が増える頃に送り出したいですね。楽しみですよ。

キューンハイト23（父ベンバトル・牝・黒岩）は母父ディープインパクトの軽さも感じさせる歩きが目を引きました。

九 走りもまさにディープ譲りの素軽さがあって将来性を感じています。ベンバトルの牝馬ならこの馬、という印象で撮影に出しました。まだ筋肉に可能性を秘めている感じもあって、成長そのものは遅めながらしっかり食べるので良くなってくる手応えもあります。ベンバトルらしいパワーが加わってくれば最高です。

——**マイネヴォヤージ23**（父キタサンブラック・牝・伊藤大）も父譲りの馬格ですね。

九 既に490キロありますが、身も入り切っていなくてまだ成長途上です。馴致の頃から目立っていて素質は感じていますし、遅生まれで良化の余地も大きいので慌てず、しっかりしてくるのを待ちつつ乗り込んでいます。芝の中距離以上で活躍しそうなタイプなので、秋の入厩を目標に進めています。

——**ブルーバード23**（父ブリックスアンドモルタル・牝・深山）は、早期に2連勝してGⅠにも出走した母譲りのタイプでしょうか？

九 お母さんに似たスピードタイプで、芝のマイルあたりに適性がありそうですね。この馬もアイオープナー23と同様に早めに送る組で進めています。併せ馬で根性を見せていますし、操縦性もバッチリです。早い時期から期待したいタイプなので、まずはきっちり勝ち上がってその後も活躍して欲しいですね。

その他の注目2歳馬一覧

マイネルスラーヴァ	牡	(美)高木	父 ダノンバラード	母 ハイタップ(Tapit)
「馴致から古馬みたいな体つきで、力があって前向きで闘争心あふれるタイプ。ダート向きなので中距離の番組が増える頃を目標に」520キロ					

マイネルテオドロス	牡	(美)菊川	父 ダノンバラード	母 マイネフェリックス(アグネスデジタル)
「心身ともに大人びて折合いも付くようになってきました。順調なのでもう少し幅が出れば理想的。ダート中距離の番組が増える頃を目標に」470キロ				

マイネルトレマーズ	牡	(美)手塚久	父 ベンバトル	母 ネイティヴコード(アグネスデジタル)
「父の仔は総じて大人しくて扱いやすく、この馬もそのタイプ。完歩の大きい走りで操縦性は良好。今は馬が良くなるのを待っている段階です」565キロ				

アイオープナー23▶インテンスゲイズ（454キロ）　サザンスピード23▶コスモナエマ（526キロ）　キューンハイト23▶ファムクラジューズ（450キロ）　マイネヴォヤージ23▶ベルランコントル（490キロ）　ブルーバード23▶メーテルリンク（455キロ）

コスモヴューファーム

ウインブライトの2年目産駒にも注目

取材日◎3月17日
取材・構成◎菊池グリグリ

INTERVIEW

川口祐一
調教主任

ゆかりの血統から、毎年のように活躍馬が登場。
今年も即戦力から大物候補まで多士済々の顔ぶれです。

母の最高傑作になって欲しいイクスキューズ23

——調教主任の川口さんにお話を伺います。昨年との変更点はありますか？

川口（以下、川）　これは育成部門だけではないですが、配合を含め飼料を変更しました。結果としてはサイズや馬体の維持に苦労しなくなっています。調教の面では縦列調教を重視して取り組んできました。折合いや操縦性の面で効果が見られます。

——では、牡馬からお聞きしたいと思います。

イクスキューズ23（父ゴールドシップ・牡・長谷川）、自身もクラシックを賑わせ、重賞勝ち馬も送り出した母の13頭目の産駒ですか。

川　遅生まれのサイクルに入っていたので、敢えて1年空胎の年を設けて早生まれを狙いました。1月生まれの効果もあり骨格が良く立派な体格に成長しています。

——調教メニューやデビュー時期は？

川　15-15のスピード調教も消化しており、これからトラックで乗り込む予定です。母の最高傑作になって欲しいと願う期待馬で、秋に入厩して10〜11月デビューの目標です。

——同じ父を持つ**エーシンマリポーサ23**（父ゴールドシップ・牡・深山）もお願いします。

川　トモが緩くてハミに頼る面がありながら、坂路では世代トップクラスの動きを見せています。手先に重さがありまだ成長の余地を残す状態ですが、それでも動けるのだから力があるのでしょう。先行抜け出しからパワーで押し切りたいタイプで、洋芝の中長距離が合うイメージなので、8月札幌を目標に進めています。気性や折合いには問題ありません。現状でも良い馬ですが、父の成長力を考えると先々を期待してしまいます。

——**サマーエタニティ23**（父シルバーステート・牡・畠山）も牧場ゆかりの血統ですね。

川　父が替わってちょうど良いサイズに出ました。運動神経・機敏さがありポテンシャルを感じます。現状は骨格に見合う筋肉がまだ足りないけど、センスに体が追い付いて来れば楽しみがより大きくなりますね。溜めてキレを引き出すタイプなので、秋の東京1800mでデビューしたいですね。この血統から何とかもう1頭！と思っています。

——**ハイキートーン23**（父タワーオブロンドン・牡・西園翔）はどんなタイプでしょう。

川　調教はかなり動く馬で坂路ではトップ級なので仕上がりの進みも早いです。スッと動けてトップスピードも高いし、沈むフォームで仕掛けての反応も抜群です。前進気勢が強く初戦から勝負になるタイプで、6月阪神でのデビューを目標にGW前後には移動

イクスキューズ23 ▶ウインキングリー（480キロ）　エーシンマリポーサ23 ▶ウインブリザード（474キロ）
サマーエタニティ23 ▶ウインスターリング（478キロ）　ハイキートーン23 ▶ウインハルフォード（456キロ）

コスモヴューファーム

「コスモチェーロ23は古馬のような風格やオーラがあります。秋の東京で強い相手に挑みたいですね」

予定です。まず勝ち上がって選択肢を増やしたいですね。

——楽しみですね。続いて牝馬については、**ウインジェルベーラ23**（父ウインブライト・牝・栗田）からお願いします。

川　見た目も走りも、新馬戦を勝って函館2歳Sでも2着に走った母にそっくりです。筋肉量が豊富でトップスピードに入ると回転の利いた走りが素晴らしく、乗り手もみんな褒めています。

——気性やデビュー時期は？

川　母似でカリカリしたところはありますが、能力は間違いないでしょう。6月東京1400mを目標に進めています。スピードが勝ったタイプですがマイルまでこなせたら理想ですね。

——**ウインオリアート23**（父リオンディーズ・牝・矢嶋）はきれいな馬ですね。

川　体高も出てきてモデル体型だった母に似ています。3番仔にしてやっと出てきたと思える良い馬。気が強い面もあり乗り手を選びますが、スピード感があって背中が良く走るセンスを感じます。夏の新潟の1400～1600mでのデビューをイメージして進めています。

——大舞台で活躍したウインマリリンの半妹にあたる**コスモチェーロ23**（父エピファネイア・牝・手塚久）この馬が最後の仔なのですね。

川　残念ながら出産時に母が亡くなってしまいました。その後、乳母に育てられたからなのか、チェーロの仔特有の気難しさがなく穏やかな性格です。こちらに来た時から古馬のような風格やオーラのある馬で数字以上に馬体も雄大に見せます。走り方はマリリンと似ていますね。

——調教は順調でしょうか？

川　年明けまでは物足りないかと思っていましたが、2月から3月にかけて大幅に良化してきました。トップ級に動いているウインジェルベーラ23には元々付いていけなかったのに、今ではしっかり併走できています。まだまだ良くなる手応えがあるので乗り込んで、秋の東京で強い相手に挑みたいですね。期待に応えてくれるデキにある馬です。

その他の注目2歳馬一覧

ウインラファーガ	牡	(美)村田	父 ウインブライト	母 フラワーウィンド(タニノギムレット)
「最近は日を追うごとに良化しており、久々にこの母から手応えある仔が出たという評価。夏の新潟1800mデビューを目標に調整中」445キロ			
ウインリーブル	牝	(栗)緒方	父 ゴールドシップ	母 ウインリバティ(ダンスインザダーク)
「運動神経が高く機敏で素軽い動きが目立っており走る手応えがあります。活躍の舞台は母が得意とした芝1800～2000mでしょうか」450キロ			
ウインアベリア	牝	(美)和田正	父 シルバーステート	母 ウインアキレア(コンデュイット)
「トップギアに入った時の全身を使うフォーム、動きの良さは一級品で、小柄ながら坂路では世代の上位を争う走り。秋の入厩目標」400キロ			
ウイントリベルガ	牡	(栗)杉山晴	父 スワーヴリチャード	母 マリアヴェロニカ(ジャングルポケット)
「成長途上で課題は多いものの、前脚の力があり甘さのある馬体でも坂路での走りは目立ちます。奥のある馬で中長距離が合いそう」456キロ			
ウインマニフィーク	牡	(美)鈴木慎	父 ベンバトル	母 ウインファビラス(ステイゴールド)
「スピードがあってテンから行き脚の付くタイプで遅生まれながら現時点でも動きは良好。新馬勝ちの兄と互角以上に手応えがあります」452キロ			

ウインジェルベーラ23 ▶ ウインテラジーナ(458キロ)　　ウインオリアート23 ▶ ウインポーシャ(466キロ)
コスモチェーロ23 ▶ ウインベルチェーロ(465キロ)

下河辺牧場

名門中の名門

取材日◎3月18日
取材・構成◎菊池グリグリ

INTERVIEW
谷口勇介 主任

現3歳世代もサトノシャイニングがクラシックの有力候補に。たゆまぬ努力で飛躍を続ける名門牧場から目が離せません。

思い通りの調整で申し分なし！ジェニサ23は期待大！

――昨年との変更点はありますか？

谷口（以下、谷） 牝馬には個別のメニューを設定し、強めに攻められるようにコンディション維持を重視してきました。

――では**キャシーズソング23**（父キズナ・牝・斎藤誠）からお願いします。

谷 週に3～4回坂路に入り、15秒台までこなしています。ハードに攻めても食べるので牝馬では最も乗り込めています。関節の可動域が広く、背中を大きく使った動きを出来て走りのバランスもキレも言うことなしですね。

――気性面や適性のイメージは？

谷 敏感な面もありますが操縦性はOKです。一方で、テンもいけるのでマイルにも対応できそう。クラシックを目指したいですね。早期の移動にも対応できる準備があります。

――**カラズマッチポイント23**（父エピファネイア・牝・平田）はエンペラーワケアの半妹。

谷 こちらも同じく最も進んでいる組です。柔軟で軽い走りが魅力で、身が詰まってくればもっとしっかりしそう。縦列調教では先頭でも最後方でも走れる優等生で競馬に行っても自在性が武器になりそうです。父より母が色濃く出ている印象で、マイル～2000mが主戦場となりそう。夏デビューを意識できる仕上がりですが成長力もある血統で楽しみです。

ジャルディナージュ23（父ダノンスマッシュ・牝・竹内）も早い組で進めていますが、乗り込んで来場時より筋肉量が増えて逞しくなりました。短距離にも対応しそうなスピードがあって前向きな気性なので、早い時期の2歳戦に向きそうです。3月末にトレセンに入厩して6～7月のデビューを目指します。

――**スウィーティーガール23**（父コントレイル・牝・田中克）は、クラシック戦線で活躍しているサトノシャイニングの半妹ですね。

谷 こちらは週に2～3本坂路に入り16秒台をベースに15秒台を織り交ぜつつ乗り込んでいます。冬を越えて逞しくなり攻めても体を減らさなくなってきました。柔軟で背中もよく動くし、しなやかな脚捌きはサトノシャイニングに似ています。兄は気性面で少し苦労しましたが、この馬は折合いの心配もなく距離もこなしそうです。もう少し体力強化して秋デビューを目指します。

コンクエストハーラネイト23（父コントレイル・牝・矢作）も同じペースで乗っています。この春に体高が伸びてきて、幅が出るのを待

キャシーズソング23 ▶タイセイフレッサ（498キロ）　カラズマッチポイント23 ▶馬名未決定（486キロ）　ジャルディナージュ23 ▶トラスコンガーデン（480キロ）　スウィーティーガール23 ▶スウィーティーベル（450キロ）　コンクエストハーラネイト23 ▶馬名未決定（439キロ）

下河辺牧場

ちつつ進めていますが、センスを感じる動きでポテンシャルを秘めているのは確か。溜めて弾ける走りが出来ます。精神的にもう少し大人になれば理想的です。秋のデビューを目標に進めています。

——牡馬は**ジェニサ23**（父エピファネイア・牡・杉山晴）からお願いします。

谷　最も進んでいる組で、週に3～4回坂路に入り1～2本ずつ。週に2回は1F15秒台で乗り込んでいます。可動域が広くバネもあり乗っていて気持ちの良いフットワークで駆けます。スピードや溜めてのキレ、手先の返しなども申し分ないですね。

——気性面やデビュー時期は？

谷　この母の仔は気性面で苦労してきましたが、初めて思い通りに調教を積めています。クラシックを意識させてくれる楽しみな素材で、このまま順調なら5～6月には送り出せる見込みです。

——**ガリレオズソング23**（父コントレイル・牡・福永）も同じく最も早い組で順調に乗り込めているとのことですね。

谷　未完成ながらバランスが良く、跳びが大きくてスケールを感じさせる馬。心肺機能の強さやパワーも魅力です。ビヨンドザファザーよりはオーロラエックスに似ているので、芝向きでしょう。気持ちも素直で前向きです。ちょうど今朝いらした福永調教師も4月～GWまでには入れたいと言ってくれました。クラシックを意識したいですね。

——**サトノワルキューレ23**（父ロードカナロア・牡・斎藤誠）は母がフローラS勝ち馬、オークスでも上位人気になった馬です。

谷　こちらはじっくりの組で、週3回の坂路入りで状態を見つつ15秒台までやっています。動きは母に似て柔軟で、最近は筋肉量が増えて動きが良化中です。母もこれからの時期に良くなったので、秋のデビューを目指して徐々にペースを上げていきます。

ジョリーオリンピカ23（父Into Mischief・牡・田中博）はスピード感があり捌きも軽くて、この血統ながら芝でも？と思わせます。2月頃まではデビュー時期も遅めかと思っていましたが、この1ヶ月で劇的に良化してきて5～6月には送り出せそうです。

——**サトノアイビス23**（父クリソベリル・牡・池江）は553キロの体格が目立ちますね。

谷　調教の進度はトップ級です。ご覧の通り筋肉量豊富で緩めるとすぐ太るし、脚元も丈夫でタフなのでとにかく乗り込んでいます。身体を持て余さなくなって気持ちにも余裕が出てきましたし、巨漢ですがテンの行き脚も付きます。スピード持続力とパワーが持ち味、夏のダ1700～1800mの新馬戦が始まる時期に向けて送り出せるように準備しています。

——初年度となるキセキ産駒はどうですか？

谷　**トリニティプレイス23**（父キセキ・牡・関西予定）はカーラパワー牝系の長所が出てスピードや軽さがあるので面白そうですよ。

「キャシーズソング23は走りのバランスもキレも言うことなし。クラシックを目指したいですね」

ジェニサ23 ▶ 馬名未決定（483キロ）　ガリレオズソング23 ▶ 馬名未決定（518キロ）　サトノワルキューレ23 ▶ 馬名未決定（482キロ）
ジョリーオリンピカ23 ▶ サトノボヤージュ（484キロ）　サトノアイビス23 ▶ ジャイアンバローズ（553キロ）　トリニティプレイス23 ▶ アクセス（490キロ）

世界を見据えた馬づくり
ダーレー・キャッスルパーク

取材日◎3月14日
取材・構成◎岸端薫子

INTERVIEW

増田悠弥
レーシングオフィス
アドミニストレーター

ブラッシュアップを重ね、今年も着実な進化。
レモンポップに続く次世代のスター候補に注目です。

活躍の舞台はそれぞれ
ディスクリートキャット三銃士

――昨年はベースづくりを重視して、じっくり乗り込んでいるとうかがいました。

増田（以下、増） そこは同様ですが、距離は去年以上に乗っていて、かつ坂路15秒を馬なりで出せるような状態の馬が多いです。

――たしかに毛ヅヤのよさが印象的でした。では牡馬からお聞きします。残り2世代となったディスクリートキャット産駒から3頭見せていただきました。**ホットミスト23**（牡・大久保）はしっかりとした馬体の持ち主ですね。

増 もともと馬格はありながら重苦しさは感じさせません。堂々とした性格の持ち主です。

――近親は同じ父産駒のコンバスチョン。

増 前進気勢ある走りに堂々とした雰囲気は近いと思います。この仔はスピードに加えていい脚を長く使えそうで、距離はマイルから1800mくらいをイメージしています。5月中に本州へ移動し、ダート中距離の番組が増えるころのデビューを考えています。

――**フラマブル23**（牡・上原博）は阪神JFと桜花賞に出走したキャットファイトの全弟ですね。

増 坂路15秒をコンスタントに乗っている調教が一番進んでいる組です。GW前に移動し、6月の東京、夏の新潟を目指します。

――全兄にヴォルケニックもいますが…。

増 兄とはタイプが少し違うかな。馬体の雰囲気や、芝向きの素軽い脚の運びは姉寄りで、芝のマイルあたりが合いそう。同じディスクリートキャット産駒のオオバンブルマイのような活躍馬になってほしいです。

――父ディスクリートキャットからもう1頭、**ブルーミスト23**（牡・寺島）はどんな馬ですか？

増 この仔も一番進んでいる組で進めています。柔らかみがあってスピード感も十分です。

――母の弟ブルーシンフォニーは新潟2歳S2着後、芝とダートの短距離が主戦場でした。

増 ブルーシンフォニーは早い時期からこの坂路で動いていましたが、似た印象はあります。先行してスピードを活かすタイプと見ているので将来的には1200mかもしれませんが、競走馬向きの気性からマイルや1800mで見たいですし、叔父さんのように新潟2歳Sに挑戦できたらいいですね。

――続いて**サマリーズ23**（父アメリカンペイトリオット・牡・藤岡）です。母産駒はこの2歳馬取材で初めての登場ですね。

増 母と同じ藤岡調教師にお願いしますが、お母さんにそっくりだと言われています。

――きょうだいは芝短距離、ダート短距離、ダート中距離とさまざまなタイプがいます。

ホットミスト23 ▶ 馬名未定（526キロ）　フラマブル23 ▶ 馬名未定（494キロ）
ブルーミスト23 ▶ 馬名未定（480キロ）　サマリーズ23 ▶ 馬名未定（502キロ）

118

ダーレー・キャッスルパーク

増 兄姉はどちらかというと父が出ていたので、母寄りなのはこの仔が初めてかもしれませんね。5月生まれで今後の良化も見込めますし、ダートのマイル前後、全日本2歳優駿を勝った母同様の活躍に期待しています。ダートの番組が増えるころの始動予定です。

―― ここからは牝馬についてうかがいます。

ウーマンズハート23（父ロードカナロア・牝・中内田）の母は新潟2歳Sを制して阪神JF、桜花賞、オークスへ出走しました。

増 しぐさやちょっとピリッとした気性は母にそっくり。調教は一番進んでいる組で、4月中に移動し、早期デビューを目指します。近親には香港のスプリント路線の活躍馬もいて、秘めたスピードを感じますし、ためてキレるタイプかなと。お母さんが届かなかったGI勝利を願っていますし、キングカメハメハの血統と母父ハーツクライの活躍馬は多いですから、そこに名を連ねてほしいです。

―― **ニードルクラフト23**（父サンダースノー・牝・高橋義）は半兄がファインニードル。今年は父がサンダースノーです。

増 スピードがあり、気性面で注文がつくところはありません。トモに丸みがあってここから筋肉が乗ってきそうなところは、母の血統だなと感じます。成長力が武器の血統で、5歳でGI馬になった兄を踏まえると、この仔も使いつつ適性を探っていく形がよいかと。高橋義忠調教師も始動の距離は考えられていて、1400とか1600からになるだろうと話されていました。秋口くらいの予定です。

―― 高橋義忠厩舎にはファインニードル産駒のクルゼイロドスルがいますね。

増 父の産駒では珍しい1800mを走っていますよね。この仔もどんな舞台を得意とするのか、楽しみが広がります。

―― **プリディカメント23**（父ファインニードル・牝・吉村）は半姉のインブロリオが先日のフィリーズレビューで4着に入りました。

増 父が替わり、姉より筋肉質でトモにも父らしさを感じます。一番進んでいる組なので、夏競馬から阪神JFや桜花賞を目指してほしいですね。ただ、両親同様に1200mかもしれません。両親が4、5歳で本格化したように、この仔もまだまだ成長すると思います。

その他の注目2歳馬一覧

馬名未決定	牝	（栗）千田	父 アメリカンペイトリオット	母 ムーンチャイム（アドマイヤムーン）
「初仔。母は内に秘めた気の強さがキレにつながったタイプで似たような印象あり。芝マイル前後が向きそう。GW明けの移動予定」471キロ					
馬名未決定	牝	（美）嘉藤	父 タワーオブロンドン	母 ヴァラークラウン（ダノンシャンティ）
「父らしい雰囲気に、前進気勢があって大きなストライドが母譲り。マイルもこなせるスピードタイプでは。母同様に2歳戦から動けそう」462キロ					
馬名未決定	牝	（美）高柳瑞	父 タワーオブロンドン	母 ギフトオブアート（ヴィクトワールピサ）
「体形は母そっくり、走りも母をイメージさせます。現状の気性や体形からは芝マイルくらいが合いそう。秋を目標に進めていきます」462キロ					
馬名未決定	牡	（美）林	父 デクラレーションオブウォー	母 オムニプレゼンス（ディープインパクト）
「半兄ナルカミと馬体の雰囲気は似ていて、スピード感ある動き。2000mのイメージで洋芝も合いそうなので、夏競馬の2000mでデビューできれば」488キロ					
馬名未決定	牝	（栗）角田	父 パイロ	母 エオリア（ストリートセンス）
「馬体は父よりも母に近く、体全体を使ったストライドを伸ばした走りが目立てそう。マイルから中距離でよさそう。夏競馬を目標に」491キロ					

ウーマンズハート23 ▶ 馬名未定（469キロ）　ニードルクラフト23 ▶ 馬名未定（476キロ）
プリディカメント23 ▶ 馬名未定（475キロ）

坂東牧場

英知と情熱を注ぎ込む

取材日◎3月21日
取材・構成◎岸端薫子

INTERVIEW
荒木一仁 マネージャー
岡本渉 調教主任

昨春はロジリオンがNHKマイルCへ。今年もここから来春の大舞台を賑わす逸材が現れる予感。

目指すは牝馬クラシック ビービーバーレル23

――撮影順にお話を伺います。**アンジェリック23**(牝・高柳瑞)は注目のコントレイル初年度産駒ですね。

荒木(以下、荒) 歩きが凄くいい馬です。走らせるとまだちょっと非力感があり、それが成長とともに良くなってきている段階ですね。

岡本(以下、岡) 成長の余地はかなり大きいと思います。歩いている姿を見ていると、センスの良さを感じますよ。

――**エンドレスノット23**(父ブリックスアンドモルタル・牡・福永)はいかがでしょうか？

荒 うちの生産なのですが、産まれた時から凄く良くて、そこからほとんど崩れなかったイメージです。

岡 走りもいいですね。ここ2、3か月でガラッと雰囲気が変わってきました。体の軸がしっかりしていて柔らかみもあって。

荒 あとは、そんなにおとなしいとか従順だというタイプではないので、気性面が競馬で前向きさに繋がって欲しいですね。

――**アンリミテッドピサ23**(牡・角田)はシスキンの産駒です。

岡 ずっしりしているように見えて、回転が利くんですよね。筋力を感じますし、走りのバランスといいますか、そこで踏み込んでほしいというところで踏み込んでくれます。踏み込む位置がちょうどいいので推進力のある走りができています。

荒 来週移動予定なので、比較的早めのデビューもあると思います。

――**キストゥヘヴン23**(父ロードカナロア・牡・戸田)はお馴染みの血統ですね。

荒 この仔はこちらへの入厩時期がちょっと遅かったのですが、華奢に映った体が5か月で50キロほど増えました。非常に成長力があるなあという印象です。同時期の全兄エールトゥヘヴンよりもしっかりしてきました。

「ベアフットレディ23はスピードもありそうでセンスを感じます。兄姉関係なく"いい馬"ですよ」

アンジェリック23 ▶ 馬名未決定(434キロ)　エンドレスノット23 ▶ ダイヤモンドノット(475キロ)
アンリミテッドピサ23 ▶ 馬名未決定(487キロ)　キストゥヘヴン23 ▶ ウインドオブヘヴン(456キロ)

坂東牧場

岡　ジワっとスピードに乗って、トップスピードが持続するようなイメージですね。

――ビービーバーレル23（父サートゥルナーリア・牝・関西）はいかがでしょうか？

荒　（兄の）ロジリオンも含め、きょうだいはみんなそこそこという印象だったのですが、しっかり走ってくれています。

岡　10段階で全項目6ぐらいのところから上がっていくイメージですね。

荒　この馬はかなり順調に進んでいるので、なんとか牝馬クラシックに進んで欲しいという希望を持っています。

――続いてもサートゥルナーリア産駒で**ウィキウィキ23**（牡・堀）です。

岡　この馬は走ると思っています。バネ、ストライド、筋力と総じてレベルが高いです し、人の重さとか、坂路の傾斜とかを気にせず楽な感じで走ってきますから。

荒　これから走りも大きくなりそうですし、溜めてもしっかり脚を使えるでしょうね。クラシックを目指して欲しいです。

――ティーンエイジギャル23（牡・四位）はキタサンブラック産駒です。

荒　これは大化けするかもしれないですね。すごく期待値が高いです。まだ子供っぽいですが、しなやかな柔軟性のある走りで。

岡　必要な時にグッと体に力が入るタイプで、良い脚を使える馬の典型ですよね。

――ベアフットレディ23（父キズナ・牝・四位）はセキトバイースト、ジョバンニの半妹です。

岡　スピードもありそうでセンスを感じますね。兄姉関係なく"いい馬"ですよ。

――ミスキララ23（牝・須貝）はエタリオウ産駒。

荒　馬を愛しているオーナーの種馬なので、なんとかその夢に一役買いたいなと思っています。馬格もあって、ブレないタイプです。

――キタサンテンビー23（父ミスターメロディ・牡・今野）はどんなタイプでしょうか。

岡　大きい馬ですが回転が利いて、低い重心からギューンと伸びてくるイメージです。

荒　近々、移動予定です。山田オーナーと今野厩舎のラインは活躍馬が多いので、その点でも楽しみですね。

その他の注目2歳馬一覧

馬名	性	厩舎	父	母	母父
馬名未決定	牡	（栗）四位	インディチャンプ	エイシンキルデア	(Kitten's Joy)
「馬体も動きも良く、父の産駒らしく、スピード、切れ味がありそうです。マイル前後で悠々と走らせてあげたいですね」（荒木氏）477キロ					
エコロセレナ	牝	（美）斎藤誠	コントレイル	アマルティア	(アドマイヤムーン)
「筋肉質で、手先に力もしっかり入る印象です。伸びしろも大きいですし、大きいところでの活躍を期待したいです」（岡本氏）458キロ					
カットソロ	牡	（栗）矢作	コントレイル	スルターナ	(キングヘイロー)
「年明けに休んだ時期があったのでまだ緩いですが、皮膚が薄く、動きも柔らかいです。良化の余地が大きく楽しみです」（岡本氏）522キロ					
マカナアネラ	牡	（栗）角田	サトノアラジン	ブリスフルデイス	(キングカメハメハ)
「ここ1か月くらいで急上昇してきました。走りにスケール感が出てきて、ブレない走りが見ていて気分がいいですね」（岡本氏）478キロ					
ロジシーザ	牡	（美）古賀	ドレフォン	ロジネイア	(エピファネイア)
「骨量があってパワー型ですが、回転も利くのでスピードもあります。早めの時期、短距離戦線から活躍できそうです」（岡本氏）498キロ					
馬名未決定	牡	（栗）渡辺	ルヴァンスレーヴ	ベルキュース	(ヘニーヒューズ)
「手先がシャープで、父の俊敏さを備えたタイプだと思います。早めの移動にも対応できそうですし、堅実な活躍を期待」（岡本氏）473キロ					
馬名未決定	牡	（栗）武幸	レイデオロ	メイショウマンボ	(スズカマンボ)
「トビの大きな走りで、ここ1か月で手先の返しも変わってきました。馬の成長に合わせて、じっくり進めていきます」（岡本氏）470キロ					
レッドスティンガー	牝	（美）矢嶋	レッドファルクス	マレーナ	(ダイワメジャー)
「クズの出ない血統ですし、ポンポンと反発力のあるような走りで、芝ダートのどちらも走れる要素を持っています」（荒木氏）468キロ					

ビービーバーレル23▶馬名未決定(458キロ)　ウィキウィキ23▶クカイリモク(480キロ)　ティーンエイジギャル23▶リン(453キロ)
ベアフットレディ23▶ソルパッサーレ(473キロ)　ミスキララ23▶ララオウ(513キロ)　キタサンテンビー23▶ゲレイロ(507キロ)

三嶋牧場

生産・育成ともにハイレベルな浦河の雄

取材日◎3月19日
取材・構成◎岸端薫子

INTERVIEW

藤井健太
トレーニングマネージャー

昨年はテーオーロイヤル、ルガルがGI制覇!!
今年も多種多様な素質馬たちが大舞台を目指します。

王道路線を行ってほしい
アマダブラムⅡ23

――今年も厳選の期待馬を撮影させていただきました。まずは**アマダブラムⅡ23**（父Study of Man・牡・友道）からお願いします。

藤井（以下、藤） 入厩した時から見栄えが良くて、カッコいい馬だと思っていました。父は仏ダービーを勝ったディープインパクト産駒ですけど、この馬もすごく柔らかくてバネがある印象ですね。前進気勢が強いタイプではなく距離はもちそうですから、友道厩舎らしく王道路線を行ってくれればと思っています。4月中の移動を予定しています。

――**サラーバ23**（牡・田中克）はダノンキングリーの初年度産駒ですね。

藤 ダノンキングリーは生産馬なので、牧場としても期待が大きい種牡馬です。兄のマッドマックスはダート向きかなという硬い印象があったんですが、こちらは父の影響か、馬自体が非常に柔らかくて背中がいいですね。体形的にも乗り味的にも潜在能力の高さが伝わってきます。夏前までに移動したいと思っています。

――コントレイル産駒も2頭見せていただきました。**ステラエージェント23**（牡・高柳瑞）は藤田晋オーナーの所有馬ですね。

藤 コントレイル産駒は品があって、いかにも芝馬という感じの馬が多いですね。総じて背中が良くて捌きがとても軽いんです。これはディープインパクト産駒に初めて乗った時以来の感覚です。この馬もその特徴が出ていて、乗り味の良さも含めて今後が楽しみです。操縦性が高いので、マイルから中距離ぐらいでしょうか。もう少し体の成長が欲しいので、移動は夏を越えたぐらいでいいのではと思っています。

――同じくコントレイル産駒、**ユーヴェットシー23**（牡・田中克）は、母がアメリカのダート重賞を勝っていますね。

藤 血統馬で、牧場としても期待している繁殖です。この馬は来た当初は体が小さかったんですが、バランスがきれいでした。現状460キロで、このまま480キロぐらいまで増えてきたらいよいよ楽しみです。目標はクラシックなので、しっかり待ってあげて夏前に移動できればと思っています。

――**ジェラスガール23**（父アドマイヤマーズ・牡・高木）はクローバー賞を勝ったニタモノドウシの半弟ですね。

藤 父は替わりましたがニタモノドウシに似ていますよ。オーナー、調教師も同じラインなので、この馬も同じようなイメージでいいんじゃないかと思っています。先週、13秒

アマダブラムⅡ23▶キッコベッロ（498キロ）　サラーバ23▶馬名未決定（508キロ）　ステラエージェント23▶イノーマル（433キロ）
ユーヴェットシー23▶ココロヅヨサ（460キロ）　ジェラスガール23▶馬名未決定（457キロ）

三嶋牧場

まで進めてかなり動けていたので、スピード能力は高いですね。4月中に移動して、早めに始動してもらえたらと思っています。

——トレースイスラ23（父リオンディーズ・牡・上村）はいかがでしょう？

藤　上が未勝利戦をちぎって勝ったウォーターパラディで、母はメイショウハリオやテーオーロイヤルのお姉さんです。こちらに来てから50キロ以上増えて、馬は抜群に良くなりました。ハリオやロイヤルには似ていないかもしれませんが、この馬自体、バネがあって"いい馬"です。遅くともゴールデンウィーク明けには移動できると思います。

——メイショウササユリ23（牡・松永幹）は大活躍しているナダルの産駒ですね。

藤　ナダル産駒は丈夫さと完成度の高さが武器でしょうね。この馬も馬っぷりがすごく、最初に走らせた時から「1歳なの？」と思うぐらいしっかりしていました。気性が激しくて最初はよく立ち上がったのですが、背腰がしっかりしているので、危なさはないんです。だから、この馬は自信あります。形も崩れませんし、速いところにいっても力強い動きをします。目指せJBC2歳優駿です。

——メイショウショウブ23（父ドレフォン・牡・池添）は重賞で活躍した母の初仔ですね。

藤　お母さんも育成してデイリー杯2歳S、NZTで2着。その初仔ですから、もちろん期待しています。この子はこれまで育成したドレフォン産駒とはタイプが違って、お母さ

んのいいところを出しています。ゆくゆくはダートかもしれないですが、柔らかみがあってバネもあるので芝でも走れると思います。

——エンタイスド23（父エピファネイア・牝・福永）はエリカエクスプレスの全妹ですね。

藤　このお母さんの仔を育成するのは初めてです。乗り進めるにつれてエピファネイア産駒らしい気の強さ、前進気勢が出てきました。何がいい、というより全部いい、という感じですね。能力は間違いないと思うので、しっかり育成して2年連続で桜花賞出走を目指したいですね。

——ランドネ23（牝・辻野）は、今年も父がゴールドシップですね。

藤　バネがあって身体能力の高さを感じます。全姉は気性の問題があって時間がかかっていますけど、この馬はおとなしいので何の問題もなく調教を積めました。血統的に、2歳からバリバリ走る感じではないのでしょうが、体つき、メンタルも含めて姉よりも完成度は高いので、2歳から走って欲しいなと願っています。普段の操縦性も高いですし、牝馬にしては長い距離をこなせる血統なので、オークスを目指したいですね。

——最後に藤井さんの一番を教えてください。

藤　僕の一番は出していない馬なんですけど…。背中がものすごく良くて「こんな背中が動く馬がいるんや」と思っています。ただ、メンタルは怪しいです（笑）。厩舎だけ言っておきます。橋口厩舎です。

移動済みの注目2歳馬

カイショー	牝	（栗）長谷川	父 スワーヴリチャード	母 アルモニカ（ロードカナロア）
「抑えるのが大変なぐらいのスピードがあり、いかにも短距離向きのタイプです。函館デビューのプランで、3月頭に移動しました」					
ブランドブラン	牡	関西予定	父 Frosted	母 オーケストレイト（Tiznow）
「近親にコントレイル、Essential Quality。来た時から馬っぷりが良くて、そのまま成長してくれました。目指せ、サウジダービーです」				

トレースイスラ23▶チェファルー（504キロ）　メイショウササユリ23▶馬名未決定（485キロ）
メイショウショウブ23▶馬名未決定（474キロ）　エンタイスド23▶馬名未決定（470キロ）　ランドネ23▶馬名未決定（480キロ）

谷川牧場

生産・育成を一貫して行う浦河の名門

取材日◎3月18日
取材・構成◎岸端薫子

INTERVIEW

高澤秀一
育成場長

ナムラクレアの全弟、グランプリボスの最後の産駒など、ロマン溢れる馬たちがスタンバイ!!

体の使い方がうまい
レッドシルヴァーナ23

――まずはおなじみの血統馬、**サンクイーンⅡ23**（父ミッキーアイル・牡・長谷川）、ナムラクレアの全弟からお願いします。

高澤（以下、高）　母の仔はいろいろなタイプがいるんですよね。ナムラクレアはここにいるときからすごく前向きでしたが、この仔は現状でまだ幼さが出ていて何をやるにしても納得してからじゃないと動かない。1か月くらい休んで再始動したところでもありますが、体の使い方は上手で走りはいいですね。そこは血統を感じさせます。

――牡と牝の違いもあるんでしょうか。

高　種馬の違いがあるかもしれません。半兄のナムラアトムはすごく真面目でしたが、半姉のナムラクレアはそこまで行きたがるタイプではありませんでしたから。

――となると距離はどうでしょう？

高　マイルまで持ってくれたらいいですよね。秋デビューを目指して進めていきます。

――**モズスーパーフレア23**（父グランプリボス・牡・矢作）は初仔ですね。

高　調教は一番進んでいる組（600mのダート5周がメイン、坂路は週2回2本、うち1本は15-15）です。父の仔は馬格がしっかりしているタイプが走っていると思います。

――この仔はがっちりしてましたね。

高　ええ。まだ幼い体形ではあるので絞れていくとは思いますが、体形は母似ではないですね。性格は母に似ていて前向きですが、指示には従えます。

――やはり芝短距離でしょうか？

高　そうですね。父の最後の仔なのでがんばってほしいです。

――**レッドシルヴァーナ23**（父キタサンブラック・牡・清水久）も初仔ですね。

高　見た目は華奢ですが、体の使い方がうまく、乗り味はすごくよいです。トビが大きいので速く感じないけれど、スピードが出てるというタイプですね。

――成長途上ですか？

高　まだ子どもの部分はあるので、力がついてきたらさらによくなると思いますよ。現状でも操縦性は高いので距離はもつのではないでしょうか。

――続いて、**ナムラアン23**（父マクフィ・牝・長谷川）です。今年は父がマクフィですね。

高　体の使い方や走り方が意外と軽くて芝もこなしそうな雰囲気があります。ただやっぱりダートかな。

――気性面はいかがですか？

高　牝馬らしい神経質な部分はあって、飼

サンクイーンⅡ23▶ナムラロダン（500キロ）　モズスーパーフレア23▶モズエムビビー（556キロ）
レッドシルヴァーナ23▶レッドパラジウム（468キロ）　ナムラアン23▶ナムラトレビアン（450キロ）

谷川牧場

い葉は食べていますが食べたぶんが身になっていない気がします。調教でも気が入って力む面が見られるので、そこが落ち着くといいですね。ただ、1つ上の姉（ナムラエン）よりは扱いやすいですよ。5～6月に本州移動予定です。

——**フラワーバレイ23**（父モーリス・牡・吉岡）は馬格がありますね。

高 この仔も調教は一番進んでいる組です。4月中に本州へ移動予定で進めています。半兄（プレミアシップ、ウィズユアドリーム）より軽さがあって操縦性もいい気がします。

——適性はどのあたりになりますか？

高 芝の中距離、マイルより長めのほうが合うと思います。兄たちと同じイメージでよいのではないでしょうか。

——ここからは移動済みの馬についてお聞きします。全馬とも2月中にチャンピオンヒルズへ移動したそうですね。

高 はい、トラック2400～3000ｍ、坂路は18-17秒くらいまで進めて送り出しました。

ヴァローア23（父シニスターミニスター・牡・奥村豊）はポテンシャルの高さを感じた1頭でした。開花はやや遅い血統かもしれませんが。

——4勝した母は3歳デビューでしたね（編注：1つ上の半兄が3/30に勝ち上がり）。

高 体質がやや弱かったので、休みを定期的に入れてやっていました。それでも背中が柔らかく、加速力のある走りを見せていましたよ。

この仔は母同様にダート中距離だと思います。

——**ドリームオブジェニー23**（父コントレイル・牡・吉岡）は父の初年度産駒です。

高 幼さは見せていましたが、体力があり調教は余裕でこなしていましたね。この血統らしい緩さもありましたが、兄姉たちとくらべてもバランスのいい馬体の持ち主です。パンとしてきたら、母の産駒のよさであるバネの利いた走りを見せてくれると思います。距離はマイルから2000ｍのイメージです。期待の1頭です。

——母の3番仔となる**ファンディーナ23**（父エピファネイア・牝・高野）はどんなタイプですか？

高 抜群のバネがあり、体の使い方が上手。動きもよく順調に進められました。

——性格は？

高 お嬢様気質でいやなイヤなことはイヤと主張しますが、走りでは問題なく、折り合いもついています。6月の阪神1600ｍで無事にデビューして大舞台を目指してほしい、この馬も期待の大きい1頭です。

その他の注目2歳馬一覧

馬名未決定 ｜ 牝 ｜（栗）吉岡 ｜ 父 キズナ ｜ 母 ルパンⅡ（Medaglia d'Oro）
「さばきの軽い走り。楽な手ごたえで坂路を上がっており、ポテンシャルは高そう。牝馬らしい気性ながら操縦性の問題なし。秋目標」504キロ

フィエスタ ｜ 牝 ｜（栗）西村 ｜ 父 キタサンブラック ｜ 母 ルガーサント（ヴィクトワールピサ）
「前進気勢にあふれ、スピードもあり。テンからスピードを発揮してくれそうで、母同様に短距離向きの印象。夏競馬デビューも視野に」458キロ

ジーモンスター ｜ 牡 ｜（栗）佐藤悠 ｜ 父 モズアスコット ｜ 母 ジーベロニカ（キングカメハメハ）
「まだ幼いが、背中の使い方は評価できる。走りに前向きさが出ればさらによくなる。中距離、芝ダートは問わないイメージ。5月中に移動予定」515キロ

フラワーバレイ23 ▶ 馬名未決定（514キロ）　ヴァローア23 ▶ ボーントゥウォリア（480キロ）
ドリームオブジェニー23 ▶ ライトフライヤー（500キロ）　ファンディーナ23 ▶ クリスレジーナ（474キロ）

125

POG直球勝負 2025-2026

屋根付き坂路を新設

ディアレストクラブイースト

取材日◎3月19日
取材・構成◎菊池グリグリ

INTERVIEW

吉田裕也 場長

派手なプロフィールではない馬でも活躍させてしまう。
この世代でもディアレストマジックをみせてくれそうです。

崩れずバランス良く成長したノーブルライラック23

――今年は吉田裕也場長にお話を伺います。敷地内に屋根付き馬場を新設されたのですね。

吉田（以下、吉） 今年1月に完成してこの2歳世代から活用し始めました。1周200mで、主に乗った後の運動に使っています。ゆっくり収縮運動を繰り返して馬が体の使い方を覚えることや集中力の向上はもちろん、乗り役のレベルアップにも一役買っています。今後は乗る前の運動にも活用していきます。

――計10頭を撮影させていただきました。
バイカターキン23（父カリフォルニアクローム・牡・田村）は、昨年のマーチSを勝ったヴァルツァーシャルの半弟ですね。

吉 このきょうだいを育成するのは4頭目です。勝ち上がり率の高い血統ですが早い時期から活躍するタイプではないので、現在は17-16あたりでじっくりやっています。サイズもちょうど良く、もう少し攻めれば気も入ってくるでしょう。この時期に、芝馬かも？と感じさせる手先や捌きの軽さは兄たちと共通しています。マイル以上の距離が合いそうで、移動は夏を越えてからになりそうです。

――**アロンザモナ23**（父サンダースノー・牡・高木）は調教進度が早い組とのことですね。

吉 坂路で週に1～2本、15-14まで進めています。スピードも捌きの軽さもあり1400～1600mあたりが向きそうです。まだ幼くてヤンチャするところはありますが、一気に変わってくる可能性があり伸びしろを感じています。脚元の不安もないので順調に乗り込んでいけばGW～夏前には送り出せそうです。

――**トウカイパシオン23**（父モズアスコット・牡・菊川）はいかがでしょうか。

吉 母の初仔ですが、母のきょうだいは何頭もやらせてもらっています。勝ち上がったら複数勝利を挙げてくれる血統で、この馬にも期待しています。速いところをやると気が入る血統なので今は敢えて17-16あたりをベースにじっくり進めていますが、乗り込み量は豊富です。この一族らしく良いスピードがあって短い距離が向きそうです。

――**メイショウナデシコ23**（父ヴァンゴッホ・牡・飯田）は新種牡馬の産駒です。

吉 先週からペースアップして17-15を始めたところです。馬体もまだ大きくなりそうで、まだ気性面の幼さもあって乗り手を選びますが、パワフルでスピードがあってエンジンの良さは確かです。マイル以上の距離が合うイメージでダートもこなせそう。ポテンシャルがあるのを感じています。

バイカターキン23▶馬名未決定（486キロ）　アロンザモナ23▶シュピラー（470キロ）　トウカイパシオン23▶トウカイレオ（458キロ）
メイショウナデシコ23▶馬名未決定（474キロ）　カニヨット23▶馬名未決定（446キロ）

ディアレストクラブイースト

——カニョット23（父ダノンスマッシュ・牡・新開）も新種牡馬の産駒です。

吉　この馬も今週から17-15を入れ始めました。来場した頃は繊細な面を見せていましたが乗り進める毎に解消してきて、カイバも良く食べるようになり体重も増えてきました。運動神経の良さが伝わるフットワークで、素質を感じるので慌てずじっくり進めています。いかにも芝向きで1400～1600mに適性がありそう。遅生まれですが期待の1頭ですよ。

——ここからは牝馬についてお願いします。

吉　ノーブルライラック23（父パイロ・牝・栗田）は、1歳の頃から恵まれた馬体の持ち主でしたが、崩れずバランス良く成長してくれました。調教進度は最も早い組で15-14をベースに13-13までやれています。気持ちの切り替えも利くタイプで真面目に走るし、併せ馬ではファイトします。血統どおりダートだと思いますがストライドも伸びるので距離の融通はききそう。まだ成長の余地もあり楽しみな馬です。夏前には移動予定です。

セシリア23（父ドレフォン・牝・牧田）も、同じペースで乗っていて、気持ちのオンオフが出来る競馬向きの気性の持ち主です。こちらは柔軟で筋肉の質が良く、芝向きのタイプでしょう。しっかり食べるので攻めても体を減らしません。マイルくらいまでが良さそうな印象で、夏前の移動も視野に入っており、早めのデビューで結果を出したいですね。

——カスタディーヴァ23（父フィエールマン・牝・田村）は、こちらで育成されたアオラキの半妹。3番仔は白毛に出ましたね。

吉　父が替わって骨量・筋肉量とも今までで1番です。兄より短い距離に対応できそうなスピードとパワーがあり、脚捌きは芝向きです。17-15までやってみて気の強さが走りに活きていると感じます。夏を越えて良くなってくると思うので、成長を促しながら焦らず進めます。毛色だけでなく成績でも話題になるようにしたいですね。

ハーランズワンダー23（父サトノダイヤモンド・牝・千葉）は四肢が長く芝の長い距離が向きそうなので、番組ある頃に向けてじっくり17-15で乗り込んでいます。気性も素直で扱いやすく馬体は成長の余地も十分。馬主さんとも好相性なので楽しみです。

——スターベスミツコ23（父クリソベリル・牝・深山）は息長く頑張る母の仔で、こちらでの育成は初とのことですね。

吉　付くべき箇所に筋肉が付いてきて乗り味がとても良いです。凄くパワーがあり気持ちも強くて素質を感じますね。今は成長の邪魔をしないよう17-15をベースに乗り込んでいます。活躍の場はダートの1600m以上になりそうで、夏前の移動を目標に進めています。

「カスタディーヴァ23は毛色だけでなく成績でも話題になるようにしたいですね」

ノーブルライラック23 ▶ レディサン（482キロ）　セシリア23 ▶ キミガスキダ（440キロ）　カスタディーヴァ23 ▶ 馬名未決定（448キロ）
ハーランズワンダー23 ▶ タイセイルビー（461キロ）　スターベスミツコ23 ▶ 馬名未決定（474キロ）

POG 直球勝負 2025-2026

馬・人・環境の調和で高みを目指す

取材日◎3月18日
取材・構成◎岸端薫子

富田ステーブル

内容を重視した育成で着実に勝ち星を積み重ねる。今年も馬優先で新星を送り出す！

INTERVIEW
堀部英斗
育成スタッフ

バランスの良さは兄弟でも一番 ホーリーシュラウド23

——去年とメニューは変わらないですか？

堀部（以下、堀） 去年より少し早めに坂路15秒を入れていますが、調教は走りの質やバランス、体の使い方などの内容を重視しています。また、富田牧場生産馬の場合は、馬の特長や成長過程を共有しながら進めています。

——生産部門との連携ができるのは強みですね。では早速、その生産馬からお聞きしていきます。**レッドシェリール23**（父コントレイル・牡・杉山晴）は父の初年度産駒ですね。

堀 5月生まれでまだ緩さもありますが、体のバランスと背中の感触がいい馬です。ディープインパクトを思わせる動きもしています。

——成長途上なんですね。

堀 力強さはこれからだと思います。それでもゆったり柔らかく体を使えているので、距離はもちそうなイメージです。成長にあわせて進めていきたいです。

——**ホーリーシュラウド23**（父ダノンキングリー・牡・斉藤崇）も父の初年度産駒ですね。

堀 この仔も成長途上で伸びしろを感じます。きょうだいを育成させてもらっていますが、一番バランスがよいと思います。そこは父のよさが出ているかもしれません。背中と身のこなしの柔らかさも長所のひとつです。

——気性面はいかがですか？

堀 ゆったりしています。同時期の完成度としては、半姉のホーリーブラッサム（父ロゴタイプ、フィリーズレビュー出走）のほうが上でしたが、精神面はこの仔のほうが落ち着いています。そこも父が出ているかな。気性的に距離の融通は利きそうです。4月中に移動予定で進めています。

——**ルフランエトワール23**（父ヴァンゴッホ・牡・高橋義）は3代母がウインドインハーヘアなんですね。どんなタイプですか？

堀 緩さは残しつつも柔軟性のある走りを見せています。調教を重ねて雰囲気がよくなってきました。ふだんは落ち着いていて、乗り出すと気持ちを前に出せるタイプ。オンオフの切り替えができます。

——活躍の場のイメージはどうでしょう？

堀 トビが大きく、どちらかというとパワータイプで、長くいい脚を使えそうです。

——**リブエターナル23**（父ワールドプレミア・牡・宮田）も新種牡馬の仔です。

堀 坂路で16-15くらいをやっています。進めながら体重も増えて幅が出てきました。現状はやや硬めながら、しっかりしたフォー

レッドシェリール23 ▶レッドレグルス（449キロ）　ホーリーシュラウド23 ▶ホーリーステップ（458キロ）
ルフランエトワール23 ▶馬名未決定（485キロ）　リブエターナル23 ▶ワールドブレイヴ（472キロ）

富田ステーブル

「レッドシェリール23はディープインパクトを思わせる動きもしています」

ムから力強い走りを見せています。ややピリッとしたところがありますが、調教では問題ありませんし、かえって走りにプラスになっていると思います。

——いい意味の前向きさがあるんですね。

堀　走り出してからもカーッとしているタイプではないので。血統的には芝でしょうが、走りの力強さを見ているとダートが合いそうな気がします。距離は融通が利きそうです。

オーシャンティ23は短距離で瞬発力を活かせそう

——ソムニアシチー23（父レイデオロ・牝・奥村豊）は小柄で美人ですね。

堀　小さいですが、バランスがよくてスピード感のある軽い走りをしています。現在はハロン16秒くらいです。

——飼い葉は食べていますか？

堀　彼女なりには食べていますが、もう少し食べてほしいところです。ただ、サイズは今後もそれほど変わらないかもしれませんね。

——性格はいかがですか？

堀　ふだんは落ち着いていますが、気合いは乗るタイプです。

——となると距離は？半兄のプレリュードシチー（父ハービンジャー）は京都2歳Sで2着のあと芝2600mでの勝利があります。

堀　2000mくらいまでかなと思います。

——オーシャンティ23（父リオンディーズ・牝・今野）は、現在どんな仕上がりですか？

堀　一番進んでいる組です。少しずつ幅が出てきました。今はまだ気持ちが効く、調教で前向きすぎることもありますが、ふだんは落ち着きが出てきました。オンオフの切り替えができてきたので、成長とともに調教でも落ち着いてくると見ています。

——成長途上ということですが、そのなかでの動きは？

堀　フォームはしっかりしていますし、反応がよく瞬発力がありそうです。「父の産駒は使っていくと距離が短くなっていく」と聞きますが、この仔も短めの距離でスピードを活かしていく競馬が合うイメージを持っています。

ソムニアシチー23 ▶ インクレイブル（404キロ）　オーシャンティ23 ▶ ルナティックブルー（446キロ）

ヤシ・レーシングランチ

科学データを活用する理論派

取材日◎3月21日
取材・構成◎岸端薫子

INTERVIEW

八嶋雄太
代表

昨夏はセクシーブーケが3連勝、サトノレーヴの外厩先など関係者からの信頼は高まるばかり。2歳馬も精鋭が集結した!

エスティロタレントーソ23は成長途上でもスケール感抜群

――昨年と調整方法に変化はありますか?

八嶋(以下、八) 昨年は成長が足りないからゆっくりやろうという感じでしたが、今年は一回強い調教を挟んで刺激を与えてから休ませるを繰り返すなど、より細やかにやっています。調教中の騎乗者はただコントロール性がいいだけではなく、「3割はみ出る前進気勢」を全員が意識しています。

――抑えすぎないということでしょうか。

八 感覚が難しいですけどね。

――田中博康調教師や田中克典調教師、千葉直人調教師、北村友一騎手とは競馬学校で同期だったとお聞きしましたが、あらためてすごい同期ですね。今年も同期の調教師の管理馬を見せていただきましたので、まずは田中克典厩舎の**ヴァラディヤ23**(父コントレイル・牝)から教えてください。

八 牝らしい繊細さを持ちながら、動きは非常に前向きで素軽いです。調教は3ハロン46秒くらいをやり始めたところ。スピード感あふれるピッチの利いた走りと、騎乗者の指示にしっかり耳を傾けられる賢さもあります。現状ではマイル前後がよさそうに感じます。

――移動については?

八 田中克師とコンタクトを取り、5~6月の移動、秋初めデビューのプランです。

――**フェアウェルキッス23**(牡)もコントレイル産駒で田中克典厩舎の管理馬です。

八 こちらにきた時から目を引く馬体でした。今は3F48秒くらい、7~10日に1回程度は46秒まで伸ばしています。あまり詰めてやりすぎると少しこたえるところがあるので、この仔も丁寧にやっていく形です。

――歩きは柔らかそうでしたが、走りはどんな感じですか?

八 コントレイル産駒は、どちらかというとピッチが利いていると感じますし、この仔はそのぶんスピード感がありますね。精神的に落ち着いていますし、やり出せば仕上がりは早そうな気配を見せていますよ。

――**エスティロタレントーソ23**(父Gun Runner・牡)は田中博康厩舎ですね。

八 体に成長の余地を残しながらスケール感とパワーがあります。現在は3ハロン45秒を週2回始めたところです。ダート向きで距離はあった方がよさそうですし、長く脚を使えるタイプかなと思います。

――気性面はいかがですか?

八 父の仔はみんな非常に扱いやすいです。体が変化している最中なので、移動はゆっく

ヴァラディヤ23▶馬名未決定(456キロ) フェアウェルキッス23▶レヴァンターセ(470キロ)
エスティロタレントーソ23▶馬名未決定(546キロ)

ヤシ・レーシングランチ

りでしょうが、デビューはそこまで遅くならないかと思います。

──Gun Runner産駒はもう1頭、**ピンクサンズ23**（牡・杉山晴）も見せていただきました。この馬はどんなタイプですか？

八　3ハロン45秒を継続して行っています。父が替わり兄よりもおっとりした部分が見られます。体に伸びがあって、大きなストライドから前進気勢はもちろんありますし、騎乗者に耳も傾けられます。距離はダートの中距離くらい、この仔も先行してそのままゴールまで長く脚を使うイメージを持っています。兄は頓挫がありデビューが遅れましたが、この仔は6月移動から、秋くらいにデビューできるのではないでしょうか。

バテない、疲れない
いつも元気なアントパール23

──**シュンドルボン23**（父ロードカナロア・牡・安田）は、母が牝馬重賞の活躍馬です。

八　10月からブレーキングを始めたのですが、調教進度は他馬に追いついてきました。調教を重ねるたびに前向きさも出ています。距離は1800m前後かなというイメージ。馬の成長にあわせて進めていきます。

──**アントパール23**（父エピファネイア・友道）はクラシック候補ですね。

八　調教師、オーナーからも期待の高い1頭です。3ハロン46秒を順調に消化中ですが、スピード感あふれる走りをしています。

──適性はどう見ていますか？

八　短距離なのかなという詰まった馬体でしたが、ここに来てずいぶん胴が伸びてきましたし、馬体重も増えています。メンタル面にもゆとりが出てきているので、1800～2000mあたりなのかなと。バテない、疲れない、いつも元気なのがセールスポイントです。

──**ニューアンドインプルーヴド23**（父キズナ・牡・吉岡）もクラシック候補でしょうか？

八　ここに来ての成長幅が大きく、今はストライドが他馬の1.5倍くらいあるんじゃないかというくらい跳んでいます。気がよくて3割くらいはみ出る前進気勢があり、調教に関しては今のところ注文なし。暖かくなっての変わり身も期待できるので、秋デビュー予定で進めています。遺伝子検査でもクラシックディスタンス方面に出ていますし、この馬も楽しみな1頭です。

その他の注目2歳馬一覧

馬名未決定	牡	(栗)野中	父 キタサンブラック	母 フライングニンバス(Awesome Again)
「成長待ちで進んでいる組より調教本数は少ないが逡色ない動き。瞬発的な動きもありつつストライドも伸びる。ポテンシャルも◎。秋～冬目標」464キロ					

馬名未決定	牡	(栗)髙橋義	父 ニューイヤーズデイ	母 コンゴウレイワ(アイルハヴアナザー)
「前進気勢がある中でコントロール性も良灯。ダート中距離で長く脚を使うイメージ。5月末～6月の移動、函館・札幌入厩のパターンもあるかも」472キロ					

インサイドタピコ	牝	(栗)吉村	父 American Pharoah	母 タピタルゲインズ(Tapit)
「ピッチの利いた走りに、レース向き気性が備わってきた。体質強化が伴えば夏競馬での始動も。最初は少し長めの距離でもという印象」460キロ					

サンセバ	牡	(栗)吉岡	父 Justify	母 アモータゼイション(Kingman)
「調教を強めるにつれ機敏さが出て、切れがありそうなイメージ。芝1800～2400mなどある程度あったほうがよさそう。遅生まれなので成長に合わせて」442キロ					

ピンクサンズ23▶ジャスティンダラス(516キロ)　シュンドルボン23▶馬名未決定(486キロ)
アントパール23▶ジャスティンカレラ(480キロ)　ニューアンドインプルーヴド23▶ジャスティンレビン(490キロ)

山を活かした坂路を持つ岡山の育成施設

取材日○3月25日
取材・構成○柿原正紀

EISHIN STABLE

INTERVIEW

池田亮
副場長

古本浩平
調教主任

昨年はエイシンワンドが小倉2歳Sを勝利！
今年もPOG向きの即戦力がいそうです。

心肺機能は古馬にも負けない
エイシンセラード23

——今年は5頭撮影させていただきました。
古本（以下、古） 今年は北海道からの移動が遅くなっていまして、現在こちらにいる10頭のうちJRAでデビュー予定の5頭をお見せしました。
——では、1頭ずつ解説をお願いします。まずは**エーシンアマゾーン23**（父コパノリッキー・牡・小崎）です。
古 穏やかな性格で、とても扱いやすい馬です。1月中旬にこちらに来て、まだハロン18秒程度の調教です。体を見てもまだまだメリハリが出ていませんし、重たく見せるところもあるのでじっくり時間をかけて乗っていきたいと思っています。適性はダート中距離でしょう。
池田（以下、池） 半姉のエイシンセラードはJRAでオープンまで行って、地方重賞も勝っているんですが、同じサンデー系の父なのでタイプ的にもフォルム的にもエイシンセラードの面影があります。北海道の預託先では一番の評価を受けていたような馬ですから、当然期待しています。
——次は**エイシンセラード23**（父コパノリッキー・牡・今野）でお願いします。

古 この馬は10月にこちらに来て15-15まで進んでいます。一番毛艶が良くてピカピカです。脚のさばきが軽く、柔らかい動きができるんですが、まだまだ本気で走っていない印象ですから、精神的に大人になってきたらもっと動きが良くなるはずです。適性はダート中距離向きだと思います。
池 血統的にも期待の大きい馬です。週に1、2回のトレッドミルでも、この馬は古馬と同じペースで楽に走れています。心肺機能が高いので距離はもつと思います。
——**エイシンコアー23**（父モーニン・牝・今野）はいかがでしょうか？
古 1月にこちらに来ましたが、前進気勢が強いので順調に調教のステージを上げていけそうです。牝馬ですが食欲旺盛で、調教を進めても体重が減る心配がないというのも強みだと思っています。ダートの短いところが主戦場になりそうです。
池 父がモーニンなのでダート向きではあるんですが、母系に入ったサンデー系の柔らかさや軽さも感じます。実際に、1歳のときから柔らかい動きをしていて、預託先でも高評価されていました。兄姉とはタイプの違うまとまりの良さを感じるので、期待しています。
——続いて、**エイシントパーズ23**（父ネロ・牝・中尾）です。

エーシンアマゾーン23 ▶ エイシンウィキッド（523キロ）　エイシンセラード23 ▶ エイシンリキュウ（450キロ）
エイシンコアー23 ▶ エイシンビリオン（443キロ）　エイシントパーズ23 ▶ エイシンディアマン（460キロ）

EISHIN STABLE

エイシンピカソ23は
体のバランスも良く、走りのバランスも良く、
ハミを受けたときの頭の位置も理想的です

古　九州産馬なので、うちでは「キュウちゃん」と呼んでいます（笑）。九州産限定競走を取るために中央組に選ばれた馬ですから、ここから急ピッチで仕上げていきます。体力的にも問題ありません。

池　祖母が地方重賞9勝のレマーズガールで、父はJRAでも活躍馬を出しているネロですから、血統的に臆することはないと思っています。血統・馬体からはダートでも走れそうです。

——最後は**エイシンピカソ23**（父エイシンヒカリ・牡・吉村）です。

古　現状、こちらに来ている馬のなかで一番馬だと思っています。気持ちが入りすぎて危うい動きをすることもあるんですけど、それが走るほうに向いたときのスピードは目を見張るものがあります。芝の短いところが合いそうなので、このままペースを上げて夏競馬を目指したいと思っています。

池　母は中央の芝1200mで新馬勝ちを含む2勝を挙げた馬で、初戦から走れるスピードはこの馬にも受け継がれています。体のバランスも良く、走りのバランスも良く、ハミを受けたときの頭の位置も理想的で、今回撮影した5頭の中では抜けた存在だと感じています。

——古本さんの一番馬はこの馬ということですが、池田さんもそうですか？

池　北海道にいる馬を挙げてもいいですか？

——ぜひお願いします。

池　確実に走ってきそうなのは**エーシンパナギア23**（父エイシンフラッシュ・牝・渡辺）です。シルクロードSを勝ったエイシンフェンサーの半妹で、エイシンギアアップの全妹にあたります。預託先の場長がとにかく大絶賛していて、フェンサーやギアアップの同時期と比べてもこの子のほうが良さそうです。

　他には**マーゼリン23**（父アドマイヤマーズ・牝・吉村）も楽しみです。前進気勢が旺盛で、預託先では早めから行けるんじゃないかと言われています。

　個人的に気に入っているのが**エイシンムジカ23**（父オルフェーヴル・牝・野中）です。マーゼリン23と一緒に併せ馬をしているんですが、スピードがあるマーゼリンに対して煽る動きをしています。胴長でストライドも大きいのにこの時期にこういう動きをするタイプの馬は将来が楽しみです。

——ありがとうございました。

エイシンピカソ23 ▶ エイシンビーコン（465キロ）エーシンパナギア23 ▶ エイシンニンバス
マーゼリン23 ▶ エイシンニケ　エイシンムジカ23 ▶ 馬名未決定

ノルマンディーファーム

育成馬は個性派が揃う

取材日◎3月11日
取材・構成◎菊池グリグリ

INTERVIEW
岡田壮史 氏

タイトルホルダーにメロディーレーンなど、ファンの心を掴む馬を送り出してきましたが、今年のスター候補はどの馬?

タイトルホルダー半妹はパワフルで余力十分

ディスティンダリア23
父アジアエクスプレス・牡・蛯名正

「馬格があってパワフルで気性面も扱いやすいし言うことなしです。中距離もこなせそうなので、このまま順調なら札幌ダ1700mデビューを目標に進めるつもりで、4月には本州へ移動予定です」(岡田壮史氏)

ウィズアットレース23
父エイシンヒカリ・牡・鈴木孝

「エイシンヒカリ産駒らしい脚の長い体形で、機敏な動きを見せています。母は芝短距離で勝ち上がりましたが、本馬は父に似て全身を大きく使って走るのでマイルや1800m戦にも対応するかもしれません。この世代の私の管理する馬の中で、芝なら上位に推せる期待馬です」(海老原雄二氏)

ラチェーヴェ23
父エピファネイア・牡・須貝

「見た目はボテっとしていますが素軽いスピードがあるしパワフルでスタミナもあって攻めてもへこたれません。これは走ってもら

わないと、と思わせる1頭です」(岡田壮史氏)

ティズトレメンダス23
父キズナ・牝・蛯名

「遅生まれだけどしっかりしていて、よく食べてよく動くのでメーヴェ23の調教パートナーです。スピードがあり手を焼くほど前向きな気性でしたが成長と共にコントロールも利くようになってきました。もう一段階成長があるでしょう。秋デビューで王道を歩んで欲しいです」(岡田壮史氏)

ワンスインナムーン23
父キタサンブラック・牝・大久保

「6月生まれなので大事にやっていますが小さい割にしっかりした馬です。ようやく今、身体も大きくなってきて春を迎えてもう一段成長を遂げそう。この父でも前向きさがあり母譲りのスピードタイプではありますが走ってくれないと困る血統ですからオークスの時期に間に合えばと思っています」(岡田壮史氏)

ジェルヴェーズ23
父ゴールドドリーム・牡・新谷

「まだまだ荒削りで緩さも目立ちますが、随所に光るものが感じられて、順調に育てば

ディスティンダリア23▶馬名未決定(508キロ)　ウィズアットレース23▶馬名未決定(465キロ)　ラチェーヴェ23▶ディースカウ(481キロ)　ティズトレメンダス23▶アマンヘセル(438キロ)　ワンスインナムーン23▶アゲンストオッズ(413キロ)

ノルマンディーファーム

ダートのトップクラスも狙えるのではないかと、楽しみにしている期待馬です。母の産駒はエティエンヌを始めとして3歳の秋くらいからグンと力をつける子が多く、父も含め成長力のある血統なので先が楽しみです」（海老原雄二氏）

ハイエストクイーン23
父ゴールドドリーム・牡・栗田

「完成度が高くて3歳ダート三冠や海外遠征といった夢を持たせてくれる期待馬です。既に510キロと体格に恵まれていますが、適度な柔軟性があって武骨な感じはしません。性格も良く、長い坂路も軽々と走るので、早い時期から活躍してくれると見ています。5月の入厩に向けてこれからペースを上げていきますが楽しみが大きいです」（海老原雄二氏）

クイックメール23
父ダノンキングリー・牡・尾関

「父の産駒らしいまとまりの良い体型で調教でも小気味の良いフットワークを見せています。母は短距離タイプの仔を多く出して

いてこの馬も芝1200～1600mが主戦場になりそうです。完成度が高いので春の間の小野町へ移動も検討しています」（海老原雄二氏）

ツインクルスター23
父ダノンバラード・牡・牧

「最近OP入りしたツインクルトーズの半弟です。母も兄姉もそうでしたが、晩成型の血統でまだ緩いので成長優先で進めていますが馬体は順調に大きくなってきています。血統的にも活躍の舞台は芝短距離になると思います」（海老原雄二氏）

マルーンドロップ23
父ブラックタイド・牝・吉村

「昨年暮れにオープン馬になった半姉ヴェルミセルを筆頭にきょうだいは春先からグンと成長する馬が多く、この馬もここに来て胴に伸びが出て来て幼さが抜けつつあります。落ち着いた気性面からも姉同様に距離の融通が利きそうですし、同じ吉村圭司厩舎で管理してもらえるのも心強いですね」（久保由典氏）

「ハイエストクイーン23は完成度が高くて3歳ダート三冠や海外遠征といった夢を持たせてくれる期待馬です」

Normandy Farm

ジェルヴェーズ23 ▶馬名未決定（494キロ）　ハイエストクイーン23 ▶馬名未決定（510キロ）　クイックメール23 ▶馬名未決定（464キロ）
ツインクルスター23 ▶馬名未決定（482キロ）　マルーンドロップ23 ▶ヴェネラブル（442キロ）

シュヴァリエ23
父ベンバトル・牝・中村

「乗り始めたのが遅いグループなのでまだじっくり進めている段階ですが、母自身と兄姉全馬に跨ったことのあるスタッフが「背中が柔らかくて最も母に似ている」と好感触。他のスタッフからも高評価です。しなやかで伸びのあるフットワークは目を引きますし芝の中距離までは守備範囲でしょう。母に重賞タイトルをもたらしてくれることを期待しています」（久保由典氏）

メーヴェ23
父ベンバトル・牝・栗田

「否が応でも期待してしまうタイトルホルダーの半妹ですが、パワフルで体力もあるのでいつも余力十分に持ったままで動けます。もう少し集中力があれば理想的ですが、芯がしっかりしているという面では同じ時期の兄以上です」（岡田壮史氏）

（追記：3月下旬にノルマンディーF小野町へ移動）

オートクレール23
父ポエティックフレア・牝・吉岡

「やや奥手ぎみで、まだ成長の余地はありますが芯はしっかりしていて背中の良い馬です。既に15-15まで順調に消化しており、もう少し幅が出てくれば理想的ですね。秋のデビューを目標に進めています」（岡田壮史氏）

ハナズリベンジ23
父マインドユアビスケッツ・牡・稲垣

「遅生まれながら筋肉量豊富でスピードがあり、これから更に良くなってくるでしょう。芝・ダの適性はこれから見定めていきたいと思っていますが、相性の良い父の産駒という意味でも期待しています」（岡田壮史氏）

サイエン23
父ミスターメロディ・牡・柄崎

「まだ馬体に幼い部分はありますが、トモの容量が大きく乗り込みを進めながら着実に力を付けてきています。最近は精神面での成長も伺えますし、クセもなく乗り手を選ばない優等生タイプ。前進気勢はあっても我慢は利くので芝の短距離～マイルで脚を溜めて瞬発力を活かす競馬を見せてくれないか

「マールボロロード23はタイトルホルダーに乗っていたスタッフが一番良いと言っています」

ノルマンディーファーム

その他の注目2歳馬一覧

馬名未決定	牡	(美)鹿戸	父 エイシンフラッシュ	母 ウェディングベール(タートルボウル)

「伸びのあるバランス良い体形で、芝中距離向きの印象。やや晩成傾向かもしれませんが、素質は感じるので将来的には走ってきそう」(海老原氏)471キロ

馬名未決定	牡	(栗)吉田	父 ゴールドドリーム	母 ジュエリーストーム(ストーミングホーム)

「馴致は遅い組も、年明けから順調でシャキっとした良い馬です。ダ短距離向きのスピード馬で父の産駒は成長力があるので楽しみ」(海老原氏)467キロ

ライムシロップ	牝	(栗)羽月	父 ゴールドドリーム	母 ライムスカッシュ(キングカメハメハ)

「1歳秋から冬にかけて大幅な成長を遂げました。父に似てパワフルでダート向きのタイプに出ており気持ちの強さも魅力です」(久保氏)484キロ

馬名未決定	牝	(美)高木	父 ダノンレジェンド	母 ウイニフレッド(スペシャルウィーク)

「1F18秒台でじっくりやっていますが、スムーズに全身を連動させる動きで、持っているモノは良さそう。秋入厩を目標に進めます」(久保氏)427キロ

ルナノーヴァ	牝	(美)緒方	父 ダノンレジェンド	母 ルナマーレ(キタサンブラック)

「芝の活躍馬を出す母系の影響かフットワークは柔軟でダート一辺倒ではなさそう。春を迎えて良い変化が見られています」(久保氏)436キロ

馬名未決定	牡	(美)高木	父 ブリックスアンドモルタル	母 ブラックオニキス(ブラックタイド)

「小柄だった母や姉より馬体のスケール感があります。当面は成長を促しつつですが芝中距離以上での活躍に期待しています」(海老氏)445キロ

馬名未決定	牡	(美)菊沢	父 ブリックスアンドモルタル	母 レディトリス(エンパイアメーカー)

「馬体の成長次第では芝中長距離での活躍に期待が持てそう。レースを重ねつつスタミナと決め脚が強化されていくイメージです」(海老氏)469キロ

馬名未決定	牡	(美)奥村武	父 ベンバトル	母 アフロディシアス(ジャングルポケット)

「兄たち同様に遅生まれで夏以降に成長を遂げそうです。四肢が長くストライドも大きいので芝中距離以上が向きそうです」(久保氏)420キロ

馬名未決定	牝	(栗)藤野	父 ミッキーアイル	母 セトノミッシー(ゴールドアリュール)

「フレームに見合う筋肉が付くよう成長を促しつつ1F18秒台で進めています。ダ短距離で3勝の母の影響かダート向きの印象です」(久保氏)421キロ

馬名未決定	牡	厩舎未定	父 モズアスコット	母 ヤマトサクラコ(ディープインパクト)

「骨太で重厚感がありながらフットワークに重苦しさはありません。パワーと柔軟さがあり短距離なら芝ダ不問の活躍に期待できそう」(久保氏)480キロ

馬名未決定	牡	(美)稲垣	父 ロージズインメイ	母 ブレッシングテレサ(マンハッタンカフェ)

「渋い血統ですが好馬体で期待しています。レースを重ねながら力を付けていくタイプの印象で、秋競馬での始動予定です」(海老原氏)495キロ

「メーヴェ23はパワフルで体力もあるので、いつも余力十分に持ったままで動けます。芯がしっかりしているという面では同時期の兄以上」

と期待しています。秋の始動を目指していま
す」(久保由典氏)

タニノジュレップ23
父ミッキーグローリー・牡・蛯名正

「坂路では手先の軽いフットワークを見せておりいかにも芝向きの印象。ピリっとした気性が走る方に上手く作用してくれており、父同様にマイル前後が活躍の場になりそうです。半姉ライラは遅生まれながら2歳暮れに2勝目を挙げており、この馬も2歳戦のうち

に勝ち上がれるよう秋のデビューを目標に進めています」(久保由典氏)

マールボロロード23
父American Pharoah・牡・奥村武

「調教は最も進んでいるグループで、タイトルホルダーに乗っていたスタッフが一番良いと言っています。この父の仔ですが芝でもやれそうなほど軽やかでスピード感ある走りをします。4月上旬には本州へ移動して夏競馬を目指せる仕上がりです」(岡田壮史氏)

シュヴァリエ23 ▶ 馬名未決定(422キロ) メーヴェ23 ▶ シーガルワールド(447キロ) オートクレール23 ▶ ホウオウアシュリン(445キロ)
ハナズリベンジ23 ▶ ホウオウライセンス(450キロ) サイエン23 ▶ ヘルヴィッツ(455キロ)
タニノジュレップ23 ▶ ミリオングローリー(445キロ) マールボロロード23 ▶ ホウオウファラオ(483キロ)

137

吉澤ステーブル

毎年活躍馬を送り出す浦河の老舗

取材日◎3月19日
取材・構成◎菊池グリグリ

INTERVIEW

鷲尾健一
場長

撮影馬は種牡馬被りほぼ無しの多彩なラインナップ。この事実に、その技術力の高さが現れています。

ネコ科を連想させる柔らかさ ユーロナイトメア23

——種牡馬の被りがほぼないラインナップ。多彩な計27頭を撮影させて頂きました。

鷲尾（以下、鷲） ウチは"直球勝負"というより技巧派タイプだと思うので、"球種で勝負"ということで（笑）。

——なんと！ありがとうございます！注目を集める新種牡馬産駒の**シムシマー23**（父コントレイル・牡・手塚久）からお願いします。

鷲 1歳の頃は薄手でしたが年明けからグングン良化してプリっとした体つきになってきました。運動神経が良く、調教は現在1F14秒を切るまで進んでいます。乗り込みながらもしっかり食べられるし成長力のある馬なのでまだ大きくなるでしょう。少しヤンチャな面はありますが現時点では走りの良さが目立ちます。

——**ディヴィニティ23**（父エピファネイア・牡・小栗）は目を引く馬体ですね。

鷲 来場時から骨格に恵まれた雄大な体躯の持ち主ですが、年明けからは幅も出てパワフルさが加わりました。誰の目にも明らかに良い馬というタイプ。もう13秒台までやれていますが、へこたれることなくハードに乗り込んで仕上がりは順調です。闘志を内に秘

める賢い馬で、競馬が楽しみです。

——**ユーロナイトメア23**（父キズナ・牡・矢嶋）は雰囲気のある馬ですね。

鷲 成長するにつれキズナらしいラインになってきました。ネコ科を連想させる柔らかさがあって最近では成長ぶりに驚いています。まだ体を使い切れないところや緩さも残しているのでもうしばらくこちらでじっくりやりますが、伸びしろが大きく楽しみです。

——気性面や適性のイメージは？

鷲 プライドが高い面がありゴールドシップを思い出させる、大物感溢れる個性を持つ馬です。もちろん王道を歩んで欲しいですね。

——**ファータグリーン23**（父スワーヴリチャード・牡・相沢）も父譲りの運動神経の良さと柔軟な動きが光る一頭とのことですね。

鷲 順調にメニューを強化して元々良く見せた馬体もグングン成長してきました。それでいてまだ伸びしろも感じます。調教も最も進んでいるグループで13秒を切るまでやれておりこのまま追い切りレベルまで強めていきます。夏デビューも視野に芝の王道を目指して進めています。

——**コンシダレイト23**（父レイデオロ・牡・石坂）はサンライズアースと同じ（※取材後に父の初重賞を飾った）厩舎とのタッグですね。

鷲 14秒を切るところまで進めてきました

シムシマー23 ▶ アルタティール（427キロ）　ディヴィニティ23 ▶ 馬名未決定（505キロ）　ユーロナイトメア23 ▶ 馬名未決定（450キロ）
ファータグリーン23 ▶ シャルムグリーン（460キロ）　コンシダレイト23 ▶ 馬名未決定（492キロ）

が、順調に豊富な乗り込み量をこなしてきたので体力レベルが高く、馬体も締まってメリハリが出てきています。課したメニューをしっかりクリアできる賢い馬で気性面の苦労もありません。総合的に良いレイデオロ産駒というイメージです。

――トウカイシェーン23（父リオンディーズ・牡・黒岩）は順調さが窺えました。

鷲　来場時は目立たなかったんですが13秒台まで攻めて一気に良化してこの春の急上昇株です。男らしい性格で熱血タイプ！気持ちで走る面もあるのでレース向きな性格でしょう。春のうちには本州へ移動できそうです。

――アドマイヤシリウス23（父ワールドプレミア・牡・友道）は父の初年度産駒ですね。

鷲　1歳の頃から雄大でいて重苦しさのない好馬体が目立ちます。調教強化も順調にこなして13秒台まで進んできました。動きも性格も良いモノを持っています。程よい気の強さがあって頼もしいリーダー気質なんですよ。まだ伸びしろも感じさせますよ。

――ここからは2歳の早い時期に向きそうなタイプについて伺います。スマートアルファ23（父イスラボニータ・牡・小崎）は1つ上の半兄が2歳時に2勝目を挙げました。

鷲　そのルクスレゼルヴァの同じ時期と比べても成長が早いです。ボリュームがあるけど素軽くて、既に12秒台までやれています。爆発力がありつつ、賢くて折合い・操縦性は問題なし。兄のように2歳戦から活躍を期待したいですね。

――ペイフォワード23（父モーリス・牡・斉藤崇）も早めの移動が視野にあるとのことで。

鷲　来場時は小ぶりでしたが成長と共に体のバランスに伸びが出て来て一気に良化しました。小顔で全体のバランスがいいですね。父の仔らしい元気ハツラツな性格で、今は13秒台までやれています。もう少し乗り込んだら送り出せそうです。

――メジャータイフーン23（父アメリカンペイトリオット・牡・中村）は母が函館2歳Sの2着馬ですね。

鷲　半姉のヘニータイフーン（現OP馬）はヘニーヒューズらしい馬体と気性でした。この馬は雄大さや馬体のラインこそ似ているけど気性はどっしりした性格で似ていない。ただ、「良い馬だ！」という雰囲気は共通しています。パワーと持続力で勝負するタイプで、折合い・操縦性は問題なし。今は14秒台で、間もなくペースアップしていく予定ですが母のイメージほど早くはないですね。

――最近はダート路線も活況です。新種牡馬産駒のエイシンピカデリー23（父クリソベ

「アドマイヤシリウス23は頼もしいリーダー気質。まだ伸びしろも感じさせますよ」

トウカイシェーン23▶馬名未決定(460キロ)　アドマイヤシリウス23▶ドリームプレミア(489キロ)　スマートアルファ23▶馬名未決定(509キロ)
ペイフォワード23▶レッドリガーレ(458キロ)　メジャータイフーン23▶馬名未決定(508キロ)　エイシンピカデリー23▶ハイドパーク(502キロ)

POG直球勝負 2025-2026

リル・牡・田中克）からお願いします。

鷲 来場時から父を想起させる立派な体つきでしたが、イメージ通りの成長を遂げてきました。センスが良く賢い馬で、見に来られた田中克調教師も「良いよなぁ」としみじみ仰っていました。15秒台を切るまで進めてきましたが、一介のダート馬とは思えないスピードや軽さを持ち合わせています。

——**グレイスフルダンス23**（父デクラレーションオブウォー・牡・辻野）も恵体に惚れ惚れします。

鷲 重苦しい馬かなと思っていたんですが、メニューを強化して速いところをやり出したら見違える動きになりました。13秒を切るまで進めてきて今の印象は"動ける重戦車"です。パワーがあるからトップスピードも良いものを持っているのでしょう。筋骨隆々な馬体で短い所でも行けそうですし、早めに送り出せる準備があります。

——**ナスケンアイリス23**（父ダノンスマッシュ・牡・千田）は半兄にモジアナフレイバー・ゴルトマイスターがいる血統ですね。

鷲 この馬も良いパワーとスピードの持ち主で、既に12秒台までやれているグループです。短距離でもいけるパワフルさがあって、きょうだいの中ではゴルトマイスター似でしょうか。気性は賢くて物分かりが良く、調教でグッとハミをとる競馬向きな気の強さもあり

ます。早期から使えるイメージで進めてきて仕上がりは順調です。

——**カリブメーカー23**（父ヴァンゴッホ・牡・前川）は新種牡馬の産駒です。

鷲 元々ガッチリした身体でしたが、今はメリハリが出て垢抜けてきました。父父（アメリカンファラオ）のイメージのとおりパワフルで、動きやスピード感は目を引くものがあります。落ち着きつつやる気もあって良い気性。前川調教師も最近見に来られて成長ぶりを喜んでいらっしゃいました。早めの移動に備えて13秒台まで消化しています。

——**プレシャスクルー23**（父サンダースノー・牡・東田）も順調な1頭のようですね。

鷲 現在は12秒台まで乗り進めてシャープに研ぎ澄まされてきました。背中や腰の力強さ、トモの張りが目立っており動きもグングン良化しています。父の産駒ながらコンパクトで芝でもやれそうな軽いスピードの持ち主。気性面もほど良く気持ちが乗るタイプで、夏から競馬に使えるように進めています。

——**サンバホイッスル23**（父カレンブラックヒル・牡・安達）も順調とのことですね。

鷲 1歳時から完成度が高くて早く仕上がりそうな印象でしたが、思い通りに進んできて今は12秒台を消化中です。父のイメージどおりスピード優位なタイプで、体格の割に素軽さがあり、走りつつグッと気が入ります。馬に合わせつつも、早めデビューが可能で近いうちに本州へ向けて送り出す予定です。

トウシンマカオに似ている ユキノマーメイド23

——牝馬についてはこちらで育成された重賞勝ち馬、アサマノイタズラの半妹にあたる、**ハイタッチクイーン23**（父サートゥルナー

グレイスフルダンス23▶ウォーブレイク（497キロ）　ナスケンアイリス23▶馬名未決定（491キロ）　カリブメーカー23▶馬名未決定（488キロ）
プレシャスクルー23▶馬名未決定（441キロ）　サンバホイッスル23▶馬名未決定（484キロ）　ハイタッチクイーン23▶馬名未決定（447キロ）

吉澤ステーブル

リア・牝・相沢)からお願いします。

鷲 素軽さとバランスの良さは、兄姉たちと比較しても屈指のもの。牝馬の分アサマより小さいけど同じような良さがあります。調教メニューは14秒台でやっていますが、センスがあって楽に登坂しています。気性も素直で操縦性が良く、競馬向きのスイッチも入るタイプ。マイルにも対応するので牝馬の王道を歩みたいですね。秋頃にデビューできるよう進めています。

——ココロノアイ23(父サートゥルナーリア・牝・安田)は、重賞2勝を挙げ牝馬路線で活躍した母の6頭目の産駒ですね。

鷲 馬格に恵まれていて、負荷をかけながら筋肉量も豊富になってきました。15秒台まで順調に進めてきましたが、素質馬らしく調教強化にも楽に対応できています。牝馬ながら気持ちが強くて、坂路では周りを蹴散らすほどの頼もしさがあります。既に良い馬ですが更にパワーアップしてきそうなので楽しみが大きいです。

——ダノンコスモス23(父ダノンキングリー・牝・西田)はどんな馬でしょうか。

鷲 父の産駒は小顔でバランスが良く軽い動きをする印象がありますが、この馬も成長

とともに父のイメージどおりに素軽くて体の使い方が上手なバランスの良い馬になってきました。現在は15秒台を切るところまでやっていて、動かせば気が入る競馬向きの性格。素質も伸びしろも感じているので、父のようにクラシックを歩んで欲しいですね。

——ユキノマーメイド23(父ビッグアーサー・牝・高柳瑞)はスプリント路線で活躍中のトウシンマカオの全妹ですね。

鷲 このきょうだいの中でも馬体のつくりやバランスが最もトウシンマカオに似ています。ゆったり成長した兄と同様に、この時期はまだ成長途上ですが、冬を越えてグンと良化してきました。ゆくゆくは短距離が主戦場になるかもしれませんが頑張って欲しいですね。フットワークからは素質を感じています。

——スマートオーシャン23(父シルバーステート・牝・石橋)は、兄姉に計3頭のオープン馬がいる血統です。

鷲 父の良さが出て、1歳時から素軽さがあり馬体のラインがきれいです。母の仔としては小さめだけど、馬格の割に跳びが大きく単調なスピード馬ではない印象を受けます。今は成長を促しつつ15秒台くらいでやっているところです。

その他の注目2歳馬一覧

馬名未決定	牡	(栗)田中克	父/キズナ	母/ベルクリア(ヴァーミリアン)
「1F13秒台まで攻めており、持ち前の好馬体にパワフルさも加わってきました。爆発力のある気性をレースに繋げられるようにしたいです」462キロ

馬名未決定	牡	(栗)寺島	父/キタサンブラック	母/ヴィネット(ロードカナロア)
「じっくりやっている組でまだ1F16秒台の段階ですがラインの良い好馬体で走りの軽さも目立ちます。時計を詰めて良さが出てきそう」484キロ

馬名未決定	牡	(栗)河嶋	父/サトノダイヤモンド	母/コマノレジェンド(ストリートセンス)
「骨格の成長と調教強化で体力が付き、走りに余裕が出てきました。良い意味での緩さが芝でのスピードに繋がれば理想的です」474キロ

ドレドレ	牝	(美)矢嶋	父/ドレフォン	母/ダイワドレッサー(ネオユニヴァース)
「1F13秒台に強化しても楽に時計が出る基礎スピードの高い馬。乗り込みつつ体も増えて良い成長曲線を辿っています。早期移動にも対応可能」464キロ

馬名未決定	牝	(栗)宮地	父/ナダル	母/ステイウィズアンナ(ステイゴールド)
「タフでよく食べるししっかりしています。今は1F14秒台で力を付けている最中ですが、父らしさの下地作りは出来たのでもうひと押しです」454キロ

馬名未決定	牝	(美)森一	父/ミッキーアイル	母/ネオイリュージョン(ネオユニヴァース)
「バランスの良い馬で前向きな気性にスピードと素軽さもあり活躍の場は父の血統イメージどおりでしょう。既に1F14秒台までこなしています」485キロ

ココロノアイ23▶リボンインザスカイ(483キロ)　ダノンコスモス23▶馬名未決定(434キロ)
ユキノマーメイド23▶馬名未決定(463キロ)　スマートオーシャン23▶馬名未決定(422キロ)

POG直球勝負 2025/2026

育成馬が世界を席巻

シュウジデイファーム

トワイライトシティとキングスコールがクラシックへ。
今年も国内外で快進撃は止まらない!

取材日◎3月20日
取材・構成◎岸端薫子

INTERVIEW

池上昌平
マネージャー

唸るスピードを持つ即戦力 ディメンシオン23

——昨年版でもお世話になった矢作厩舎に入厩予定の馬からお聞きします。やはり最初はコントレイル産駒の**レディオブキャメロット23**(牝・矢作)をお願いしたいです。

池上(以下、池) もちろん期待の1頭ですし、期待通りの成長を遂げてくれていますよ。

——どんなタイプですか?

池 軽さが違うというか、誰が乗ってもぐんぐん進む感じです。バネが利いたフットワークで乗っていて疲れないタイプ。ハロン15秒台までやれていて、楽に動いています。

——乗り心地も最高なんですね。デビューのイメージは?

池 夏の札幌も視野に入れて進めています。頭も性格もよくて距離はもちそうですから、桜花賞、オークスを目指してほしいですね。

——**マイダイアリー23**(牝・矢作)もコントレイル産駒です。

池 コントレイルの仔は欠点がなく、いい馬が多いですね。レディオブキャメロット23よりパワータイプで、気性も大人です。3ハロン42秒台も入れていますが、まだ薄手なので幅が出て迫力が増すといいかなと。

——成長にあわせて仕上げていく形ですか?

池 だいぶ攻められるようになってはいますが、無理せず成長曲線にあわせて進めていく予定です。秋には移動できると思います。

——**ディメンシオン23**(父エピファネイア・牝・矢作)の2番仔は、父がエピファネイアに替わりました。

池 うちで一番動いている1頭なので、函館デビューを目指しています。唸るようなスピード感があります。

——現状で430キロとのことですが、飼い葉は食べられていますか?

池 とくに問題なく食べていますが、体はもう少しゴツくなってくるといいですね。

——スピードがあるとのことでしたが、母は1200mとマイルの重賞で好走しました。この仔の距離適性は?

池 マイルまでかなあというイメージです。

——開幕の函館芝1200mを楽しみにしたいと思います。**レインオンザデューン23**(父オルフェーヴル・牝・矢作)は半兄のキングスコールが皐月賞へ出走します。

池 来た当初は頼りなかったですが、だいぶ芯が入ってきて、3ハロン42秒台もへこたれずについてきています。

——気性面はいかがですか?

池 牝馬ですが、兄よりおとなしいです。順

レディオブキャメロット23 ▶ 馬名未決定(478キロ)　マイダイアリー23 ▶ マヤノイマジン(468キロ)
ディメンシオン23 ▶ ベネディクション(430キロ)　レインオンザデューン23 ▶ ブリュイドール(461キロ)

142

「レディオブキャメロット23は軽さが違います。桜花賞、オークスを目指してほしいですね」

シュウジデイファーム

調ですし、声がかかればいつでも移動できるように進めていきます。

ヴァラナシ23はクラシックを行ってほしい

──**More Than Sacred23**（父Bricks and Mortar・牡・尾関）は半兄が菊花賞馬のドゥレッツァです。ブリックスアンドモルタルの外国産馬なんですね。

池　血統馬らしいしっかりした馬体をしていますね。日本に来るのが少し遅かったこともあって坂路は18-16のペースですが、楽にこなしています。

──となると、慌てずに進めていく感じでしょうか。

池　そうですね。秋〜冬のデビューを目標に、これから攻めていきます。芝の中距離を目指す馬かなと思います。

──**ラヴィーゲラン23**（牡・辻野）は、父が初年度産駒となるキセキです。

池　キセキの仔は元気な馬が多くてパワーもあります。調教では行きっぷりがよくて父に似ているのかなと。

──距離も父に近くなりそうですか？

池　芝の中距離くらいでしょうか。速い時計をいつでも出せる状態ですし、乗っての問題もないので、早めの始動も可能だと思います。

──キズナ産駒は3頭見せていただきました。**エセンテペ23**（牡・関西予定）は半姉のトワイライトシティがデビュー2連勝で桜花賞に進みますね。

池　姉より馬格があって雰囲気がいいですね。楽に坂路で15-15を出せています。緩さも残していますが、トモに力がついたら力強さも増すでしょうし楽しみです。秋くらいのデビューで慌てずにやっていくほうがよさそうなタイプと見ています。姉より距離の融通は利きそうです。

ヴァラナシ23（牡・森田）は坂路でラスト1ハロン13秒を馬なりで上がってきます。とにかく動きがよくて、トビも大きく乗り味もすごくよいので好きな馬の1頭です。進んでいる組で、声がかかればいつでも移動できる状態ではあります。

──距離はどう見ていますか？

池　スピードはありそうですが、2000mくらいまでもってくれたら。クラシックを目指してほしいです。

──もう1頭のキズナ産駒、**スマッシュハート23**（牝・森一）はどんなタイプですか？

池　飄々とメニューをこなし、課題をクリアしています。現状はややおっとりしているので、気持ちが入ってくるとさらによくなりそ

More Than Sacred23 ▶ シェンロン（512キロ）　ラヴィーゲラン23 ▶ ラヴィアンコール（517キロ）
エセンテペ23 ▶ 馬名未決定（466キロ）　ヴァラナシ23 ▶ 馬名未決定（500キロ）　スマッシュハート23 ▶ 馬名未決定（431キロ）

うな手ごたえです。体重ももう少し乗せてから送り出したいところですね。

──祖母がスプリント重賞勝ちのビーナスラインです。

池 この仔は1600〜2000mくらいが合うんじゃないかと見ています。

──クエストフォーワンダー23（父ゴールドシップ・牡・鈴木慎）は真っ黒なゴールドシップ産駒でした。

池 体力があって攻めてもへこたれません。15-15なら余裕でこなしていますよ。柔らかくしなやかな動きは父らしさを感じます。芝中距離がいいでしょうね。7月の福島も視野に入れて仕上げていく予定です。

──ラカリフォルニー23（父リアルスティール・牡・角田）の現在の調教メニューは？

池 ラスト1ハロン13秒もやっていて、15-15は何度もこなしています。手がかからないタイプですし、動けているので4月に移動予定です。芝のレースでデビューかと思いますが、ダートも合いそうな力強さも感じさせますね。

──サラトガ23（父スワーヴリチャード・牝・辻野）はどんなタイプでしょうか？

池 元気娘です。人間でいうと小学生が元気に走り回っている感じです。調教は17-15くらいですが、終始余裕があって坂路を楽に駆け上がっているので、ポテンシャルは高いと思います。デビューはもう少し大人になってからですね。血統的に距離はあっていいタイプかと。

──タンギモウジア23（父サートゥルナーリア・牝・鈴木孝）は仔出しがよく、きょうだいも勝ち上がっている優秀な母ですね。

池 この仔は馬格があってパワーがありながら、スピードも感じられます。やや気が勝っているタイプなので、距離をもたせられるようにとあえて時計は詰めずにやっているところです。今のところそれがよい方向に行ってると思います。距離は1600〜2000mくらいのイメージ。秋〜冬デビューを目標に、成長にあわせて進めていきます。

──サラシー23（父インディチャンプ・牝・中村）は、アルアイン産駒の1つ上の半兄（ゴッドヴァレー）が小倉芝2000mで勝ち上がりました。

「サラトガ23は元気娘。速い調教はこれからですがポテンシャルは高いと思います」

クエストフォーワンダー23 ▶レスター（472キロ）　ラカリフォルニー23 ▶ルヴレアール（474キロ）
サラトガ23 ▶オーブフレッシュ（456キロ）　タンギモウジア23 ▶馬名未決定（469キロ）　サラシー23 ▶インディクイーン（468キロ）

シュウジデイファーム

その他の注目2歳馬一覧

馬名未決定	牡（栗）森田	父 アメリカンペイトリオット	母 エスターテ（ベーカバド）
「皮膚が薄く内臓のよさが感じられる。13-13も入れていて動きも気性もいいので、早めの始動も可能では。マイルくらいが主戦場になりそう」470キロ			
ピップマリク	牡（美）高柳瑞	父 インディチャンプ	母 フォワードカール（ゼンノロブロイ）
「総合点の高いタイプ。3F41秒台もやっており、折り合いもつく。仕上がりも早そうなタイプ。短めの距離が向くのでは」470キロ			
ルサフィール	牝（美）矢野	父 シャンハイボビー	母 デフィニール（ブラックタイド）
「牝馬ながら牡馬のようにどっしりしている。15-15もバンバン使えていて順調。ダート1800のイメージなので番組次第での始動になりそう」500キロ			
ルージュフローラ	牝（美）森一	父 モーリス	母 レッドアウローラ（ディープインパクト）
「素直で欠点なし。調教を重ねても体重が減らないのは長所のひとつ。マイルから2000くらいのイメージ」461キロ			
モズプリフォール	牡（栗）矢作	父 モズアスコット	母 グランプリエンゼル（アグネスデジタル）
「芝ダートは問わず、スピードタイプの短距離馬です。4月から時計を出していく予定。先頭打者候補の1頭として函館を目指します」527キロ			
馬名未決定	牡（栗）高柳大	父 Lucky Vega	母 Sapphire Ring (Galileo)
「雄大な馬体から動き出したら止まらない前進気勢あふれる力強い走りはダート向きの印象。速い時計も出しているが成長を待ちながら」506キロ			

池　父はインディチャンプですがそのイメージは薄いかもしれません。まだ成長過程ながら馬体のよさは目立ちますし、脚元がしっかりしてきたらもっと体をうまく使えるようになると思います。中村調教師も馬にあわせてと言われているので無理せずですね。

──キタサンブラック産駒の**スターオーストラル23**（牝・尾関）はどんなタイプですか？

池　父の産駒の走りのイメージとはやや違う気がしますが、スピードは感じますね。まだそこまで速いところをやっていませんが、調教で気持ちを入れられるタイプなので、仕上がりは早そうです。マイルくらいが合うと思います。

先頭打者ホームランを狙う Sun Bear23

──早期デビューを目指している馬もいましたね。**Sun Bear23**（父Palace Pier・牝・前川）はフランス産馬、先頭打者候補とのことですが。

池　はい、函館デビューを視野に入れて進めています。見た目よりも体重があって筋肉質です。ピッチ走法でスピードで押し切る競馬を得意とするタイプだと思います。気性も前向きなので短距離で期待しています。

クリアサウンド23（父ハービンジャー・牡・中村）も北海道で始動できればという予定で進めていて、坂路は15-15を順調に消化しています。

──母父がキズナですね。

池　THEハービンジャーという感じの馬です。動かすとバネが利いてすごくいい走りが目を引きます。札幌1800のイメージですね。

──**カフジビーナス23**（父ドレフォン・牝・杉山佳）も北海道を視野に入れているとか。全兄にNHKマイルC3着のカワキタレブリーがいる血統ですね。

池　1つ上の半姉カワキタマナレアがうちにいましたが、この仔には父らしさを感じますね。走りもスピードがあっていいですし、3ハロン41秒台もできているので、函館・札幌で使えたらいいなあと。

──半姉は1200mで2連勝しましたが、この仔の距離は？

池　父も違いますし、姉より気持ちが落ち着いていると思うので、距離はもつのではないでしょうか。

スターオーストラル23▶スターサンサルー（451キロ）　Sun Bear23▶スカイピア（439キロ）
クリアサウンド23▶クラリティサウンド（453キロ）　カフジビーナス23▶馬名未定（432キロ）

本編に収録し切れなかった馬のコメント一覧

ノーザンファーム早来

アルガルヴェ ｜牝｜（美）木村｜父／インディチャンプ｜母／ロカ（ハービンジャー）
「緩さは残しているものの、柔らかくて、背中のいい馬。3ハロン43秒でもへこたれないですし、能力の高さを感じています」（大谷厩舎長）476キロ

ベレシート ｜牡｜（栗）斉藤崇｜父／エピファネイア｜母／クロノジェネシス（バゴ）
「お母さんも担当していましたが、顔は似ています。順調に調教を重ねて、筋肉が付いて、競走馬らしい体つきになってきましたね」（野崎厩舎長）470キロ

エヴィーヴァ ｜牝｜（美）鹿戸｜父／エピファネイア｜母／ケイティーズハート（ハーツクライ）
「年末あたりから、乗り込むにつれて走りが安定してきました。ここに来て変わってきましたし、成長力のある血統なので楽しみです」（岡本厩舎長）444キロ

エピッククイーン ｜牝｜（栗）中内田｜父／エピファネイア｜母／コスモポリタンクイーン（Dubawi）
「調教を積んで、脂肪が落ちて筋肉が付いて良くなってきました。スピード能力が高そうなので短めの距離で期待しています」（岡崎厩舎長）430キロ

サレジオ ｜牡｜（美）田中博｜父／エピファネイア｜母／サラキア（ディープインパクト）
「パワー・スピードを兼備しています。順調に調教を積んで理想的な成長曲線を描いてきています。6月東京の中距離を目標に」（桑田厩舎長）498キロ

アランカール ｜牝｜（栗）斉藤崇｜父／エピファネイア｜母／シンハライト（ディープインパクト）
「馴致の頃から才能は目をひきましたが、評判通りの動き。走りのバランス、リズムがいいですね。まだ幼いので敢えて待ちます」（山根厩舎長）453キロ

馬名未決定 ｜牡｜（栗）橋口｜父／エピファネイア｜母／セリエンホルデ（Soldier Hollow）
「コンパクトな馬体ですが、まるでベンツのような背中をしています。敢えてゆっくり進めていますが、丈夫で仕上がりは早そう」（木村厩舎長）452キロ

ティタノマキア ｜牝｜（栗）池添｜父／エピファネイア｜母／タイタンクイーン（Tiznow）
「3ハロン43秒まで進んでいます。馬っぷりが良く、しなやかで、見た目も走りも"いい"ですね。まだ奥もありそうで期待しています」（大谷厩舎長）460キロ

ラルヴァンダード ｜牝｜（栗）安田｜父／エピファネイア｜母／マジックアティテュード（Galileo）
「体高が低めで小柄な馬ですが、体が締まって、大人びたシルエットになってきました。気難しい面もありません。6月移動を目標に」（加我厩舎長）430キロ

カドーダムール ｜牝｜（栗）矢作｜父／エピファネイア｜母／ラヴズオンリーミー（Storm Cat）
「5月生まれで幼さが残っていましたが、だいぶ緩さが抜けてきました。ストライドの大きな安定感ある走りは一族特有のものですね」（岡厩舎長）480キロ

ラヴズプレミアム ｜牝｜（栗）矢作｜父／エピファネイア｜母／ラヴズオンリーユー（ディープインパクト）
「体重だけ聞くと小さく感じるかもしれませんが、パーツのボリュームはしっかりしています。焦らず、成長第一で進めていきます」（伊藤厩舎長）429キロ

ジリアート ｜牝｜（栗）矢作｜父／エピファネイア｜母／リスグラシュー（ハーツクライ）
「脚さばきが軽く、伸びのあるフットワークですね。体が減りやすい面があるのでゆっくり進めていますが、良くなっていますよ」（村上厩舎長）439キロ

馬名未決定 ｜牝｜（美）木村｜父／キズナ｜母／アンフィトリテⅡ（Sebring）
「バランスのいい馬体に厚みが出てきました。フットワークが大きくキレイな走り。バネがあって、切れ味がありそうです」（村上厩舎長）433キロ

サリエンテ ｜牝｜（栗）池添｜父／キズナ｜母／サロミナ（Lomitas）
「3ハロン44-45秒で、進んでいる組です。牡馬のような体をしています。動いていますが、奥手な血統なので敢えてゆっくり進めます」（岡厩舎長）545キロ

ドリームコア ｜牝｜（美）萩原｜父／キズナ｜母／ノームコア（ハービンジャー）
「既に移動済み。入場時から一貫していい馬です。柔らかみがあって体を使って動けるのが長所ですね。6月東京を目指しています」（大谷厩舎長）508キロ

バルセシート ｜牡｜（栗）松下｜父／キズナ｜母／マラコスタムブラダ（Lizard Island）
「まだ小さめですが、柔らかみがあり、かなりいいですね。うちの"西のエース"です。1600m〜2000mぐらいが良さそうです」（石井厩舎長）442キロ

アウダーシア ｜牝｜（美）手塚｜父／キズナ｜母／リリーノーブル（ルーラーシップ）
「入場時から素晴らしい馬で、それは調教主任も同じ評価。トビの大きな走りで前向きさもあります。6月の競馬もいけるでしょう」（木村厩舎長）492キロ

ストロベリーツリー ｜牝｜（栗）中内田｜父／キタサンブラック｜母／ウィンターコスモス（キングカメハメハ）
「2月中に3F42秒までやりました。パワーもありますが、全身を使ったスピード感ある走りが特徴。4月中の移動を目標にしています」（山根厩舎長）453キロ

本編に収録し切れなかった馬のコメント一覧

馬名	性	厩舎	父	母 (母父)	コメント	馬体重
イクシード	牝	(美)木村	キタサンブラック	シャトーブランシュ(キングヘイロー)	「スラッとした体で、年末頃からは身が入ってきた印象。柔軟性があって、可動域が広いですね。気性面もどシッとしてきました」(倉宗厩舎長)	485キロ
馬名未決定	牡	(美)友道	キタサンブラック	デルフィニアII(Galileo)	「大きいところを意識しないといけない馬。15-16を乗り出して、メリハリ、毛ヅヤが良くなってきました。成長に合わせて進めます」(伊藤厩舎長)	498キロ
ブラックオリンピア	牝	(栗)友道	キタサンブラック	ピノ(Pierro)	「体の使い方、バランスを乗り手は絶賛しています。完成度は高いですが、薄さも感じるので伸びしろもあります。芝の中距離で」(小笠原厩舎長)	522キロ
馬名未決定	牡	(栗)友道	キタサンブラック	ファディラー(Monsun)	「背中が良く、バネ感があります。まだパーツのボリューム的に成長の余地があるでしょう。しっかり成長させて送り出したいです」(伊藤厩舎長)	441キロ
バロッカネーラ	牝	(栗)池添	キタサンブラック	レッチェバロック(Uncle Mo)	「入場時からいい馬でしたが、ここにきて走りのバランスが良くなり、ストライドが出てきました。広いコースで良さが出そうです」(村上厩舎長)	446キロ
イナズマダイモン	牡	(美)宮田	クリソベリル	パリスビキニ(Bernardini)	「馬高が低めで小柄な馬ですが、体が締まって、大人びたシルエットになってきました。気難しい面もあります。6月移動を目標に」(加我厩舎長)	489キロ
スウィッチインラヴ	牝	(栗)矢作	コントレイル	スウィッチインタイム(Galileo)	「バランスが良く、瞬発力がありそう。動きはいいですね。まだトモに甘さがあるので、これが解消すればさらに良くなるでしょう」(岡本厩舎長)	434キロ
馬名未決定	牝	(美)栗田	サートゥルナーリア	アドマイヤリード(ステイゴールド)	「体は小さいですが、乗ってみるとそれを感じさせないパワーがあります。低重心で、後ろをしっかり使って走れていますよ」(岡本厩舎長)	416キロ
馬名未決定	牡	(栗)友道	サートゥルナーリア	ウィープノーモア(Mineshaft)	「乗り味がいいですね。上は気性に問題がありましたが、この馬は心配ありません。あとは、起きて走れるようになれば楽しみ」(木村厩舎長)	477キロ
ベルウィクトール	牡	(美)宮田	サートゥルナーリア	ウィクトーリア(ヴィクトワールピサ)	「移動済みです。完成度が高く、何のトラブルもなく進められました。力感のあるブレない走りが特徴。6月東京を目指しています」(野崎厩舎長)	478キロ
馬名未決定	牡	(美)堀	サートゥルナーリア	カデナダムール(ディープインパクト)	「コロンとした子供っぽい体型ですが、横見はいいです。骨瘤が出た時期があったのでゆっくり進めています。秋以降を目標に」(野崎厩舎長)	487キロ
カーブドフェザー	牝	(美)蛯名	サートゥルナーリア	コントラチェック(ディープインパクト)	「見栄えがする方ではありませんが、乗ったらいいですね。動かしていいタイプで、上体を起こして走れるようになってきました」(倉宗厩舎長)	438キロ
ヒシアムルーズ	牝	(美)堀	サートゥルナーリア	ソーメニーウェイズ(Sightseeing)	「2月中旬に3F42秒までやりました。バネがあって背中がいい。高い能力を感じるので、クラシック路線に乗って欲しいです」(小笠原厩舎長)	470キロ
アトリ	牝	(栗)清水久	シスキン	ウィキッドリーパーフェクト(Congrats)	「乗り味が良く、体幹が強い馬です。操作性もいいですね。ストライドが大きく、長く脚を使えそうので、中距離のイメージです」(山根厩舎長)	469キロ
シェリデュース	牝	(栗)友道	シルバーステート	ダストアンドダイヤモンズ(Vindication)	「入場時は幼い印象でしたが、坂路に入って動かすようになってから、立派になってきました。いかにも切れそうなタイプです」(大谷厩舎長)	456キロ
馬名未決定	牡	(美)加藤征	シルバーステート	ツルマルワンピース(キングカメハメハ)	「3ハロン44-45秒まで進めています。血統のイメージに反して小柄な馬ですね。小さい割に脚長なので、膨らんできて欲しい」(野崎厩舎長)	416キロ
アクアアイ	牝	(栗)四位	ドレフォン	アドマイヤセプター(キングカメハメハ)	「3ハロン43秒まで進んでいて順調です。セリの頃からいい馬でしたが、血統的にも、もう一段階、二段階、変わってきそうです」(倉宗厩舎長)	450キロ
ノチェセラーダ	牡	(栗)杉山佳	ドレフォン	ノチェブランカ(ディープインパクト)	「すごく扱いやすく、しっかり動くのでオートマチックという印象。移動時から小柄でしたが、しっかり調教に耐えてくれました」(木村厩舎長)	449キロ
馬名未決定	牡	(美)堀	ドレフォン	ブラックエンブレム(ウォーエンブレム)	「3ハロン43-44秒まで進めています。ハミを頼る面はあるものの、体を使って走れるようになりました。変わり身は大きそうです」(野崎厩舎長)	498キロ
マルコシアス	牡	(栗)上村	ヘニーヒューズ	シゲルゴウホウサイ(バイロ)	「移動は遅い組でしたが、馬体はいい成長をしています。父の良いところを受け継いでいる印象で、ダート長距離のイメージですね」(伊藤厩舎長)	479キロ
ムーンリットアイル	牝	(栗)武英	ミッキーアイル	ムーングロウ(Nayef)	「丁寧に進めてきて、いいスピードを見せてきています。兄モントライゼのように、2歳短距離からの活躍を期待しています」(山根厩舎長)	458キロ
馬名未決定	牝	(栗)矢作	リアルスティール	トレジャリング(Havana Gold)	「入場時に410キロほどだった馬体が増えているように、成長力があります。力強さが出てきたので、ダートでも走ってくれそうです」(倉宗厩舎長)	462キロ
ヴァロアーク	牡	(美)木村	レイデオロ	ヴィンクーロ(キズナ)	「3ハロン43-44秒まで進んでいて順調。少しづつ幅も出てきました。この父にしてはおとなしいですね。秋の中山というイメージで」(野崎厩舎長)	445キロ

馬名	性	厩舎	父	母
馬名未決定	牡	(栗)池江	レイデオロ	ダノンチェリー(ディープインパクト)

「華奢で繊細な面がありましたが、乗り越えてしっかりしてきました。思ったより早めに成長しています。距離は長めが良さそうですね」(桑田厩舎長)467キロ

馬名未決定	牝	(栗)坂口	レイデオロ	ダノンファンタジー(ディープインパクト)

「コンパクトな馬体もシルエットはお母さんに似ています。前向きなタイプでスピードもあるので、1200〜1600mが合っているのでは」(村上厩舎長)418キロ

馬名未決定	牡	(栗)友道	ロードカナロア	ドリームアンドゥ(Siyouni)

「最初から完成度が高く、それが崩れずにきています。かなり前向きでいいスピードがありますね。マイル以下での活躍を期待」(加我厩舎長)485キロ

馬名未決定	牡	(美)栗田	ロードカナロア	レッドティー(Sakhee)

「緩さがあって体を使い切れていない部分はありますが、背中は柔らかくフットワークも軽いです。ムキになる面もありません」(石井厩舎長)459キロ

パーシャングレー	牡	(栗)池添	Dark Angel	Lady of Persia(Shamardal)

「入場時は幼さが目立ちましたが、ここにきての変化が目立ちます。力が付いて、締まってきましたね。スピードタイプだと思います」(桑田厩舎長)459キロ

ノーザンファーム空港

ジェイストリーク	牝	(栗)武幸	エピファネイア	ジェイウォーク(Cross Traffic)

「移動済みです。入場時は重さも感じましたが、やればやるほど良くなりました。高い能力を感じます。早め始動もありそうです」(東谷厩舎長)484キロ

チェルヴァーラ	牡	(栗)松下	エピファネイア	チェッキーノ(キングカメハメハ)

「移動済みです。上より幼さがありましたが、年明けからの変化はさすが血統馬ですね。ダービーを目指すべき馬だと思っています」(木村厩舎長)484キロ

カモンメーン	牡	(栗)杉山晴	エピファネイア	ホームカミングクイーン(Holy Roman Emperor)

「現在ハロン14秒で、余力をもって走れています。筋肉量が豊富で、かなりいいフットワークで走ります。4月移動のイメージです」(藤波厩舎長)461キロ

馬名未決定	牡	(美)堀	エピファネイア	ミッキークイーン(ディープインパクト)

「幼さが残る現状ですが、動かすと血統馬らしさを感じます。見た目以上に背中を使えるタイプですね。じっくり、秋以降を目標に」(木村厩舎長)440キロ

ショウナンバンライ	牡	(栗)松下	オルフェーヴル	シュガーショック(Candy Ride)

「お父さんのような重心の低い、いい走りをします。ここにきてストライドも伸びてきて、3F45秒でも楽に上がってきています」(岡嶋厩舎長補佐)460キロ

ベンティガスエルテ	牝	(美)安田	オルフェーヴル	セットプレイ(Van Nistelrooy)

「小柄でバランスの良い馬体。まとまりのある走りで、そこに力が付いてきています。1800〜2000mぐらいが合いそうなイメージ」(中川厩舎長)419キロ

コンティ	牝	(美)黒岩	キズナ	セレスタ(Jump Start)

「移動済みです。右肩上がりで成長し、それにつれて、マイルから中距離以上、瞬発力に持続力と適性のレンジが広がってきました」(中川厩舎長)446キロ

馬名未決定	牡	(美)田中博	キズナ	ファンスター(Adelaide)

「サイズは小さめですがバランスはいいですね。走りは軽快で、ハロン15秒でも動けています。体が出来てくればさらに良くなりそう」(足立厩舎長)437キロ

馬名未決定	牝	(美)萩原	キタサンブラック	アスコルティ(Danehill Dancer)

「大事に育てて、漸く体を保てるようになってきました。乗ったトビもバランスもいいですね。焦らず夏以降の移動のイメージで」(東谷厩舎長)434キロ

馬名未決定	牡	(美)堀	キタサンブラック	キラーグレイシス(Congaree)

「可動域が広く、動きは素晴らしいです。将来性は相当高いので、焦らず秋を目標に。何とかダービーに出走して欲しいですね」(木村厩舎長)454キロ

馬名未決定	牝	(栗)福永	キタサンブラック	グローバルビューティ(Global Hunter)

「スラッとした脚長の体型ですが、パワーがあります。今はトモ高なので、馬体のバランスが整ったらさらに良くなるでしょう」(林厩舎長)484キロ

馬名未決定	牡	(栗)中内田	コントレイル	モアナ(キンシャサノキセキ)

「バネはあるけど芯もある走り。息の入りもいいですね。背中が良く、キレも持続力も兼備していそう。ぜひ、クラシック路線に」(田中厩舎長)462キロ

ギャニミード	牝	(美)木村	ドレフォン	シーリア(キングカメハメハ)

「ドレフォン産駒らしい筋肉量が豊富です。背中が良く、スピードもある"いい馬"ですね。手先が軽いので芝でも走れるでしょう」(橋口厩舎長)471キロ

馬名未決定	牝	(栗)小栗	ハービンジャー	ベルカプリ(ダイワメジャー)

「骨量豊富でフレームのしっかりしたいい馬。能力は感じますし、使いつつ良くなりそう。洋芝の札幌2歳Sに出て欲しい馬ですね」(林厩舎長)480キロ

ポエティックデール	牝	(栗)高野	ポエティックフレア	インヘリットデール(ルーラーシップ)

「負荷をかけながらも成長してくれました。スピードがあって操縦性もいいので楽しみです。早期デビューも十分に可能でしょう」(東谷厩舎長)476キロ

プロメサアルムンド	牡	(美)国枝	モーリス	アーモンドアイ(ロードカナロア)

「もともと背中のいい馬でしたが、成長につれて胴が伸びて、脚捌きも軽くなってきました。夏の新潟デビューのイメージです」(岡嶋厩舎長補佐)488キロ

プリモマーレ	牝	(栗)中内田	ロードカナロア	プリモシーン(ディープインパクト)

「小さいながらも筋肉量豊富で、成長を楽しみにしていました。背中の柔らかさは母父譲り。あとはもう一回り大きくなってくれたら」(中川厩舎長)419キロ

第2章 特選厩舎情報

POG 直球勝負 2025-2026

乗り出して良くなったコンヴィクションII23

——自身が主戦だったコントレイル産駒がついにデビューします。

「素直な馬が多い。入厩可能な時期が早く、脚元で不安な馬はあまり聞かない。いいバランスの子が多いし、育成が始まって乗り手の感触もいい。(育成で)変わっていく馬の方が多い、乗り出してからの体つきとか。そういう馬が多いイメージです。あとは厩舎に入ってからかな」

——**コンヴィクションII23**(牡)はセレクト当歳セールで前田幸治オーナーに5億2000万円(税抜き)で「開業祝い」として買ってもらった馬ですね。

「乗り出してから、馬の格好がガラッと変わりました。見違えるぐらい、馬体は良くなりました。4月中旬に入厩予定です。乗り出してから、良くなったというのがいいよね。筋肉がついて、シルエットが変わった。線の細い芝の長めかなという感じだったけど、体が良くなった」

——**ラッドルチェンド23**(牝)は、祖母にラヴズオンリーミーを持ち姉にテルツェットがいます。

「ゆっくりで遅めかなという感じはします。バランスも身のこなしもいい。良くなりそうなので、期待しています。じっくりいきたい」

——**アンナペレンナ23**(牡)はビッグシーザー、ビッグドリームの弟になります。

「短距離型の体付き。大きいけれど素軽い動きをしているので、期待しています。**ヘイローフジ23**(牡)は6月11日の遅生まれですが、随分と馬のシルエットが良くなってきました。トップラインのきれいな馬で、芝向きじゃないかなと思っています」

——その他の種牡馬ではキタサンブラック産駒も多いですね。**ウインミレーユ23**(牡)は早い時期に栗東入厩。

「手脚が軽くて、素軽い動きをする馬。一度放牧に出して、ベースアップして、あとは様子見て再入厩という感じかな。すごく大人しくて、リードホースできるぐらい優秀。楽しみな馬です。距離の融通も利きそう」

——米GI馬の娘になる**ワッツダチャンセズ23**(牝)も栗東に早く入ってきました(編注:3月27日栗東入厩)。

「馬格があるし、しっかりしたい体付きを

コントレイルの背中を熟知する男
福永祐一 調教師インタビュー

取材／山本武志(スポーツ報知)

今年の新種牡馬の目玉はコントレイル。ということで、その背中を熟知する福永祐一調教師にお話を伺いました。御自身で選んだ馬も増えるこの世代、クラシック戦線を賑わす馬がたくさん出てくることでしょう。

福永祐一 調教師インタビュー

「(コントレイル産駒は)いいバランスの子が多いし、育成が始まって乗り手の感触もいい」

コンヴィクションⅡ23

しています。気性はおとなしいです。牧場で乗っていても、すごく動きがいいので、早めにお願いします、と言われました。動かしていいみたい。**グローバルビューティ23**(牝)は胴が長くて、大きな馬なのであまり焦らずに。スケールは感じています」

父にも母にも騎乗経験あり 縁の血統馬がズラリ

——主戦だったエピファネイア産駒も素質馬が多そうです。

「**ピクシーホロウ23**(牡)は当歳セリで買ってもらった馬(3億3000万円・税抜き)で、馬体はずっと崩れずにいいですね。脚元が固まってない感じなので、ゆっくりと慎重に進めています。メッチャいい馬。期待しています」

——**エアワンピース23**(牝)は父も母も、兄にも騎乗していた馬ですね。

「縁のある血統ですよね。動きはいいです。この馬は(預託が)決まった時からずっと見ているけど、いい体をしていて、歩きも軽かった。乗っている人もいいと言います。マイルかなという感じ」

——ロードカナロア産駒の**ディヴァインラヴ23**(牡)も父だけでなく、母系の多くの馬に騎乗経験があります。

「体形はカナロアという感じで首が短くて、ランフォーヴァウみたい。あの馬をもっと逞しくしたような感じです。お母さんは距離がもったけど、この馬はカナロアが出ているのかな、と。お母さんはエピファネイア産駒だけど乗りやすい馬でしたね」

——**ヴィラ23**(父モーリス・牝)の全兄は重賞勝ちのルークズネスト。

「すごく1歳の時が良くて、今はカイバ食いが悪いのですが、食べるようになれば、470～480キロぐらいになるでしょう。マイルぐらいで走りそう」

——**ギンコイエレジー23**(父シニスターミニスター・牡)はダート路線を狙えそうな血統構成です。

「これはいい馬やで。牧場で深管を傷めたけど、ちょっと傷めた程度。1800ダートのイメージで、黒光りしたい体で動きもよく、シニスター(ミニスター)のいい感じの馬だと思います」

——開業2年目ですごいラインアップが揃っています。

「走るフォームを見て、どういう感じなのかは去年よりは分かっているので、より精度は高くなると思う。特に今年の2歳は自分で選んだ馬の割合がだいぶ大きくなっているから、そういった馬たちが順調に成長してくれれば、非常に楽しみですよね」

コンヴィクションⅡ23 ▶ サガルマータ　ラッドルチェンド23 ▶ ルーチェブリラーレ　アンナペレンナ23 ▶ ビッグヒーロー　ヘイローフジ23 ▶ コンゴウフジ　ウインミレーユ23 ▶ イニシオ　ワッツダチャンセズ23　ザタイムハズカム　グローバルビューティ23 ▶ 馬名未決定　ピクシーホロウ23 ▶ ベイジャー　エアワンピース23 ▶ フォーチュンライド　ディヴァインラヴ23 ▶ トゥルージョワ　ヴィラ23 ▶ ヴェルメロディ　ギンコイエレジー23 ▶ ラクホマレ

POG直球勝負 2025 2026

どうみても馬はいい
ラドラーダ23

——今年の2歳世代では、**カルティカ23**（父コントレイル・牡）が先発で入厩しました。2022年の菊花賞を制したアスクビクターモアの半弟になります。

「セリ（昨年のセレクトセール）の時から好みの馬でした。見た目がムキッとしてきたし、その当時から体つきは変化しています。牧場からは乗り難しさもあるような話を聞いていたんですけど、確かにハミ受けなど課題になる部分がありますね。素材は良さそうなので、しっかりと修正していくことが大事になってきそう。この血統ですし、クラシック路線を目指していきたいと思っています」

——**サラキア23**（父エピファネイア・牡）は近親にサリオスがいます。

「さすがは血統馬らしく、超がつくほど立派な馬ですね。最初に見た時から印象は良かったです。まだ成長途上の感はあるけど、いろいろと変化してくる時期。順調ならデビューの時期は早いんじゃないかと思います」

——**タッチングスピーチ23**（父エピファネイア・牡）はキングズレインの半弟。近親にはアスコリピチェーノがいます。

「エピファネイア産駒らしい繊細さがあるというか、気性的にはキリッとしていそうなイメージ。ゆっくりと進めているので、入厩の時期は秋頃になると思います」

——**ラドラーダ23**（父サートゥルナーリア・牡）はレイデオロの半弟です。

「どう見ても馬はいいですね。この子も最初に見た時から好印象でした。気性的には繊細で難しいところがあるようだけど、順調なら夏前に入れる可能性もあると思います」

——**リラヴァティ23**（父リオンディーズ・牡）は近親にシンハライトがいます。

「軽さがあるし、整っている馬ですね。血統的に気も良さそう。これからの成長次第で十分に動けそうなイメージがあります」

——**ソウルスターリング23**（父コントレイル・牝）は本馬が3番仔になります。

「上の2頭は小さく出たようなんですけどね。この子は馬格もあるし、バランスがいいです。血統馬で雰囲気的には良さそう。ちょっと乗り込みを休んだので、入厩の時期は早くても秋頃になるんじゃないかと思います」

2024年JRA賞最高勝率調教師
田中博康
調教師インタビュー

取材／竹之内元

2023年にレモンポップでGIを初制覇。そして2024年はJRA賞最高勝率調教師、JRA賞優秀技術調教師を受賞。オーナーからの信頼も厚い若手ナンバーワントレーナーの元、この世代も素質馬が集結しました。

田中博康 調教師インタビュー

「(サラキア23は)血統馬らしく、超がつくほど立派な馬ですね。最初に見た時から印象は良かったです」

——プリンセスノーア23（父キタサンブラック・牝）は、母が米GI馬です。

「いい馬です。ちょっと順調さを欠いているけど、焦らずに進めていけば走ってくる馬だと思っています。牝馬で軽さがあるし、走るキタサンブラック産駒らしい印象ですね」

師のイチ推し アメージングムーン23

——アメージングムーン23（父キタサンブラック・牡）はノースブリッジの半弟です。

「イチ推しですね。セリ（一昨年のセレクトセール）で見た時から良かったし、現時点でもレベルは高い。サイズもあるし、この馬は大きなところに向かっていきたいと思っています。ノースブリッジとはタイプが違う。体に伸びがある感じだし、しっかりとクラシックディスタンスをイメージできるタイプ。入厩の時期は夏以降になると思います」

——アルビアーノ23（父インディチャンプ・牡）はアヴェラーレの半弟です。

「血統どおり、いいスピードがありそう。ただ、いろいろと遅れた部分があるので、ゆっくりと進めている状況。馬体はいいので、ちゃんと待てば走ってくると思います」

——エスティロタレントーソ23（父Gun Runner・牡）は砂路線で注目です。

「いい馬ですね。まだ緩さがあるけど、締まりが出てくればグンと変わってきそう。ダート路線で上を目指したいと思わせます」

——ドイツ血統のSerienheilige23（父Kingman・牝）は近親にシュネルマイスターがいます。昨夏、フランスのアルカナセールで自身が落札しました。

「来日後に体重が大きく減ってしまったけど、そこから再調整して回復。コンパクトな感じで脚の回転も上がるし、しっかりとした走りができそう。血統的にもマイルぐらいの距離が良さそうなイメージ。いい馬ですよ」

「(エスティロタレントーソ23は)ダート路線で上を目指したいと思わせます」

カルティカ23 ▶ ユマハム ▶ サラキア23 ▶ サレジオ ▶ タッチングスピーチ23 ▶ ゴンファロニエーレ ▶ ラドラーダ23 ▶ レイジングサージ ▶ リラヴァティ23 ▶ シーギリヤロック ▶ ソウルスターリング23 ▶ スターリットフレア ▶ プリンセスノーア23 ▶ プラウディッツ ▶ アメージングムーン23 ▶ 馬名未決定 ▶ アルビアーノ23 ▶ イトシサ ▶ エスティロタレントーソ23 ▶ 馬名未決定 ▶ Serienheilige23 ▶ 馬名未決定

153

東西厩舎別 入厩予定馬リスト

西 池江厩舎

馬名	父	母	性
ブレナヴォン	インディチャンプ	ラナモン	牡
ヴィンテール	エピファネイア	ヴィニー	牝
フォーティンブラス	エピファネイア	サトノガーネット	牡
ヴィスメンティス	オルフェーヴル	ヴァリディオル	牡
ペンダント	オルフェーヴル	スパイラルステップ	牝
マイバレンタイン	キズナ	キトゥンズクイーン	牡
フォルストランキル	キタサンブラック	ムーンティアーズ	牝
ジャイアンバローズ	クリソベリル	サトノアイビス	牡
レッドバベル	コントレイル	アスタウンドメント	牡
馬名未決定	コントレイル	エディン	牡
エースフライト	コントレイル	シスタリーラヴ	牡
馬名未決定	サートゥルナーリア	オンディバドバイ	牡
セルジュバローズ	サートゥルナーリア	ホワットアスポット	牡
馬名未決定	サートゥルナーリア	メジロスプレンダー	牡
馬名未決定	サトノダイヤモンド	オールドタイムワルツ	牡
ラヴィレット	サトノダイヤモンド	ギエム	牡
セヴェロ	サトノダイヤモンド	クインアマランサス	牡
サトノトリニティ	サトノダイヤモンド	メチャコルタ	牡
馬名未決定	シスキン	マローブルー	牡
ルージュアイラ	ドレフォン	ヴィルトゥース	牝

馬名	父	母	性
イベントホライゾン	ハービンジャー	ライツェント	牡
馬名未決定	ブリックスアンドモルタル	グアン	牡
馬名未決定	ブリックスアンドモルタル	テンダリーヴォイス	牝
リーベンスヴェルト	ブリックスアンドモルタル	ノーブルジュエリー	牝
ヒシアイラ	モーリス	ジングルベルロック	牡
馬名未決定	レイデオロ	ダノンチェリー	牡
馬名未決定	Good Magic	Nightlife Baby	牡

西 上村厩舎

馬名	父	母	性
アルペングロー	オルフェーヴル	レオパルディナ	牡
アグレイビューティ	コントレイル	アレイヴィングビューティ	牝
馬名未決定	コントレイル	サンデージュピター	牝
馬名未決定	コントレイル	ラマンサニステル	牡
アームズレジェンド	ダノンレジェンド	アームズトウショウ	牡
バンパネイラ	ドレフォン	ヴィレンスクラフト	牡
アルディメント	ブリックスアンドモルタル	バードオンアスク	牡
マルコシアス	ヘニーヒューズ	シゲルゴホウサイ	牡
ルージュマデイラ	モーリス	ダーヌビウス	牝
グレースジェンヌ	モーリス	モルガナイト	牝
チェファルー	リオンディーズ	トレースイスラ	牡
アリス	レイデオロ	アルル	牝

東西厩舎別 入厩予定馬リスト

馬名	父	母	性
ガウディ	レイデオロ	グラディーヴァ	牡
マイケルバローズ	ロードカナロア	アルーリングハート	牡
リフルフォース	ロードカナロア	イトワズマジック	牝
馬名未決定	ロードカナロア	シタディリオ	牝
馬名未決定	ロードカナロア	セコンドピアット	牝
ロードフリューゲル	ロードカナロア	フラーティングアウェイ	牡
馬名未決定	ロードカナロア	リリーオブザヴァレー	牡
馬名未決定	City of Light	ネバーギブアップ	牡
ミスティックレナン	Cracksman	Rue Renan	牡
ペトリコール	Justify	ナイセスト	牝
サトノセプター	Kingman	イカット	牡

馬名	父	母	性
ルージュスプリヤ	シルバーステート	エクセレントデザイン	牝
馬名未決定	シルバーステート	ルネイション	牝
馬名未決定	スワーヴリチャード	ノッツダルジェント	牡
アルジェンテーラ	ドレフォン	ジェンティルドンナ	牝
シャンドラファール	ドレフォン	ベルディーヴァ	牡
ザンシュトーム	ナダル	マエストラーレ	牝
コウユーネロガ	ネロ	シャイニングアロー	牡
シャンドラファール	フィエールマン	メモリーコロネット	牡
ヴィータリッカ	モーリス	グラマラスライフ	牝
馬名未決定	モーリス	サマーセント	牝
レッドリガーレ	モーリス	ペイフォワード	牡
エルナト	レイデオロ	エルノルテ	牡
サトノロザリー	ロードカナロア	サトノアクシス	牝
ミヤフロント	Kingman	フロントゲート	牝

西 斉藤崇厩舎

馬名	父	母	性
グラスベルグ	アドマイヤマーズ	ゴールドエッセンス	牝
タガノニューデリー	アニマルキングダム	タガノグラシアス	牡
馬名未決定	アルアイン	エリカボンシャン	牡
カラベルソナ	エピファネイア	カリーナミア	牝
ベレシート	エピファネイア	クロノジェネシス	牝
アランカール	エピファネイア	シンハライト	牝
馬名未決定	エピファネイア	レッドオルガ	牝
ダテオトコ	オルフェーヴル	ディーズプラネット	牡
アメリカンジゴロ	キズナ	アメリカンソング	牡
ビジュアライズ	キズナ	サークリングⅡ	牝
ラミアスペランツァ	キタサンブラック	アンティフォナ	牝
バステール	キタサンブラック	マンビア	牡
ヴェルサイユシエル	コントレイル	ウェイトゥヴェルサイ	牝
馬名未決定	サートゥルナーリア	スクールミストレス	牝
馬名未決定	サトノダイヤモンド	ハーレクイーン	牡
馬名未決定	サトノダイヤモンド	ヤマニンパピオネ	牡
馬名未決定	シニスターミニスター	ジェセニア	牡

西 須貝厩舎

馬名	父	母	性
ララオウ	エタリオウ	ミスキララ	牝
ディースカウ	エピファネイア	ラチェーヴェ	牡
スピナーリート	キズナ	スピニングメモリーズ	牝
ブラストブラック	キタサンブラック	ジョイニデラ	牡
リアライズパリオ	サートゥルナーリア	ウィズアミッション	牡
コティノス	サートゥルナーリア	ココファンタジア	牡
リテラシー	サートゥルナーリア	ホーリーウーマン	牡
ラヴリーティアラ	サトノクラウン	ラヴアンドドラゴン	牝
ベルバロン	シニスターミニスター	スズカモナミ	牡
ジェンティール	シルバーステート	アンコンソールド	牡
馬名未決定	シルバーステート	カシシ	牝
馬名未決定	スワーヴリチャード	サクソンブライド	牝
リアライズステラ	スワーヴリチャード	トラウム	牝
アニマレイ	ニューイヤーズデイ	ガルデルスリール	牡
ショウナンガルフ	ハービンジャー	ミカリーニョ	牡

POG 直球勝負 2025-2026

馬名	父	母	性
クオリティショコラ	ブリックスアンドモルタル	クオリティシーズン	牝
セスティーナ	マインドユアビスケッツ	アムールポエジー	牡
グロリアスマーチ	モーリス	ヴィクトリーマーチ	牡
マルガ	モーリス	プチコ	牝
リアライズブルーム	ルヴァンスレーヴ	クレイドル	牝
イブキ	レイデオロ	ブリッジクライム	牡
ベスキエーラ	ロードカナロア	リナーテ	牝
ルージュソムニウム	ロードカナロア	レッドリヴェール	牝

馬名	父	母	性
ジョーカー	ドレフォン	ローズベリル	牡
馬名未決定	リアルスティール	デイトライン	牡
ヘレック	ルーラーシップ	ピエリーナ	牝
馬名未決定	ロードカナロア	コンテスティド	牡
馬名未決定	ロードカナロア	ドリームアンドドゥ	牡
スワッシュバクラー	ロードカナロア	ムードインディゴ	牡
エリカアズーラ	ロードカナロア	ラシグネア	牝
馬名未決定	ロードカナロア	ワンダーガドット	牡
馬名未決定	ワールドエース	コケレール	牡
ドリームプレミア	ワールドプレミア	アドマイヤシリウス	牡
馬名未決定	EssentialQuality	ボーディシッタ	牡
馬名未決定	SiouxNation	Blissful Beat	牡
キッコベッロ	Study of Man	アマダブラムⅡ	牡

西 友道厩舎

馬名	父	母	性
馬名未決定	エピファネイア	アドマイヤパンドラ	牡
馬名未決定	エピファネイア	アドマイヤミヤビ	牝
ジャスティンカレラ	エピファネイア	アントパール	牡
ルージュエテルナ	エピファネイア	インデリブル	牝
ファルカータ	エピファネイア	スピニングワイルドキャット	牝
馬名未決定	エピファネイア	パションルージュ	牡
馬名未決定	キズナ	ヴァリアンス	牝
ワンダフルボンド	キズナ	ワンダーオブリップス	牡
馬名未決定	キタサンブラック	ジュントッヒトミ	牡
馬名未決定	キタサンブラック	デルフィニアⅡ	牡
ブラックオリンピア	キタサンブラック	ピノ	牡
馬名未決定	キタサンブラック	ファディラー	牡
マジョレルブルー	コントレイル	ブルーミングアレー	牡
レッドラージャ	コントレイル	ポインビューティー	牡
サトノグロリア	サートゥルナーリア	ウィーブノーモア	牡
サトノフレイ	サートゥルナーリア	リトルゲルダ	牡
ドヴィーグラン	シュヴァルグラン	カヴェルナ	牡
シェリデュース	シルバーステート	ダストアンドダイヤモンズ	牝
アンダーウェイヴス	ドレフォン	ヴィブロス	牝
ジュピターバローズ	ドレフォン	キャレモンショコラ	牡
馬名未決定	ドレフォン	ラスティングソング	牡

西 福永厩舎

馬名	父	母	性
フォーチュンライド	エピファネイア	エアワンピース	牝
馬名未決定	エピファネイア	エンタイスド	牝
ケールハイム	エピファネイア	ドナウブルー	牝
ペイジャー	エピファネイア	ピクシーホロウ	牡
イニシオ	キタサンブラック	ウインミレーユ	牡
馬名未決定	キタサンブラック	グローバルビューティ	牡
アンジュドジョワ	キタサンブラック	ピースエンジェル	牝
ザタイムハズカム	キタサンブラック	ワッツダチャンセズ	牝
馬名未決定	キタサンブラック	ワンダーフィリー	牡
ブロンザイト	クリソベリル	クルークハイト	牡
コバノロケット	コバノリッキー	ラブミーレディー	牡
ビッグヒーロー	コントレイル	アンナベレンナ	牡
馬名未決定	コントレイル	エアジーン	牝
馬名未決定	コントレイル	ガリレオズソング	牡
サガルマータ	コントレイル	コンヴィクションⅡ	牡
クールマイユール	コントレイル	ステラスター	牡

東西厩舎別 入厩予定馬リスト

馬名	父	母	性
ルージュバロン	コントレイル	ダンシングラグズ	牝
コンゴウフジ	コントレイル	ヘイローフジ	牡
ルーチェブリラーレ	コントレイル	ラッドルチェンド	牝
アエラリウム	サートゥルナーリア	スティールパス	牡
ペントハウス	サートゥルナーリア	ピンクガーベラ	牡
ラクホマレ	シニスターミニスター	ギンコイエレジー	牡
馬名未決定	ドレフォン	エトピリカ	牡
馬名未決定	ハービンジャー	シャンボールフィズ	牡
ダイヤモンドノット	ブリックスアンドモルタル	エンドレスノット	牡
ヴェルメロディ	モーリス	ヴィラ	牝
ファランギーナ	ラブリーデイ	サヴァニャン	牝
馬名未決定	リオンディーズ	ハニートリップ	牡
サトノリシャール	レイデオロ	ストーミーエンブレイス	牡
トゥルージョワ	ロードカナロア	ディヴァインラヴ	牡
クロレ	Quality Road	Rachel`s Valentina	牝
グランブーケ	Wootton Bassett	ヴィラダモーレ	牝

馬名	父	母	性
馬名未決定	ディスクリートキャット	スタリア	牝
ホワイトフレイムス	ポエティックフレア	イルーシヴゴールド	牡
ホウオウアシュリン	ポエティックフレア	オートクレール	牡
コテツハマー	ホッコータルマエ	キンショーオトヒメ	牡
馬名未決定	ホッコータルマエ	ハルサカエ	牡
マックスアイル	ミッキーアイル	ガタイフロール	牝
馬名未決定	モーリス	フラワーバレイ	牡
スレイクイーン	ロードカナロア	キャトルフィーユ	牝
馬名未決定	ロードカナロア	キャリコ	牡
パピヨンヴェール	ロードカナロア	シャンティローザ	牝
マイカラー	City of Light	Moart	牡
サンセバ	Justify	アモータゼイション	牡
ガンダルヴァ	Kendargent	サヴァラン	牡

東 奥村武厩舎

馬名	父	母	性
ザバルガド	イスラボニータ	ハーエミネンシー	牝
スーザンバローズ	キセキ	ロックザボート	牝
オービタルピリオド	キタサンブラック	イストワールファム	牡
馬名未決定	キタサンブラック	キタサンデイジー	牡
チャリングクロス	キタサンブラック	ライジングクロス	牡
マイネルラズライト	ゴールドシップ	アンフォゲッタブル	牡
タケショウカイザー	ゴールドシップ	タケショウベスト	牡
フォワードシャッセ	サートゥルナーリア	バウンスシャッセ	牝
テンユウ	サートゥルナーリア	レーヌミノル	牝
タイセイカラーズ	サトノクラウン	レインボーラヴラヴ	牡
サルサブラヴァ	シニスターミニスター	サルサドゥーラ	牡
シェリアドレ	ドレフォン	クイーングラス	牝
ショウナンサイオウ	ドレフォン	ショウナンパンドラ	牡
ハングローズ	ドレフォン	ハワイアンローズ	牡
馬名未決定	ブリックスアンドモルタル	ホウオウマリリン	牡
馬名未決定	ベンバトル	アフロディシアス	牡

西 吉岡厩舎

馬名	父	母	性
ロッサコメータ	エピファネイア	レッドレイチェル	牝
ジャスティンレビン	キズナ	ニューアンドインプルーヴド	牡
ロードフィレール	キズナ	プレミアムギフト	牡
馬名未決定	キズナ	ルパンⅡ	牝
オーロラボレアリス	コントレイル	エスキモーキセス	牝
ライトフライヤー	コントレイル	ドリームオブジェニー	牡
ノクスカンパーナ	サートゥルナーリア	サクセスベルーナ	牝
カヴァレリッツォ	サートゥルナーリア	バラーディスト	牡
ジャスティンビスタ	サートゥルナーリア	ペブルガーデン	牡
パナテナイア	サートゥルナーリア	リカビトス	牝
サトノカスターニャ	サトノダイヤモンド	サミター	牝
マジカルアメジスト	シスキン	スペルオンミー	牝
オブヴィンリンナ	シルバーステート	サイマー	牝

157

馬名	父	母	性
馬名未決定	ホークビル	シティリズム	牡
アースインハマー	ホッコータルマエ	ヴィヴァマリアンヌ	牡
サンシュノジンギ	マインドユアビスケッツ	グランマリアージュ	牡
イナンナ	マジェスティックウォリアー	アンミ	牝
ジャケットポケット	レイデオロ	サピアウォーフ	牡
レッドリファインド	レイデオロ	ディエンティ	牡
エフハリスト	ロードカナロア	シグナライズ	牝
ホウオウファラオ	American Pharoah	マールボロロード	牡

加藤士厩舎 (東)

馬名	父	母	性
シャオママル	アルアイン	ジレーネ	牡
ガラベイヤ	アルアイン	モルジアナ	牝
マイネルユーゲント	インディチャンプ	ルタンデスリーズ	牡
馬名未決定	オルフェーヴル	スパイチャクラ	牝
ルビーテソーロ	オルフェーヴル	スポーカンテソーロ	牝
ブレイザリード	キズナ	ダンスアミーガ	牡
ゼウステソーロ	キセキ	ビューティテソーロ	牡
ノーチェ	クリソベリル	キャスノワゼット	牝
馬名未決定	クリソベリル	ワインレッドローズ	牡
コスモアミュレット	ゴールドシップ	ボンボンルージュ	牡
ミリオンヴォイス	ゴールドドリーム	ベルシャンジュエル	牡
マーゴットリック	ゴールドドリーム	ミモザゴール	牡
馬名未決定	サートゥルナーリア	ハーランズロマン	牝
アメテュストス	サートゥルナーリア	メガン	牡
ショウナンバーボン	サートゥルナーリア	レッドアルジーヌ	牡
フュルスティン	ダノンキングリー	ヤンチャヒメ	牝
カタフラクト	ダノンバラード	ホッコータピタン	牡
シャンティフレーズ	ダノンプレミアム	シャンテリー	牝
エターナルギア	タワーオブロンドン	ノンストップ	牡
ベルトラッキ	デクラレーションオブウォー	ロマンチックキス	牡
オテンバプリンセス	ナダル	ロゼリーナ	牝

馬名	父	母	性
レイオブファイア	ニューイヤーズデイ	オンクーラン	牡
馬名未決定	ハクサンムーン	サウンドウェーブ	牡
馬名未決定	ビーチパトロール	レイトブルーマー	牝
馬名未決定	フリオーソ	クールマジョリック	牡
馬名未決定	ヘニーヒューズ	ケイティバローズ	牡
シェーロドラート	ベンバトル	ルシェルドール	牝
アヴァランチ	マジェスティックウォリアー	ワイルドシンガー	牡
デザートイーグル	マテラスカイ	マリーンワン	牡
スプリングドリーム	モズアスコット	ゴールドゲッコー	牝
ショウナンカリス	リアルスティール	ロシアンサモワール	牝
カグヤヒメ	リオンディーズ	ムーンザムーン	牝
ミアルーチェ	ルーラーシップ	アースマリン	牝
サッポロイクコ	Saxon Warrior	フラメンコⅡ	牝

国枝厩舎 (東)

馬名	父	母	性
ダーリングハースト	エピファネイア	フォエヴァーダーリング	牝
チャーリー	クリソベリル	ジャンナスキッキ	牡
ルージュボヤージュ	コントレイル	クイーンズアドヴァイス	牝
フロンテアムーン	コントレイル	フロンテアクイーン	牝
プリティウーマン	コントレイル	マルケサ	牝
馬名未決定	サトノダイヤモンド	ファインハッピー	牝
レッドマジェスタ	シルバーステート	リュズキナ	牡
ロジスカヤ	シルバーステート	ロジモーリス	牝
馬名未決定	スクリーンヒーロー	イプスウィッチ	牝
馬名未決定	ダノンスマッシュ	ダノンポピー	牝
ビョウブガウラ	ディーマジェスティ	ミスミーチャン	牡
キミガハマ	ディーマジェスティ	メイショウツバクロ	牝
イヌボウノキラメキ	ドレフォン	ホクラニミサ	牝
トロフィーポーズ	ナダル	ディーパワンサ	牡
アグアフレスカ	ブリックスアンドモルタル	ラセレシオン	牝
馬名未決定	ホッコータルマエ	タカラジェニファ	牡

158

東西厩舎別 入厩予定馬リスト

馬名	父	母	性
プロメサアルムンド	モーリス	アーモンドアイ	牡
イヌボウノツキ	ロードカナロア	ブレイクマイハート	牝
ロジクリスエス	ロジユニヴァース	ロジマジェスティ	牡
ジャストマイウェイ	No Nay Never	ジャストイマジニング	牝

馬名	父	母	性
馬名未決定	レイデオロ	ヒストリックレディ	牡
セントゴーデンス	ロードカナロア	ラッキーダイム	牡
ルクリーシア	ロードカナロア	リングネブラ	牝
アンニャンクッキー	ワールドプレミア	ロフティードリーム	牝
セイントクーヤ	St Mark's Basilica	メソスフェリック	牡

東 黒岩厩舎

馬名	父	母	性
馬名未決定	アドマイヤマーズ	リアアントニア	牡
ウップヘリーア	エピファネイア	ボージェスト	牡
エピックフライト	エピファネイア	ユナカイト	牡
カルダモン	キズナ	シークレットスパイス	牝
コンティ	キズナ	セレスタ	牝
コレクト	キズナ	トゥルヴァ	牡
ガローファノ	キタサンブラック	チェリーコレクト	牝
スタートレイン	キタサンブラック	レポゼッション	牝
スピニンググローブ	サートゥルナーリア	グランデセーヌ	牝
レッドリアライズ	ジャスタウェイ	オンラインドリーム	牡
マオノサルート	スマートファルコン	ロックンルージュ	牝
馬名未決定	スワーヴリチャード	ステファニーズシスター	牡
オレンジリバー	スワーヴリチャード	リフタスフェルト	牝
馬名未決定	ダノンキングリー	レローヴ	牡
コスモエルヴァル	ダノンバラード	ヴァニティールールズ	牡
馬名未決定	ハービンジャー	ジョブックコメン	牝
馬名未決定	フィエールマン	ゴールドスカイ	牝
馬名未決定	ベストウォーリア	キークッキー	牡
ファムクラジューズ	ベンバトル	キューンハイト	牝
馬名未決定	ミスチヴィアスアレックス	マーガレットスカイ	牝
ランブレイ	リアルスティール	ルヴァンクレール	牡
馬名未決定	リオンディーズ	デルニエリアリテ	牝
馬名未決定	リオンディーズ	トウカイシェーン	牡
馬名未決定	リオンディーズ	モーニングコール	牡
ルストラーレ	ルーラーシップ	スーンシャイン	牡

東 鹿戸厩舎

馬名	父	母	性
イヌボウノユウヒ	アドマイヤマーズ	ユキノクイーン	牝
馬名未決定	エイシンフラッシュ	ウェディングベール	牡
エヴィーヴァ	エピファネイア	ケイティーズハート	牝
アナザーフェイス	エピファネイア	マスクオフ	牡
ルージュラベル	エピファネイア	レッドベルディエス	牝
レッドジェルブロワ	エピファネイア	レッドベルローズ	牡
馬名未決定	キズナ	ブランネージュ	牡
ラベルセーヌ	キズナ	ラフォルス	牝
コスモアルペジオ	ゴールドシップ	ハートリーフ	牡
サンセリテ	コントレイル	スウィートリーズン	牝
馬名未決定	サトノクラウン	フェータルイヴ	牡
サトノユリシーズ	サトノダイヤモンド	エリーシエズワールド	牡
馬名未決定	シニスターミニスター	サンレーン	牡
セットエトワール	シルバーステート	セプンスセンス	牝
ポストクレジット	スクリーンヒーロー	シークエル	牡
ニシノエースサマ	スワーヴリチャード	プルージャ	牡
マイネルグレート	ダノンバラード	オーサムボス	牡
サンアントワーヌ	ドレフォン	サンティール	牝
コックピットサイト	ドレフォン	ベラポーサ	牡
馬名未決定	ベンバトル	アドニータ	牡
ルクスアンジュ	ミッキーアイル	スマートエリス	牝
トルネードアイル	ミッキーアイル	チャイマックス	牡
アビヤント	モーリス	スパイクナード	牡
エッチェレンテ	リアルスティール	エクセレンスⅡ	牡

馬名	父	母	性
ソフィア	リアルスティール	ソブラドリンク	牝
シニャンガ	ロードカナロア	ザズー	牝
ハイランドパレス	Palace Pier	インカーヴィル	牡

【東】武井厩舎

馬名	父	母	性
パータリプトラ	アメリカンペイトリオット	カフェローレル	牡
馬名未決定	インディチャンプ	イナズマアマリリス	牝
マウンテンモンキー	オルフェーヴル	ファインドヌーヴ	牡
馬名未決定	キズナ	レディデラウェア	牝
馬名未決定	キンシャサノキセキ	オートキュイジーヌ	牝
セツナサ	サートゥルナーリア	ホロロジスト	牡
キトウンズシルバー	シルバーステート	キトウンスミトウン	牡
リアーテシアン	シルバーステート	チェルシークロイスターズ	牝
ベルバード	スワーヴリチャード	ベルスリープ	牝
レディトゥランブル	ダノンプレミアム	ダイストウショウ	牝
ベルセア	ドレフォン	テルモードーサ	牝
ブリーゼプリマベラ	ニューイヤーズデイ	ボカイウヴァ	牝
ビッキーセカンド	パイロ	ノイエクローネ	牡
ヘルメスギャング	ブリックスアンドモルタル	アディクション	牡
モアザンファイア	ベストウォーリア	マッシヴエレガンス	牡
ラージアンサンブル	ベンバトル	ナスノフォルテ	牡
サンヴィクトワール	ポエティックフレア	ナスノシンフォニー	牝
ブレイロックホール	ミッキーアイル	サバンナズチョイス	牝
馬名未決定	ミッキーアイル	トルミロス	牡
タイダルロック	モーリス	アースライズ	牡
メジロピオラ	リオンディーズ	メジロシャレード	牝
ミスバレンシア	ロジャーバローズ	オレンジティアラ	牝
エジプシャンマウ	American Pharoah	ヘヴンハズマイニッキー	牝
オスロクィーン	Liam's Map	Take Ten	牝

【東】田中博厩舎

馬名	父	母	性
馬名未決定	アドマイヤマーズ	ブティフォリー	牝
イトシサ	インディチャンプ	アルビアーノ	牡
サレジオ	エピファネイア	サラキア	牡
ゴンファロニエーレ	エピファネイア	タッチングスピーチ	牡
馬名未決定	エピファネイア	フライングジェム	牝
馬名未決定	キズナ	ファンスター	牡
馬名未決定	キタサンブラック	アメージングムーン	牡
レイナエヴィータ	キタサンブラック	サンタエヴィータ	牝
ブラウディッツ	キタサンブラック	プリンセスノア	牡
ユマハム	コントレイル	カルティカ	牡
スターリットフレア	コントレイル	ソウルスターリング	牝
バルボアパーク	サートゥルナーリア	ファイネストシティ	牡
レイジングサージ	サートゥルナーリア	ラドラーダ	牡
馬名未決定	サートゥルナーリア	レネーズタイタン	牝
ロードイリュール	ジャスタウェイ	ヴィーヴル	牡
ドロワ	シルバーステート	ディレクタ	牡
馬名未決定	ドレフォン	マーヴェラスクイン	牡
チアファンファーレ	ハービンジャー	アリシア	牝
馬名未決定	ミッキーアイル	ミッキーディナシー	牝
フィクセルリリア	モズアスコット	クイックモーション	牝
シーギリヤロック	リオンディーズ	リラヴァティ	牡
ホウオウファミリー	レイデオロ	ファシネートダイア	牝
馬名未決定	ロードカナロア	グレイトタイミング	牝
馬名未決定	Gun Runner	エスティロタレントーソ	牡
サトノボヤージュ	Into Mischief	ジョリーオリンピカ	牡
馬名未決定	Kingman	Serienheilige	牝

【東】手塚久厩舎

馬名	父	母	性
ウインベルチェーロ	エピファネイア	コスモチェーロ	牝

東西厩舎別 入厩予定馬リスト

馬名	父	母	性
ピエスユニーク	エピファネイア	ジュエラー	牝
ギリーズボール	エピファネイア	フロアクラフト	牝
レッドアヴィオン	エピファネイア	レッドアヴァンセ	牡
アウダーシア	キズナ	リリーノーブル	牡
チルチャンプ	キタサンブラック	ダンラ	牝
アルタティール	コントレイル	シムシマー	牡
アーティキュレート	サートゥルナーリア	アーキテクチャー	牡
ディアダイヤモンド	サートゥルナーリア	スカイダイヤモンズ	牝
ダイヤモンドパレス	サトノダイヤモンド	パレスルーマー	牝
コパノキャメロン	シャンハイボビー	コパノジョウオー	牝
馬名未決定	スワーヴリチャード	ラントゥザリード	牡
コスモナエマ	ダノンバラード	サザンスピード	牝
馬名未決定	ドレフォン	ブラックパイン	牝
馬名未決定	ドレフォン	マルターズディオサ	牡
グラムエッジ	ナダル	ランズエッジ	牡
ウルフマン	フィエールマン	シンハディーパ	牡
ソラネルマン	フィエールマン	ソシアルクラブ	牡
馬名未決定	フィエールマン	トップオブドーラ	牡
ハイヤーマーク	ブリックスアンドモルタル	ハイヤーアブシス	牝
マイネルトレマーズ	ベンバトル	ネイティヴコード	牡
リアライズシリウス	ポエティックフレア	レッドミラベル	牝
イモータリス	ミッキーロケット	シャルルヴォア	牡
モートンアイランド	モーリス	モシーン	牝
リアライズタキオン	ルヴァンスレーヴ	タイムハンドラー	牡
ニシノヒノトリ	ルーラーシップ	ニシノアカツキ	牡
馬名未決定	ロードカナロア	アイリッシュシー	牝

馬名	父	母	性
アートバーゼル	エピファネイア	キラービューティ	牝
ミラージュノワール	キタサンブラック	サラーブ	牝
アンジュレーヌ	クリソベリル	アンジュジョリー	牝
イナズマダイモン	クリソベリル	パリスビキニ	牡
ルージュアリスタ	コントレイル	シャーラレイ	牝
ランザワールド	コントレイル	ビッグワールド	牝
ベルウィクトール	サートゥルナーリア	ウィクトーリア	牡
オルネーロ	サトノダイヤモンド	ライフフォーセール	牡
ホローチャージ	シニスターミニスター	アップトゥユー	牡
ジャスティンシカゴ	スワーヴリチャード	エリカブライト	牡
ティルベリー	ドレフォン	グロリアーナ	牝
馬名未決定	ハービンジャー	インナーアージ	牝
ロジマギー	ハービンジャー	ロジマギーゴー	牝
馬名未決定	バゴ	ミッドサマーコモン	牡
パルミエ	マインドユアビスケッツ	モードフランス	牝
ゾロアストロ	モーリス	アルミレーナ	牡
レピュニット	モズアスコット	ピエモンテ	牡
カナルサンマルタン	リアルスティール	アメリ	牝
サトノクラシカル	リアルスティール	クラシックココア	牝
馬名未決定	リオンディーズ	アドマイヤシーマ	牝
ソチミルコ	リオンディーズ	キラープレゼンス	牝
アイキャンストップ	レイデオロ	レーヴディソール	牡
馬名未決定	ロードカナロア	インナーレルム	牝
ダゴベルト	ロードカナロア	カセドラルベル	牡
スイープセレニティ	ロードカナロア	スイープセレリタス	牝
ブーケドリス	ロードカナロア	トワイライトライフ	牝
ルールザウェイヴ	ロードカナロア	ルールブリタニア	牝
ワールドブレイヴ	ワールドプレミア	リブエターナル	牡
エラルディーク	Sottsass	Noblesse Oblige	牝

東 宮田厩舎

馬名	父	母	性
エヴァンスベイ	イスラボニータ	エヴァディングタペット	牝
アンデルストープ	インディチャンプ	ダンシングクイーン	牝
グリオンヴール	エピファネイア	イーデンキー	牡

POG

立川優馬 特別寄稿

競馬評論家・立川優馬氏に、
私的なPOG名馬について綴ってもらいました。

私を熱くした名馬

2004ダービー ハイアーゲーム

観る者の心を打った、王者への真っ向勝負

　2004年のダービーの第4コーナー、馬場の内目が荒れた中で失速する先行馬を横目に、直線7分どころをマクリ気味に進出してきた名馬キングカメハメハ。のちに松国ローテと言われるNHKマイルCからの臨戦で世代の頂点をねらう王者に、外から被せて勝ちに動いた馬がいた。名手蛯名正義騎手を背に王者に挑戦状を叩きつけた素質馬ハイアーゲームである。

　2002年に早世したサンデーサイレンスの残り少ない世代であり、ディープインパクトの全兄として有名なブラックタイド、のちにそのディープインパクトに国内で唯一の土をつけることになるハーツクライと並んでドラフト人気を背負ったハイアーゲーム。当時まだPOG初心者だった私はセレクトセールで1億5千万円（税抜）だったこの馬を素直にドラフト1位指名した。

　しかし、ラジオたんぱ杯2歳S、弥生賞と地方馬コスモバルクの後塵を拝し、皐月賞をスキップ。青葉賞を経由してダービーを目標とするローテは指名時の青写真からは物足りないものだった。青葉賞ではのちの菊花賞馬デルタブルースや、古馬になって活躍するスウィフトカレントなどを押さえての楽勝。それでも青葉賞→ダービーのステップが奮わなかったこともあり、正直、1位指名をしている私ですらダービーでは人気を背負ってだらしないところを見せるのではないかと疑っていた。しかも、迎えたダービーでは不利と言われる8枠を引き当ててしまう。

　そして冒頭に戻る。個人的な馬券では買い目から外すほど期待をしていなかった私の目前で、ハイアーゲームは王者を真っ向勝負でねじ伏せにいったのである。

　結果はキングカメハメハの厚い壁に跳ね返され、大外を追い込んだハーツクライにも交わされてしまう。それでも、王者を一瞬でもひるませたあの仕掛けは、見る者の心を打つのに十分なものであった。蛯名騎手がダービー制覇に最も近づいたのは2012年のフェノーメノであるとは思う。それでも、私にとって蛯名騎手×ダービーのベストバウトは2004年のハイアーゲームであった。

　以降、長期休養などを挟み、古馬になってからの重賞勝ちは鳴尾記念の1勝のみ。名馬と呼べる成績ではないが、「Fly at higher game」の名のとおり、大志を抱いて臨んだあのダービーの熱は、思い返すと今でも私の胸を熱くしてくれる。

たちかわゆうま
競馬予想家案＆ライター。予想理論『レース質マトリックス』の考案者にして、「競馬と共に人生を歩むサロン」主宰。格調高い文章にも定評がある。最新刊『「今週勝つ！」を叶える馬券カレンダー』が好評発売中。

読んで楽しむPOG

第3章

POG直球勝負 2025-2026

種牡馬戦国時代の覇者となるか!?
コントレイルの父としての可能性

文／田端到

たばたいたる●1962年、新潟生まれ。週刊誌記者を経てフリーのライターに。競馬をはじめ、野球関連の著作も多い。競馬では血統の解釈とアプローチに斬新な手法を導入。近著に『田端到・加藤栄の種牡馬事典』シリーズ、『マンガでわかる 勝つための競馬入門 血統編』ほか多数。『日刊スポーツ』紙上の「GIコラム」は連載29年を超え、好評を博している。

参考にすべきは共通点を持つ2頭の種牡馬

　種牡馬コントレイルの可能性を探るにあたり、参考にするべき先輩種牡馬は2頭、思い浮かぶ。キズナとスワーヴリチャードだ。

　キズナは同じディープインパクト産駒のダービー馬で、同じノースヒルズの生産馬。母系にストームキャットを持つという共通点もある。

　スワーヴリチャードは父ハーツクライだから、そこは異なるが、母の父アンブライドルズソングが同じ。サンデー系×アンブライドルド系の種牡馬という点は共通するから、アンブライドルズソングの影響力を測れる。

　こうして参考になる種牡馬を2頭あげただけで、ため息が出る。かたや2024年リーディング・サイアーのキズナ。かたや23年の新種牡馬リーディングで、24年に菊花賞馬と有馬記念馬を出したスワーヴリチャード。

　三冠馬というだけでコントレイルの種牡馬成功の確率はきわめて高いのに、似ている先輩種牡馬がキズナとスワーヴリチャードって、私にも1株、分けてもらえないだろうか。

現時点での関係者の評価は?

　関係者の評価も高い。毎年、著書『田端到・加藤栄の種牡馬事典』の取材で社台スタリオンを訪れ、関係者の話を聞いている。コントレイルに関してはまだ産駒デビュー前のため、本の原稿にはしていないが、高い評価しか聞こえてこない。

　よく聞くのは「産駒がみんなコントレイルに似ている。産駒を並べると見分けがつきにくい」という声だ。それだけ父の影響力が強いのだろう。ディープインパクトのしなやかさや俊敏さを受け継ぎつつ、コントレイルの骨格の良さが伝えられているという評価も耳にした。

コントレイルの父としての可能性

コントレイルの4代血統表

ディープインパクト 鹿 2002	＊サンデーサイレンス	Halo	Hail to Reason
			Cosmah
		Wishing Well	Understanding
			Mountain Flower
	＊ウインドインハーヘア	Alzao	Lyphard
			Lady Rebecca
		Burghclere	Busted
			Highclere
ロードクロサイト 芦 2010	Unbridled's Song	Unbridled	Fappiano
			Gana Facil
		Trolley Song	Caro
			Lucky Spell
	Folklore	Tiznow	Cee's Tizzy
			Cee's Song
		Contrive	Storm Cat
			Jeano

5代以内のクロス：Fappiano 4×5（母方）

ひとつ、気になる質問もしてみた。
「キズナを筆頭に、リアルスティール、サトノダイヤモンド、シルバーステートなど、ディープインパクトの後継種牡馬が増えた。同じ年に産駒をデビューさせるダノンキングリーもいる。これらディープの後継で牝馬を奪い合うような形になりませんか」と。

しかし、これも明快に否定された。7、8年前ならそんな心配もあっただろう、しかし今は違う、と。

もうディープインパクトが亡くなって（2019年）6年が経とうとしている。ディープ健在の時代は、ディープ産駒の種牡馬が父と争わなければならなかった。しかし今はその争いがない。

もうひとつ大きいのは、サンデーサイレンスが牝馬の血統表の奥に引っ込み、クロスを気にせずサンデー系の牝馬に付けられるようになったこと。7、8年前なら、ディープの後継は、サンデー持ちの牝馬をなるべく避け

て相手を選ぶ必要があった。でも、今はサンデーが一代奥に引っ込み、格段に付けやすくなった。3×3はきつすぎるけど、3×4なら問題ない。だから、コントレイルもサンデー持ちの牝馬にどんどん種付けできる。繁殖牝馬をキズナと奪い合うような心配はいらないのだ。

どのような配合の産駒を選ぶべきか？

では、具体的にどんなコントレイル産駒を狙えばいいのか。これを見ていこう。

まず真っ先に思い浮かぶのは「ダンチヒ系の牝馬の仔」だ。もう少し広げて「母系にダンチヒを持つ馬」というまとめ方でも良い。種牡馬ディープインパクトも、種牡馬キズナも、ダンチヒ系の牝馬との配合で大物を出してきた。

ディープインパクト産駒なら、ジェンティルドンナ、サトノダイヤモンド、ロジャーバ

ローズ、ミッキーアイル。

キズナ産駒なら、ジャスティンミラノ、ライトバック、サンライズジパング。これ全部、母の父ダンチヒ系の代表馬だ。

ディープインパクト産駒は跳びのきれいな馬が多く、長い直線をぐんぐん伸びる長所を持っていたが、一瞬の機動力のなさが弱点になる馬もいて、そこにダンチヒが入ると、この弱点が補われる。だからディープの血とダンチヒの血は合う。

ノーザンファームの生産馬から調べてみよう。3月12日時点、登録されているノーザンファーム生産のコントレイル産駒は26頭。これは壮観だ。リバティアイランドの妹や、セレクトセールで5億7200万円の値が付いた福永祐一厩舎のサガルマータ（母コンヴィクションⅡ）など、錚々たるキラ星が揃っている。その中から母父ダンチヒ系の馬を探してみた。

母ラッドルチェンドの23 ── 牝

コントレイル×デインヒルダンサー（ダンチヒ系）×ストームキャット。半姉テルツェット（父ディープインパクト）は、クイーンS連覇など重賞3勝。

母ラッドルチェンドの半妹ラヴズオンリーユー、半弟リアルスティール。3代母はキングマンボの全妹。言わずと知れたミエスクの牝系だ。

テルツェット以外の兄姉はそれほど走っていないが、待望のディープ系の父。これが父キズナだとストームキャットのきついクロスができてしまうが、父コントレイルならス

コントレイル（2024年7月 社台スタリオンステーションにて）

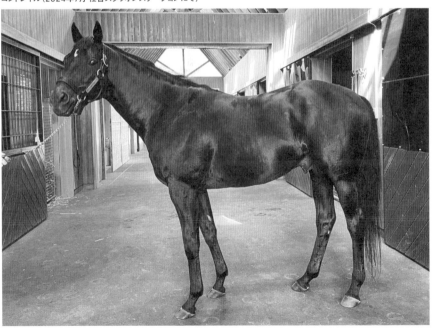

コントレイルの父としての可能性

トームキャットは5×3。楽しみな配合だ。

母エアジーンの23 牝

コントレイル×ハービンジャー（ダンチヒ系）×フジキセキ。母エアジーンは3勝馬。本馬が初仔になる。

それより3代母ハルーワソングの名前を出したほうがわかりやすいだろう。近親にシュヴァルグラン、ヴィルシーナ、ヴィブロスなど。サンデーサイレンス3×4もある。

母の初仔だけに未知の要素は大きいが、母父ハービンジャーはレガレイラやアーバンシックを出して大成功している。注目しよう。

母ダンチヒ系は以上の2頭。続いて、祖母ダンチヒ系のコントレイル産駒にも気になる馬が見つかったから、追加する。

母タムニアの23 牡

コントレイル×ナサニエル（サドラー系）×ロックオブジブラルタル（ダンチヒ系）。半姉テレサは現3歳牝馬でアルメリア賞の勝ち馬。母タムニアは仏GⅢミネルヴ賞の勝ち馬。

これはきれいな配合だ。母タムニアが7歳で産んだ二番仔という若さもいい。

父ディープインパクト×母父サドラー系の馬は、日本の軽い芝だと機動力が足りず、欧州へ持って行ったらスノーフォールやオーギュストロダンなど名馬が続出した。一方、父キズナ×サドラー系の配合は、バスラットレオンやステラリアを出して日本でも成功している。スピードの血が1本入れば、ディープ系×サドラー系も日本で走れるのだ。

この馬は24年セレクトセールで1億500万円の高値を付けている。母の父ナサニエルの重厚さがどう出るかにも注目したい。

気になるポイント
ウインドインハーヘア・クロス

最後に、配合面の懸念ポイントをあげておこう。それはウインドインハーヘア・クロスの是非である。

ディープインパクトの母であるばかりか、レイデオロ、アーバンシック、レガレイラらの牝系の祖としても名を成した偉大な母ウインドインハーヘア。

コントレイル産駒でこの名牝のクロスを持つ馬を狙う手はどうだろう……と考えたくなるが、このクロスは扱いが難しい。レイデオロの産駒にウインドイン・クロスを持つ馬が少なからずいて、ほとんどの馬の馬体が小さく出てしまうという傾向が表れている。このクロスを選ぶなら要注意のチェックポイントだ。

ちなみに、ここであげた3頭は私の推奨する馬というよりも、私の推奨する探し方と理解して欲しい。同じ探し方でノースヒルズの生産馬からお宝を見つけ出すやり方もあるだろうし、全コントレイル産駒から探すのもいい。

母か祖母がダンチヒ系のコントレイル産駒は、たぶん高い確率で成功する。知らんけど。

血統を学ぶならこちらの本がオススメ!!

マンガでわかる
勝つための競馬入門
血統編

田端到／著　ねこあか／作画
K3／構成・シナリオ
1800円＋税　好評発売中

POGの馬選びは
ひねらないことが大前提

――お二人には血統予想家の視点から、POGの馬選びについて話していただきたいと思います。まず、馬券とPOGで血統の見方は変わるんでしょうか？

亀谷 当然変わります。馬券と違ってオッズを考えなくていいので、ひねる必要はありませんよね。

双馬 穴狙いみたいにひねる人はPOGには向かないと思います。王道で行くべきです。

亀谷 POGは結局、賞金3億円のダービーを獲れた人の勝ちですよね。であれば、日本の主流種牡馬の産駒、ダービーを取れる腕のある厩舎の管理馬から選ぶことが大前提です。そう考えると、キズナ、エピファネイア、キタサンブラックあたりの配合のツボを押さえることと、ダービーを取れる腕のあるそれぞれの厩舎に向いた血統を選ぶことが大事になります。

――たしかに、確率で考えればそれが王道ですよね。

双馬 日本の主流種牡馬以外を狙うのであれば、母の血統を重視すべきです。母方にあるサンデーサイレンスやキングカメハメハの血を活かすことができれば、主流種牡馬の産駒ではなくてもクラシックを勝つことができますから。たとえば、皐月賞を勝ったジオグリフは父がダート向きのドレフォンですけど、母父がキンカメ、母母父がサンデーでした。

――母を見る際もひねり過ぎは禁物ということですね。

双馬 上位種牡馬のエピファネイアやハービンジャーだって、サンデーの血を活かせるかどうかが重要です。デアリングタクトは父エピファネイア、母父キンカメ、母母父サンデーですし、チェルヴィニアも父ハービンジャー、母父キンカメ、母母父サンデーです。

――母方にキンカメ、サンデーが入れば、日本のクラシック仕様になるわけですね。

双馬 サンデー系以外を選ぶ場合は、このパターンに注意したほうがいいと思います。

亀谷 と、当たり前の話で終わってしまうのですが、もう少し馬券にも役立つ血統の本質やトレンドを語ってみましょうか？

――ですよね（笑）。お二人の話がこれで終わっては困ります。

今、日本競馬の
鍵を握るのは欧州血統

亀谷 キンカメ、サンデー以外にも、母父として優秀な血があります。近年だと母父マン

かめたにたかまさ●「血統ビーム」をはじめとする革新的な競馬ツールの企画・作成、TV番組や書籍の企画・出演、執筆活動は20年以上。常に斬新な発想や分析で、競馬ファン・関係者に衝撃と影響を与え続けている。2019年には世界初となるリアル競馬サロン「亀谷競馬サロン」を開設。

双馬毅が視点で診断!! &のこの配合

ハッタンカフェや母父ハービンジャーが活躍しています。逆に、ディープインパクトは母父としては断然とまでは言えません。これはディープ産駒の繁殖牝馬に米国型に寄りすぎている馬が多いことも影響していると思っています。

双馬 ディープと米国血統がニックスだったので、ディープの後継種牡馬もディープ牝馬も米国寄りの馬が多いですからね。

亀谷 ディープインパクト自体は欧州色が強くて、そこに米国色を足した産駒が走った。でも、その産駒に米国色を足すと米国色が強く出過ぎてしまうんです。

双馬 亀谷さんの国別タイプがよくできているなと思うのは、日本の競馬って米国と欧州の割合を中間にした馬が名馬になっていくイメージなんですよね。今の時代は、血統表を見てどこかの国に偏っているなって感じた時点で名馬からはちょっと遠くなります。米国色が強すぎても欧州色が強すぎても日本のクラシックには向かなくなる可能性があるというのは、POGにおいても重要な考え方じゃないでしょうか。

亀谷 今のリーディング上位種牡馬を見ると、米国血統と相性が良くない種牡馬が多いですよ。だからこそ、母方に欧州血統を持つ馬の活躍が目立っているんです。ここでは種牡馬ごとに配合のツボがあるというのを解説していきたいと思います。

血統ビームの国別タイプ

米国型
アメリカのダート競馬で実績を残したダッシュ力と持続力に優れた血統。体力の完成が早い。

日本型
東京の芝2400mを頂点とした軽い芝で、直線のトップスピードに優れた血統。≒サンデーサイレンス系。

欧州型
ヨーロッパの減速要素の多い路盤に強い血統。使い込まれて強くなる。イギリス寄りとフランス寄りがある。

← 追走力 / 早熟度 / 硬さ　　中間　　スタミナ / 成長力 / 柔らかさ →

※2歳馬の国別タイプは「スマート出馬表」で兄姉の出走したレースを探して、兄姉の血統表をご確認ください。

そうまつよし●2008年春から某キャッシングの5万円を原資に馬券生活をスタートし、1000万単位で勝つ年もザラとなっている。今井雅宏、亀谷敬正の熱心な読者でもあり、「彼らの理論を読めば、年に2000万は楽に勝てる」を実証した人物でもある。「亀谷競馬サロン」で週中コラム、「競馬放送局」で前日予想を公開中！ http://ameblo.jp/batubatu-soma/

主流種牡馬たちの配合のポイント

キズナ

——では、昨年のリーディングサイアー、キズナからお願いします。

亀谷 キズナは欧州血統との相性が良い種牡馬です。ポイントはディープ直仔だと相性が悪かったような繁殖牝馬と合うということです。ディープは、オセアニアや欧州の繁殖牝馬との相性が日本では今一つでしたからね。ところが、キズナの場合は自身がディープ×ストームキャットという米国色の強い血統なので、欧州色を足すことでバランスを取ることができます。

——繁殖牝馬にどんな血が入っていればいいんですか？

亀谷 欧州的な柔らかさがあって、1200mを差せるようなタイプが理想です。母父、母母父がともに欧州型で、特にダンチヒの血が入っている馬に注目したいですね。こういう血統はディープ直仔だと日本ではあんまりだったんですよ。

双馬 ジャスティンミラノはデインヒル（ダンチヒ系）、ダルシャーン、サーアイヴァーという欧州の柔らかさを強調する血を複数持っていました。でも、欧州の名血ならなんでもありですよね。

亀谷 日本ではディープと相性が悪かったガリレオ系も良いですね。ガリレオが脚が遅いというのは誤解なんです。追走スピードが足りないだけで、加速力は高いですからね。

——フランケルだと急に速くなるとかではなく、ガリレオ自体が速いということですか？

亀谷 ガリレオが速いからフランケルも速いんです。日本競馬はヨーロッパよりも追走スピードが問われるので、ガリレオはそこが合わなかっただけです。

ただ、ディープ×ガリレオだって欧州では高い確率でGI馬を出すニックス配合でしたからね。

エピファネイア

——エピファネイアはいかがでしょうか？

亀谷 エピファネイアも欧州血統を持つ繁殖牝馬との配合が好ましいです。母父がディープインパクトなら母母父は欧州血統のほうがいい。

双馬 ただ、欧州色を強くしすぎたらクラシックに間に合わなくなる馬も出てくるので、バランスには注意したほうがいいですよね。

亀谷 そうですね。エピファネイアは少し難しいんです。米国血統を集めてダノンデサイルみたいな圧倒的な体力を持つ馬が出ていますが、あれは例外級でした。基本的にはダノンデサイルみたいな配合だと非根幹距離やダートが合うし、ダノンデサイルもそうなっていく可能性はあります。

キタサンブラック

——次はキタサンブラック産駒ですが、イクイノックスが3歳のときに種付けした世代なので当たり年になりそうですよね？

亀谷 種付け料が500万円に上がった年ですからね。300万円だった現3歳世代でもクロワデュノールみたいな強い馬が出てビックリしているぐらいですから、2歳世代はどうなるか楽しみです。

——配合のツボはありますか？

亀谷 母方にダンチヒやキングヘイローなど、欧州型ノーザンダンサー系で短距離GIを勝てるような血統が入っているほうがいいです。

POGならこの種牡馬のこの配合

イクイノックスもクロワデュノールもそうですからね。キズナと仕組みは似ているんですよ。

——キズナもエピファネイアもキタサンブラックも欧州型との配合がいいというわけですね。

双馬 結局、ディープ時代を経て米国色の強い馬が増えたので、今は一流の欧州血統が必要になっているということです。だから、ヨーロッパから買ってきた繁殖牝馬には注目したほうがいいですし、内国産の繁殖牝馬なら柔らかさを与えるトニービンの血を持っていたほうがいいんです。

亀谷 シンエンペラーの祖父にあたるピヴォタルも日本適性が高いんですけど、ピヴォタルの母父はコジーンなので、トニービンと同じグレイソヴリンの血を持っています。

——なるほど。グレイソヴリンの血にも注目ですね。

外国の血を入れる重要性

亀谷 海外の一流種牡馬の血を入れることが大事なのは、バランスを取る以外にも、外国の種牡馬のほうが強いという理由もあります。

——どういうことですか？

亀谷 今、JRAの競馬でもマル外のほうが強いんですよ。つまり、日本の種牡馬が徐々に弱くなっているんです。

——え？ 日本馬が海外のレースを勝ちまくっているのにですか？

亀谷 海外で勝っている日本馬の多くは純粋な日本の血統ではないんですよ。たとえば、今年のサウジカップデーで連対した馬を見ても、シンエンペラーとシンフォーエバーは外国馬ですよね。フォーエバーヤングは母がアメリカの馬で、父のリアルスティールだって母はアメリカから買ってきた馬です。だから日本の血はほとんど入っていないんですよ。

——でも、外国馬がジャパンCに来ても馬券に絡むこともできませんよ。

亀谷 それは、海外から買ってきた一流の血が多く入っている馬を、日本の一流調教師が日本向けに作り上げていることと、サンデーとミエスク（キングマンボの母）の血は日本競馬にものすごく向いている上に、外国馬にはほとんど入っていないということが有利なだけで、

国別タイプのバランスの例

米国型（サンデーサイレンス）× フランス寄り欧州型 = ディープインパクト

ディープインパクト × 米国型 = キズナ

キズナ × 欧州型 = ジャスティンミラノ

> ディープ時代を経て
> 米国色の強い馬が増えたので、
> 今は一流の欧州血統が
> 必要になっているということです

全体的な血統の底力は、欧州、米国よりも優れているとは言えないのではないでしょうか。

——日本適性を高めていくことと、競走馬としての能力を高めることは別ということですか？

亀谷 高速馬場の末脚のトップスピードなら世界一ですけど、パワーや加速力、心肺機能、持久力といった点では、日本の種馬よりも優れている外国の種牡馬はたくさんいますね。だから、これからの日本では外国の名種牡馬の血が濃い馬が総じて強いだろうし、今の日本の上位種牡馬には外国の名血を入れた繁殖牝馬のほうが合うという結論になるんです。

——日本色が強すぎる配合にすると、ケータイのようにガラパゴス化するということですね。ここにきて母父ハービンジャーの馬が活躍し始めたのも、欧州の名血が効いている証拠ですね。

亀谷 サトノクラウン×マンハッタンカフェという欧州色の強い配合のタスティエーラがダービーを勝ったのも象徴的な出来事です。

——国内にも欧州色の強い血はあるわけですね？

亀谷 でも、ノーザンダンサー系のレベルはヨーロッパのほうが上ですから、ガリレオやピヴォタルなど優秀なノーザンダンサー系の血を入れるとなると繁殖牝馬をヨーロッパから買ってくるしかないんです。

——なるほど。ディープ時代にアメリカの名血をたくさん入れたから、今度はヨーロッパの名血でバランスを取る必要があるんですね。

亀谷 ですから、日本にいるディープ×米国型の繁殖牝馬もヨーロッパのトップサイアーにつけたほうが強い馬を作れるとすら思っています。みんなが思っているほど欧州血統は日本適性がないわけじゃありませんから。

——サンデー系に日本適性がありすぎたぶん、相対的に適性が低く見えているだけなのかもしれませんね。

亀谷 欧州血統の話は『血統ビーム 一発レッスン vol.3』でもする予定です。今回の話とつながると思うので、興味のある方は読んでください※。

コントレイルの強みは仕上がりの早さ

——種牡馬の話に戻しましょう。今年の目玉は何と言ってもコントレイルです。お二人はコントレイルについてどう思っていますか？

亀谷 コントレイルはディープインパクトよりも仕上がりが早い血統構成なので、POGには向くと思っています。

双馬 アンブライドルズソングの血が入っているので、それは間違いないでしょうね。コントレイルの現役時代も、一番の衝撃は東ス

今の日本の上位種牡馬には外国の名血を入れた繁殖牝馬のほうが合うという結論になるんです

POGならこの種牡馬のこの配合

ポ杯2歳Sでしたからね。

亀谷 2歳の東京芝1800mで戦ったら世界一強いのはコントレイルだったんじゃないかな。あれぐらい完成度が高ければダービーも勝てます。結局、クラシックを獲るには仕上がりも大事ですから。

双馬 種牡馬としても、日本の高速馬場、3歳までのPOG期間に限定すれば、サンデーぐらいの能力を秘めている可能性があります。

亀谷 日本の番組体系と馬場に合っていますからね。

——コントレイルの配合のツボを現段階で予測することはできますか？

亀谷 コントレイル自身はディープ×米国血統という配合なので、血統ビームの配合の考え方だと欧州色の強い繁殖牝馬のほうが合うと考えるのが基本になりますね。

双馬 僕も母方を欧州血統で固めたらすごく良い馬が出そうな気がします。

亀谷 アンブライドルズソングはデインヒルとも相性がいいですからね。スワーヴリチャード×ハービンジャーの配合であんなに良い馬が出るのもアンブライドルズソングとデインヒルの相性のおかげだと思っています。

——では、コントレイルもデインヒルなど欧州血統との配合に注目すればいいですね？

亀谷 ただ、アルゼンチン血統との仔も良さそうなんですよ。問答無用の仕上がりの早さと日本適性の高さで、アルゼンチン血統や米国血統との配合で2歳戦を勝ちまくる可能性はあります。

双馬 完成度の違いというのは、大人と子供が走るようなもんですからね。さらに、今年は最高の繁殖牝馬を集めているでしょうから、コントレイルの産駒は選んでおくべきでしょう。

双馬氏が熱視線を送る あの新種牡馬

——コントレイル以外で気になっている新種牡馬はいますか？

双馬 僕は1頭だけいます。ダノンプレミアムです。朝日杯FSを勝っているように、仕上がりの早い血統ですし、欧州の速い血が入っているので米国血統との配合でもバランスが取れそうです。イメージとしてはシルバーステートに近くて、シルバーステートも日高の繁殖牝馬ばかりの初年度に頑張りましたからね。

——血統登録数は94頭もいるんですね。

双馬 ピンポイントで狙うならケイアイファーム生産で中内田厩舎に入る産駒がベストでしょう。みんな忘れていますけど、ダノンプレミアムってそこそこ怪物でしたからね。

亀谷氏が予測する 2年目のサートゥルナーリア

——他に注目すべき種牡馬はいますか？

亀谷 サートゥルナーリア産駒は2年目で仕上げ方が総じて良くなると思っています。なぜかと言うと、ディープの初年度のときと似ているんですよ。仕上げ方が難しくて、間隔を詰めて使うとその後に反動が出てしまうんです。

——ディープの初年度もなかなか2勝目を挙げる馬が出なくて心配されていましたね。

亀谷 サートゥルナーリア産駒は中2週でも走れるんですけど、そこで好走した馬が次走で次々と飛んでいるんです。ショウヘイも中2週で勝って、きさらぎ賞では4着でしたよね。

——頑張って走りすぎて反動が出たわけですね。

亀谷 だから、疲労を残さない使い方をすればもっと走れるんじゃないかと思っています。

※血統ビーム 一発レッスン●Kindle限定の電子書籍。革新的予想理論「血統ビーム」の考案者である亀谷敬正が、馬券で一発当てる方法を、一発でわかるようにレッスンするシリーズ企画です（税込330円）

ディープ産駒もノーザンファームがさらに特徴をつかんだ2年目にジェンティルドンナが出ていますからね。

——なるほど。「2年目のサートゥルナーリアに注意！」ですね。

双馬 サートゥルナーリア産駒はスローペースからの瞬発力勝負には強いんですけど、ペースが速くなると脆いですよね。折りが深い馬が多くて走るのに力がいるので、疲れが出やすいのかもしれません。

亀谷 馬を成長させるためには、本気を出せずに勝っていくというのも大事ですからね。一流の厩舎はそこがわかるから一流なんですよね。リーディング上位厩舎のサートゥルナーリア産駒には注意したほうがいいと思います。

血を育むのは人

亀谷 先ほども言ったようにPOGってダービー馬を選べた人の勝ちですから、主流種牡馬の配合のツボを押さえた上で、上位厩舎に入る馬を狙うのが正攻法です。やはり「血を育むのは人」ですからね。

双馬 厩舎と血統の相性もありますからね。

——お勧めの組み合わせはありますか？

亀谷 杉山晴紀厩舎は当然エピファネイア産駒に注目です。中内田厩舎はエリキングやクイーンズウォークなどキズナ産駒で活躍馬を出していますよね。木村厩舎もキズナ産駒はいいし、キタサンブラック産駒やハービンジャー産駒もいい。友道厩舎はトニービンを持った馬。マイル以下も走れるスピードを持った馬がいいんじゃないでしょうか。

——育て方がわかっているというのは強みですよね。

亀谷 あと、当たり前ですけど、今年なら矢作厩舎と福永厩舎のコントレイル産駒がいいでしょうね。父の特徴を理解していますし、良い産駒が入るでしょうからね。

双馬 コントレイル産駒はいかにも福永厩舎に合ってそうですね。ディープ系なら追って時計を出す厩舎よりも、馬なりの調教スタイルのほうが合うでしょうから。

亀谷 逆に、堀厩舎のようにしっかり負荷をかける厩舎は、欧州血統のスタミナ型のほうがいいんですよ。

——サトノクラウン産駒でダービーを勝つぐらいですもんね。

亀谷 欧州血統を活かすという意味で注目しているのは上村厩舎です。上村厩舎は角居厩舎に近いタイプで、ハービンジャーみたいに不器用で馬力がある馬が合うんですよ。ロードカナロア×ハービンジャーのベラジオオペラで大阪杯を勝っていますし、ハービンジャー産駒のアルマヴェローチェで阪神JFを勝っています。

双馬 堀厩舎とも似たタイプなんだろうなと思って成績を見たら本当にそうでした。しっかりトレーニングを詰みますもんね。

亀谷 ふたりに共通しているのはディープ系よりも馬力、スタミナ系に優れた血統の馬に合うという点です。欧州血統のスケールをスピード対応させるのが上手いんです。スタミナ型の血統に強いか、スピード型の血統に強いかは過去の活躍馬を見れば傾向がつかめると思います。

——では、注目厩舎の過去5年の活躍馬を一覧にしておきます。

勝つためには
戦略を徹底すべき

亀谷 POGのルールにもよるんでしょうけど厩舎狙いに関しては徹底したほうがいいと

POGならこの種牡馬のこの配合

注目厩舎のPOG期間のGⅠ連対馬（2020年以降）

厩舎	馬名	父	主なPOG期間実績
上村洋行	アルマヴェローチェ	ハービンジャー	阪神JF
木村哲也	イクイノックス	キタサンブラック	ダービー2着
木村哲也	レガレイラ	スワーヴリチャード	ホープフルS
木村哲也	チェルヴィニア	ハービンジャー	オークス
木村哲也	ジオグリフ	ドレフォン	皐月賞
木村哲也	ウンブライル	ロードカナロア	NHKマイルC2着
黒岩陽一	アスコリピチェーノ	ダイワメジャー	阪神JF
黒岩陽一	ラブリユアアイズ	ロゴタイプ	阪神JF2着
斉藤崇史	ラウダシオン	リアルインパクト	NHKマイルC
斉藤崇史	クロワデュノール	キタサンブラック	ホープフルS
斉藤崇史	キラーアビリティ	ディープインパクト	ホープフルS
鹿戸雄一	エフフォーリア	エピファネイア	皐月賞
須貝尚介	ソダシ	クロフネ	桜花賞
須貝尚介	ドルチェモア	ルーラーシップ	朝日杯FS
須貝尚介	ステラヴェローチェ	バゴ	朝日杯FS2着
杉山晴紀	デアリングタクト	エピファネイア	オークス
杉山晴紀	ジャスティンパレス	ディープインパクト	ホープフルS2着
杉山晴紀	ジョバンニ	エピファネイア	ホープフルS2着
高野友和	ジャンタルマンタル	パレスマリス	NHKマイルC
高野友和	スタニングローズ	キングカメハメハ	オークス2着
手塚貴久	ソールオリエンス	キタサンブラック	皐月賞
手塚貴久	ユーバーレーベン	ゴールドシップ	オークス
手塚貴久	シュネルマイスター	Kingman	NHKマイルC
手塚貴久	ウインマリリン	スクリーンヒーロー	オークス2着
友道康夫	ドウデュース	ハーツクライ	ダービー
友道康夫	ジャスティンミラノ	キズナ	皐月賞
友道康夫	ハーパー	ハーツクライ	オークス2着
友道康夫	アドマイヤズーム	モーリス	朝日杯FS
中内田充正	リバティアイランド	ドゥラメンテ	オークス
中内田充正	グレナディアガーズ	Frankel	朝日杯FS
中内田充正	セリフォス	ダイワメジャー	朝日杯FS2着
藤原英昭	シャフリヤール	ディープインパクト	ダービー
堀宣行	タスティエーラ	サトノクラウン	ダービー
堀宣行	サリオス	ハーツクライ	朝日杯FS
安田翔伍	ダノンデサイル	エピファネイア	ダービー
矢作芳人	コントレイル	ディープインパクト	ダービー
矢作芳人	シンエンペラー	Siyouni	ホープフルS2着

思うんです。福永厩舎のコントレイルを狙うんだったら、1頭だけじゃなく複数取るとか。

——狙いは合っていたけど馬が違ったというパターンは "POGあるある" ですね。

亀谷 ボクはA.W. OWNERS CLUBという共有馬主クラブで血統診断をしているんですけど、そこに所属する5頭はすべて浦和の小久保厩舎に入ります。血統的にも小久保厩舎に合いそうな馬を選びました。

——今話していた戦略を実際にやっていたんですね(笑)。

亀谷 小久保厩舎は年間10回は使うので、5頭いれば50走。平均すると毎週走ることになりますし、10回以上は勝って、皆さんとの口取りも数多く体験したいと考えています。

——実験的で面白そうですね。

亀谷 地方競馬の馬主資格を持っている人向けのクラブではあるんですけど、「亀谷競馬サロン」のメンバーで馬主もやっている方とも共有しました。

「亀谷競馬サロン」では、今回お話したような血統の考え方を活かして馬券で勝つだけではなく、リアル馬主でも勝っていきますので、一緒に体験したい方は、ぜひ仲間入りしてほしいです。

——競馬は色々な楽しみ方がありますね。

> 「亀谷競馬サロン」では「血統」を深く研究して馬券で勝つだけではなく、A.W. OWNERS CLUBとのコラボでの馬主体験も行っている。
> 「今年は、サロンメンバーの皆さんと馬券でたくさん勝つだけではなく、メンバーが共有している馬でもたくさん口取りをしたい」と亀谷氏も熱く意気込みを語っている。

https://www.keiba-salon.com/

POG直球勝負 2025-2026

2025年POG 2つの戦略
データ分析界の旗手 とうけいばが提唱する
AIの裏を突く!?

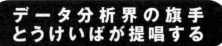

どうしても昨今のPOGは一部の馬に指名が偏りがち。
POGデータで何か新しい切り口はないものか？
そこで、独自の切り口で展開するデータ分析で知られる
とうけいば氏に白羽の矢を立て、新しい戦略を教えてもらいました。

AIによるPOG分析は難しい！

競馬予想においてAIが主流となりつつある一方で、POGにおけるAIでの解析はあまり目にしません。というのも、POGにおいて重要なのは年間約8,000頭生まれるサラブレッドの内、POG期間内で重賞（主にGI）を勝利するたった数頭の馬を選ぶこと。データ的には"外れ値"ともいえる馬を選ばなければなりません。

つまり、過去の膨大なデータから率にして1％以下の重賞馬を予測しても、あまり精度が良くないというのが現実です。

とはいえ言葉だけでは説得力に欠けるので、実際に「POG期間内の獲得賞金」をLightGBM[※1]で予測しました[※2]。

すると2020〜2021年生まれの馬で最も獲得賞金が高いとされたのはラファミリア。次いでダイヤモンドハンズ、ラケダイモーンと悪くはないものの、やはりAIを用いてGI馬を選ぶということは難しいことがわかりま

AIによる獲得賞金予測値

解析条件
- モデル／LightGBM
- 学習／2017-2019年生まれ
- テスト／2020-2021年生まれ

順位	馬名	父	母	3歳時累計獲得賞金（単位:百円）	予測値（単位:百円）
1	ラファミリア	レイデオロ	アイムユアーズ	55,000	278,127
2	ダイヤモンドハンズ	サトノダイヤモンド	メチャコルタ	148,700	268,301
3	ラケダイモーン	レイデオロ	ラルケット	108,000	261,430
4	アルテアシップ	ルーラーシップ	ギモーヴ	25,000	259,707
5	フェイト	リアルスティール	サンタフェチーフ	167,520	256,874
6	レイデラルース	レイデオロ	カンデラ	96,310	256,308
7	オコタンペ	ニューイヤーズデイ	ラーゴブルー	176,060	251,994
8	マテンロウゴールド	レイデオロ	ルールブリタニア	88,000	251,458
9	フミサウンド	ジャスタウェイ	アブソルートリー	134,680	250,355
10	バンドネオン	バンドワゴン	ハッピーパレード	13,000	249,877

とうけいば●自他ともに認める競馬オタク。2019年6月に予想家活動を開始すると、瞬く間にスター予想家へと上り詰めた。主宰するオンラインサロンは『指数と回顧で楽しむ!!競馬サロン』。著書に『降格ローテ 激走の9割は"順当"である』（オーバーラップ・パブリッシング）。

2025年POG 2つの戦略

す（表参照）。

また、SHAP（※3）という手法で今回の賞金予測モデルにおいて予測に寄与したファクターを見てみると、上から生産者、性別（牡馬）、父、調教師となりました（図1参照）。

この結果を素直に読み取るのであれば、POGでの馬選びは過去の獲得賞金が多い生産者や父、そして調教師に預けられる牡馬が重要といえます。

ただしPOGのドラフト経験者であればお分かりの通り、上位指名馬の大半は上記の条件を満たした馬です。いくらノーザンファーム生産×エピファネイア産駒×上位厩舎の牡馬が賞金高そうだと予測できても、人気必須でドラフトの役には立ちにくいでしょう。

というわけで、ここからは私が考える2025年のPOG戦略を2つ紹介します。ここではPOG期間内での獲得賞金が高いと予想される生産者、性別（牡馬）、父、そして調教師の条件をできる限り満たし、ドラフトにおいて上位人気しないだろうと考えられる条件を重視しました。

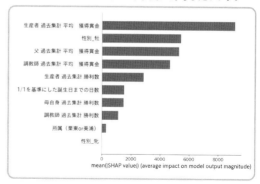

図1 賞金予測モデルにおいて予測に寄与したファクター

とうけいばの戦略 1　グランド牧場（三嶋牧場）× リーディング上位厩舎 × 三木正浩オーナー所有馬

多くのPOG本では冒頭にノーザン、そして社台系の馬を紹介しているため人気が集中します。というわけで、他の生産牧場から注目しているのが三木正浩オーナー（以下、三木オーナー）の所有馬です。

三木オーナーといえば牡馬はジャスティン、牝馬はエリカの冠でお馴染みの馬主です。そんな三木オーナーの所有馬が現3歳世代から変化しています。というのも、所有する大半がノーザン、社台系ではない馬。中でもグランド牧場生産の所有馬が増えています。

実は三木オーナーは2021年頃から海外で繁殖牝馬も購入しており、2021年のNovember Breeding Stock SaleではLa Signare（$675,000）、Pink Sands（$2,300,000）、New and Improved（$700,000）を落札。そして同年のThe November SaleではBrave AnnaとAunt Pearlをそれぞれ$3,000,000で落札しています。

上記5頭はPink Sandsのみ三嶋牧場、そして残りはすべてグランド牧場にいるようです。つけている種牡馬を見てみるとロードカナロア、キズナ、エピファネイア、キタサンブラック、イクイノックスといったリーディング上位の種牡馬ばかり。

そして現2歳世代で分かる範囲の委託先も

※1　Light Gradient Boosting Machineの略。機械学習における分析アルゴリズムの一種。
※2　解析はnetkeibaで競馬AIを用いた予想を提供し、普段から交流のあるAISSさんに協力いただきました。
※3　SHAP（SHapley Additive exPlanations）。機械学習モデルの予測に対する各特徴量の寄与度を評価する手法。

177

友道康夫厩舎、杉山晴紀厩舎とリーディング上位です。三木オーナーの友道厩舎所属馬といえばジャスティンミラノ、杉山厩舎といえばエリカエクスプレスがいただけに、期待しているのは間違いないはず。このラインは今後も注目すべきと考えています。

ノーザン、社台系のダート馬

昨年の2歳馬でJRA勝利数1位の種牡馬はキズナでもエピファネイアでもなく、実はナダル産駒です。

2024年 種牡馬別の2歳勝利数ランキング

順位	種牡馬	勝利数
1位	ナダル	30勝
2位	キズナ	29勝
3位	サートゥルナーリア	27勝
4位	エピファネイア	26勝
5位	モーリス	25勝

しかもその30勝中、半数以上の18勝がノーザン、社台系の生産馬。これは3歳ダート三冠路線が整備されたことで、早期から賞金獲得が望めるダート路線においてもノーザン、社台系が力を入れ始めたことが要因だと考えています。

先日、ロマンチックウォリアーとのマッチレースでサウジCを勝利したフォーエバーヤング。実はPOG期間においても海外（サウジ、UAE、ケンタッキー）のレースで賞金を稼いでおり、海外だけでも当時のドル円レートで+13500万（サウジ）+8700万（UAE）+7700万（ケンタッキー）=+29900万の賞金を獲得しています。

海外の賞金を入れるかどうかはドラフトのルールによるところですが、サウジやUAEダービーは毎年複数頭が挑戦しているだけに、海外ダート路線も決して無視できません。

POG期間におけるダート重賞と賞金

2歳限定	
エーデルワイス賞（牝）	2000万
JBC2歳優駿	3500万
兵庫ジュニアGP	3000万
全日本2歳優駿	4200万

3歳限定	
ブルーバードカップ	2000万
雲取賞	2000万
京浜盃	3000万
羽田盃	5000万
兵庫チャンピオンシップ	4000万
サウジダービー	90万米ドル
UAEダービー	58万米ドル
ケンタッキーダービー	310万米ドル

しかもPOG本ではまだまだダート馬が紹介されていません。つまり、それだけPOGドラフトでも人気の盲点になっているように思えます。それでもノーザン、社台といったトップの生産者はナダル産駒を中心に、ダートでの早期活躍馬を増やしているのは事実。中でも海外遠征も積極的に挑戦してくれる森秀行厩舎や矢作芳人厩舎は要注目です。

2025年POG 2つの戦略

とうけいばが選ぶ この2025-2026 POG 10頭

	馬名	父	母	性	厩舎	馬主
1	ジャスティンカレラ	エピファネイア	アントパール	牡	(栗)友道	三木正浩 氏
2	ジャスティンレビン	キズナ	ニューアンドインプルーヴド	牡	(栗)吉岡	三木正浩 氏
3	ジャスティンダラス	Gun Runner	ピンクサンズ	牡	(栗)杉山晴	三木正浩 氏
4	エリカビアリッツ	キズナ	ブレーヴアンナ	牝	(美)堀	三木正浩 氏
5	エリカアズーラ	ロードカナロア	ラシグネア	牝	(栗)友道	三木正浩 氏
6	リアライズタキオン	ルヴァンスレーヴ	タイムハンドラー	牡	(美)手塚久	今福洋介 氏
7	リアライズグリント	キタサンブラック	マドラスチェック	牡	(栗)矢作	今福洋介 氏
8	カレイジャスビート	リアルスティール	ティールグリーン	牡	(栗)高野	キャロットファーム
9	アメリカンコール	American Pharoah	イヴニングコール	牡	(栗)武幸	サンデーレーシング
10	レッドレガリア	エピファネイア	レッドファンタジア	牡	(美)木村	東京ホースレーシング

三木オーナー×友道厩舎×グランド牧場 アントパールの23はダービー候補

　三木正浩オーナー×グランド牧場で一番の注目がアントパールの23。三木オーナーで友道厩舎といえばジャスティンミラノと同じで、狙いはもちろん日本ダービー。

　同ラインからニューアンドインプルーヴドの23、ブレーヴアンナの23、ラシグネアの23も見逃せない。どの馬も良血＆上位厩舎で賞金予測のデータと合致。

　三嶋牧場生産馬で不気味なのがピンクサンズの23。母を落札時はInto Mischief受胎済みだったが、次につけたのがGun Runner。意図を感じる配合でダークホース候補。

　サウジCやUAEダービーを目指す上で大注目は矢作厩舎。中でも注目がマドラスチェックの23。

　オーナーの今福洋介氏は追分ファームとの関係が深く、初年度からリアライズカミオンを落札しており注目のライン。目指すはもちろん海外。

　他、今福オーナー×追分ファームからリアライズタキオン(母タイムハンドラー)も見逃せない。

　ノーザン×ダート系種牡馬から、まずはティールグリーンの23。ダート適性高いとコメントにあるキャロット募集馬で、すでに高野厩舎に入厩済み。早期デビューは間違いない。

　イヴニングコールの23は馬格もあり、こちらも早期デビューを視野。

　ラストはレッドファンタジアの23。POGでもお馴染みの血統で、何を隠そう私も一口出資済み。ダービー馬と思って出資しているため、データ抜きで指名せざるを得ない。

179

POG直球勝負 2025-2026

血統評論家・シンヤカズヒロが贈る ウマ娘で選ぶPOG 2025

シンヤカズヒロ●1986年、山梨県生まれ。中央大学商学部卒。編集者、ライター。競馬を中心に医学・健康、心理学、評論と扱うジャンルは多岐にわたる。血統、特に牝系の知識は他の追随を許さない。血統知識を生かした予想にも定評がある。アニメ、映画への造詣も深く、まさに今回のテーマにうってつけの存在。

文／シンヤカズヒロ
（推しウマ娘はナリタタイシン）

2023年生まれの"ウマ娘血統"馬たち

「競馬を好きになったきっかけは？」

これは競馬話で盛り上がったときに聞かれる定番フレーズだろう。かくいう私はアルバイト仲間に誘われて競馬場に行ったことがすべての始まりで、元々のオタク気質と相まって血統の世界にのめり込み、気づけばこうしてPOGの原稿仕事をしているわけである。

例えば、今では「ウマ娘をきっかけに競馬に興味を持ちました！」という人も少なくない。なかには好きが高じて競馬新聞の記者になったり、生産牧場や育成牧場の門を叩いたり、実況アナウンサーを目指したりする人もいるほどだ。

そう考えると、ウマ娘をきっかけに競馬にハマり、その流れでPOGにも興味を持った人がいるに違いない。いや、間違いなくいるはずだ——ということで、今回は「ウマ娘からPOGに興味を持ったファンに贈る"ウマ娘血統"馬」がテーマとなる。

ウマ娘血統❶ オグリキャップに所縁ある血統馬

メディアミックスコンテンツとして躍進を続けるウマ娘だが、ちょうど本書が発売される頃には、アニメ『ウマ娘 シンデレラグレイ』の第1クールが放送されていることだろう。

主人公は競馬ファン以外にも広く知られ、平成競馬ブームの火付け役となった芦毛の怪物オグリキャップ。現役の引退から30年以上の時を経てアニメ化されることにも、今もなお色褪せない人気の高さがうかがい知れる。

同じダンシングキャップ産駒の成績を鑑みれば、当時から「突然変異」と言われるほどに産駒傾向を逸する良績を残したオグリキャップだが、種牡馬としては最後までJRA重賞勝ち馬を出すことはできなかった。なお、

ウマ娘で選ぶ2025POG

ロマンシエールの2023　血統表

シュヴァルグラン 栗　2012	ハーツクライ	サンデーサイレンス	Halo	
			Wishing Well	
		アイリッシュダンス	トニービン	
			ビューパーダンス	
	ハルーワスウィート	Machiavellian	Mr. Prospector	
			Coup de Folie	
		ハルーワソング	Nureyev	
			Morn of Song	
ロマンシエール 鹿　2005	アグネスデジタル	Crafty Prospector	Mr. Prospector	
			Real Crafty Lady	
		Chancey Squaw	Chief's Crown	
			Alliance	
	オグリローマン	ブレイヴェストローマン	Never Bend	
			Roman Song	
		ホワイトナルビー	シルバーシャーク	
			ネヴァーナルビー	

ウマ娘ファンにも馴染み深いシュヴァルグランとアグネスデジタルのタッグ

　1991年から種付けを開始した同期の種牡馬には、のちに日本の競馬史を大きく変えるサンデーサイレンスがいたことも忘れてはいけない。

　そういった背景もあって後継種牡馬はノーザンキャップに限られるのだが、同種牡馬は血統登録された唯一の産駒であるクレイドルサイアーがサイアーラインを繋ぎ、その仔にあたるフォルキャップが2025年から種牡馬入りする運びとなっている。

　残念ながら2025－2026年のPOGシーズンでは直系産駒に該当する馬がいないものの、フォルキャップの今後の動向次第では、数年後にオグリキャップ直系の玄孫が走る姿を見ることができそうだ。

　ちなみに、こういった競走馬の統計データを探るには、ジャパン・スタッドブック・インターナショナル（JAIRS）が管理する『血統書サービス』が有用で、種牡馬の種付け情報はもちろんのこと、繁殖牝馬の受胎記録、細かいところでは輸出入記録や馬名由来など

も登録された血統書に基づいて無料で調べることができる。

　さきほど「2025－2026年のPOGシーズンにオグリキャップの直系産駒はいない」としたが、オグリキャップの"きょうだい"の直系、すなわち母ホワイトナルビーを牝祖とする同牝系（補足：ここでの牝系はおもにファミリーラインのことを指す）であれば、現2歳世代でも血統登録を済ませている馬が何頭かおり、すでに馬名まで決まっているケースも散見される。

2021年BCディスタフを
制したマルシュロレーヌ

カラフルロマンスの2023 　血統表

イスラボニータ 黒鹿　2011	フジキセキ	サンデーサイレンス	Halo
			Wishing Well
		ミルレーサー	Le Fabuleux
			Marston's Mill
	イスラコジーン	Cozzene	Caro
			Ride the Trails
		Isla Mujeres	Crafty Prospector
			Lido Isle
カラフルロマンス 栗　2015	タイキシャトル	Devil's Bag	Halo
			Ballade
		ウェルシュマフィン	Caerleon
			Muffitys
	クィーンロマンス	ティンバーカントリー	Woodman
			Fall Aspen
		オグリロマンス	ノーザンテースト
			オグリローマン

オグリキャップの故郷・稲葉牧場が配合や生産をプロデュース

ロマンシエールの2023
父 シュヴァルグラン
馬名 オパールテソーロ

そんなオグリキャップと同牝系の2歳馬で真っ先に注目したいのが、父シュヴァルグラン、母の父アグネスデジタルとウマ娘ファンも親しみやすい配合のオパールテソーロだ。

笠松競馬場でデビューした2代母オグリローマンは、地方通算7戦6勝（2着1回）、中央に移籍すると武豊騎手を背に桜花賞を勝ち、半兄オグリキャップが果たせなかったクラシック制覇の宿願を達成している。

オパールテソーロは、半兄ステイパーシスト（父ステイゴールド）が4勝、半姉ローズテソーロ（父ハーツクライ）が3勝、とJRAで3勝以上の活躍を見せており、後者においてはハーツクライ産駒であることからサイアーラインにも共通点を見出しやすい。

カラフルロマンスの2023
父 イスラボニータ
馬名 ミライヘノヒーロー

カラフルロマンス〜クィーンロマンス〜オグリロマンス〜オグリローマン〜ホワイトナルビーと遡る牝系で、生産はオグリキャップやオグリローマンと同じ稲葉牧場。半兄ホークマン（父ホークビル）は、川崎競馬場のスパーキングデビューで2着ののち、ホタル特別、シャイニングスター賞と同競馬場の2歳戦を連勝する仕上がりの早さがあった。

ミライヘノヒーローも、すでに北海道の松本隆宏厩舎に所属していることから早期デビューを視野に入れることができそうで、軌道に乗れば札幌競馬場や函館競馬場で行われる中央競馬指定交流競走の算段も立てられるだろう。

また、ミライヘノヒーローの叔母グラインドアウトが、2024年関東オークスで8番人気3着、単勝オッズ158.5倍と下馬評が低いなかで健闘していたことも気に留めておきたい。

ウマ娘で選ぶ2025POG

シュンプウサイライの2023　血統表

オルフェーヴル 栗　2008	ステイゴールド	サンデーサイレンス	Halo
			Wishing Well
		ゴールデンサッシュ	ディクタス
			ダイナサッシュ
	オリエンタルアート	メジロマックイーン	メジロティターン
			メジロオーロラ
		エレクトロアート	ノーザンテースト
			グランマスティーヴンス
シュンプウサイライ 鹿　2008	フレンチデピュティ	Deputy Minister	Vice Regent
			Mint Copy
		Mitterand	Hold Your Peace
			Laredo Lass
	オグリローマン	ブレイヴェストローマン	Never Bend
			Roman Song
		ホワイトナルビー	シルバーシャーク
			ネヴァーナルビー

アメリカでGI制覇の偉業を成したマルシュロレーヌの再来を予感

シュンプウサイライの2023　牝

- 父　オルフェーヴル
- 馬名　オールドマイディア

　ユニオンオーナーズクラブの募集馬で、2代母がオグリローマン。生産は前述したミライヘノヒーローと同様に稲葉牧場となる。

　オールドマイディアの「父オルフェーヴル×母の父フレンチデピュティ」という配合は、2021年BCディスタフ制覇の快挙を遂げたマルシュロレーヌを想起させるが、じつはオグリキャップとマルシュロレーヌは遠縁にあたる血縁関係にあり、どちらも1953年天皇賞（秋）の勝ち馬クインナルビーを牝祖とする一族だ。

　マルシュロレーヌは2代母が1997年桜花賞を制したキョウエイマーチでもあり、近親のナミュールやラヴェルも昨今のクラシック戦線を賑わせていたことを考えると、オグリローマン直系に属するオールドマイディアも期する想いは桜花賞制覇だろう。

血統❷　タマモクロスに所縁ある血統馬

　アニメ『ウマ娘 シンデレラグレイ』が分割2クールとなると、第2クールは"白い稲妻篇"でクライマックスを迎えることになりそうで、ストーリーを勘案すると放送も2025年秋クールが濃厚だろう。

　シリーズ名にある白い稲妻とは、父シービークロスから異名を継いだタマモクロスのことであり、漫画内でもオグリキャップの宿敵として、天皇賞（秋）、ジャパンカップ、有馬記念での死闘や高め合う姿が描かれている。

　タマモクロスは種牡馬として10頭のJRA重賞勝ち馬を出し、そのうちの1頭にあたるウインジェネラーレが後継種牡馬にもなった。しかし、タマモクロスは最後までGIウ

183

ブルジュオンの2023 　血統表

ダノンスマッシュ 鹿 2015	ロードカナロア	キングカメハメハ	Kingmambo
			マンファス
		レディブラッサム	Storm Cat
			サラトガデュー
	スピニングワイルドキャット	ハードスパン	Danzig
			Turkish Tryst
		Hollywood Wildcat	Kris S.
			Miss Wildcatter
ブルジュオン 黒鹿 2010	ダイワメジャー	サンデーサイレンス	Halo
			Wishing Well
		スカーレットブーケ	ノーザンテースト
			スカーレットインク
	ラティール	タマモクロス	シービークロス
			グリーンシャトー
		ソルティーレディー	ニホンピロウイナー
			ダイナバーディ

ラティール系の出世頭を彷彿とさせる魅力的なアウトライン

ィナーを送り出すことができず、ウインジェネラーレも初年度に3頭の種付けを行ったのみで用途変更となったために、そのサイアーラインは途絶えてしまっている。

一方で、母の父としてはヤマニンアラバスタ、マルモセーラ、ヒットザターゲットなどを出しており、現代でも血統表内にタマモクロスの血を引く馬の活躍は多い。2022年に高松宮記念を制したナランフレグは、直系でこそないもののタマモクロスの血脈を内包する初めてのGIウィナーであり、2024年からは種牡馬としてその血を紡ぐこととなった。

ブルジュオンの2023 　牝
父 ダノンスマッシュ
馬名 ラフロレゾン

2代母ラティールがタマモクロスの直仔で、同馬は1998年にフリージア賞を勝ち、優駿牝馬（オークス）でも4着に入線した実績を持つ。ラティールは繁殖牝馬としても優秀な成績を残しており、JRAで出走した産駒9頭のうち6頭が勝ちあがり、そのうち5頭が3勝以上を記録。ラフロレゾンの母ブルジュオンも芝1200〜1400mで3勝を挙げている。

2013年京都大賞典などJRA重賞を4勝し、一族の出世頭となった伯父ヒットザターゲット（父キングカメハメハ）に倣えば、キングカメハメハ直系の新種牡馬ダノンスマッシュとの配合にもいいイメージを描きやすい。

タマモクロスの血を持つナランフレグ

ウマ娘で選ぶ2025POG

ヤマニンアドーレの2023　血統表

ディーマジェスティ 鹿　2013	ディープインパクト	サンデーサイレンス	Halo
			Wishing Well
		ウインドインハーヘア	Alzao
			Burghclere
	エルメスティアラ	ブライアンズタイム	Roberto
			Kelley's Day
		シンコウエルメス	Sadler's Wells
			Doff the Derby
ヤマニンアドーレ 芦　2010	ダイワメジャー	サンデーサイレンス	Halo
			Wishing Well
		スカーレットブーケ	ノーザンテースト
			スカーレットインク
	ヤマニンアラバスタ	ゴールデンフェザント	Caro
			Perfect Pigeon
		ヤマニンリコール	タマモクロス
			ヤマニンカゲロウ

中山巧者の一族が送り出す"皐月賞血統"にタマモクロスが暗躍

ヤマニンアドーレの2023　牡
- **父** ディーマジェスティ
- **馬名** ヤマニンリンキング

　血統表の3代以内にはタマモクロスの名前を見つけることができないが、3代母ヤマニンリコールが同種牡馬の産駒となる。実績面では2代母ヤマニンアラバスタが際立ち、2004年優駿牝馬（オークス）で3着に好走するほか、古馬になってからも2005年に新潟記念と府中牝馬ステークスを制する成長力を見せた。

　また、中山巧者の多い一族でもあり、ヤマニンデンファレ、ヤマニンパニータ、ヤマニンアドホックの姉兄3頭が挙げた6勝のうち5勝も同競馬場となる。本馬は父がディーマジェスティ、母の父がダイワメジャーと皐月賞の勝ち馬を掛け合わせた配合とあれば、尚のこと中山競馬場での走りに注目すべきだろう。

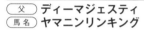

血統❸ スペシャルウィークに所縁ある血統馬

　最後に、アニメ『ウマ娘 プリティーダービー』シリーズからも、各シーズンの主人公たちを中心に所縁ある血統馬を紹介したい。

　まずは第1期の主人公であるスペシャルウィーク。小岩井農場の基礎輸入牝馬の1頭であるフロリースカップから綿々と紡がれている牝系で、同系統からはミナミホマレ、マツミドリ、コダマ、カツラノハイセイコ、メイショウサムソン、ウオッカ、そしてスペシャルウィークとじつに7頭ものダービー馬が誕生している。なお、スペシャルウィークは名うてのフィリーサイアーであり、シーザリオ、ブエナビスタと歴史的な名牝を出し、前者においてはエピファネイア、リオンディーズ、サートゥルナーリアの母としても偉大な功績を残した。

セイウンヒロインの2023 血統表

リーチザクラウン 青鹿　2006	スペシャルウィーク	サンデーサイレンス	Halo
			Wishing Well
		キャンペンガール	マルゼンスキー
			レディーシラオキ
	クラウンピース	Seattle Slew	Bold Reasoning
			My Charmer
		クラシッククラウン	Mr. Prospector
			Six Crowns
セイウンヒロイン 黒鹿　2017	スクリーンヒーロー	グラスワンダー	Silver Hawk
			Ameriflora
		ランニングヒロイン	サンデーサイレンス
			ダイナアクトレス
	メジロバーミューズ	アサティス	Topsider
			Secret Asset
		メジロエバート	モガミ
			メジロエニフ

有馬記念でハナ差の死闘を演じたスペシャルウィークとグラスワンダーが邂逅

リーチザクラウンの代表産駒クラウンプライド

セイウンヒロインの2023　牡
父 リーチザクラウン
馬名 ニシノセイドウ

　父リーチザクラウンはスペシャルウィークの直仔で、2009年のきさらぎ賞を勝ち、東京優駿（日本ダービー）でも2着に好走した実績を持つ。なお、その父のデビュー戦は、アンライバルド、ブエナビスタ、スリーロールス、とのちのクラシックホースが一堂に会したため、競馬ファンのあいだでは"伝説の新馬戦"として今も語り継がれている。

　ニシノセイドウの血統構成で注目に値するのは、スペシャルウィークとグラスワンダーが邂逅することだろう。同世代の好敵手として多くのファンを魅了した2頭が、こうして血統表内で名を連ねることには感慨深いものがある。また、遡ればメジロライアンなどが出たシェリルに遡る牝系でもあり、サイアーラインからもファミリーラインからも東京優駿（日本ダービー）を中心にクラシック戦線での活躍を期待したくなる血統馬だ。

　トウカイテイオーは、アニメ『ウマ娘 プリティーダービー Season 2』の主人公であり、ウマ娘の作品のなかでは同アニメシリーズ第3期の主人公キタサンブラックの憧れとしても描かれている。

ウマ娘血統❹ トウカイテイオーに所縁ある血統馬

ウマ娘で選ぶ2025POG

ママテイオーノユメの2023 血統表

クワイトファイン 鹿　2010	トウカイテイオー	シンボリルドルフ	パーソロン	
			スイートルナ	
		トウカイナチュラル	ナイスダンサー	
			トウカイミドリ	
	オーロラテルコ	ミスターシービー	トウショウボーイ	
			シービークイン	
		オーロラシロー	シンザン	
			ヤノセイラン	
ママテイオーノユメ 黒鹿　2018	ヴァンセンヌ	ディープインパクト	サンデーサイレンス	
			ウインドインハーヘア	
		フラワーパーク	ニホンピロウイナー	
			ノーザンフラワー	
	マンノヴィクトリア	トウカイテイオー	シンボリルドルフ	
			トウカイナチュラル	
		マリエンマ	Nureyev	
			Mariella	

じつに4頭もの三冠馬が共存する唯一無二のスケール感

　同馬は世界的にも希少なバイアリータ―ク（スマートフォンアプリ『ウマ娘 プリティーダービー』では三女神として登場）の直系で、かつて同系統はサラブレッド三大始祖のなかで最も勢いがあったものの、今ではそのシェア率が1％未満と絶滅の危機に瀕している。

　日本でもバイアリータ―ク系の血を残そうとする働きかけがあり、トウカイテイオーもまた「クワイトファインプロジェクト」というクラウドファンディングによって、そのサイアーラインが紡がれることになった。

ママテイオーノユメの2023
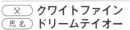

　2022年にクワイトファインが種付けした、バトルクウ、ガレットデロワ、イットーイチバン、ママテイオーノユメの4頭は、いずれも無事に出産し、それぞれ産駒の血統登録が行われている。

　ドリームテイオーは、トウカイテイオー2×3のインブリードが目を引く配合であり、シンボリルドルフ、ミスターシービー、ディープインパクトと血統表の3代目に三冠馬が並ぶ姿も圧巻のひと言。なお、クワイトファインの2代母の父シンザンも三冠馬である。

　これまで牝馬しか誕生していなかったので、クワイトファインにとっては待望の牡馬でもあり、サイアーラインを繋ぐという意味では先々まで動向が注視される存在だろう。

　ウマ娘から競馬に興味を持ったファンは、馬券よりも血統のロマンに惹かれると聞く。推しは推せるときに推せ――競走馬ももちろんそのとおりなのだが、こうして血統表のなかに推しが生き続けることもまた競馬の魅力なので、POGを楽しみながら末永く愛せる馬が見つかることをいち競馬ファンとしても願いたい。

POG 直球勝負 2025-2026

フォーエバーヤング、シンエンペラー、ボンドガールなど、
国内外で大活躍をみせている藤田晋オーナーの所有馬（通称"F馬"）。
今年の2歳勢も、凄いメンバーが揃っているようですよ。

今年も"F馬"が凄い!!

きら星のごとく並んだ未来のスター候補たち

サウジカップをフォーエバーヤング、ネオムターフCをシンエンペラーで制し、サウジダービーをシンフォーエバーで2着。サウジカップデーでの"F馬"の大暴れは記憶に新しいところですが、2歳世代にも素晴らしい馬が揃っています。

山本昌さんによるノーザンファーム早来さんでの取材に登場したのはトラコとスーホ。どちらも可愛らしい名前ですが、お母さんがシーズアタイガー、マーブルケーキという良血です。ちなみに、スーホとは小学校の教科書にも掲載されている物語「スーホのしろいうま」に出てくる白馬のこと。その由来通り、スーホは美しい白毛なので、ぜひ、その姿を確かめてみてください（写真は65ページに掲載）。

ノーザンファーム空港さんでは、サンダーバードが登場。こちらはエピファネイア×サロニカという血統で、実は山本昌さんが現3歳世代で出資しているサラコスティの全妹にあたります。

山本昌さんは

フォーエバーヤングの1歳上の半姉ピヌスアモリスに出資しており、一年前の『POG直球勝負』での対談の合間に「サラコスティの下が大活躍という未来がありそう」とポロッとこぼしていた因縁の（？）馬でもあります。

イナズマダイモンの父は新種牡馬クリソベリル。半姉のパリライツは20年の米G1・CCAオークスを制しており、1つ上の半姉アメリカンビキニも既にダートで2勝しているバリバリのダート血統で、来年の2月3月には、またまた中東の地で歓喜の瞬間！なんてことも夢物語ではありません。

高打率を誇る外国産馬勢も見逃せません。どの馬も注目ですが、アウェイキングの半妹で、シンエンペラーと同じアルカナセール出身、矢作調教師とのタッグとなるWaldjagd23は、世界での活躍を夢見たくなる存在です。

2021年8月の初出走から、僅か3年半。瞬く間に競馬界を席巻した"F馬"たちが、2025年の競馬も盛り上げてくれるでしょう。当然、POGファンにとっても見逃せない存在です。

今年も"F馬"が凄い!!

2023年産"F馬"リスト

馬名	父名	母名	性別	厩舎
イエッサー	エピファネイア	イーヴンソー	牡	(栗)武幸
ピカキウイ	エピファネイア	ゴーマギーゴー	牝	(栗)杉山晴
サンダーバード	エピファネイア	サロニカ	牝	(栗)武幸
ペイジャー	エピファネイア	ピクシーホロウ	牡	(栗)福永
カモンメーン	エピファネイア	ホームカミングクイーン	牡	(栗)杉山晴
チルチャンプ	キタサンブラック	ダンダラ	牝	(美)手塚久
イナズマダイモン	クリソベリル	パリスビキニ	牡	(美)宮田
ドンテスタマスター	コントレイル	インディアナギャル	牡	(栗)杉山晴
トラコ	コントレイル	シーズアタイガー	牝	(栗)中内田
イノーマル	コントレイル	ステラエージェント	牡	(美)高柳瑞
カットソロ	コントレイル	スルターナ	牡	(栗)矢作
トゥインクルピカ	サートゥルナーリア	アイムユアーズ	牝	(栗)四位
アイスフォーク	サートゥルナーリア	フォーエバーモア	牡	(栗)武幸
ウルフマン	フィエールマン	シンハディーパ	牡	(美)手塚久
バンデラス	ポエティックフレア	ウエスタンマンデラ	牡	(美)上原佑
スーホ	モーリス	マーブルケーキ	牡	(美)上原佑
	Curlin	Daddy is a Legend	牡	(栗)中内田
	Frankel	Waldjagd	牝	(栗)矢作
	Good Magic	Nefferkitty	牡	(栗)森秀
	Into Mischief	Cariba	牡	(栗)中内田
	Into Mischief	Point of Honor	牡	(栗)中内田
	More Than Ready	Autumnal	牡	(栗)森秀
	St Mark's Basilica	Lovemedo	牡	(栗)矢作
	Upstart	Sister Marette	牡	(栗)森秀

藤田晋オーナーと山本昌さんとのスペシャル対談はこちらでご覧いただけます!!

昨年版の『POG直球勝負』では、藤田晋オーナーと山本昌さんが"オーナーライフ"について語り合っています。答え合わせのできる今読むと、より一層、楽しめますよ。ぜひ、ご一読ください。

POG直球勝負 2024-2025
※電子版のみ

今年の"直球"は
コントレイルのエース探し

――今日は各地を取材したメンバーに集まっていただき、『直球勝負』編集部としての指名候補リストを完成させたいと思います。取材の裏話であったり、本編に収録し切れなかったネタもこちらの会議で披露していただければと。

早速ですが、今年のテーマの一つ「コントレイルのエース探し」について。大山ヒルズを取材したK3さん、報告をお願いします。

K 取材をしていて思ったのは、明らかにキズナの初年度よりも手応えがありそうってことだよ。その要因の一つが気性面で、キズナはやんちゃで気持ちの強さが産駒にどう影響するか未知数なところがあったけど、コントレイルは大人しいからその心配がないと。そして、仕上がりが早く、色々なタイプが出るみたい。これは、田端さんのページや、亀谷さん、双馬さんのページの「Unbridled's Songの仕上がりの早さ」「母方の血統によって違いが出る」という話にも通じるよね。

――確かにノーザンファームでは、筋肉質なタイプとスラッとしたタイプがいるという話を聞きました。

昌 父らしいタイプということなら**ロクセラーナ23**（牡）で、秋の大物というイメージ。私が募集時期にすごく注目していた**カラライナ23**（牡）も素晴らしい馬だけど、じっくり秋デビューを目指すようなので、POG向きかは微妙かもしれないね。

菊 日高で僕が見聞きできたのは10頭前後ですが、それほど早くはなさそうだという点は共通しています。黒い馬ばかりで顔がコントレイルに似ていると感じたことも多かったような。個人的には450～470キロくらいでデビューできそうな軽めの馬がイイと思っていて、三嶋牧場の**ユーヴェットシー23**（牡）と、ケシハタさん担当のシュウジデイFでダントツ推しだったという**レディオブキャメロット23**（牝）じゃないかなと思っています。

K （大山ヒルズの撮影馬）30頭中15頭がコントレイル産駒だったというのも自信の表れだよね。その気迫に押されて、ページではコントレイル中心でリーディングサイアーであるキズナの産駒をリストに回してしまった（汗）。でも、それでいいと思ってる。僕は齋藤ディレクターが「セレクトセールまでに3頭ぐらい勝ち上がらせたいな」とつぶやいた

▲魔球パスワード1文字目 W

> **POG直球勝負 スカウト会議**

> 「ダノンキングリーに種付け料が大幅に上がる前の
> シルバーステートと似た空気を感じます」（菊池）

のを聞き逃さなかったから。

――それはアツい。しっかり移動情報、デビュー情報は収集しておきたいですね。

敏腕スカウトが語る 取材こぼれ話

――続いて、日高地区担当の菊池さんに伺います。日高の取材を振り返っていただけますか？

菊 BRFは今年初年度のベンバトルが多いんですけども、真歌の九鬼さんが「よく言えば扱いやすく、悪く言えば闘争心がどうなのか」と仰っていて。…たぶん後半が本心だと思うんですよ。だから、当たりはカリカリしやすい牝馬にいるんじゃないかと。明和の**ルシェルドール23**（牝）、ノルマンディーFの**メーヴェ23**（牝）。どちらも重賞勝ち馬の妹ですがベンバトルはこの2頭がOP馬候補です！

――これは千歳界隈だけを回っているとなかなか聞けない貴重な情報ですね。

菊 あとはね、ダノンスマッシュ・ダノンプレミアム・ダノンキングリーのダノックス三銃士が初年度ですが、先の2頭と比べると産駒数が半分くらいなのにダノンキングリーの好評価ばかりを多方面で聞きました。種付け料が大幅に上がる前のシルバーステートと似た空気を感じます。じゃあどれだ？って言われるとコメント抜群な馬には出会っていないから即答できないんだけど、読者の方には気に留めて探して頂きたいですね。ダノンスマッシュも良かったです。速攻系なら下河辺牧場の**ジャルディナージュ23**（牝）とか。

――昌さんには本編に収録し切れなかったこぼれ話を伺いたいです。

昌 取材前日に、何人か厩舎長の方とお話しする機会があったんですよ。そこで印象に残っているのは、NF早来・山根厩舎長の「明日見ていただく2頭は本当に自信があります」、佐々木厩舎長の「高見厩舎長のところはいい馬ばかりなので、厩舎を隅から隅まで見ていってください（笑）」というコメント。

――自分のところではなく、他の厩舎の話だ

魔球パスワード2文字目 **C**

参加メンバー		
編集K3		本州担当
菊池グリグリ		日高地区担当
下M	(司会進行)	ノーザンF合同取材担当
山本昌	(スカウト部長)	社台グループ担当

※ケシハタは原稿に追われ無念の欠席

からこそ、信憑性がありますね。ましてや、昌さんと懇意にされている佐々木厩舎長ですからね。

昌 取材時間の都合上、実際に隅から隅まで見ることはできないので、高見さんには聞いておきましたよ。名前が挙がったのは**シュガーショック23**（父オルフェーヴル・牡）、**デイトライン23**（父リアルスティール・牡）、**ヴィアフィレンツェ23**（父キズナ・牡）、**ヘアケイリー23**（父ナダル・牡）など。この馬たちは覚えておいてください。

――上位指名候補が軒並み取られてしまった際、頼りになりそうな存在ですね。高見さんのところ以外ではいかがですか？

昌 佐々木さんのところは**イヴ23**（父キセキ・牡）がパワフルに動いている「穴ビンビン」。ビンビン2号は**ライジングクロス23**（父キタサンブラック・牡）なんだけど、それだと普通ですよねということで名前を挙げてくれたのは**バラーディスト23**（父サートゥルナーリア・牡）。この馬は取材時にはハロン15秒ぐらいの調教ながら、筋肉の質、走りの質が過去の活躍馬に通じるとか。あとは、取材時のプラスαで伺った中で印象に残っているのは、**サラーブ23**（父キタサンブラック・牝）、**チェリーコレクト23**（父キタサンブラック・牝）、**マラコスタムブラダ23**（父キズナ・牡）。

――マラコスタムブラダ23はレシステンシアの半妹ですね。キャロットクラブの募集時には、サイズが小さかったせいか一次で満口にならなかった記憶があります。

昌 その話は厩舎長も言ってました。そこからの成長が著しくて、**シューマ23**が東の横綱なら、こちらが西の横綱だと。

K 本編を読んだ時、「…で、西の横綱は？」と思ってたんだよね。答え合わせができて良かった（笑）。

昌 サラーブ23は重永厩舎長が「背中の雰囲気がただものではない。将来性はかなり」、チェリーコレクト23は岡厩舎長が「柔らかみがあってかなりいい」とともに絶賛。岡厩舎長のことは昔から取材しているけど、コメントを盛るタイプじゃないので、かなり期待できると思う。それともう一点、走るであろうポイントがあって…。

K ポイントがあって…？

昌 お兄さんのクロンターフに出資していました。既に（クロンターフの）弟であるサトノグランツが重賞を勝っているけれど、フォエヴァーダーリングにしてもフォーエバーヤングとブラウンラチェットが重賞を勝ち、ミスエーニョも（出資していたミディオーサの）妹であるミアネーロとショウナンザナドゥが重賞勝ち。複数頭の重賞勝ち馬が出るというのがトレンドですから。

――自虐が過ぎると思いますが、走りそうな気がしました。あと私も小ネタを一つ。『直球勝負』にちなんで、柳田悠岐オーナーの**セットプレイ23**（父オルフェーヴル・牝）について厩舎長にお話を伺ったところ、「（豪快な）オーナーとはタイプが違って、堅実に打率を稼ぐタイプかな」とのことでした（笑）。

1位指名候補は豪華な顔ぶれがズラリ

――ではそろそろ、具体的なリストアップ作業に入りましょう。まずはノーザンファームの合同取材を担当した私から。詳細はスカウティングレポートをご覧いただきたいのですが、1位入札候補として**リリーノーブル23**（父キズナ・牡）を推挙したいと思います。

昌 この馬は、取材時にも木村厩舎長から名前が挙がっていたね。厩舎長が「目玉の親父

POG直球勝負 スカウト会議

SCOUTING REPORT
スカウティングレポート

by 菊池グリグリ
担当:日高地区

ジェニサ23

下河辺牧場さんはドルチェモア・シンリョクからが出た20年生まれを松坂世代とするなら今年がマーくん世代。中でもジェニサ23は進みも早くてピカピカ。OP馬2頭輩出の母の仔の中でも最高傑作！谷口主任「兄姉は気性で苦労したが初めて思い通りに進められた！」

馬名	父	母	性	厩舎
馬名未決定	エピファネイア	ジェニサ	牡	(栗)杉山晴
ジャスティンレビン	キズナ	ニューアンドインプルーヴド	牡	(栗)吉岡
タイセイフレッサ	キズナ	キャシーズソング	牝	(美)斎藤誠
ウインキングリー	ゴールドシップ	イクスキューズ	牡	(栗)長谷川
シェーロドラート	ベンバトル	ルシェルドール	牝	(美)加藤士
ココロヅヨサ	コントレイル	ユーヴェットシー	牡	(栗)田中克
マイネルホウセン	ゴールドシップ	レオンドーロ	牡	(栗)清水久
馬名未決定	コントレイル	レディオブキャメロット	牝	(栗)矢作
ウインベルチェーロ	エピファネイア	コスモチェーロ	牝	(美)手塚久
シーガルワールド	ベンバトル	メーヴェ	牝	(美)栗田

　コケるはずがないと思っているコントレイルは見せてもらったのが黒鹿毛・青鹿毛ばっか。調べたら4月1日時点で競走馬登録されている35頭の内訳は鹿毛6頭、芦毛1頭、黒鹿毛12頭、青鹿毛14頭、青毛2頭。黒くて軽めの馬（撮影時480以下）を選ぶのが良いんじゃないかとヤマを張って振り抜きます。牡馬は三嶋牧場さんのユーヴェットシー23。イトヒサとセツナサもいるならココロヅヨサが主砲でしょう！　牝馬はケシハタさん担当のシュウジデイFさんで激推しのレディオブキャメロット23。同じくケシハタさん担当だと、ヤシ・レーシングランチさんのニューアンドインプルーヴド23も大駒要員らしいコメント！　西谷監督（大阪桐蔭）も見逃さないでしょう。

　ベンバトルの当たりは気性キツめの母を持つ牝馬だと思います。ルシェルドール23は半姉も一目で良いと思ったのですが、この馬はどっしりとした構えで更に◎！　待望の3番仔メーヴェ23もハズさないでしょう。キャシーズソング23は牡馬の活躍馬が多いタイセイ軍団のチアリーダー候補です。

　真歌TP九鬼さんはメリハリ型の口調が特徴で、レオンドーロ23のコメントが150km/h！

　コスモVFからは、義広社長の采配に賭けてみたくなるイクスキューズ23と、ドラマ性が熱闘甲子園映えしそうなコスモチェーロ23。スタメンはこの10頭でいざ開幕！

がいます」と言っていて、何のことかと思いきや、「厩舎の目玉」という意味でした(笑)。

菊 お兄さんのデンクマールもかなり能力は高そうですよね。

――宮本さんに「なぜ、(昌さんの取材馬に)この馬を選ばなかったのですか?」と尋ねたところ、「リリーノーブル23も素晴らしいですが、**パシオンルージュ23**も素晴らしいので」との回答でした。実は、サンデーの募集馬ツアーの時に宮本さんにオススメを尋ねたら、その時はリリーノーブル23を奨められたんですけどね(笑)。3月末時点で既に美浦トレセンに入厩済みなのも推し材料です。

昌 トレセン入厩済みなら**シークレットスパイス23**(父キズナ・牝)もそうだよ。これこそ正真正銘の宮本さんのイチオシで、前出の通り、山根厩舎長から「自信あり」のコメントもあったので、牝馬だけどこれを勝負球に持ってくる手はあると思う。もう一頭の**スカイダイヤモンズ23**(父サートゥルナーリア・牝)も捨てがたいけどね。

――ここまでは早来の話題だったので空港についてもお願いします。

昌 **グランアレグリア23**(父エピファネイア・牡)であったり、**チェッキーノ23**(父エピファネイア・牡)といった超高額馬は争奪戦になると思うので、個人馬主さんの高額馬に目を向ける作戦が面白いんじゃない? **ラルケット23**(父リオンディーズ・牡)や**ミカリーニョ23**(父ハービンジャー・牡)は、ドラフト1位を使ってまで取りにくる人は多くないかもしれないけれど、潜在能力は十分にドラ1級だと睨んでいます。ラルケット23の佐々木厩舎長はシャフリヤールでダービーを獲ったので、次は高見厩舎長にダービーを獲って欲しいなぁという気持ちもあります。

――高見厩舎長のダービー制覇はシュガーショック23かもしれませんよ。それからセレクトセール高額馬という点では**モアナ23**(父コントレイル・牡)も見逃せません。NF空港の田中厩舎長が「成長を待ちつつ進めているけれど、6月移動予定とは思えないほど動けています。バネと芯が両方あって、バランスのいい走り。利口で操作性もいい!」と賛辞が並びました。私はコントレイルのエースにこの馬を推したいと思います。

――日高のエースについて菊池さん、よろしくお願いします。

菊 下河辺牧場の**ジェニサ23**(父エピファネイア・牡)です。ほぼ毎年出てくる繁殖の産駒なんですがOP馬になった兄・姉より見るからに進みも早くて、よほど自信がおありなのか谷口主任が取材後に「どれが良かったですか?」って尋ねてくれました。「兄姉は気性に苦労させられたけど、初めて思い通りにやれたのが嬉しくて。私情も入っちゃってるんですけど…」とのことでしたが、意訳すると「控えめに言ってめちゃくちゃイイ」ということだと思います! あとはケシハタさん担当のヤシ・レーシングランチより**ニューアンドインプルーヴド23**(父キズナ・牡)。今年のスローガン「3割はみ出る前進気勢」がまさにこの馬だそうです。牝馬はコスモVFから、ドラマ性もある**コスモチェーロ23**(父エピ

「牝馬だけどシークレットスパイス23を
勝負球に持ってくる手はあると思う」(山本昌)

SCOUTING REPORT
スカウティングレポート

by 下M
担当:ノーザンF合同取材

リリーノーブル23

入場時よりNF早来・木村厩舎長の評価が非常に高く、山内調教主任ほか、携わる人もまた「すごくいい」と口を揃える逸材。トビが大きく、距離の融通も利きそうです。6月を目指す仕上がりの早さがありながら、緩さもあるので伸びしろも十分。ダービー候補!

馬名	父	母	性	厩舎
アウダーシア	キズナ	リリーノーブル	牡	(美)手塚久
馬名未決定	キタサンブラック	キラーグレイシス	牡	(美)堀
ショウナンバンライ	オルフェーヴル	シュガーショック	牡	(栗)松下
サレジオ	エピファネイア	サラキア	牡	(美)田中博
ヒシアムルーズ	サートゥルナーリア	ソーメニーウェイズ	牡	(美)堀
アランカール	エピファネイア	シンハライト	牝	(栗)斉藤崇
馬名未決定	コントレイル	モアナ	牡	(栗)中内田
ドリームコア	キズナ	ノームコア	牝	(美)萩原
イナズマダイモン	クリソベリル	パリスビキニ	牡	(美)宮田
ヴェイラジョヴィス	ハービンジャー	ベルカプリ	牝	(栗)小栗

キラーグレイシス23はNF空港・木村厩舎長が「何とかダービーへ」と意気込む一頭。線の細さがあり、じっくり進められているものの、過去に手がけたGI馬に通ずる動きで、将来性はかなり高いとのことです。同じく、シュガーショック23も小柄ながら動きの良さが光る馬で、昌さんの取材時には、父も手掛けた高見厩舎長から「凱旋門賞」なんてフレーズも飛び出していました。

サラキア23は「理想の成長曲線を描いた」「パワーとスピードを兼備」とNF早来・桑田厩舎長から賛辞の言葉がズラリ。6月東京も視野に入っており、即戦力候補の1番バッターとして期待。

ソーメニーウェイズ23は期待ほど走れていない血統ですが、だからこそ一本釣りの好機かも。

シンハライト23は潜在能力なら早来牝馬のトップクラス。特大ホームランもあり得ます。

即戦力牝馬としては既に移動済みで6月も視野に入れているノームコア23がオススメ。

モアナ23について「成長を待ちながらですがよく動けます」とはNF空港・田中厩舎長の弁。秋の目玉候補です。

パリスビキニ23は藤田晋オーナー所有のダートの大物。夢は果てしなく広がります。

ベルカプリ23はマークは薄そうですが、トレンドのハービンジャー産駒。NF空港・林厩舎長も洋芝での活躍をイメージされていました。

魔球パスワード6文字目 e

ファネイア・牝）。

K　みなさん、この本は『POG直球勝負』ですよ。コントレイルのエース、そのド直球は**コンヴィクションⅡ23（牡）**じゃないですか。神田さんも5億超えの馬だから言うわけじゃないと前置きしつつ「本当にいい馬です」とおっしゃっていました。コントレイル祭りに乗っかるならこの馬です。

昌　あ、熱弁の後に申し訳ないのだけど（笑）、**スキア23（父エピファネイア・牝）**は上位候補リストに加えておいてください。出資馬ですが、贔屓目無しに素晴らしい身のこなしで、世代トップクラスの牝馬だと思っています。坂路で調教を見学した際、社台ファームの方から「走るか、すごく走るかの二択です」という、最高のコメントをもらいましたから。是非、来春の阪神競馬場で、（吉田）照哉代表と「パワー！」のポーズをやりたいと思っています。

❸ "隠し球"たちの活躍が　チームの未来を左右する

——続いて、ドラフト戦略上、特に重要な"隠し球"候補についても議論していきましょう。

菊　撮影できていない馬、移動済の馬なら、千代田牧場の**ホエールキャプチャ23（エピファネイア・牡）**は、母の仔で過去最速？の2月に移動済。ノルマンディーFの**マックスユーキャン23（父マジェスティックウォリアー・牝）**は岡田壮史さんが「ユーキャンなんで撮影ないの？」って何度も仰っていましたので、自信ありパターンの穴です。あとは初年度産駒のキセキをお探しの方には**トリニティプレイス23（牡）**。テンションが上がっちゃって撮影できなかったんですが「成長はキセキより早め」、「カーラパワーの良さが出ている」馬体も良かったです。

昌　「穴ビン」に続くキセキ産駒だ。

菊　ダート馬をお探しの方には坂東牧場の**キタサンテンビー23（父ミスターメロディ・牡）**。ドンインザムードと同じオーナー＆今野師で、荒木さんは「2勝は堅い、ヒヤシンスS勝っちゃうかも」。吉澤Sの**グレイスフルダンス23**（父デクラレーションオブウォー・牡）は鷲尾さん曰く「動ける重戦車」です。

K　大山の隠し球は即戦力の**ヴェントス23**（父コントレイル・牡）か王道路線の**バイバイベイビー23**（父コントレイル・牡）かで迷ったんだけど、バイバイベイビー23にします。矢作厩舎で、神田さんがエース候補に挙げていて、母父が欧州血統でデインヒルの血も持っているから、この馬を取り上げずに走られたら絶対に後悔すると思ったので。3億超えの馬が隠し球になるかはどうかはわからないけど、早期デビューじゃないぶん少しだけ隠れたんじゃないかな。

菊　あと、書くところがないのでここで言いたいんですけど、日高の撮影がない日に行かせてもらった社台Fの**サザンスターズ23（父エピファネイア・牝）**は、めちゃくちゃ良い馬でしたよ！

昌　それ、スキア23のライバルじゃん！

——私も合同取材からの隠し球候補を2頭挙げます。まずは良血で高額ですが、マークが薄くなるようなら**ソーメニーウェイズ23（父サートゥルナーリア・牡）**をオススメしたいですね。クラシック候補が思い通りに取れなかった時に是非、押さえて欲しいです。あと、大穴で**ベルカプリ23（父ハービンジャー・牝）**。POG的に人気するようなプロフィールではありませんが、馬産地でハービンジャーの再評価が広がっている印象がありますし、札幌2歳Sから"アルマヴェローチェルート"に乗ってくれないかなと密かに期待しています。

SCOUTING REPORT

スカウティングレポート

by 山本昌
担当:ノーザンF・社台F

ミカリーニョ23

高見厩舎長の育成馬がダービーを獲る、それはこの馬だと思います。グランアレグリア23他、この厩舎には素晴らしい馬が揃っていましたが、ナンバーワン候補。「ダービーへ行きたい」というコメント、盛らない高見さんの、最大級の賛辞とみます。

馬名	父	母	性	厩舎
ショウナンガルフ	ハービンジャー	ミカリーニョ	牡	(栗)須貝
馬名未決定	リオンディーズ	ラルケット	牡	(栗)武幸
ロスパルデネス	ドレフォン	アロマティコ	牡	(美)木村
カルダモン	キズナ	シークレットスパイス	牝	(美)黒岩
フィロステファニ	エピファネイア	スキア	牝	(栗)中内田
カレイジャスビート	リアルスティール	ティールグリーン	牡	(栗)高野
チュウワカーネギー	モーリス	デックドアウト	牡	(栗)大久保
フォルナックス	キタサンブラック	フォースタークルック	牝	(栗)奥村豊
アメリカンコール	American Pharoah	イヴニングコール	牡	(栗)武幸
ブレットパス	アルアイン	パッシングスルー	牡	(栗)中内田

　ラルケット23は懇意にしている佐々木さんのイチオシ。朝日杯を狙える即戦力候補です。アロマティコ23はジオグリフの全弟。私は全きょうだいは厳しく見積もるのですが、それでも推したくなるほどいい馬。シークレットスパイス23は宮本さんの推し。無下にはできません（笑）。実際、とても品のある馬でした。
　出資馬のスキア23もこの位置で。社台Fの長浜さんから坂路小屋で「(この馬は) 走るか、すごく走るかの二択です」という素晴らしいコメントをいただきましたので。ノーザンF取材馬に負けない、素晴らしい馬だと思っています。
　ティールグリーン23は厩舎長の意気込みが凄かった。取材の感触は文句なしのドラ1級です。中位指名で大ホームランも狙えるとみているのがデックドアウト23。ド迫力の馬体で、馬単体なら"勝負球"の有力候補。
　取材で出会った赤丸急上昇馬がフォースタークルック23。募集時の印象がなく、それほど人気ではなかったと思いますが、これは掘り出し物ではないでしょうか。桜花賞候補です。
　今はダート路線も見逃せません。NF早来・木村厩舎長からハッキリと「ダートの大きいところ」というコメントが出たイヴニングコール23に海外遠征の夢を託します。最後にアルアイン産駒のブレイクを期待してパッシングスルー23。

197

"勝負球" 候補馬リスト

	馬名	父	母	性	厩舎
1	ショウナンガルフ	ハービンジャー	ミカリーニョ	牡	(栗)須貝
2	カルダモン	キズナ	シークレットスパイス	牝	(美)黒岩
3	アウダーシア	キズナ	リリーノーブル	牡	(美)手塚久
4	サガルマータ	コントレイル	コンヴィクションⅡ	牡	(栗)福永
5	馬名未決定	エピファネイア	ジェニサ	牡	(栗)杉山晴
6	フィロステファニ	エピファネイア	スキア	牝	(栗)中内田
7	馬名未決定	リオンディーズ	ラルケット	牡	(栗)武幸
8	チュウワカーネギー	モーリス	デックドアウト	牡	(栗)大久保
9	シェーロドラート	ペンバトル	ルシェルドール	牝	(美)加藤士
10	ヒシアムルーズ	サートゥルナーリア	ソーメニーウェイズ	牡	(美)堀

"隠し球" 候補馬リスト

	馬名	父	母	性	厩舎
1	馬名未決定	コントレイル	モアナ	牡	(栗)中内田
2	フォルナックス	キタサンブラック	フォースタークルック	牝	(栗)奥村豊
3	ボンボンベイビー	コントレイル	バイバイベイビー	牡	(栗)矢作
4	アローメタル	キズナ	ミスベジル	牡	(美)木村
5	馬名未決定	ディスクリートキャット	ホットミスト	牡	(栗)大久保
6	アメリカンコール	American Pharoah	イヴニングコール	牡	(栗)武幸
7	馬名未決定	サートゥルナーリア	トウシンハンター	牝	(栗)須貝
8	シルバーリム	シルバーステート	ヒカルアモーレ	牝	(栗)中村
9	ニシノサリーナ	シルバーステート	ハイノリッジ	牝	(栗)橋口
10	ヴィラジョヴィス	ハービンジャー	ベルカプリ	牝	(栗)小栗

昌　ミカリーニョ23とあわせて、ハービンジャーの年になるかもしれないよ。

——そうなってくれると嬉しいですね。では最後に昌さんの"隠し球"を教えてください。

昌　**デックドアウト23**(父モーリス・牡)は素晴らしい雰囲気だったね。取材の感触的にはドラ1級。プロフィールが派手ではないから、中位指名も可能かもしれないけれど、この馬は"勝負球"と呼ばないとダメだね。**ティールグリーン23**(父リアルスティール・牡)の迫力も凄かった。こちらも取材がなければ"隠し球"的な立ち位置だったと思うけど、厩舎長の強気なコメントが各媒体に掲載されたら、ドラフト1位の枠を使わないと取れない存在になってしまうかな。"隠し球"という表現がピッタリきそうなのは**フォースタークルック23**(父キタサンブラック・牝)でしょう。

——この馬は一般的なマークは薄いかもしれません。

昌　正直、募集時にピックアップできなかったのが悔しいぐらい、本当にいい馬でした。スカウティングレポートで挙げた馬はどれもいいと思っていますが、それ以外だと、**ヒカルアモーレ23**(父シルバーステート・牝)も素晴らしかったし、**ミスベジル23**(父キズナ・牡)の「移動時から馬体重が一気に増えるパターン」が、アルアインを彷彿とさせるんだよね。

——4月28日と生まれが遅いのもアルアインに通じていますね(アルアインは5月1日生まれ)。これはリストアップしましょう。

2歳馬リスト

- 馬主欄の()表記はセールの落札者名
- 外国産馬の生産者欄は生産国を記載
- セリの落札価格の()はセールの省略表記

キーンランド社	KL
OBS社	OBS
ファシグティプトン社	FT
アルカナ社	A
セレクトセール当歳	セレクト当
セレクトセール1歳	セレクト1
北海道セレクションセール1歳	セレクション1
北海道サマーセール1歳	サマー1
北海道オータムセール1歳	オータム1
北海道セプテンバーセール1歳	セプテンバー1
八戸市場1歳	八戸1
九州1歳市場1歳	九州1
ノーザンファームミックスセール当歳	ミックス当
トレーニングセール	TS

POG 直球勝負 2025-2026

第4章

馬名	性別	誕生日	厩舎	父名	母名	誕生時母年齢	母父名
ヒットホーム	牡	3.08	栗・松永幹	American Pharoah	Amour Briller	12	Smart Strike
ホワイトナイル	牡	4.02	美・牧	American Pharoah	Happy Now	14	Mr. Greeley
カフラー	牡	1.31	栗・矢作	American Pharoah	Ononimo	5	Hard Spun
アメリカンコール	牡	2.20	栗・武幸	American Pharoah	イヴニングコール	6	Tapit
	牝	4.08	美・林	American Pharoah	ウモラダネグラ	8	Emperor Richard
インサイドタピコ	牝	4.20	栗・吉村	American Pharoah	タピタルゲインズ	7	Tapit
エジプシャンマウ	牝	3.30	美・武井	American Pharoah	ヘヴンハズマイニッキー	8	Majestic Warrior
ホウオウファラオ	牡	2.14	美・奥村武	American Pharoah	マールボロロード	5	The Gurkha
ミスジェイド	牝	3.02	栗・杉山佳	Blame	アッシャー	9	Harlan's Holiday
シェンロン	牡	5.08	美・尾関	Bricks and Mortar	More Than Sacred	14	More Than Ready
メルクリウス	牡	5.15	美・木村	Candy Ride	Tapit's Angel	5	Tapit
アンティミスト	牡	3.17	美・鈴木伸	Caravaggio	Olympic Las Palmas	5	Agnes Gold
エコロデュラン	牡	2.03	栗・矢作	Caravaggio	クィーンリズ	9	Lizard Island
マイカラー	牡	2.28	栗・吉岡	City of Light	Moart	5	Uncle Mo
	牡	5.02	栗・上村	City of Light	ネバーギブアップ	7	War Front
	牝	2.11		Constitution	Stave	8	Ghostzapper
	牡	3.18	栗・上村	Cracksman	Rue Renan	11	Lope de Vega
パーシャングレー	牡	3.11	栗・池添	Dark Angel	Lady of Persia	15	Shamardal
	牝	2.14	栗・友道	Essential Quality	ボーディシッタ	7	Showcasing
	牡	2.09		Essential Quality	レッドラーク	6	Epaulette
ワトルツリー	牝	4.24	栗・藤岡	Frankel	Elisheva	10	Smart Strike
	牝	1.31	美・木村	Frankel	Pretty Gorgeous	5	Lawman
アウェイクネス	牝	3.01		Frankel	Waldjagd	16	Observatory
クールフラン	牝	3.06	栗・池添	Frankel	クールサンバ	5	The Wow Signal
ブランドブラン	牡	3.11	栗・	Frosted	オーケストレイト	9	Tiznow
ザーフィル	牡	2.19	美・林	Ghaiyyath	Oriental Step	12	Tamayuz
	牡	4.01	栗・池江	Good Magic	Nightlife Baby	11	Flatter
レヴィ	牡	2.22	栗・新谷	Good Magic	Seasoned Warrior	13	Majestic Warrior
	牡	2.18	美・田中博	Gun Runner	エスティロタレントーソ	6	Maclean's Music
ジャスティンダラス	牡	1.23	栗・杉山晴	Gun Runner	ピンクサンズ	8	Tapit
ジュワネング	牝	2.21	美・栗田	Gun Runner	ブリリアントカット	5	Speightstown
ローラズキャンディ	牝	2.20	美・嘉藤	Gun Runner	ローラズライト	6	Constitution
	牡	2.16		Into Mischief	Cariba	7	Cairo Prince
	牡	2.10		Into Mischief	Point of Honor	7	Curlin
サトノボヤージュ	牡	4.03	美・田中博	Into Mischief	ジョリーオリンピカ	7	Drosselmeyer
	牡	2.22		Into Mischief	ビューティフルギフト	5	Medaglia d'Oro
サンセバ	牡	4.22	栗・吉岡	Justify	アモータゼイション	5	Kingman
ペトリコール	牝	2.20	栗・上村	Justify	ナイセスト	5	American Pharoah
	牡	3.10		Justify	ミスマリーサ	6	He's Had Enough
ガンダルヴァ	牡	4.08	栗・吉岡	Kendargent	サヴァラン	6	ディープインパクト
グッドピース	牡	3.01	栗・高野	Kingman	Fiducia	11	Medaglia d'Oro
	牡	3.26	栗・田中克	Kingman	J Wonder	12	Footstepsinthesand
	牝	3.20	美・田中博	Kingman	Serienheilige	7	Holy Roman Emperor
	牡	2.15	栗・上村	Kingman	イカット	6	ディープインパクト
	牝	2.15		Kingman	スイススカイダイバー	6	Daredevil

2 歳 馬 リ ス ト

馬主(落札者)	兄姉	取引価格・募集価格	生産者(国)	毛色	写真	記事
ノースヒルズ	ルーチェット		米国	鹿毛	62	91
YGGホースクラブ	Four Knights	2280万円	米国	芦毛		
広尾レース		8000万円	米国	鹿毛		
サンデーR		6000万円	ノーザンファーム	栗毛	11	69・179・197・198
ライオンRH		3600万円	ノーザンファーム	鹿毛		
川下竜彦		2750万円(セレクト当)	木村秀則	黒鹿	55	131
シルクR		3500万円	ノーザンファーム	栗毛		160
(小笹芳央)		2860万円(セレクト当)	岡田スタッド	鹿毛	19	137・158
ターフ・スポート		1600万円	大栄牧場	鹿毛		
広尾レース	ドゥレッツァ	8700万円	愛国	青鹿	53	143
ノースヒルズ			米国	黒鹿	62	91
社台RH		2400万円	米国	芦毛	34	87
原村正紀			アスラン	芦毛		
(Yamaguchi Stable)		7.5万ドル(KL9月1歳)	米国	鹿毛		157
			服部牧場	黒鹿		155
(Yuichi Fukunaga, Agent)	Spirit's Mischief	110万ドル(KL9月1歳)	米国	栗毛		
シルクR	Ideal Guest	3500万円	愛国	栗毛		155
キャロットF	ウーマンズハート	6000万円	愛国	芦毛	12	148
ロードHC		4200万円	ケイアイファーム	鹿毛		156
(廣崎利洋HD)		10120万円(セレクト1)	追分ファーム	芦毛		
ノースヒルズ	エイムインライフ		英国	鹿毛	62	91
シルクR		7000万円	英国	鹿毛		
(Yoshito YAHAGI)	アウェイキング	80万ユーロ(A8月1歳)	仏国	鹿毛		189
サンデーR		7000万円	ノーザンファーム	黒鹿	16	75
長谷川祐司			三嶋牧場	芦毛		123
キャロットF	Saffran	5000万円	愛国	黒鹿		
(Yoshihisa Ozasa)	El Capi	57.5万ドル(OBS3月2歳)	米国	鹿毛		154
ノースヒルズ	Souper Echo	38.5万ドル(KL9月1歳)	米国	鹿毛	63	91
			高橋ファーム	鹿毛	55	130・153・160
三木正浩			三嶋牧場	鹿毛	55	131・179
サンデーR		6000万円	ノーザンファーム	栗毛		
ヒダカ・ブリーダーズ・ユニオン		3000万円	矢野牧場	栗毛		
(Mitsu Nakauchida, Agent)		100万ドル(KL9月1歳)	米国	鹿毛		189
(Mitsu Nakauchida, Agent)		125万ドル(KL9月1歳)	米国	鹿毛		189
			下河辺牧場	鹿毛	44	117・160
(KYカンパニー)		17600万円(セレクト当)	ノーザンファーム	鹿毛		
モンレーヴ			下河辺牧場	鹿毛	55	131・157
サンデーR		5000万円	ノーザンファーム	鹿毛		155
(原禮子)		6600万円(セレクト1)	社台ファーム	芦毛		
インゼルレーシング		2400万円	社台ファーム	芦毛		157
ノースヒルズ	グランアブロウソ		英国	黒鹿	63	91
(Shinji Maeda /North Hills)	Boccaccio	25万ドル(KL9月1歳)	英国	黒鹿	63	91
(Hiroyasu TANAKA)	Serienadler	52万ユーロ(A8月1歳)	独	鹿毛		153・160
(里見治)		6820万円(ミックス当)	ノーザンファーム	黒鹿		155
			ノーザンファーム	鹿毛		

201

馬名	性別	誕生日	厩舎	父名	母名	誕生時母年齢	母父名
ミヤフロント	牝	3.07	栗・斉藤崇	Kingman	フロントゲート	5	War Front
オスロクィーン	牝	2.19	美・武井	Liam's Map	Take Ten	7	Uncle Mo
	牡	3.20	栗・高柳大	Lucky Vega	Sapphire Ring	5	Galileo
	牡	4.08		Maxfield	Eyeinthesky	7	Sky Mesa
フィオリータ	牡	3.06	美・萩原	Mendelssohn	Yoshino Zakura	10	Deep Impact
ジャストマイウェイ	牝	1.16	栗・国枝	No Nay Never	ジャストイマジニング	9	War Front
ラブインアクション	牝	4.28	栗・橘口	Nyquist	My Sweet Girl	11	Bernardini
モンドシュピーゲル	牡	4.30	美・天間	Palace Pier	Power of The Moon	11	Acclamation
スカイビア	牝	2.03	栗・前川	Palace Pier	Sun Bear	6	Dubawi
ハイランドパレス	牡	2.09	美・鹿戸	Palace Pier	インカーヴィル	5	Wootton Bassett
ドルマバフチェ	牝	4.06	美・千葉	Palace Pier	ミノレット	12	Smart Strike
エクスマウス	牝	1.25	栗・茶木	Practical Joke	Lighthouse Bay	13	Speightstown
クロレ	牝	2.22	栗・福永	Quality Road	Rachel's Valentina	10	Bernardini
パルフルール	牝	2.21	栗・長谷川	Saxon Warrior	ヴォーセル	6	Le Havre
エラルディーク	牡	4.15	美・宮田	Sottsass	Noblesse Oblige	7	Myboycharlie
ヒートエミッション	牝	1.16	美・堀	Sottsass	Too Precious	8	Holy Roman Emperor
ソレム	牝	2.27	美・稲垣	Sottsass	プレインチャント	5	Gregorian
クワイエットアイ	牡	2.04	栗・中竹	St Mark's Basilica	Blanc Bonheur	10	Deep Impact
シェーネエルデ	牝	5.03	美・安田	St Mark's Basilica	Stacelita	17	Monsun
アルデマン	牡	2.14	栗・藤岡	St Mark's Basilica	カルタエンブルハーダ	5	Storm Embrujado
メルメラーダ	牝	2.12	栗・高橋一	St Mark's Basilica	ジャムアンドマム	6	Invincible Spirit
ベアレンツギフト	牡	3.22	栗・中内田	St Mark's Basilica	ベアレンツプレアー	6	Kingman
セイントクーヤ	牡	4.01	美・黒岩	St Mark's Basilica	メソスフェリック	5	Le Havre
キッコペッロ	牡	3.06	栗・友道	Study of Man	アマダブラムⅡ	7	Scat Daddy
ミティリーニ	牝	2.24	栗・高野	Tapit	ミッドナイトビズー	8	Midnight Lute
ペスカドール	牝	2.16	栗・高橋亮	Uncle Mo	Scarlet Color	8	Victoire Pisa
	牡	3.29		Uncle Mo	Spring Eclipse	14	Unbridled's Song
グランブーケ	牝	3.31	栗・福永	Wootton Bassett	ヴィラダモーレ	7	Mastercraftsman
ヴェスタールカ	牝	3.05	美・高野	Wootton Bassett	エトワールⅢ	6	War Front
トラッドロア	牝	3.15	美・高野	Yaupon	Folklore	20	Tiznow
	牡	4.12		Zarak	シーユーオールウェイズ	9	Siyouni
	牡	2.17		アジアエクスプレス	クイーンブロッサム	7	キングカメハメハ
	牡	2.18	美・蛯名正	アジアエクスプレス	ディスティンダリア	11	ショウナンカンプ
フリジアンモード	牝	2.20	栗・寺島	アジアエクスプレス	ティンバレス	11	ウォーエンブレム
ハッピーバンク	牝	5.02		アジアエクスプレス	ハッピーアビラ	14	ディープインパクト
クォンタムビット	牝	3.05		アドマイヤマーズ	エイコンドライト	8	Lord Kanaloa
ヴァリスマリネリス	牝	3.19	美・中舘	アドマイヤマーズ	エレクトレーン	14	Dubawi
ココネ	牝	2.09	美・上原佑	アドマイヤマーズ	クイーンビーⅡ	11	Le Havre
グラスベルグ	牝	2.13	栗・斉藤崇	アドマイヤマーズ	ゴールドエッセンス	11	キングカメハメハ
マーズローバー	牝	1.18	栗・佐々木	アドマイヤマーズ	コバカティ	7	ハービンジャー
アビラーシャ	牝	2.02	栗・武幸	アドマイヤマーズ	サンカルパⅡ	7	True Cause
	牝	4.02	栗・高木	アドマイヤマーズ	ジェラスガール	15	Petionville
	牝	1.12		アドマイヤマーズ	ジャポニカーラ	11	ジャングルポケット
	牝	1.19		アドマイヤマーズ	シャンパンルーム	9	Broken Vow
エコールナヴァール	牝	1.18	美・森一	アドマイヤマーズ	ジューヌエコール	9	クロフネ

2歳馬リスト

馬主(落札者)	兄姉	取引価格・募集価格	生産者(国)	毛色	写真	記事
山本益臣			グランド牧場	黒鹿		155
(Nasuno Farm)		7万ドル(KL9月1歳)	米国	鹿毛		160
			愛国	黒鹿		145
(Mitsu Nakauchida)		100万ドル(OBS3月2歳)	米国	鹿毛		
ノースヒルズ	フルールオンレーヴ		米国	青鹿		
DMMドリームクラブ		3600万円	岡田スタッド	黒鹿		159
ノースヒルズ	General's Duty	61万ドル(KL9月1歳)	米国	栗毛		
ビッグレッドファーム	Txope	11万ユーロ(A8月1歳)	仏国	鹿毛	22	108
(Yasufumi SAWADA)	Feeling Tequila	15万ユーロ(A8月1歳)	仏国	鹿毛	54	145
(山本又一郎)		6160万円(セレクト1)	ノーザンファーム	芦毛		160
社台オーナーズ		1800万円	社台ファーム	栗毛		
社台RH	エコロエイト	2800万円	米国	栗毛		
ノースヒルズ	Alejandro	105万ドル(KL9月1歳)	米国	鹿毛	63	91・157
キャロットF		4000万円	ノーザンファーム	栗毛		
社台RH	Tatmeen	3000万円	仏国	栗毛		161
キャロットF	Porta Fortuna	5000万円	愛国	鹿毛		
シルクR		3500万円	ノーザンファーム	鹿毛		
ノースヒルズ	アヘッド		愛国	栗毛	63	91
社台RH	ソウルスターリング	6000万円	英国	黒鹿	35	86
秋元竜弥		7700万円(セレクト1)	ノーザンファーム	鹿毛	12	66
シルクR		3000万円	レイクヴィラファーム	鹿毛		
G1レーシング		4000万円	追分ファーム	鹿毛		
小島章義		1760万円(セレクション1)	フジワラファーム	鹿毛		159
モンレーヴ			三嶋牧場	青毛	41	122・156
サンデーR		7000万円	ノーザンファーム	鹿毛		
ノースヒルズ	ラージギャラリー		米国	鹿毛	63	91
(Mitsu Nakauchida, Agent)	Bet She Wins	100万ドル(KL9月1歳)	米国	鹿毛		
ノースヒルズ			ノースヒルズ	黒鹿		157
キャロットF		5000万円	ノーザンファーム	鹿毛		
G1レーシング	ミスティックロア	4000万円	米国	鹿毛		
(KYカンパニー)		5940万円(セレクト1)	社台ファーム	黒鹿		
(仙波りり子)		2200万円(セレクト1)	ノーザンファーム	栗毛		
(永見貴昭)	マインドマイワーズ	440万円(サマー1)	岡田スタッド	鹿毛	16	134
キャロットF	パーカッション	2400万円	ノーザンファーム	鹿毛		
	パーサヴィアランス		ノーザンファーム	鹿毛		
(池谷誠一)	ダイオジェナイト	5720万円(セレクト当)	ノーザンファーム	鹿毛		
社台RH	エレクトロニカ	2400万円	社台ファーム	栗毛		
FAレーシング	ダノンボレロ	5940万円(セレクト1)	ノーザンファーム	鹿毛		
社台オーナーズ	ブラックシールド	3000万円	ノーザンファーム	鹿毛		155
サンデーR		4000万円	ノーザンファーム	鹿毛		
インゼルレーシング		9600万円	ノーザンファーム	栗毛		
	トップオブジェラス		三嶋牧場	黒鹿	39	122
	ビザンチンドリーム		ノーザンファーム	鹿毛		
	エプルシャージュ		ノーザンファーム	鹿毛		
サンデーR		4000万円	ノーザンファーム	鹿毛		82

馬名	性別	誕生日	厩舎	父名	母名	誕生時母年齢	母父名
クラックショット	牡	3.04	栗・清水久	アドマイヤマーズ	スウィートショット	8	Trappe Shot
	牝	4.09		アドマイヤマーズ	スターズアンドクラウズ	11	Makfi
アンディムジーク	牝	2.04	栗・渡辺	アドマイヤマーズ	ターフェルムジーク	8	ノヴェリスト
ウィングブルー	牝	2.09	美・斎藤誠	アドマイヤマーズ	パーリーアヴェニュー	13	Anabaa
	牝	3.25	美・武井	アドマイヤマーズ	ファインアイリス	6	ルーラーシップ
	牝	3.07	美・田中博	アドマイヤマーズ	プティフォリー	6	Australia
クランズクラウン	牝	3.23	栗・杉山晴	アドマイヤマーズ	ブルークランズ	9	ルーラーシップ
	牡	1.24	美・尾関	アドマイヤマーズ	ベルワトリング	17	Dushyantor
	牝	3.01		アドマイヤマーズ	ポルトフィーノ	18	クロフネ
エイシンニケ	牝	4.16	栗・吉村	アドマイヤマーズ	マーゼリン	19	Barathea
パッセージピーク	牡	4.15	美・田村	アドマイヤマーズ	メリート	17	Redoute's Choice
イヌボウノユウヒ	牡	3.14	美・鹿戸	アドマイヤマーズ	ユキノクイーン	17	タイキシャトル
	牡	2.23	美・黒岩	アドマイヤマーズ	リアアントニア	12	Rockport Harbor
	牝	1.13		アドマイヤマーズ	リリレフア	6	ロードカナロア
アクアマーズ	牡	2.04	美・浅利	アドマイヤマーズ	ローエキスキーズ	10	Oasis Dream
アッシズオブローズ	牝	3.02	美・尾関	アドマイヤマーズ	ロサグラウカ	8	ルーラーシップ
タガノニューデリー	牡	4.12	栗・斉藤崇	アニマルキングダム	タガノグラシアス	7	キングズベスト
	牝	3.26	栗・森田	アメリカンペイトリオット	エスタテ	8	ベーカバド
パータリプトラ	牡	4.15	美・武井	アメリカンペイトリオット	カフェローレル	15	マンハッタンカフェ
	牡	2.24	栗・浜田	アメリカンペイトリオット	コテキタイ	14	サウスヴィグラス
	牡	5.08	栗・藤岡	アメリカンペイトリオット	サマリーズ	13	Hard Spun
	牝	2.23	栗・千田	アメリカンペイトリオット	ムーンチャイム	8	アドマイヤムーン
	牡	2.25	栗・中村	アメリカンペイトリオット	メジャータイフーン	10	ダイワメジャー
スワトウ	牝	4.24	栗・牧田	アルアイン	インランジェリー	14	Empire Maker
	牡	2.19	栗・斉藤崇	アルアイン	エリカボンシャン	5	ロードカナロア
アタックオフェール	牡	3.26	地・	アルアイン	クードロア	8	ハードスパン
エクラドット	牝	2.28	美・西田	アルアイン	シャンブルドット	7	Lope de Vega
シャオママル	牝	2.19	美・加藤士	アルアイン	ジレーネ	6	キングカメハメハ
ブレットパス	牡	2.24	栗・中内田	アルアイン	パッシングスルー	7	ルーラーシップ
ラフターラインズ	牝	2.06	美・小笠	アルアイン	バンゴール	11	キングカメハメハ
	牝	5.02		アルアイン	ピンクアリエス	16	キングカメハメハ
オズマップ	牝	2.04		アルアイン	プリズマティコ	8	Medaglia d'Oro
ジェイソンバローズ	牡	3.16	栗・中内田	アルアイン	ヘアキティー	13	Wildcat Heir
アルカマル	牡	2.16	美・青木	アルアイン	ムーンライトダンス	21	Sinndar
ガラベイヤ	牝	2.10	美・加藤士	アルアイン	モルジアナ	11	Dubawi
マナイアカラニ	牡	4.13	美・	アルアイン	レーヴドカナロア	7	ロードカナロア
	牡	4.15		アルバート	クィーンズバーン	15	スペシャルウィーク
	牝	2.27		アルバート	プリームス	14	フジキセキ
エヴァンスベイ	牝	5.09	美・宮田	イスラボニータ	エヴァディングタンペット	16	Dubai Destination
リゾートアイランド	牝	4.19		イスラボニータ	エディスバーグ	4	Frankel
ルーネンバーグ	牝	4.16	地・	イスラボニータ	ギブンアンソート	5	エピファネイア
フレッチャアズーラ	牝	3.14	栗・四位	イスラボニータ	コッパ	10	Yesbyjimminy
ルートサーティーン	牡	4.04	栗・辻野	イスラボニータ	サーティーンスクエアド	8	Liaison
フクチャンショウ	牡	4.14		イスラボニータ	ザウェイアイアム	8	Thewayyouare
アイスアンドスノー	牡	2.17	美・古賀	イスラボニータ	シナノネージュ	17	フレンチデピュティ

2歳馬リスト

馬主(落札者)	兄姉	取引価格・募集価格	生産者(国)	毛色	写真	記事
キャロットF		4400万円	浜本牧場	栗毛		
	オウバイトウリ		ノーザンファーム	鹿毛		
G1レーシング		2000万円	社台コーポレーション白老ファーム	鹿毛		
小山田明人	ムーンティアーズ	2640万円(セレクト当)	ノーザンファーム	鹿毛		
(杉浦敏夫)		715万円(セレクション1)	隆栄牧場	鹿毛		
(橋元勇氣)	タイセイブランセス	3300万円(セレクト当)	ノーザンファーム	栗毛		160
社台オーナーズ	ステレンボッシュ	5000万円	ノーザンファーム	鹿毛		
ライオンRH	サトノバトラー	2400万円	ノーザンファーム	黒鹿		
	ポルトドートゥイユ		ノーザンファーム	黒鹿		
	エイシンスポッター		木田牧場	栗毛		133
キャロットF		4000万円	ノーザンファーム	鹿毛	2	70
(嶋田賢)	ユキノロイヤル	3300万円(セレクション1)	服部牧場	鹿毛		159
	リアアメリア	欠場(セレクト1)	ノーザンファーム	鹿毛		159
(草間庸文)	レーヴブリリアント	3410万円(ミックス当)	ノーザンファーム	鹿毛		
シルクR	グレートキャンベラ	2500万円	ノーザンファーム	鹿毛		
サンデーR		3000万円	ノーザンファーム	鹿毛		
			新冠タガノファーム	栗毛		155
(村島聡乃)		396万円(セプテンバー1)	アサヒ牧場	鹿毛		145
幅田京子	カフェカルマ	1760万円(サマー1)	増本良孝	黒鹿		160
京都HR	スズカコテキタイ	1650万円	高橋ファーム	鹿毛		
	ホールシバン		ダーレー・ジャパン・ファーム	鹿毛	28	118
			ダーレー・ジャパン・ファーム	鹿毛	28	119
	ヘニータイフーン		服部牧場	鹿毛	45	139
社台オーナーズ	タイセイメガロス	1400万円	社台ファーム	鹿毛		
(林正道)		3300万円(セレクト当)	ノーザンファーム	鹿毛		155
社台オーナーズ	ブーバー	800万円	社台コーポレーション白老ファーム	鹿毛		
キャロットF	ベルシャンブル	2400万円	ノーザンファーム	鹿毛		
ヒダカ・ブリーダーズ・ユニオン		1500万円	木部ファーム	鹿毛		158
キャロットF		4000万円	ノーザンファーム	鹿毛		80・197
サンデーR	モティスフォント	2400万円	ノーザンファーム	黒鹿		
	メサルティム		ノーザンファーム	鹿毛		
(雅苑興業)		2860万円(ミックス当)	ノーザンファーム	鹿毛		
猪熊広次	ハイランドリンクス		三嶋牧場	鹿毛		
シルクR	ムーンリットレイク	2200万円	隆栄牧場	鹿毛		
シルクR	コラリン	2500万円	ノーザンファーム	鹿毛		158
社台オーナーズ		2400万円	ノーザンファーム	鹿毛		
	アカネサス		ノーザンファーム	栗毛		
	フォレブルート		ノーザンファーム	鹿毛		
社台RH	ストロベリームーン	2400万円	社台ファーム	黒鹿	30	87・161
(TSKレーシング)		3960万円(セレクト1)	ノーザンファーム	黒鹿		79
社台オーナーズ		800万円	社台ファーム	鹿毛		
社台RH	トゥードジボン	3200万円	社台ファーム	鹿毛		
G1レーシング	オンザスクエア	3000万円	社台コーポレーション白老ファーム	青鹿	35	105
(福田義明)	モンシュマン	6820万円(セレクト1)	社台ファーム	栗毛		
社台オーナーズ	ブランネージュ	2000万円	追分ファーム	鹿毛		

馬名	性別	誕生日	厩舎	父名	母名	誕生時母年齢	母父名
ブルームコード	牝	3.12	美・小島	イスラボニータ	シルヴァーコード	11	スウェプトオーヴァーボード
	牡	2.20	栗・小崎	イスラボニータ	スマートアルファ	10	アグネスデジタル
ペリバジャ	牝	3.20	美・和田正	イスラボニータ	セクシーフェイス	6	エピファネイア
キープシャイニング	牡	4.19	栗・長谷川	イスラボニータ	ダイヤモンドギフト	15	ブライアンズタイム
アルトラムス	牡	3.30	栗・野中	イスラボニータ	デジマノハナ	6	スクリーンヒーロー
ザバルガド	牡	4.16	美・奥村武	イスラボニータ	ハーエミネンシー	11	Successful Appeal
ライゼシュトゥルム	牡	3.25	栗・角田	イスラボニータ	ハッシュゴーゴー	7	アサクサキングス
ギブスコア	牡	2.27	美・堀	イスラボニータ	フェイトカラー	12	サクラバクシンオー
	牝	2.25	美・石栗	イスラボニータ	プリンセスヨウク	9	エンパイアメーカー
	牝	4.25		イスラボニータ	リプリートⅡ	10	Makfi
	牝	2.22		インディチャンプ	アイムユアーズⅡ	12	Invincible Spirit
モルニケ	牝	1.22	美・金成	インディチャンプ	アビラ	19	Rock of Gibraltar
イトシサ	牡	4.14	美・田中博	インディチャンプ	アルビアーノ	11	Harlan's Holiday
	牝	4.01	美・武井	インディチャンプ	イナズマアマリリス	17	スエヒロコマンダー
タイセイボーグ	牝	4.05		インディチャンプ	ヴィヤダーナ	16	Azamour
プベアンビスキュイ	牡	3.18	栗・茶木	インディチャンプ	ヴィンテージドール	11	ホワイトマズル
	牡	3.31		インディチャンプ	ウェイクミーアップ	16	Rock of Gibraltar
	牝	4.18	栗・四位	インディチャンプ	エイシンキルデア	10	Kitten's Joy
フィオラーノ	牡	4.11	栗・吉田	インディチャンプ	カツンダモン	10	エンパイアメーカー
ビップアリス	牝	3.18	栗・松下	インディチャンプ	クラシックリディア	10	ハービンジャー
インディクイーン	牝	3.20	栗・中村	インディチャンプ	サラシー	12	Teofilo
インディヴァイン	牝	4.02	美・林	インディチャンプ	ソーディヴァイン	10	キンシャサノキセキ
アンデルストーブ	牝	4.09	美・宮田	インディチャンプ	ダンシングクイーン	17	Giant's Causeway
ビタールート	牝	1.30	栗・奥村豊	インディチャンプ	トレジャーステイト	11	Oasis Dream
ビップマリク	牡	4.25	美・高柳瑞	インディチャンプ	フォワードカール	12	ゼンノロブロイ
デイトナチャンプ	牡	2.03	美・加藤征	インディチャンプ	プラチナブロンド	12	ジャングルポケット
ブレナヴォン	牡	1.30	栗・池江	インディチャンプ	ラナモン	12	Sky Mesa
マイネルユーゲント	牡	4.24	栗・加藤士	インディチャンプ	ルタンデスリーズ	14	サクラバクシンオー
アルガルヴェ	牝	4.03	美・木村	インディチャンプ	ロカ	11	ハービンジャー
	牡	4.18		インディチャンプ	ロベルタ	15	ブライアンズタイム
	牡	4.07	栗・前川	ヴァンゴッホ	カリブメーカー	8	エンパイアメーカー
オレンジキャンパス	牡	3.08	美・武藤	ヴァンゴッホ	シャンパンルージュ	13	ファスリエフ
アンビエントポップ	牝	4.06	栗・	ヴァンゴッホ	フナウタ	9	ダイワメジャー
ゾネブルーム	牡	3.21	美・矢嶋	ヴァンゴッホ	ブリガアルタ	10	コンデュイット
オブラプリーマ	牝	4.12	美・上原佑	ヴァンゴッホ	マナローラ	9	ハーツクライ
	牡	3.25	栗・飯田祐	ヴァンゴッホ	メイショウナデシコ	5	ヘニーヒューズ
	牡	2.11	栗・高橋義	ヴァンゴッホ	ルフランエトワール	7	オルフェーヴル
ラングロワブリッジ	牡	3.20	美・戸田	ヴァンゴッホ	ローガンサファイア	13	ダイワメジャー
コスモヘリアンサス	牡	2.17	美・伊藤大	ウインブライト	アイノア	6	Blame
ウインテラジーナ	牝	2.22	美・栗田	ウインブライト	ウインジェルベーラ	8	アイルハヴアナザー
サマーバンク	牝	4.26	栗・森田	ウインブライト	ステイホット	7	キャプテントゥーレ
ノブレスラブリエ	牝	3.19	栗・西園翔	ウインブライト	ドリームエンプレス	17	Bernstein
マイネルミラケル	牡	3.22	美・畠山	ウインブライト	ブーケドロゼブルー	16	ロージズインメイ
ウインラファーガ	牡	4.14	美・村田	ウインブライト	フラワーウィンド	17	タニノギムレット
ヘクセンハウス	牝	4.07	栗・吉田	ウインブライト	マイネデセール	21	マイネルラヴ

206

2歳馬リスト

馬主(落札者)	兄姉	取引価格・募集価格	生産者(国)	毛色	写真	記事
ノルマンディー	レボルシオン	1360万円	岡田スタッド	黒鹿		
	ルクスレゼルヴァ		静内山田牧場	黒鹿	45	139
社台オーナーズ		1800万円	社台ファーム	鹿毛		
ノースヒルズ	エドノフェリーチェ	3300万円(セレクション1)	フジワラファーム	黒鹿		
社台RH		3000万円	社台ファーム	黒鹿		
G1レーシング	アオイモエ	2000万円	社台ファーム	鹿毛		157
社台RH		2000万円	社台ファーム	青鹿		
モンレーヴ	シェットランド	7040万円(セレクト当)	ノーザンファーム	鹿毛		
ライオンRH		1400万円	坂東牧場	黒鹿		
			ノーザンファーム	鹿毛		
(山本又一郎)	アドマイヤイル	4400万円(セレクト当)	ノーザンファーム	鹿毛		
(Gリビエール・レーシング)	カテドラル	4620万円(セレクト1)	ノーザンファーム	黒鹿	73	73
TNレーシング	アヴェラーレ	12100万円(セレクト1)	ノーザンファーム	鹿毛		153・160
	ミルトハンター		小泉牧場	鹿毛		160
(田中成奉)	ダノンメジャー	4070万円(ミックス当)	ノーザンファーム	鹿毛		77
社台オーナーズ	ヴィンテージボンド	2400万円	ノーザンファーム	鹿毛		
(前田良平)	ジュンヴァルロ	3190万円(セレクト1)	ノーザンファーム	鹿毛		
(深見敏男)	インテグレイト	2420万円(セレクション1)	村田牧場	鹿毛	56	121
ローレルR		1500万円	グランデファーム	鹿毛		
鈴木邦英	アバンデル	4510万円(セレクト1)	ノーザンファーム	鹿毛		
ヒダカ・ブリーダーズ・ユニオン	アグラシアド	1200万円	矢野牧場	鹿毛	50	144
シルクR		3500万円	ノーザンファーム	鹿毛		
ノルマンディー	クリノプレミアム	2720万円	若林順一	鹿毛		161
シルクR	ピースオブエイト	3500万円	ノーザンファーム	鹿毛		
鈴木邦英	タツリュウオー	欠場(セプテンバー1)	城地牧場	黒鹿	51	145
キャロットF		3200万円	ノーザンファーム	黒鹿		
社台RH		4000万円	社台コーポレーション白老ファーム	黒鹿	30	84・154
ラフィアン	ゼットレヨン	3800万円	嶋田牧場	鹿毛	25	112・158
サンデーR	レガレイラ	6000万円	ノーザンファーム	鹿毛	2	146
	フランツ		ノーザンレーシング	黒鹿		
			浦河小林牧場	鹿毛	46	140
ノースヒルズ	アトラクティーボ		ノースヒルズ	鹿毛		
ヒポファイル		1320万円	社台ファーム	鹿毛	30	87
キャロットF		2400万円	ノーザンファーム	鹿毛		
ノースヒルズ			土居牧場	鹿毛		
			松栄牧場	鹿毛	49	126
(山本昌広)		1760万円(セレクション1)	富田牧場	鹿毛	44	128
キャロットF	ゴールドシーン	2400万円	ノーザンファーム	鹿毛		
コスモ		1600万円	ビッグレッドファーム	芦毛	23	111
ウイン		1600万円	コスモヴューファーム	鹿毛	37	115
社台オーナーズ		1500万円	社台ファーム	黒鹿		
ラフィアン	コスモパンドラ	1500万円	ビッグレッドファーム	鹿毛	23	111
ラフィアン	ゴールドブレス	1800万円	加野牧場	芦毛	20	108
ウイン	ウインレーヴドール	1400万円	コスモヴューファーム	芦毛	37	115
ラフィアン	シナモンスティック	1800万円	ビッグレッドファーム	青鹿	21	109

馬名	性別	誕生日	厩舎	父名	母名	誕生時母年齢	母父名
ウインサルーテ	牡	4.28	美・深山	ウインブライト	ルヴェソンヴェール	12	クロフネ
	牡	2.10	美・鈴木孝	エイシンヒカリ	ウィズアットレース	11	ローレルゲレイロ
エイシンビーコン	牡	2.23	栗・吉村	エイシンヒカリ	エイシンピカソ	10	Drosselmeyer
イノセントホープ	牡	2.18	美・小島	エイシンフラッシュ	イノセントミューズ	7	ヴィクトワールピサ
	牡	4.23	美・鹿戸	エイシンフラッシュ	ウェディングベール	8	タートルボウル
エイシンニンバス	牝	4.11		エイシンフラッシュ	エーシンバナギア	15	エイシンサンディ
プリュスエクラ	牝	3.09	栗・小林	エイシンフラッシュ	プリュス	8	ヴィクトワールピサ
ララオウ	牝	2.15	栗・須貝	エタリオウ	ミスキララ	10	ファスリエフ
	牝	3.14	栗・杉山晴	エピファネイア	アタブ	11	New Approach
	牡	5.05	栗・友道	エピファネイア	アドマイヤパンドラ	6	ディープインパクト
	牝	2.01	栗・友道	エピファネイア	アドマイヤミヤビ	9	ハーツクライ
ファーザーアウェイ	牡	3.27	美・尾関	エピファネイア	アフランシール	7	ハーツクライ
ジャスティンカレラ	牡	2.15	栗・友道	エピファネイア	アントパール	5	Lope de Vega
イエッサー	牡	4.12	栗・武幸	エピファネイア	イーヴンソー	6	Camelot
グリオンヴール	牡	3.26	美・宮田	エピファネイア	イーデンキー	6	No Nay Never
リアライズブラーヴ	牡	4.01	栗・杉山晴	エピファネイア	イルーシヴキャット	12	キングカメハメハ
ルージュエテルナ	牝	2.22	栗・友道	エピファネイア	インデリブル	7	Tiznow
ヴィンテール	牡	3.05	栗・池江	エピファネイア	ヴィニー	9	ディープインパクト
フォーチュンライド	牝	4.28	栗・福永	エピファネイア	エアワンピース	15	ロックオブジブラルタル
	牝	4.01	栗・福永	エピファネイア	エンタイスド	7	Galileo
	牡	2.21	栗・中内田	エピファネイア	オールフォーラヴ	8	ディープインパクト
	牝	3.05	栗・平田	エピファネイア	カラズマッチポイント	13	Curlin
カラベルソナ	牝	3.07	栗・斉藤崇	エピファネイア	カリーナミア	10	Malibu Moon
ハムタン	牡	3.18	栗・武幸	エピファネイア	カレンブーケドール	7	ディープインパクト
フェルギナス	牡	4.16	栗・矢作	エピファネイア	カンビーナ	15	Hawk Wing
アートバーゼル	牝	2.16	美・宮田	エピファネイア	キラービューティ	9	ゼンノロブロイ
クイーンズレイン	牝	4.30	美・林	エピファネイア	クィーンチャーム	11	キングカメハメハ
グランマエストロ	牡	1.24	美・木村	エピファネイア	グランアレグリア	7	ディープインパクト
ゲフィオン	牡	3.30	栗・辻野	エピファネイア	グルヴェイグ	15	ディープインパクト
ペレシート	牡	2.15	栗・斉藤崇	エピファネイア	クロノジェネシス	7	バゴ
エヴィーヴァ	牝	3.20	美・鹿戸	エピファネイア	ケイティーズハート	14	ハーツクライ
	牡	1.27	美・堀	エピファネイア	コーステッド	9	Tizway
ピカキウイ	牡	3.23	栗・杉山晴	エピファネイア	ゴーマギーゴー	10	Ghostzapper
ページターナー	牡	3.06		エピファネイア	コールバック	11	Street Sense
ウインベルチェーロ	牝	4.26	美・手塚久	エピファネイア	コスモチェーロ	20	Fusaichi Pegasus
エピッククイーン	牝	4.14	栗・中内田	エピファネイア	コスモポリタンクイーン	8	Dubawi
	牡	3.29		エピファネイア	コンペティションオブアイデアズ	8	Speightstown
ステラミラージュ	牝	4.07	栗・杉山晴	エピファネイア	サザンスターズ	10	Smart Strike
コスモカノーネ	牡	3.01	美・田島	エピファネイア	サッシーイメージ	16	Broken Vow
フォーティンプラス	牡	4.05	栗・池江	エピファネイア	サトノガーネット	8	ディープインパクト
サレジオ	牡	2.16	美・田中博	エピファネイア	サラキア	8	ディープインパクト
サンダーバード	牝	2.28	栗・武幸	エピファネイア	サロニカ	9	ディープインパクト
ジェイストリーク	牝	2.24	栗・武幸	エピファネイア	ジェイウォーク	7	Cross Traffic
	牡	3.17	栗・杉山晴	エピファネイア	ジェニサ	16	Storm Cat
レジオンポレール	牡	2.19	美・堀	エピファネイア	ジュールポレール	10	ディープインパクト

2歳馬リスト

馬主(落札者)	兄姉	取引価格・募集価格	生産者(国)	毛色	写真	記事
ウイン	ファンタスティック	3300万円	ハシモトファーム	鹿毛		
			岡田スタッド	黒鹿	16	134
	エイシンエマーユ		栄進牧場	黒鹿	58	133
社台RH		2000万円	社台ファーム	黒鹿	31	87
LEX		1628万円	岡田スタッド	鹿毛	16	137・159
	エイシンフェンサー		木田牧場	青鹿		133
社台RH		2000万円	社台ファーム	鹿毛		
	ピンクヴェノム		Yogibo Versailles Stable	黒鹿	56	121・155
	ルガル		三嶋牧場	黒鹿		
			隆栄牧場	芦毛		156
	アドマイヤテラ		ノーザンファーム	青鹿		156
ノースヒルズ			ノースヒルズ	黒鹿		
三木正浩			グランド牧場	鹿毛	54	131・156・179
藤田晋		37400万円(セレクト1)	ノーザンファーム	鹿毛		189
キャロットF		7000万円	ノーザンファーム	鹿毛		161
今福洋介	イルーシヴパンサー	4400万円(セレクト1)	追分ファーム	栗毛		
東京HR		6000万円	社台ファーム	黒鹿		156
インゼルレーシング	ブラーヴィストワル	4200万円	ノーザンファーム	鹿毛		154
社台RH	エアロロノア	5000万円	社台ファーム	青鹿		151・156
	エリカエクスプレス		三嶋牧場	鹿毛	39	123・156
ロードHC		5400万円	ケイアイファーム	黒鹿		
	エンペラーワケア		下河辺牧場	鹿毛	43	116
社台オーナーズ		5000万円	社台ファーム	黒鹿	31	87・155
TNレーシング		34100万円(セレクト1)	社台ファーム	鹿毛		
社台RH	ファルコニア	8000万円	社台ファーム	栗毛	31	84
社台オーナーズ	ゲルチュタール	4500万円	ノーザンファーム	鹿毛		161
G1レーシング		2600万円	追分ファーム	青鹿		
サンデーR		20000万円	ノーザンファーム	栗毛	12	81
サンデーR	アンドヴァラナウト	5000万円	ノーザンファーム	黒鹿		
サンデーR		18000万円	ノーザンファーム	黒鹿	2	146・155
キャロットF	エフフォーリア	7000万円	ノーザンファーム	栗毛	2	146・159
(ダノックス)	ダノンベルーガ	42900万円(セレクト1)	ノーザンファーム	黒鹿		80
藤田晋	オープンファイア	14300万円(セレクト当)	ノーザンファーム	黒鹿		189
(金子真人ホールディングス)		28600万円(セレクト当)	ノーザンファーム	鹿毛		
ウイン	ウインマリリン	3000万円	コスモヴューファーム	鹿毛	37	115・160・193・196
DMMドリームクラブ	スターウェーブ	10000万円	ノーザンファーム	栗毛	2	146
(ダノックス)		36300万円(セレクト1)	社台ファーム	黒鹿		
社台RH	スターズオンアース	10000万円	社台ファーム	鹿毛	31	86・196
コスモ		4400万円	ビッグレッドファーム	黒鹿	21	109
G1レーシング		5000万円	社台コーポレーション白老ファーム	黒鹿		154
シルクR		10000万円	ノーザンファーム	栗毛	3	146・152・160・195
藤田晋	サロニコス	28600万円(セレクト当)	ノーザンファーム	青鹿	76	76・189
シルクR	ストーンズ	7000万円	ノーザンファーム	鹿毛	12	148
	カイザーバローズ		下河辺牧場	黒鹿	43	117・193・194・198
社台RH		8000万円	社台コーポレーション白老ファーム	鹿毛		

馬名	性別	誕生日	厩舎	父名	母名	誕生時母年齢	母父名
ピエスユニーク	牝	5.04	美・手塚久	エピファネイア	ジュエラー	10	ヴィクトワールピサ
アランカール	牝	2.17	栗・斉藤崇	エピファネイア	シンハライト	10	ディープインパクト
フィロステファニ	牝	2.07	栗・中内田	エピファネイア	スキア	16	Motivator
	牝	3.27	栗・友道	エピファネイア	スピニングワイルドキャット	14	Hard Spun
スマートプリエール	牝	3.06	栗・大久保	エピファネイア	スマートレイアー	13	ディープインパクト
レフティサーリ	牝	4.02	栗・西園正	エピファネイア	セウラサーリ	6	オルフェーヴル
	牝	4.23		エピファネイア	セカンドワルツ	5	ハービンジャー
	牡	2.16	栗・橋口	エピファネイア	セリエンホルデ	10	Soldier Hollow
ティタノマキア	牝	3.09	栗・池添	エピファネイア	タイタンクイーン	18	Tiznow
エリュグレイス	牝	4.01		エピファネイア	ダイワクンナナ	6	ノヴェリスト
ゴンファロニエーレ	牡	3.24	美・田中博	エピファネイア	タッチングスピーチ	11	ディープインパクト
チェルヴァーラ	牝	3.26	栗・松下	エピファネイア	チェッキーノ	10	キングカメハメハ
リアライズアリス	牝	3.31	栗・杉山晴	エピファネイア	デアリングバード	12	キングカメハメハ
セレステレガーロ	牝	2.12	美・古賀	エピファネイア	デアレガーロ	9	マンハッタンカフェ
	牡	1.13	栗・小栗	エピファネイア	ディヴィニティ	6	リアルインパクト
ベネディクション	牝	1.30	栗・矢作	エピファネイア	ディメンシオン	9	ディープインパクト
ケールハイム	牝	3.26	栗・福永	エピファネイア	ドナウブルー	15	ディープインパクト
シュプリームレルム	牡	4.26	栗・高野	エピファネイア	ドバウィハイツ	16	Dubawi
	牝	2.23		エピファネイア	ノーブルスコア	7	ディープインパクト
	牡	4.03	栗・友道	エピファネイア	パシオンルージュ	15	ボストンハーバー
ペイジャー	牡	2.23	栗・福永	エピファネイア	ピクシーホロウ	13	キングヘイロー
	牝	2.18		エピファネイア	ファッションプレート	12	Old Fashioned
クリスレジーナ	牝	2.11	栗・高野	エピファネイア	ファンディーナ	9	ディープインパクト
ダーリングハースト	牡	4.11	美・国枝	エピファネイア	フォエヴァーダーリング	10	Congrats
	牝	3.27	美・田中博	エピファネイア	フライングジェム	5	Mineshaft
ブランヴァンダイク	牡	3.17	栗・辻野	エピファネイア	ブランノワール	7	ロードカナロア
ギリーズボール	牝	5.01	美・手塚久	エピファネイア	フロアクラフト	13	フジキセキ
	牡	5.23		エピファネイア	プロヴィナージュ	18	フレンチデビュティ
ブロードバローズ	牡	4.05	栗・杉山晴	エピファネイア	ブロードストリート	17	アグネスタキオン
	牝	2.28	栗・中内田	エピファネイア	ベストクルーズ	16	クロフネ
	牡	3.16	栗・杉山晴	エピファネイア	ホエールキャプチャ	15	クロフネ
ウップヘリーア	牡	3.24	美・黒岩	エピファネイア	ポージェスト	12	キングカメハメハ
カモンメーン	牡	3.29	栗・杉山晴	エピファネイア	ホームカミングクイーン	14	Holy Roman Emperor
	牝	4.30		エピファネイア	マキシマムドパリ	11	キングカメハメハ
ラルヴァンダード	牡	2.19	栗・安田	エピファネイア	マジックアティテュード	6	Galileo
アナザーフェイス	牝	4.27	美・鹿戸	エピファネイア	マスクオフ	14	ディープインパクト
	牡	4.08	美・堀	エピファネイア	ミッキークイーン	11	ディープインパクト
ヴィサージュ	牡	3.09		エピファネイア	メダリオンモチーフ	8	キングカメハメハ
エピックフライト	牡	1.19	美・黒岩	エピファネイア	ユナカイト	7	ヨハネスブルグ
カドーダムール	牝	5.07	栗・矢作	エピファネイア	ラヴズオンリーミー	17	Storm Cat
ラヴズプレミアム	牡	2.27	栗・矢作	エピファネイア	ラヴズオンリーユー	7	ディープインパクト
ディースカウ	牡	2.16	栗・須貝	エピファネイア	ラチェーヴェ	10	Danehill Dancer
トランスマーレ	牝	3.23	美・高柳瑞	エピファネイア	ランドオーバーシー	10	Bellamy Road
ジリアート	牝	4.07	栗・矢作	エピファネイア	リスグラシュー	9	ハーツクライ
リスレジャンデール	牝	3.18	美・栗田	エピファネイア	リリーズキャンドル	7	Style Vendome

2歳馬リスト

馬主(落札者)	兄姉	取引価格・募集価格	生産者(国)	毛色	写真	記事
社台RH	ヴェールランス	7000万円	社台ファーム	鹿毛		161
キャロットF	セブンサミット	8000万円	ノーザンファーム	鹿毛	3	146・155・195
社台RH	ソールオリエンス	8000万円	社台ファーム	黒鹿	85	84・196・197・198
ロードHC	ダノンスマッシュ	5000万円	ケイアイファーム	黒鹿		156
	スマートワイス		ノーザンファーム	黒鹿		83
G1レーシング		4000万円	社台コーポレーション白老ファーム	鹿毛		
			ノーザンファーム	鹿毛		
(田畑利彦)	ナヴォーナ	33000万円(セレクト当)	ノーザンファーム	青鹿	3	146
シルクR	ギルデッドミラー	6000万円	ノーザンファーム	鹿毛	3	146
(吉本雄二)		7260万円(セレクト1)	社台ファーム	栗毛		
サンデーR	キングズレイン	7000万円	ノーザンファーム	黒鹿		152・160
サンデーR	チェルヴィニア	12000万円	ノーザンファーム	栗毛	12	148
今福洋介	デアリングタクト	8800万円(セレクト当)	長谷川牧場	栃栗		
サンデーR	レガーロデルシエロ	5000万円	ノーザンファーム	黒鹿		
			高橋ファーム	鹿毛	46	138
広尾レース		6600万円	木村秀則	鹿毛	51	142
サンデーR	ドナウデルタ	6000万円	ノーザンファーム	栗毛		156
社台RH	リバティハイツ	7000万円	社台ファーム	栗毛		
			ノーザンファーム	栗毛		
(KYカンパニー)	ファインルージュ	9240万円(ミックス当)	ノーザンファーム	鹿毛	69	68・156
藤田晋	ピクシーナイト	36300万円(セレクト当)	ノーザンファーム	鹿毛		151・156・189
	レティキュール		ノーザンファーム	鹿毛		
ターフ・スポート	パシフィックルート	5000万円	谷川牧場	青鹿	41	125
サンデーR	フォーエバーヤング	8000万円	ノーザンファーム	栗毛	83	83・158
			ヤナガワ牧場	黒鹿		160
シルクR		5000万円	ノーザンファーム	鹿毛		
キャロットF	ポルカリズム	5000万円	ノーザンファーム	栗毛		161
(ライフハウス)	サンライズジーク	10120万円(セレクト1)	社台ファーム	栗毛		
猪熊広次	サトノウィザード		下河辺牧場	青鹿		
	シークルーズ		千代田牧場	芦毛	94	94
(里見治)	トーセンマッシモ	9240万円(セレクト1)	千代田牧場	芦毛		196
サンデーR	ボーデン	7000万円	ノーザンファーム	鹿毛		159
藤田晋	ダノンマッキンリー	17600万円(セレクト1)	ノーザンファーム	栗毛	12	148・189
(廣崎利洋HD)	アスクカムオンモア	9900万円(セレクト1)	社台ファーム	芦毛		
キャロットF		8000万円	ノーザンファーム	青鹿	3	146
社台RH	マスクトディーヴァ	8000万円	社台ファーム	黒鹿		159
	ミッキーゴージャス		ノーザンファーム	鹿毛	13	148
(寺田寿男)		10340万円(セレクト1)	ノーザンファーム	黒鹿		
シルクR		7000万円	ノーザンファーム	鹿毛		159
社台オーナーズ	ラヴズオンリーユー	7000万円	ノーザンファーム	鹿毛	3	146
DMMドリームクラブ		18000万円	ノーザンファーム	鹿毛	4	146
(金子真人ホールディングス)		9240万円(セレクト1)	岡田スタッド	栗毛	16	134・155
社台RH	サトノエピック	5000万円	社台ファーム	栗毛		
キャロットF		8000万円	ノーザンファーム	青鹿	4	146
シルクR	ダズリングブレイヴ	6000万円	ノーザンファーム	黒鹿		

馬名	性別	誕生日	厩舎	父名	母名	誕生時母年齢	母父名
フルールドール	牝	2.12	栗・藤原	エピファネイア	ルフォール	10	キングカメハメハ
ラブランセス	牝	3.09	美・斎藤誠	エピファネイア	レジーナドーロ	8	キングカメハメハ
	牝	4.20	栗・中内田	エピファネイア	レッツゴードンキ	11	キングカメハメハ
レッドアヴィオン	牡	2.20	美・手塚久	エピファネイア	レッドアヴァンセ	10	ディープインパクト
	牝	3.20	栗・斉藤崇	エピファネイア	レッドオルガ	9	ディープインパクト
トゥルバーニ	牝	4.16	栗・寺島	エピファネイア	レッドシルヴィ	10	ヴィクトワールピサ
レッドレガリア	牝	4.03	美・木村	エピファネイア	レッドファンタジア	13	Unbridled's Song
ルージュベル	牡	4.07	美・鹿戸	エピファネイア	レッドベルディエス	7	ディープインパクト
レッドジェルブロウ	牡	3.27	栗・鹿戸	エピファネイア	レッドベルローズ	8	ディープインパクト
ルージュプルーヴ	牝	2.09	栗・中内田	エピファネイア	レッドルレーヴ	6	キングカメハメハ
ロッサコメータ	牝	2.17	栗・吉岡	エピファネイア	レッドレイチェル	12	Medaglia d'Oro
サンシュエール	牡	1.26	栗・中内田	エピファネイア	ロープティサージュ	13	ウォーエンブレム
ゴールドコット	牡	2.16	栗・田中克	オルフェーヴル	アプリコットフィズ	16	ジャングルポケット
イベリスアマラ	牝	2.03	美・高橋文	オルフェーヴル	イベリスリーフ	7	ヘニーヒューズ
ヴィスメンティス	牡	2.22	栗・池江	オルフェーヴル	ヴァリディオル	14	Dynaformer
	牝	4.21	栗・野中	オルフェーヴル	エイシンムジカ	9	キングカメハメハ
オルブライト	牡	4.19	美・杉浦	オルフェーヴル	エナジャイズ	11	キングカメハメハ
	牝	3.17		オルフェーヴル	オメガドーヴィル	7	キングカメハメハ
フォルマシオン	牡	3.19	美・菊沢	オルフェーヴル	カルマート	15	シンボリクリスエス
ショウナンバンライ	牡	4.18	栗・松下	オルフェーヴル	シュガーショック	12	Candy Ride
オールドマイディア	牡	3.07	美・大竹	オルフェーヴル	シュンプウサイライ	15	フレンチデピュティ
フィデリス	牝	1.30	栗・坂口	オルフェーヴル	スイ	6	Candy Ride
	牝	2.24	美・加藤士	オルフェーヴル	スパイチャクラ	10	Shamardal
ペンダント	牝	3.08	栗・池江	オルフェーヴル	スパイラルステップ	11	シンボリクリスエス
ルビーテソーロ	牝	2.07	美・加藤士	オルフェーヴル	スポーカンテソーロ	7	Scat Daddy
ベンティガスエルテ	牝	3.02	栗・安田	オルフェーヴル	セットプレイ	18	Van Nistelrooy
グレンセロース	牝	3.28	栗・池添	オルフェーヴル	ソルヴェイグ	10	ダイワメジャー
ダテオトコ	牡	4.04	栗・斉藤崇	オルフェーヴル	ディーズプラネット	10	クロフネ
モンテール	牡	3.21	美・栗田	オルフェーヴル	バイコースタル	19	Gone West
マウンテンモンキー	牡	5.06	美・武井	オルフェーヴル	ファインドヌーヴ	11	チチカステナンゴ
	牝	3.09		オルフェーヴル	ベアインマインド	10	ディープインパクト
ブリュイドール	牡	3.07	栗・矢作	オルフェーヴル	レインオンザデューン	9	Frankel
アルペングロー	牝	1.27	栗・上村	オルフェーヴル	レオパルディナ	11	スニッツェル
	牝	4.26	美・田村	カリフォルニアクローム	バイカーキン	10	エンパイアメーカー
リメンバーウェル	牡	4.15	地・	カリフォルニアクローム	ユアメモリー	12	シンボリクリスエス
	牝	3.11	栗・安達	カレンブラックヒル	サンバホイッスル	15	サウスヴィグラス
パントルナイーフ	牡	4.09	美・木村	キズナ	アールブリュット	11	Makfi
マイオウンウェイ	牡	1.21	栗・高野	キズナ	アウィルアウェイ	7	ジャスタウェイ
	牝	2.22		キズナ	アドマイヤローザ	9	ハービンジャー
アメリカンジゴロ	牡	4.06	栗・斉藤崇	キズナ	アメリカンソング	10	Stripes Song
	牝	3.28		キズナ	アンフィトリテ	8	ロードカナロア
	牝	3.10	美・木村	キズナ	アンフィトリテⅡ	8	Sebring
	牡	3.20		キズナ	イリデッサ	7	Ruler of The World
	牝	3.24	栗・森田	キズナ	ヴァラナシ	8	Jimmy Creed
	牝	2.20	栗・友道	キズナ	ヴァリアンス	7	Tapit

2歳馬リスト

馬主(落札者)	兄姉	取引価格・募集価格	生産者(国)	毛色	写真	記事
サンデーR	ルトゥール	5000万円	社台コーポレーション白老ファーム	鹿毛		
G1レーシング		4000万円	追分ファーム	栗毛	35	102
			ASK STUD	鹿毛	35	103
東京HR	レッドエヴァンス	5000万円	ノーザンファーム	青鹿		161
	ルージュソリテール		ノーザンファーム	鹿毛		155
社台オーナーズ		3000万円	社台ファーム	黒鹿		
東京HR	レッドベルオーブ	8000万円	ノーザンファーム	黒鹿		179
東京HR		3600万円	坂東牧場	黒鹿		159
東京HR		4000万円	社台ファーム	黒鹿		159
東京HR		4000万円	社台ファーム	鹿毛		
ライオンRH	レイモンドバローズ	4800万円	社台ファーム	鹿毛		157
シルクR	リアンティサージュ	10000万円	ノーザンファーム	黒鹿		
G1レーシング	バラックパリンカ	3000万円	社台ファーム	鹿毛		
サンデーR		3000万円	ノーザンファーム	栗毛		
サンデーR	アンドラステ	5000万円	社台コーポレーション白老ファーム	鹿毛		154
			元道牧場	栗毛		133
YGGホースクラブ	ベルウッドグラス	1680万円	市川ファーム	栗毛		
(犬塚悠治郎)		5280万円(セレクト当)	社台ファーム	鹿毛		
社台RH	リトミカメンテ	2800万円	社台コーポレーション白老ファーム	栗毛		
(国本哲秀)	ラーゴム	22000万円(セレクト1)	ノーザンファーム	栗毛	13	148・192・195
ヒダカ・ブリーダーズ・ユニオン		1200万円	稲葉牧場	鹿毛		183
サンデーR		2600万円	ノーザンファーム	鹿毛		
	ドナヴィーナス		鮫川啓一	鹿毛		158
石川達絵	エートラックス		レイクヴィラファーム	黒鹿		154
了徳寺健二ホールディングス			リョーケンファーム	栗毛		158
柳田悠岐	ステラータ	5280万円(セレクト1)	ノーザンファーム	栗毛	13	148
社台RH	アニトラ	3200万円	社台コーポレーション白老ファーム	栗毛		
是枝浩平	エリカサファイア		グランド牧場	鹿毛		155
ノースヒルズ	レミージュ		ノースヒルズ	栗毛		
			岩見牧場	芦毛		160
	エバーグルーヴ		ノーザンファーム	鹿毛		
DMMドリームクラブ	サクセスカラー	5200万円	飛野牧場	鹿毛	51	142
キャロットF		4000万円	社台コーポレーション白老ファーム	栗毛		154
	ヴァルツァーシャル		梅田牧場	鹿毛	49	126
社台オーナーズ	ユアフラッシュ	1500万円	追分ファーム	黒鹿		
京都HR	パトゥーキ	1320万円	木村牧場	青鹿	46	140
キャロットF	パラレルヴィジョン	8000万円	新冠橋本牧場	黒鹿		
社台オーナーズ		6000万円	ノーザンファーム	鹿毛		
			ノーザンファーム	青鹿		
モンレーヴ	アメリカンビーチ		グランド牧場	青鹿		155
	ゴンザーゴ		ノーザンファーム	鹿毛		
(エムズレーシング)	トライデントスピア	6820万円(ミックス当)	ノーザンファーム	青鹿	4	146
			ノーザンファーム	鹿毛		
(村島聡乃)		572万円(セプテンバー1)	三嶋牧場	黒鹿	51	143
			前谷牧場	黒鹿		156

馬名	性別	誕生日	厩舎	父名	母名	誕生時母年齢	母父名
シホノグラツィア	牡	1.29		キズナ	ヴィアフィレンツェ	10	Dansili
ミーサーク	牡	5.15	栗・武　幸	キズナ	ヴィーゲンリート	7	Tiznow
サマーナジュム	牡	4.21	栗・角　田	キズナ	ヴォルドニュイ	13	Sky Mesa
ウラヌスリング	牝	2.22	美・斎藤誠	キズナ	ウラヌスチャーム	8	ルーラーシップ
	牡	2.17		キズナ	エスケイプクローズ	9	Going Commando
	牡	3.06	栗・	キズナ	エセンテペ	14	Oratorio
ゴリョウセイ	牡	2.06	栗・松　下	キズナ	カラクレナイ	9	ローエングリン
マイバレンタイン	牡	5.11	栗・池　江	キズナ	キトゥンズクイーン	13	Kitten's Joy
タイセイフレッサ	牝	2.22	美・斎藤誠	キズナ	キャシーズソング	9	Candy Ride
ポッドジーク	牡	2.02	栗・西園正	キズナ	キャリサガ	9	Sageburg
ビジュアライズ	牡	3.23	栗・斉藤崇	キズナ	サークリングⅡ	12	Galileo
エンジェルボイス	牡	5.01	栗・吉　村	キズナ	ザナ	15	Galileo
インゴッズハンズ	牡	2.12	美・上原佑	キズナ	サファリミス	12	Not For Sale
リーグナイト	牡	4.10	栗・新　谷	キズナ	サリエル	16	キングカメハメハ
サリエンテ	牝	1.23	栗・池　添	キズナ	サロミナ	14	Lomitas
カルダモン	牝	2.19	美・黒　岩	キズナ	シークレットスパイス	8	Discreet Cat
	牡	2.14		キズナ	ジョイカネラ	7	Fortify
	牝	4.20		キズナ	ジンジャーパンチ	20	Awesome Again
ラヴィニール	牝	2.08	栗・武　英	キズナ	シンプリーラヴィシング	5	Laoban
オルフセン	牝	4.03	栗・斎藤誠	キズナ	スターズアラインド	12	Sea The Stars
レッドホット	牝	4.08	栗・河　嶋	キズナ	スティーリンキッシーズ	18	Sky Mesa
スピナーリート	牡	3.02	栗・須　貝	キズナ	スピニングメモリーズ	8	Arcano
	牝	3.31		キズナ	スマイルミーティア	11	チチカステナンゴ
	牝	5.27	美・森　一	キズナ	スマッシュハート	12	キングカメハメハ
	牝	1.23		キズナ	セットスクエア	12	Reset
ロゼア	牝	3.18	栗・高　野	キズナ	ゼフィランサス	15	キングヘイロー
コンティ	牝	3.20	美・黒　岩	キズナ	セレスタ	11	Jump Start
ソルインフィニティ	牝	4.03	栗・武　幸	キズナ	ソラリア	13	Scat Daddy
ペールデュクラン	牝	5.16	美・菊　沢	キズナ	ダイワレジェンド	12	キングカメハメハ
ブレイザリード	牡	4.07	美・加藤士	キズナ	ダンスアミーガ	12	サクラバクシンオー
タッセルノット	牝	3.11	美・　林	キズナ	ディアンドル	7	ルーラーシップ
アマンヘセル	牝	4.24	美・蛯名正	キズナ	ティズトレメンダス	13	Tiz Wonderful
コレクト	牡	3.03	美・黒　岩	キズナ	トゥルヴァ	8	Frankel
ジャスティンレビン	牡	5.01	栗・吉　岡	キズナ	ニューアンドインプルーヴド	7	Cairo Prince
ドリームコア	牝	2.05	美・萩　原	キズナ	ノームコア	8	ハービンジャー
ウェイクフィールド	牡	2.19	美・嘉　藤	キズナ	ハーレムライン	8	マンハッタンカフェ
マカレイ	牝	4.23	美・上原博	キズナ	ハウメア	9	キングカメハメハ
	牝	1.14	美・田中博	キズナ	ファンスター	7	Adelaide
フライングスカイ	牝	2.10	栗・小　栗	キズナ	フライングヴィジョン	15	Pollard's Vision
	牝	2.22	美・鹿　戸	キズナ	プランネージュ	12	シンボリクリスエス
ナウオアネヴァー	牡	3.24	栗・寺　島	キズナ	プリカジュール	7	アーネストリー
エリカビアリッツ	牝	2.24	美・堀	キズナ	ブレーヴアンナ	9	War Front
アサリア	牝	4.07	栗・藤　原	キズナ	プレミアステップス	13	Footstepsinthesand
ロードフィレール	牝	3.18	栗・吉　岡	キズナ	プレミアムギフト	7	オルフェーヴル
ソルパッサーレ	牝	3.13	栗・四　位	キズナ	ベアフットレディ	15	Footstepsinthesand

214

2歳馬リスト

馬主(落札者)	兄姉	取引価格・募集価格	生産者(国)	毛色	写真	記事
(村瀬寛紀)		9020万円(セレクト1)	ノーザンファーム	青鹿		192
ノースヒルズ	グーヴェルナイユ		ノースヒルズ	黒鹿		
ノースヒルズ	キャンシーエンゼル		ノースヒルズ	青鹿		
キャロットF		5000万円	ノーザンファーム	黒鹿		
	ショウナンガチ	欠場(セレクト1)	ノーザンファーム	鹿毛		
	トワイライトシティ		高橋ファーム	黒鹿	51	143
社台オーナーズ		5000万円	社台ファーム	鹿毛		
ノースヒルズ	トゥデイズザデイ		ノースヒルズ	黒鹿	59	91・154
	ファイブセンス		下河辺牧場	黒鹿	43	116・193
小川眞査雄	キャトルエピス	9900万円(セレクト当)	社台ファーム	鹿毛		
キャロットF	プリペアード	5600万円	三嶋牧場	鹿毛		155
ノースヒルズ	コンクシェル		ノースヒルズ	青鹿	59	91
フィールドレーシング	ジュエルラピシア	3960万円(ミックス当)	ノーザンファーム	黒鹿		
ノースヒルズ	リメイク		ノースヒルズ	鹿毛		
シルクR	サリオス	8000万円	ノーザンファーム	青鹿	4	146
サンデーR	クラッシファイド	6000万円	ノーザンファーム	鹿毛	67	66・159・194・197・198
(小笹芳央)	カネラフィーナ	16500万円(セレクト当)	ノーザンファーム	鹿毛		
(Repole Stable Inc.)	ポタジェ	7480万円(セレクト1)	ノーザンファーム	鹿毛		
サンデーR		6000万円	ノーザンファーム	鹿毛		
坂口直大	テオレーマ	11000万円(セレクション1)	笠松牧場	鹿毛		
ノースヒルズ	スパイクナード		ノースヒルズ	黒鹿		
社台RH		4000万円	社台ファーム	鹿毛		155
			ノーザンファーム	青鹿		
ターフ・スポート	ストロングライン	2800万円	酒井牧場	鹿毛	51	143
(仙波りり子)	ダノンペドロ	3410万円(セレクト当)	ノーザンファーム	鹿毛		
ターフ・スポート	ディープボンド	3500万円	村田牧場	青鹿		
長谷川祐司	ヴァレーデラルナ	20900万円(セレクト当)	ノーザンファーム	黒鹿	13	148・159
社台オーナーズ	カレンブーケドール	5000万円	社台ファーム	鹿毛		
社台RH	シリアルノヴェル	3600万円	社台ファーム	黒鹿		
社台RH	キープカルム	5000万円	社台ファーム	鹿毛		158
シルクR		5000万円	ノーザンファーム	黒鹿		
	ティズグロリアス		岡田スタッド	黒鹿	16	134
長谷川祐司			富田牧場	鹿毛		159
三木正浩			グランド牧場	鹿毛	54	131・157・179・193・194
社台オーナーズ	シルバーレイン	7000万円	ノーザンファーム	鹿毛	4	146・195
社台RH		4000万円	社台ファーム	鹿毛	31	87
サンデーR		4600万円	ノーザンファーム	鹿毛		
(ダノックス)		17600万円(セレクト当)	ノーザンファーム	青鹿	13	148・160
DMMドリームクラブ	タイセイシップ	3000万円	新冠橋本牧場	黒鹿		
	ギャリエノワール		追分ファーム	黒鹿		159
ノースヒルズ			ノースヒルズ	黒鹿		
三木正浩			グランド牧場	鹿毛		179
インゼルレーシング	ドーブネ	3500万円	社台ファーム	青鹿	31	87
ロードHC		3500万円	ケイアイファーム	鹿毛		157
TNレーシング	ジョバンニ	4840万円(セレクション1)	タイヘイ牧場	鹿毛	56	121

馬名	性別	誕生日	厩舎	父名	母名	誕生時母年齢	母父名
モスカテル	牝	3.13	栗・石坂	キズナ	ベネンシアドール	17	キングカメハメハ
	牡	4.12	栗・田中克	キズナ	ベルクリア	10	ヴァーミリアン
シュネルアンジュ	牝	3.11	栗・寺島	キズナ	マーガレットメドウ	9	Distorted Humor
リラ	牝	3.15	美・蛯名正	キズナ	マジックファウンテン	7	War Front
ロイスター	牡	3.11	栗・笹田	キズナ	マドルガーダ	6	タートルボウル
バルセシート	牡	4.08	栗・松下	キズナ	マラコスタムブラダ	13	Lizard Island
シーズザスローン	牝	3.06	栗・松永幹	キズナ	ミコレジーナ	4	Frankel
ビシェノ	牝	1.16	栗・安田	キズナ	ミスティックジャーニー	8	Needs Further
アローメタル	牡	4.28	美・木村	キズナ	ミスベジル	12	Medaglia d'Oro
	牝	2.16		キズナ	ムービーチ	6	Treasure Beach
	牡	3.14	美・矢嶋	キズナ	ユーロナイトメア	9	Kodiac
ヨカオウ	牡	3.26	栗・谷	キズナ	ヨカヨカ	5	スクワートルスクワート
ラベルセーヌ	牝	2.09	美・鹿戸	キズナ	ラフォルス	9	Power
アンリミテッド	牡	3.08	栗・高野	キズナ	ラルムドランジュ	8	Dansili
アウダーシア	牡	2.03	美・手塚久	キズナ	リリーノーブル	8	ルーラーシップ
	牡	4.11	栗・吉岡	キズナ	ルバンⅡ	9	Medaglia d'Oro
ルージュフィーリア	牝	1.27	美・大竹	キズナ	レッドレグナント	8	ロードカナロア
	牝	1.25	美・武井	キズナ	レディデラウェア	6	American Pharoah
クラッチスラッガー	牡	1.24		キズナ	レンブランサ	8	ヘニーヒューズ
ワンダフルボンド	牡	2.09	栗・友道	キズナ	ワンダーオブリップス	8	Champs Elysees
サウマ	牡	3.18	美・辻	キセキ	アイワナシーユー	8	ステイゴールド
サイン	牡	3.12	栗・佐藤悠	キセキ	イヴ	6	ダイワメジャー
アクセス	牡	3.03	栗・	キセキ	トリニティプレイス	12	マンハッタンカフェ
ゼウステソーロ	牡	2.22	美・加藤士	キセキ	ビューティテソーロ	8	Camelot
ラヴィアンコール	牡	4.20	栗・辻野	キセキ	ラヴィーゲラン	11	スペシャルウィーク
スーザンバローズ	牝	4.01	美・奥村武	キセキ	ロックザボート	8	Fastnet Rock
	牝	3.27	美・萩原	キタサンブラック	アスコルティ	12	Danehill Dancer
ブラックコーラル	牡	3.16	美・清水久	キタサンブラック	アドマイヤマリン	16	クロフネ
	牡	1.20	美・田中博	キタサンブラック	アメージングムーン	13	アドマイヤムーン
バリオス	牡	4.23	栗・武幸	キタサンブラック	アンジュシュエット	12	フレンチデビュティ
ラミアスペランツァ	牝	2.01	栗・斉藤崇	キタサンブラック	アンティフォナ	15	Songandaprayer
オービタルピリオド	牡	3.18	美・奥村武	キタサンブラック	イストワールファム	9	ローエングリン
インドミタビリティ	牡	1.26	栗・杉山晴	キタサンブラック	インフレキシビリティ	9	Scat Daddy
ヴィヴァラヴィスタ	牝	2.05	美・上原佑	キタサンブラック	ヴィヴィッドヴィジョン	5	Vertiformer
	牡	4.01	栗・寺島	キタサンブラック	ヴィネット	6	ロードカナロア
ストロベリーツリー	牡	4.18	栗・中内田	キタサンブラック	ウィンターコスモス	16	キングカメハメハ
イニシオ	牡	2.21	栗・福永	キタサンブラック	ウインミレーユ	10	ステイゴールド
ショウナンワクセイ	牡	3.07		キタサンブラック	ウォークロニクル	11	ウォーエンブレム
	牝	2.15		キタサンブラック	エライヤ	7	Siyouni
カレリアフレイバー	牝	2.12	美・久保田	キタサンブラック	エルヴァスⅡ	7	Catcher In The Rye
	牝	3.01		キタサンブラック	エントロピア	8	Mount Nelson
	牝	1.21	美・奥村武	キタサンブラック	キタサンデイジー	8	Violence
ウィスカーパッド	牡	3.12	栗・藤岡	キタサンブラック	キトゥンズダンプリングス	13	Kitten's Joy
	牝	3.16	美・堀	キタサンブラック	キラーグレイシス	14	Congaree
	牝	2.19	栗・福永	キタサンブラック	グローバルビューティ	9	Global Hunter

2歳馬リスト

馬主(落札者)	兄姉	取引価格・募集価格	生産者(国)	毛色	写真	記事
社台オーナーズ	デニムアンドルビー	4500万円	ノーザンファーム	黒鹿		
	ベルギューン		笠松牧場	青鹿		141
インゼルレーシング	サクラトップリアル	2400万円	千代田牧場	鹿毛	27	95
ノースヒルズ			ノースヒルズ	黒鹿		
ノースヒルズ			ノースヒルズ	鹿毛		
キャロットF	レシステンシア	10000万円	ノーザンファーム	鹿毛	4	146・192
ノースヒルズ			ノースヒルズ	鹿毛	59	91
サンデーR		5000万円	ノーザンファーム	青鹿		
シルクR	タイセイドラード	8000万円	ノーザンファーム	青鹿	78	78・198
(田畑利彦)		7260万円(セレクト1)	ノーザンファーム	鹿毛		
(星野壽市)		3410万円(セレクション1)	笠松牧場	青鹿	46	138
岡浩二			サンデーヒルズ	青鹿	60	91
サンデーR	ラミアメンテ	5000万円	社台コーポレーション白老ファーム	黒鹿		159
ノースヒルズ			ノースヒルズ	青鹿		
サンデーR	デンクマール	7000万円	ノーザンファーム	黒鹿	5	146・161・192・195・198
	ファントムシーフ		谷川牧場	黒鹿	41	125・157
東京HR	ジョリーレーヌ	4000万円	ノーザンファーム	鹿毛		
			ノーザンファーム	鹿毛		160
			ノーザンファーム	鹿毛		
G1レーシング	サトノシュトラーセ	7000万円	追分ファーム	鹿毛		156
DMMドリームクラブ		1000万円	パカパカファーム	鹿毛		
石川達絵			ノーザンファーム	鹿毛		192
石川達絵	レッドプロフェシー		下河辺牧場	鹿毛		117・196
了徳寺健二ホールディングス	ブッシュテソーロ		リョーケンファーム	青鹿		158
ノルマンディー	ドライグ	2800万円	白井牧場	鹿毛	52	143
猪熊広次			三嶋牧場	鹿毛		157
(ダノックス)	アスコリピチェーノ	44000万円(セレクト1)	ノーザンファーム	青鹿	13	148
サンデーR	アドマイヤロブソン	6000万円	ノーザンファーム	青鹿	72	72
(NICKS)	ノースブリッジ	20900万円(セレクト当)	村田牧場	黒鹿		153・160
ノースヒルズ	ヘリオス	6820万円(セレクト当)	桑田牧場	鹿毛		
シルクR	ラウダシオン	6000万円	社台コーポレーション白老ファーム	鹿毛		155
シルクR	アフィリオン	6000万円	ノーザンファーム	黒鹿		157
サンデーR	モアリジット	8000万円	社台コーポレーション白老ファーム	黒鹿		
DMMドリームクラブ		3400万円	村上欽哉	鹿毛		
			笠松牧場	鹿毛		141
	アイスバブル		ノーザンファーム	芦毛	5	146
ライオンRH	ウインラウダ	9800万円	コスモヴューファーム	黒鹿		150・156
(国本哲秀)	クロニクルノヴァ	31900万円(セレクト当)	ノーザンファーム	鹿毛		
	エラトー	欠場(セレクト1)	ノーザンファーム	鹿毛		
尾田信夫	ブルクトーア	5060万円(ミックス当)	ノーザンファーム	鹿毛		
(ダノックス)	エコロブレード	15950万円(セレクト当)	グランド牧場	黒鹿		
			カタオカステーブル	鹿毛		157
社台RH	ブライトマン	3200万円	社台ファーム	黒鹿	32	87
(ロデオジャパン)	キラーアビリティ	35200万円(セレクト当)	ノーザンファーム	鹿毛	14	148・195
(ロデオジャパン)	バルクリチュード	11550万円(セレクト1)	ノーザンファーム	鹿毛	14	148・151・156

217

馬名	性別	誕生日	厩舎	父名	母名	誕生時母年齢	母父名
ブラックチャリス	牝	4.18	栗・武 幸	キタサンブラック	ゴールドチャリス	5	トゥザワールド
ランブルスコ	牡	3.31	美・蛯名正	キタサンブラック	サマーハ	17	Singspiel
ミラージュノワール	牝	2.11	美・宮 田	キタサンブラック	サラーブ	8	ルーラーシップ
レイナエヴィータ	牝	2.12	美・田中博	キタサンブラック	サンタエヴィータ	12	Smart Strike
	牡	5.05		キタサンブラック	ジェットセッティング	10	Fast Company
ブラッキッシュ	牡	3.24		キタサンブラック	シネマトグラフ	6	ロードカナロア
イクシード	牝	2.26	美・木 村	キタサンブラック	シャトーブランシュ	13	キングヘイロー
	牡	4.28	栗・友 道	キタサンブラック	ジュントップヒトミ	10	ゼンノロブロイ
ブラストブラック	牡	3.15	栗・須 貝	キタサンブラック	ジョイニデラ	8	Fortify
スターサンサルー	牝	4.01	美・尾 関	キタサンブラック	スターオーストラル	9	Cosmic
セイウンプーパ	牝	4.27	美・奥 平	キタサンブラック	ターフグロッカ	8	Soldier Hollow
ファムマルキーズ	牝	3.12	栗・大久保	キタサンブラック	ダイワダッチェス	10	ワークフォース
チルチャンプ	牝	2.08	美・手塚久	キタサンブラック	ダンダラ	5	Dandy Man
ガローファノ	牝	2.21	美・黒 岩	キタサンブラック	チェリーコレクト	14	Oratorio
シルバーフリート	牡	4.21	栗・松永幹	キタサンブラック	チカリータ	10	クロフネ
ニシノシャルム	牝	1.30	美・栗 田	キタサンブラック	チャームクォーク	9	クロフネ
	牝	3.04	栗・牧 浦	キタサンブラック	ティアーモ	13	キングカメハメハ
リン	牡	4.13	栗・四 位	キタサンブラック	ティーンエイジギャル	8	Acclamation
	牝	3.06		キタサンブラック	ディステイン	11	Champs Elysees
	牡	3.26	栗・友 道	キタサンブラック	デルフィニアⅡ	7	Galileo
ノチェブエナ	牝	2.23	栗・杉山晴	キタサンブラック	ナターレ	15	クロフネ
クイーンアン	牝	3.13	美・蛯名正	キタサンブラック	パドックシアトル	9	Seattle Fitz
ジンカイト	牡	5.09	美・堀	キタサンブラック	ハニージェイド	9	Harlan's Holiday
	牡	4.03	栗・中 村	キタサンブラック	ビーコンターン	13	Shamardal
アンジュドジョワ	牝	3.29	栗・福 永	キタサンブラック	ピースエンジェル	4	Dark Angel
ブラックオリンピア	牡	3.14	栗・友 道	キタサンブラック	ピノ	9	Pierro
	牡	2.05	栗・友 道	キタサンブラック	ファディラー	10	Monsun
フリッカーフェスト	牡	3.05	栗・藤 原	キタサンブラック	フィルムフェスト	7	スクリーンヒーロー
フォルナクス	牝	1.30	栗・奥村豊	キタサンブラック	フォスタークルック	11	Freud
インヴァリュアブル	牝	2.11	美・萩 原	キタサンブラック	プライストゥパーフェクション	10	Temple City
	牡	4.18	栗・野 中	キタサンブラック	フライングニンバス	11	Awesome Again
	牡	3.06	美・田 島	キタサンブラック	プリミエラムール	7	ダンカーク
	牡	4.26	栗・武 英	キタサンブラック	ブリュネット	13	ダイワメジャー
ルージュアストレア	牝	3.19	栗・粟 田	キタサンブラック	プリンセスアスタ	10	Canford Cliffs
ブラウディッツ	牝	4.27	美・田中博	キタサンブラック	プリンセスノーア	5	Not This Time
インタノン	牝	5.23	美・堀	キタサンブラック	プレシャスライフ	19	タイキシャトル
ベルランコントル	牝	5.03	美・伊藤大	キタサンブラック	マイネヴォヤージ	14	Teofilo
リアライズグリント	牡	1.27	栗・矢 作	キタサンブラック	マドラスチェック	7	Malibu Moon
	牝	1.31		キタサンブラック	マハゴニー	6	Storm Embrujado
パステール	牡	3.28	栗・斉藤崇	キタサンブラック	マンビア	15	Aldebaran
フォルストランキル	牝	2.17	栗・池 江	キタサンブラック	ムーンティアーズ	5	Kendargent
チャリングクロス	牡	4.13	美・奥村武	キタサンブラック	ライジングクロス	20	Cape Cross
フィエスタ	牝	2.14	栗・西 村	キタサンブラック	ルガーサント	6	ヴィクトワールピサ
バロッカネーラ	牝	3.10	栗・池 添	キタサンブラック	レッチェバロック	6	Uncle Mo
レッドパラジウム	牡	2.24	栗・清水久	キタサンブラック	レッドシルヴァーナ	7	ロードカナロア

2歳馬リスト

馬主(落札者)	兄姉	取引価格・募集価格	生産者(国)	毛色	写真	記事
フィールドレーシング			ノーザンファーム	鹿毛		
(金子真人ホールディングス)	シャケトラ	16500万円(セレクト1)	ノーザンファーム	黒鹿	5	65
シルクR		5000万円	ノーザンファーム	青鹿		161・192
G1レーシング	サンタグラシア	4000万円	社台コーポレーション白老ファーム	黒鹿		160
	ツーネサーン		ノーザンファーム	黒鹿		
			ノーザンファーム	芦毛		
シルクR	イクイノックス	10000万円	ノーザンファーム	黒鹿	5	147
	ジュンブルースカイ		ノーザンファーム	黒鹿		156
ヒダカ・ブリーダーズ・ユニオン		6600万円	ハクレイファーム	黒鹿		155
広尾レース		4400万円	レジェンドファーム	芦毛	52	145
(西山茂行)		2310万円(セレクション1)	辻牧場	鹿毛	19	107
社台オーナーズ	タロントゥーズ	3500万円	社台コーポレーション白老ファーム	鹿毛		
藤田晋		12100万円(セレクト当)	ノーザンファーム	鹿毛		161・189
社台オーナーズ	サトノグランツ	5000万円	ノーザンファーム	鹿毛		159・192
インゼルレーシング	シュニー	5500万円	ノーザンファーム	芦毛		
	セボンサデッセ		鮫川啓一	黒鹿	19	107
ロードHC	ロードラプソディ	2800万円	ケイアイファーム	鹿毛		
Deep Creek			ヤナガワ牧場	鹿毛	56	121
			ノーザンファーム	鹿毛		
(ロデオジャパン)	リラエンブレム	64900万円(セレクト1)	ノーザンファーム	黒鹿	5	147・156
G1レーシング	ガイアフォース	4600万円	追分ファーム	黒鹿		
広尾レース		7200万円	谷川牧場	黒鹿		
G1レーシング	クォーツァイト	6000万円	追分ファーム	鹿毛		
ライオンRH	ホウオウラスカーズ	6600万円	岡田スタッド	黒鹿		
社台RH		3600万円	社台コーポレーション白老ファーム	芦毛		156
サンデーR		8000万円	ノーザンファーム	青鹿	5	147・156
(インターホース)	コスモシャングリラ	41800万円(セレクト当)	ノーザンファーム	鹿毛	6	147・156
キャロットF		7000万円	社台コーポレーション白老ファーム	鹿毛		
サンデーR	フォースターデイズ	6000万円	ノーザンファーム	鹿毛		76・197・198
キャロットF		5000万円	ノーザンファーム	黒鹿		
	ファストレーン		上水牧場	鹿毛	54	131
ライオンRH		2400万円	田中スタッド	黒鹿		
ロードHC	ロードブレイズ	3800万円	ケイアイファーム	鹿毛		
東京HR		3000万円	社台ファーム	鹿毛	32	87
サンデーR	ライノ	7000万円	ノーザンファーム	黒鹿		153・160
(金子真人ホールディングス)	ハーグリーブス	3410万円(セレクト1)	千代田牧場	鹿毛	27	92
ラフィアン	マリネロ	2400万円	ビッグレッドファーム	黒鹿	25	113
今福洋介		16500万円(セレクト1)	追分ファーム	鹿毛	35	104・179
(ダノックス)		8800万円(セレクト1)	ノーザンファーム	黒鹿		
シルクR	ミッキーハーモニー	7000万円	ノーザンファーム	鹿毛		78・155
キャロットF		4600万円	ノーザンファーム	黒鹿		154
サンデーR	クロワデュノール	5000万円	坂東牧場	青鹿		157・192
ターフ・スポート		3300万円	谷川牧場	青鹿	41	125
キャロットF		6000万円	ノーザンファーム	黒鹿	6	147
東京HR		3200万円	谷川牧場	芦毛	41	124

馬名	性別	誕生日	厩舎	父名	母名	誕生時母年齢	母父名
スタートレイン	牝	3.16	美・黒 岩	キタサンブラック	レポゼッション	6	War Front
ザタイムハズカム	牝	2.26	栗・福 永	キタサンブラック	ワッツダチャンセズ	13	Diamond Green
	牝	6.02	栗・大久保	キタサンブラック	ワンスインナムーン	10	アドマイヤムーン
	牡	3.19	栗・福 永	キタサンブラック	ワンダーフィリー	16	Invincible Spirit
	牝	3.21	美・武 井	キンシャサノキセキ	オートキュイジーヌ	17	フレンチデピュティ
モズエムブイピー	牡	2.08	栗・矢 作	グランプリボス	モズスーパーフレア	8	Speightstown
スターチューン	牝	1.31		クリソベリル	アルアリングスター	8	Exchange Rate
アンジュレーヌ	牝	3.27	美・宮 田	クリソベリル	アンジュジョリー	9	タートルボウル
	牝	2.02	栗・大久保	クリソベリル	アンデスクイーン	9	タートルボウル
ビリキナータ	牝	4.01	美・大和田	クリソベリル	ウィキッドアイズ	8	オルフェーヴル
ハイドパーク	牡	4.19	栗・田中克	クリソベリル	エイシンピカデリー	10	Hard Spun
	牝	3.03		クリソベリル	エスメラルディーナ	12	Harlan's Holiday
クリソプテロン	牡	3.02	栗・浜 田	クリソベリル	オーサムフェザー	15	Awesome of Course
ガーディアンテイル	牡	2.22	美・小手川	クリソベリル	ガートルード	12	ジャングルポケット
	牝	2.17		クリソベリル	カーミングエフェクト	7	War Front
ペタルズダンス	牝	4.19	美・嘉 藤	クリソベリル	カイカヨソウ	13	ティンバーカントリー
ノーチェ	牝	1.30	美・加藤士	クリソベリル	キャスノワゼット	7	ロードカナロア
モンスターラッシュ	牡	3.01	美・高 木	クリソベリル	クラーベセクレタ	15	ワイルドラッシュ
ブロンザイト	牡	1.20	栗・福 永	クリソベリル	クルークハイト	9	クロフネ
	牡	3.13		クリソベリル	グレイトフルデッド	11	ハーツクライ
サクライロマウコロ	牡	3.07	栗・西園正	クリソベリル	サツマキリコ	7	エンパイアメーカー
ジャイアンバローズ	牡	2.15	栗・池 江	クリソベリル	サトノアイビス	7	Bodemeister
サリカリーフォリア	牝	2.26	栗・橋 口	クリソベリル	サリネロ	9	Uncle Mo
ラヴィングリー	牝	4.14	美・池 上	クリソベリル	シャルムダムール	7	ディープインパクト
チャーリー	牡	2.16	美・国 枝	クリソベリル	ジャンナスキッキ	8	War Front
ナインフォルド	牡	4.15	地・	クリソベリル	ジルズパレス	10	Tale of the Cat
	牝	4.23	美・深 山	クリソベリル	スターペスミツコ	21	カーネギー
サイモフェーン	牝	1.21	美・高 木	クリソベリル	セレナズヴォイス	6	Honor Code
サンラザール	牡	3.14	美・森 一	クリソベリル	パールデュー	7	キングカメハメハ
イナズマダイモン	牡	4.03	美・宮 田	クリソベリル	パリスビキニ	11	Bernardini
	牡	3.02		クリソベリル	ビキニブロンド	14	キングカメハメハ
ベリルスフィア	牝	3.12	栗・高柳大	クリソベリル	ヒップホップスワン	9	Tiz Wonderful
ペニーファウンテン	牝	3.17	地・	クリソベリル	ペニーウェディング	10	Broken Vow
アンディラメナ	牝	3.31	美・田 島	クリソベリル	マトリョーシカ	12	クロフネ
シャローファースト	牡	3.28	栗・安 田	クリソベリル	ミセスワタナベ	9	Tapizar
	牝	3.02		クリソベリル	モンペルデュ	7	Cairo Prince
アインブロージット	牝	4.14	美・萩 原	クリソベリル	ユナリオンス	8	Shamardal
セラサイト	牝	4.09	栗・茶 木	クリソベリル	ランプフィーバー	8	Ghostzapper
ゲタリア	牡	2.10	栗・杉山晴	クリソベリル	リップスポイズン	15	Mamool
アンバールート	牡	2.01	栗・西 村	クリソベリル	レーヴドリーブ	8	オルフェーヴル
	牡	3.07	美・加藤士	クリソベリル	ワインレッドローズ	7	ルーラーシップ
クイノールト	牡	3.15	栗・橋 口	クリソベリル	ワシントンレガシー	9	クロフネ
ドリームテイオー	牡	5.22		クワイトファイン	ママテイオーノユメ	5	ヴァンセンヌ
インテンスゲイズ	牝	3.26	美・矢 嶋	ゴールドシップ	アイオープナー	6	スクリーンヒーロー
シェリーシュシュ	牝	3.31	美・大 竹	ゴールドシップ	アイワナビリーヴ	7	ジャスタウェイ

220

2歳馬リスト

馬主(落札者)	兄姉	取引価格・募集価格	生産者(国)	毛色	写真	記事
			藤沢牧場	鹿毛		159
G1レーシング	ロッタチャンセズ	3000万円	追分ファーム	鹿毛		150・156
	ステークホルダー		岡田スタッド	鹿毛	17	134
	アプローズ		三嶋牧場	青鹿		156
(重野心平)	プリマジア	1320万円(セレクション1)	スガタ牧場	鹿毛		160
キャピタル・システム			谷川牧場	鹿毛	41	124
(上川洋)	ルシフェル	4400万円(セレクト1)	ノーザンファーム	鹿毛		
竹下浩一			上水牧場	鹿毛		161
グリーンF	アンデスピエント	3600万円	ノーザンファーム	栗毛		
シルクR	キュリエール	2000万円	ノーザンファーム	鹿毛		
ヒダカ・ブリーダーズ・ユニオン	パウオレ	3000万円	佐藤牧場	鹿毛	46	139
(保坂和孝)	アリーヴォ	4510万円(セレクト当)	ノーザンファーム	栗毛		
サンデーR	スーパーフェザー	3200万円	ノーザンファーム	鹿毛		
社台オーナーズ	ナウズザタイム	3000万円	ノーザンファーム	鹿毛		
(篁真一郎)	カーミングライツ	3740万円(セレクト1)	ノーザンファーム	鹿毛		
キャロットF	ベンティメント	3000万円	社台コーポレーション白老ファーム	黒鹿		
河合明弘		1045万円(セレクション1)	西村牧場	鹿毛		158
サンデーR	クラーベドラダ	4000万円	ノーザンファーム	鹿毛		
キャロットF	ルフトクス	4000万円	ノーザンファーム	栗毛		156
			ノーザンファーム	黒鹿		
社台RH		2000万円	社台ファーム	鹿毛		
猪熊広次			下河辺牧場	鹿毛	43	117・154
盛学志		1980万円(セレクト当)	ノーザンファーム	鹿毛		
G1レーシング		1400万円	追分ファーム	鹿毛		
(嶋田賢)	ベルダイナフェロー	3850万円(セレクト当)	辻牧場	鹿毛		158
キャロットF		2500万円	隆栄牧場	鹿毛		
(丸沼千明牧場)	メイショウナルト	3300万円(セレクト1)	鎌田正嗣	鹿毛	49	127
キャロットF		3200万円	社台コーポレーション白老ファーム	鹿毛		
シルクR		4000万円	ノーザンファーム	鹿毛		
藤田晋	アメリカンビキニ	11000万円(セレクト1)	ノーザンファーム	鹿毛	6	72・147・161・189・195
(山田弘)	ホウオウカブキ	6820万円(セレクト1)	ノーザンファーム	鹿毛		
橋本実	フォルテローザ	3080万円(セレクト1)	ノーザンファーム	栗毛		
キャロットF		2000万円	坂東牧場	栗毛		
サンデーR	ヴォルゴグラード	2400万円	ノーザンファーム	栗毛		
SAレーシング	ワイルドブッター	8800万円(セレクト1)	ノーザンファーム	鹿毛		
(小笹芳央)		7480万円(セレクト1)	ノーザンファーム	栗毛		
ノースヒルズ			ノースヒルズ	黒鹿		
DMMドリームクラブ		1800万円	ノーザンファーム	鹿毛		
モンレーヴ	アンブロークン	9020万円(セレクト当)	ノーザンファーム	鹿毛		
シルクR	レーヴドフォン	3200万円	ノーザンファーム	鹿毛		
			千代田牧場	鹿毛		158
社台オーナーズ	ハリケーンリッジ	3000万円	ノーザンファーム	鹿毛		
			日西牧場	黒鹿		187
ラフィアン		1500万円	ビッグレッドファーム	栗毛	25	113
DMMドリームクラブ		1600万円	パカパカファーム	芦毛		

馬名	性別	誕生日	厩舎	父名	母名	誕生時母年齢	母父名
マイネルオラクル	牡	5.02	美・尾 関	ゴールドシップ	アメリオラシオン	7	ルーラーシップ
マイネルラズライト	牡	5.21	美・奥村武	ゴールドシップ	アンフォゲッタブル	6	Muhaarar
ウインキングリー	牡	1.31	栗・長谷川	ゴールドシップ	イクスキューズ	19	ボストンハーバー
ウインリーブル	牝	5.08	栗・緒 方	ゴールドシップ	ウインリパティ	12	ダンスインザダーク
ウインブリザード	牡	4.02	美・深 山	ゴールドシップ	エーシンマリポーサ	19	Pulpit
	牝	4.19		ゴールドシップ	エノラ	16	Noverre
カトマンズゴールド	牝	3.29	栗・宮 本	ゴールドシップ	カトマンブルー	15	Bluegrass Cat
レスター	牡	3.23	美・鈴木慎	ゴールドシップ	クエストフォーワンダー	11	Makfi
マイネルリーヒム	牡	5.14	美・武 市	ゴールドシップ	ゲハイムローゼ	7	ロージズインメイ
ジャジャミン	牝	1.30	栗・寺 島	ゴールドシップ	サトノジャスミン	7	Wilburn
レウコテア	牝	4.21	栗・西園翔	ゴールドシップ	スアデラ	10	ゴールドアリュール
ナイア	牝	2.26	美・尾 関	ゴールドシップ	ストームハート	7	Uncaptured
タケショウカイザー	牡	2.12	美・奥村武	ゴールドシップ	タケショウベスト	9	キングズベスト
コスモラムバック	牡	2.17	美・水 野	ゴールドシップ	ディスポーザブルプレジャー	14	Giacomo
コスモギオン	牡	5.04	栗・宮	ゴールドシップ	ハーコントウーズ	7	Invincible Spirit
コスモアルペジオ	牡	5.21	美・鹿 戸	ゴールドシップ	ハートリーフ	6	Australia
マイネルパーロル	牡	4.28	美・嘉 藤	ゴールドシップ	パールオブアフリカ	13	Jeremy
	牝	3.23	美・菊 沢	ゴールドシップ	プリティカリーナ	18	Seeking the Gold
コスモアミュレット	牡	5.16	美・加藤士	ゴールドシップ	ポンポンルージュ	6	Kitten's Joy
コスモエーヴィヒ	牡	3.02	美・伊藤大	ゴールドシップ	ミルルーテウス	19	アグネスタキオン
	牝	1.28	栗・辻 野	ゴールドシップ	ランドネ	8	Blame
マイネルホウセン	牡	2.07	栗・清水久	ゴールドシップ	レオンドーロ	7	スクリーンヒーロー
	牡	5.28	栗・新 谷	ゴールドドリーム	ジェルヴェーズ	11	メイショウサムソン
	牝	1.28	栗・吉 田	ゴールドドリーム	ジュエリーストーム	10	ストーミングホーム
レトレス	牝	2.22	地・	ゴールドドリーム	タピテール	5	Tapit
	牡	3.14		ゴールドドリーム	デイトユアドリーム	17	トワイニング
	牝	2.27	美・栗 田	ゴールドドリーム	ハイエストクイーン	8	シンボリクリスエス
	牡	2.04		ゴールドドリーム	フォンタネットボー	11	Dunkirk
ミリオンヴォイス	牡	3.19	美・加藤士	ゴールドドリーム	ペルシャンジュエル	6	アサクサキングス
マーゴットリック	牡	4.04	美・加藤士	ゴールドドリーム	ミモザゴール	6	ルーラーシップ
ライムシロップ	牝	5.11	栗・羽 月	ゴールドドリーム	ライムスカッシュ	11	キングカメハメハ
エイシンリキュウ	牡	3.28	栗・今 野	コパノリッキー	エイシンセラード	8	カネヒキリ
エイシンウィキッド	牡	3.21	栗・小 崎	コパノリッキー	エーシンアマゾーン	16	ファルブラヴ
フィジーポップ	牝	4.24	地・	コパノリッキー	ゴールデンフィジー	8	キングカメハメハ
コパノロケット	牡	3.21	栗・福 永	コパノリッキー	ラブミーレディー	6	コパノリチャード
ルシアージュ	牝	4.07	栗・高柳瑞	コントレイル	アーデルワイゼ	8	エイシンフラッシュ
レッドバベル	牡	5.08	栗・池 江	コントレイル	アスタウンドメント	7	Kitten's Joy
	牡	3.19		コントレイル	アナアメリカーナ	17	American Post
ブラッククラウズ	牡	5.10	美・尾 関	コントレイル	アニエラ	7	Dubawi
ロックスミス	牡	2.06	栗・	コントレイル	アビーム	8	ノヴェリスト
エコロセレナ	牝	3.16	美・斎藤誠	コントレイル	アマルティア	10	アドマイヤムーン
アグレイビューティ	牝	4.15	栗・上 村	コントレイル	アレイヴィングビューティ	10	Mastercraftsman
	牝	4.23	美・高柳瑞	コントレイル	アンジェリック	12	シンボリクリスエス
ビッグヒーロー	牡	2.24	栗・福 永	コントレイル	アンナペレンナ	10	Tale of Ekati
	牝	3.03	栗・角 田	コントレイル	イベリス	7	ロードカナロア

222

2歳馬リスト

馬主(落札者)	兄姉	取引価格・募集価格	生産者(国)	毛色	写真	記事
ラフィアン	マイネルオーシャン	1800万円	ビッグレッドファーム	芦毛	23	110
ラフィアン		2600万円	ビッグレッドファーム	芦毛		157
ウイン	ウインキートス	5800万円	コスモヴューファーム	黒鹿	38	114・193
ウイン	ウインリブルマン	2600万円	コスモヴューファーム	栗毛	38	115
ウイン	ウインスノーライト	3200万円	コスモヴューファーム	芦毛	38	114
(伊藤弘人)	フォーテ	3850万円(セレクト1)	ノーザンファーム	芦毛		
社台RH	カンティプール	1800万円	社台ファーム	芦毛		
広尾レース	ウィンダミア	2800万円	パカパカファーム	黒鹿	52	144
ラフィアン	マイネルヴォルムス	2200万円	ブルースターズファーム	黒鹿	25	112
ローレルR	ゴージャス	3000万円	村上欽哉	白毛		
G1レーシング	バースウェイド	1400万円	社台コーポレーション白老ファーム	芦毛		
広尾レース		2000万円	木村秀則	青鹿		
			さとう	芦毛		157
コスモ	コスモジンバック	2800万円	ビッグレッドファーム	芦毛	23	110
コスモ		2000万円	ビッグレッドファーム	芦毛	25	112
コスモ		2000万円	ビッグレッドファーム	芦毛		159
ラフィアン		1800万円	ビッグレッドファーム	芦毛	21	109
ライオンRH	エクレアスパークル	3800万円	ノーザンファーム	黒鹿		
コスモ		3300万円	新井昭二牧場	芦毛		158
コスモ	コスモカレンドゥラ	1800万円	ビッグレッドファーム	芦毛	21	109
			三嶋牧場	鹿毛	39	123
ラフィアン		4000万円	ビッグレッドファーム	鹿毛	25	112・193
LEX	エティエンヌ	1848万円	岡田スタッド	黒鹿	17	134
LEX	ジューンクエスト	1408万円	メイタイファーム	栗毛		137
社台オーナーズ		1000万円	社台ファーム	黒鹿		
(前田良平)	タイセイドレフォン	4400万円(セレクト当)	ノーザンファーム	栗毛		
			岡田スタッド	黒鹿	17	135
(三成社)	ジャスティンカツミ	4290万円(ミックス当)	ノーザンファーム	栗毛		
Deep Creek			さとう	黒鹿		158
			富田牧場	黒鹿		158
ノルマンディー	アランチャータ	1280万円	嶋田牧場	青鹿		137
		主取(サマー1)	山春牧場	栗毛	58	132
	エイシンセラード		織田正敏	栗毛	59	132
社台オーナーズ		800万円	社台コーポレーション白老ファーム	鹿毛		
小林祥晃			谷岡牧場	鹿毛		156
シルクR		4000万円	社台コーポレーション白老ファーム	青鹿		
東京HR		4400万円	辻牧場	鹿毛		154
	メイソンジュニア		ノーザンファーム	鹿毛		
ノースヒルズ			ノースヒルズ	黒鹿		
ローレルR		6000万円	村上欽哉	青鹿		
原村正紀	モズバンディット	欠場(セレクト当)	ラベンダーファーム	青鹿	56	121
G1レーシング		4000万円	追分ファーム	芦毛	35	102・154
	ギャラクシーナイト		杵臼牧場	青鹿	56	120
幅田昌伸	ビッグシーザー		バンブー牧場	芦毛	60	91・150・156
			ノースヒルズ	鹿毛	90	90

馬名	性別	誕生日	厩舎	父名	母名	誕生時母年齢	母父名
ドンテスタマスター	牡	2.20	栗・杉山晴	コントレイル	インディアナギャル	18	Intikhab
シーラス	牡	4.04	美・堀	コントレイル	ヴァイブランス	7	Violence
ヴェネゼロス	牝	2.19	美・林	コントレイル	ヴァシリカ	9	Skipshot
	牝	2.13	栗・田中克	コントレイル	ヴァラディヤ	5	Siyouni
ヴァロンブローサ	牝	3.31	栗・池添	コントレイル	ヴィルジニア	13	Galileo
ヴェルサイユシエル	牝	1.26	栗・斉藤崇	コントレイル	ウェイトゥヴェルサイユ	9	Tizway
カモンレイル	牡	3.23	栗・中竹	コントレイル	ヴェントス	13	ウォーエンブレム
	牝	2.09	栗・福永	コントレイル	エアジーン	7	ハービンジャー
オーロラボレアリス	牝	3.18	栗・吉岡	コントレイル	エスキモーキセス	8	To Honor and Serve
	牡	4.11	栗・池江	コントレイル	エディン	14	ジャングルポケット
	牡	5.03	栗・杉山晴	コントレイル	エンジェルフェイス	10	キングカメハメハ
シャルトル	牡	2.17	美・栗田	コントレイル	カーレッサ	7	Uncle Mo
エーデルゼーレ	牡	2.24	美・堀	コントレイル	カラライナ	11	Curlin
	牝	2.10	栗・福永	コントレイル	ガリレオズソング	10	Galileo
ユマハム	牡	4.10	美・田中博	コントレイル	カルティカ	16	Rainbow Quest
グラシアムヘール	牝	2.19		コントレイル	カレドニアロード	8	Quality Road
コンジェスタス	牡	1.27	栗・高野	コントレイル	キラモサ	13	Alamosa
ルージュボヤージュ	牝	2.17	栗・国枝	コントレイル	クイーンズアドヴァイス	13	Orpen
チェリヴェント	牡	3.26	栗・清水久	コントレイル	クリアリーコンフューズド	13	Successful Appeal
フリーガー	牡	2.27	栗・矢作	コントレイル	ゲットリッドオブワットアイレスユー	7	Ghostzapper
	牡	3.29		コントレイル	ケンホープ	13	Kendargent
サガルマータ	牡	2.10	栗・福永	コントレイル	コンヴィクションⅡ	12	City Banker
	牝	2.02	栗・矢作	コントレイル	コンクエストハーラネイト	11	Harlan's Holiday
ヒシナスキロ	牝	4.27	美・堀	コントレイル	コンドコマンド	11	Tiz Wonderful
	牡	4.16		コントレイル	サウンドバリアー	16	アグネスデジタル
	牝	1.27	栗・上村	コントレイル	サンデージュピター	6	ロードカナロア
オールトクラウド	牡	2.06	栗・武幸	コントレイル	シーヴ	14	Mineshaft
トラコ	牡	3.03	栗・中内田	コントレイル	シーズアタイガー	12	Tale of the Cat
エースフライト	牡	4.13	栗・池江	コントレイル	シスタリーラヴ	15	Bellamy Road
アルタティール	牡	4.09	美・手塚久	コントレイル	シムシマー	8	Poet's Voice
ルージュアリスタ	牝	2.07	美・宮田	コントレイル	シャーラレイ	11	Afleet Alex
ランズダウンロード	牡	3.19	美・木村	コントレイル	シューマ	15	Medicean
ラルクアンレーヴ	牝	4.29	栗・清水久	コントレイル	シュガーハート	18	サクラバクシンオー
ジュラトリー	牝	2.19	美・池上	コントレイル	ジュマイエル	10	Lope de Vega
スウィーティーベル	牝	1.23	栗・田中克	コントレイル	スウィーティーガール	11	Star Dabbler
サンセリテ	牝	3.19	美・鹿戸	コントレイル	スウィートリーズン	12	Street Sense
スウィッチインラヴ	牝	3.23	栗・矢作	コントレイル	スウィッチインタイム	9	Galileo
イノーマル	牡	2.22	美・高柳瑞	コントレイル	ステラエージェント	7	More Than Ready
クールマイユール	牡	2.24	栗・福永	コントレイル	ステラスター	6	Epaulette
スパイストワイス	牡	2.08	栗・矢作	コントレイル	スパイスドパーフェクション	8	Smiling Tiger
スピーチバルーン	牝	5.01	栗・吉村	コントレイル	スピーチ	6	Mr Speaker
カットソロ	牡	4.01	栗・矢作	コントレイル	スルターナ	11	キングヘイロー
ジングアップ	牡	3.08	美・大竹	コントレイル	ゼラスキャット	17	Storm Cat
ゼランテ	牡	4.15	栗・松永幹	コントレイル	セラン	6	Uncle Mo
スターリットフレア	牝	4.15	美・田中博	コントレイル	ソウルスターリング	9	Frankel

2歳馬リスト

馬主(落札者)	兄姉	取引価格・募集価格	生産者(国)	毛色	写真	記事
藤田晋	ダノンプレミアム		ケイアイファーム	黒鹿		189
G1レーシング	マサレエトワール	10000万円	社台コーポレーション白老ファーム	青鹿	36	104
サンデーR	クラッチプレイヤー	6000万円	ノーザンファーム	鹿毛	6	70
(田畑利彦)		6380万円(セレクト当)	吉田ファーム	鹿毛	54	130
G1レーシング	ヴィクティファルス	8000万円	ノーザンファーム	青鹿	6	68
ヒダカ・ブリーダーズ・ユニオン	アルヘンティニータ	4000万円	PRIDE ROCK	青鹿		155
	スカーレットカラー		ノースヒルズ	青鹿	90	90
			ノーザンファーム	鹿毛		156・167
社台RH	ペトルス	6000万円	社台ファーム	青鹿		157
	アブレイズ		ノースヒルズ	黒鹿	60	89・154
ロードHC	クランフォード	8800万円	ケイアイファーム	青鹿		
前田幸治		7920万円(セレクト当)	田上徹	黒鹿	60	89
社台RH	ウィズグレイス	10000万円	社台ファーム	黒鹿	86	84・190
	ビヨンドザファーザー		下河辺牧場	青鹿	43	117・156
TNレーシング	アスクビクターモア	27500万円(セレクト1)	社台ファーム	鹿毛		152・160
(岡本真二)		13750万円(セレクト当)	グランド牧場	鹿毛		
シルクR	チュウワダンス	8000万円	ノーザンファーム	黒鹿		
東京HR	レッドランメルト	5000万円	社台ファーム	鹿毛		158
	フィオリキアリ		ノースヒルズ	黒鹿	60	91
ノースヒルズ			ノースヒルズ	黒鹿		
(廣崎利洋HD)	プールヴィル	12650万円(セレクト当)	社台ファーム	黒鹿		
前田幸治	レヴェッツァ	57200万円(セレクト当)	ノーザンファーム	青鹿	89	88・150・156・196・198
	ダノンブリザード		下河辺牧場	青鹿	43	116
阿部雅英	アルジャンナ	9680万円(セレクト1)	ノーザンファーム	黒鹿		
(Repole Stable Inc.)	サウンドキアラ	5500万円(セレクト1)	社台ファーム	芦毛		
			社台ファーム	青鹿		154
DMMドリームクラブ	ショウナンアデイブ	8200万円	ノーザンファーム	青鹿		
藤田晋	ティグラーシャ	30800万円(セレクト当)	ノーザンファーム	黒鹿	6	71・189
DMMドリームクラブ	ディープモンスター	9000万円	矢野牧場	鹿毛		154
DMMドリームクラブ		6000万円	辻牧場	鹿毛	46	138・161
東京HR	アーダレイ	3600万円	社台ファーム	鹿毛	32	87・161
サンデーR	ブレステイキング	8000万円	ノーザンファーム	黒鹿	7	64
インゼルレーシング	キタサンブラック	12000万円	ヤナガワ牧場	黒鹿		
社台RH		3200万円	社台ファーム	黒鹿		
	サトノシャイニング		下河辺牧場	青鹿	44	116
シルクR	ディアスティマ	6000万円	ノーザンファーム	青鹿		74・159
DMMドリームクラブ	ダノンスウィッチ	12000万円	ノーザンファーム	鹿毛	7	147
藤田晋	ジーベック		三嶋牧場	青鹿	40	122・189
ノースヒルズ			ノースヒルズ	鹿毛	60	89・156
G1レーシング	リアライズカミオン	5000万円	追分ファーム	黒鹿		
G1レーシング		5000万円	社台ファーム	黒鹿	32	87
藤田晋	キタサンドーシン	5500万円(セレクト当)	村田牧場	青鹿	57	121・189
社台RH	エンスージアズム	5000万円	社台ファーム	黒鹿		
前田葉子			ノースヒルズ	黒鹿	61	91
社台RH	スターリングアップ	7000万円	社台ファーム	黒鹿		152・160

POG 直球勝負 2025-2026

馬名	性別	誕生日	厩舎	父名	母名	誕生時母年齢	母父名
ノートルダム	牝	3.08	栗・矢 作	コントレイル	タニノアーバンシー	10	Sea The Stars
	牡	1.26		コントレイル	タムニア	7	Nathaniel
ルージュバロン	牝	3.23	栗・福 永	コントレイル	ダンシングラグズ	9	Union Rags
	牝	2.22		コントレイル	ティファニーズオナー	12	Street Cry
ライトフライヤー	牡	3.10	栗・吉 岡	コントレイル	ドリームオブジェニー	15	Pivotal
	牡	3.06	美・萩 原	コントレイル	ドリームジョブ	11	Dubawi
ムスクレスト	牡	2.24	栗・安 田	コントレイル	ノイーヴァ	7	Temple City
リアライズガイザー	牝	2.22	栗・	コントレイル	パーソナルダイアリー	12	City Zip
ボンボンベイビー	牝	2.26	栗・矢 作	コントレイル	バイバイベイビー	8	Galileo
ランザワールド	牝	4.22	美・宮 田	コントレイル	ビッグワールド	10	Custom for Carlos
	牝	4.23		コントレイル	ファタルベーレ	8	Pedro the Great
レヴァンターセ	牡	3.23	栗・田中克	コントレイル	フェアウェルキッス	6	ヴィクトワールピサ
ボーントゥラブユー	牝	5.04	美・小 笠	コントレイル	フェアエレン	14	Street Cry
スカイドリーマー	牝	4.03	美・木 村	コントレイル	フォローアドリーム	7	Giant's Causeway
マジョレルブルー	牡	5.09	栗・友 道	コントレイル	ブルーミングアレー	16	シンボリクリスエス
フロンテアムーン	牝	3.25	美・国 枝	コントレイル	フロンテアクイーン	10	メイショウサムソン
コンゴウフジ	牡	6.11	栗・福 永	コントレイル	ヘイロフジ	20	キングヘイロー
レッドラージャ	牡	2.25	栗・友 道	コントレイル	ポインビューティー	7	Giant's Causeway
	牡	3.22		コントレイル	ポジティブマインド	9	Equal Stripes
	牝	1.30		コントレイル	マース	8	Colonel John
マヤノイマジン	牝	4.27	栗・矢 作	コントレイル	マイダイアリー	7	Frankel
	牝	2.26		コントレイル	マイミスリリー	8	Tapit
オートカリテ	牝	3.03	美・牧	コントレイル	マジェスティッククオリティ	7	Quality Road
	牡	4.06		コントレイル	マニーズオンシャーロット	11	Mizzen Mast
プリティウーマン	牝	4.20	美・国 枝	コントレイル	マルケサ	17	Kingmambo
	牡	3.10	栗・中内田	コントレイル	モアナ	9	キンシャサノキセキ
バドリナート	牡	1.26	栗・松永幹	コントレイル	モヒニ	11	Galileo
コニーアイランド	牝	2.16	栗・中内田	コントレイル	ヤンキーローズ	10	All American
ココロヅヨサ	牡	4.17	栗・田中克	コントレイル	ユーヴェットシー	9	Bodemeister
ルーチェブリラーレ	牝	4.10	栗・福 永	コントレイル	ラッドルチェンド	13	Danehill Dancer
ラバンドール	牡	3.22		コントレイル	ラビットラン	9	Tapit
	牡	3.28	栗・上 村	コントレイル	ラマンサニステル	9	Van Nistelrooy
	牡	3.15	栗・中 竹	コントレイル	ルミエールヴェリテ	16	Cozzene
レッドレグルス	牡	5.10	栗・杉山晴	コントレイル	レッドシェリール	12	ゼンノロブロイ
レッドピアレス	牡	2.10	栗・中内田	コントレイル	レッドメデューサ	14	Mr. Greeley
	牝	2.07	栗・矢 作	コントレイル	レディオブキャメロット	11	Montjeu
ウイルソン	牡	4.09	栗・	コントレイル	ロクセラーナ	8	キングカメハメハ
アーティキュレート	牝	3.21	美・手塚久	サートゥルナーリア	アーキテクチャー	10	Zoffany
トゥインクルピカ	牝	3.06	栗・四 位	サートゥルナーリア	アイムユアーズ	14	ファルブラヴ
	牝	4.04		サートゥルナーリア	アステリックス	13	ネオユニヴァース
	牝	3.21	美・栗 田	サートゥルナーリア	アドマイヤード	10	ステイゴールド
スフィダンテ	牡	4.01	栗・高橋康	サートゥルナーリア	アニエーゼ	8	Ghostzapper
アンドゥーリル	牡	2.06	栗・中内田	サートゥルナーリア	アンドラステ	7	オルフェーヴル
	牡	2.08	栗・友 道	サートゥルナーリア	ウィープノーモア	10	Mineshaft
クカイリモク	牡	2.19	美・堀	サートゥルナーリア	ウィキウィキ	19	フレンチデビュティ

2歳馬リスト

馬主(落札者)	兄姉	取引価格・募集価格	生産者(国)	毛色	写真	記事
			千代田牧場	黒鹿	95	95
(ウエストヒルズ)	テレサ	11550万円(セレクト1)	ノーザンファーム	鹿毛		167
東京HR	ルージュシュエット	5000万円	ノーザンファーム	鹿毛	14	76・157
(MKレーシング)	サトノパトリオット	11000万円(セレクト1)	ノーザンファーム	黒鹿		
ターフ・スポート	コンクイスタ	6500万円	谷川牧場	青毛	42	125・157
			ノースヒルズ	黒鹿	61	89
前田葉子			ノースヒルズ	青鹿	61	91
今福洋介	パーソナルハイ	18700万円(セレクト当)	追分ファーム	鹿毛		
(前田晋二)		36300万円(セレクト当)	グランド牧場	黒鹿	61	88・196・198
キャロットF	カンバーランド	5000万円	ノーザンファーム	青鹿		161
(飯塚知一)	リアンベーレ	5940万円(セレクト1)	社台ファーム	青鹿		
(レイ)		5060万円(セレクト当)	グローリーファーム	青鹿	54	130
	チェーンオブラブ		ノースヒルズ	青鹿	61	91
前田幸大			ノースヒルズ	青鹿	61	90
社台RH	ランブリングアレー	8000万円	社台ファーム	黒鹿	32	87・156
			林孝輝	鹿毛		158
ヒダカ・ブリーダーズ・ユニオン	ローレルベローチェ	4000万円	協和牧場	鹿毛		157
東京HR	ルージュスタニング	6000万円	ノーザンファーム	黒鹿		156
			ノーザンファーム	黒鹿		
(エムズレーシング)	サークルオブジョイ	6820万円(ミックス当)	ノーザンファーム	黒鹿		
田所英子			北島牧場	青鹿	52	142
(Muir Hut Stables,LLC)	バロン	10780万円(セレクト1)	レイクヴィラファーム	黒鹿		
社台オーナーズ	メジャークオリティ	3000万円	社台ファーム	鹿毛		
	ウィングヘヴン		ノーザンファーム	青鹿		
	ビューティフルデイ		タイヘイ牧場	青鹿		158
(ダノックス)		18700万円(セレクト当)	ノーザンファーム	青鹿	14	148・194・195・198
サンデーR	イシュタル	8000万円	ノーザンファーム	青鹿		
サンデーR	リバティアイランド	10000万円	ノーザンファーム	青毛	75	74
TNレーシング	ジャスティンアース		三嶋牧場	青鹿	40	122・190・193
シルクR	テルツェット	6000万円	ノーザンファーム	鹿毛		150・157・166
(窪田芳郎)		27500万円(セレクト1)	社台ファーム	黒鹿		
			川島牧場	黒鹿		154
	リアンヴェリテ		ノースヒルズ	芦毛	62	91
東京HR	レッドアルマーダ	5000万円	富田牧場	鹿毛	44	128
東京HR	レッドフラヴィア	6000万円	ノーザンファーム	黒鹿		
(田畑利彦)	オーソレミオ	10120万円(セレクト当)	タイヘイ牧場	鹿毛	52	142・190・193
近藤英子			ノーザンファーム	青鹿	80	80・190
シルクR	アリーバ	5000万円	ノーザンファーム	鹿毛		161
藤田晋	スワーヴェルメ	7700万円(セレクト当)	ノーザンファーム	栗毛		189
	アエロリット		ノーザンファーム	鹿毛		
(山本英俊)	キャプテンシー	7700万円(セレクト当)	ノーザンファーム	黒鹿	7	147
ノースヒルズ			ノースヒルズ	黒鹿		
社台RH		7000万円	社台コーポレーション白老ファーム	青鹿		
(里見治)	ウィープディライト	19800万円(セレクト1)	ノーザンファーム	鹿毛	7	147・156
	マカヒキ		坂東牧場	鹿毛	57	121

POG直球勝負 2025-2026

馬名	性別	誕生日	厩舎	父名	母名	誕生時母年齢	母父名
ベルウィクトール	牡	3.17	美・宮田	サートゥルナーリア	ウィクトーリア	7	ヴィクトワールピサ
リアライズバリオ	牡	3.21	栗・須貝	サートゥルナーリア	ウィズアミッション	12	Danehill Dancer
ミスティックレイン	牡	2.28	栗・宮本	サートゥルナーリア	エイプリルミスト	9	ディープインパクト
ビケイムフリー	牝	4.29	栗・吉村	サートゥルナーリア	エレーデ	10	ディープインパクト
テンダーワーズ	牝	3.10	栗・中尾	サートゥルナーリア	オメガハートソング	11	ゼンノロブロイ
	牝	2.22	栗・池江	サートゥルナーリア	オンディナドバイ	7	E Dubai
フォルナカリア	牡	5.03	美・栗田	サートゥルナーリア	ガールオンファイア	14	アグネスタキオン
ヴェイルドハート	牡	2.26	美・尾関	サートゥルナーリア	カヴァートラブ	11	Azamour
	牡	3.24	美・堀	サートゥルナーリア	カデナダムール	9	ディープインパクト
	牝	2.03		サートゥルナーリア	ギモーヴ	10	ハービンジャー
スピニンググローブ	牡	2.11	美・黒岩	サートゥルナーリア	グランデセーヌ	9	ゼンノロブロイ
ディアデムドール	牝	1.31	栗・今野	サートゥルナーリア	クロンヌデトワール	8	オルフェーヴル
コティノス	牡	4.04	栗・須貝	サートゥルナーリア	ココファンタジア	10	ステイゴールド
リボンインザスカイ	牝	4.22	栗・安田	サートゥルナーリア	ココロノアイ	11	ステイゴールド
カーブドフェザー	牝	2.24	美・蛯名正	サートゥルナーリア	コントラチェック	7	ディープインパクト
ノクスカンパーナ	牡	4.15	栗・吉岡	サートゥルナーリア	サクセスベルーナ	14	シンボリクリスエス
	牝	2.17		サートゥルナーリア	シーウィルレイン	9	Manhattan Rain
ディオレガーロ	牡	3.26	栗・長谷川	サートゥルナーリア	シュプリームギフト	15	ディープインパクト
ディアダイヤモンド	牡	3.06	美・手塚久	サートゥルナーリア	スカイダイヤモンズ	10	First Dude
	牡	2.04	栗・斉藤崇	サートゥルナーリア	スクールミストレス	10	Equal Stripes
アエラリウム	牡	2.21	栗・福永	サートゥルナーリア	スティールパス	16	ネオユニヴァース
クレバー	牡	3.17	栗・中内田	サートゥルナーリア	スマートルビー	10	ゼンノロブロイ
ヒシアムルーズ	牡	2.24	美・堀	サートゥルナーリア	ソーメニーウェイズ	13	Sightseeing
	牝	3.29		サートゥルナーリア	ダノングレース	8	ディープインパクト
	牝	4.10	栗・鈴木孝	サートゥルナーリア	タンギモウジア	10	ハーツクライ
クールフィデル	牡	4.11	美・和田勇	サートゥルナーリア	デルマコイウタ	9	ディープブリランテ
	牝	4.16	栗・須貝	サートゥルナーリア	トウシンハンター	11	エンパイアメーカー
	牡	3.21	美・加藤士	サートゥルナーリア	ハーランズロマン	11	Harlan's Holiday
	牝	3.15	美・相沢	サートゥルナーリア	ハイタッチクイーン	16	キングヘイロー
リリーサー	牝	3.01	美・鈴木慎	サートゥルナーリア	ハイリリー	14	アグネスタキオン
フォワードシャッセ	牝	4.15	美・奥村武	サートゥルナーリア	バウンスシャッセ	12	ゼンノロブロイ
カヴァレリッツォ	牝	2.28	栗・吉岡	サートゥルナーリア	バラーディスト	7	ハーツクライ
	牝	3.31		サートゥルナーリア	バラダガール	9	ハーツクライ
	牝	2.12	栗・	サートゥルナーリア	ビービーバーレル	10	パイロ
ジワタネホ	牝	2.23		サートゥルナーリア	ビッシュ	10	ディープインパクト
ロデオドライブ	牝	3.21	美・辻	サートゥルナーリア	ビバリーヒルズ	11	スニッツェル
ペントハウス	牡	2.21	栗・福永	サートゥルナーリア	ピンクガーベラ	9	ディープインパクト
サートゥルチェア	牝	2.09	美・嘉藤	サートゥルナーリア	ファーストチェア	19	ジャングルポケット
バルボアパーク	牝	2.09	美・田中博	サートゥルナーリア	ファイネストシティ	11	City Zip
フェルミアーク	牝	4.09	美・森一	サートゥルナーリア	フェルミオン	17	アグネスタキオン
アイスフォーク	牝	3.07	栗・武幸	サートゥルナーリア	フォーエバーモア	12	ネオユニヴァース
マジックパレス	牝	1.22	美・木村	サートゥルナーリア	フローレスマジック	9	ディープインパクト
ジャスティンビスタ	牡	4.09	栗・吉岡	サートゥルナーリア	ペブルガーデン	11	ディープインパクト
リテラシー	牡	3.27	栗・須貝	サートゥルナーリア	ホーリーウーマン	10	Tawqeet
セツナサ	牡	1.22	美・武井	サートゥルナーリア	ホロロジスト	7	Gemologist

2歳馬リスト

馬主(落札者)	兄姉	取引価格・募集価格	生産者(国)	毛色	写真	記事
シルクR	ウィクトルウェルス	6000万円	ノーザンファーム	青鹿	7	147・161
今福洋介		5720万円(セレクト1)	追分ファーム	鹿毛		155
サンデーR	アクアヴァーナル	5000万円	ノーザンファーム	栗毛		
ノースヒルズ	ルチア		ノースヒルズ	黒鹿		
社台オーナーズ	アスタリウス	2000万円	社台ファーム	青鹿		
(野田みづき)		8140万円(セレクト当)	ノーザンファーム	栗毛	14	77・154
サンデーR	ホウオウライジン	4600万円	ノーザンファーム	鹿毛		
キャロットF	インマイポケット	6000万円	ノーザンファーム	黒鹿		
(野田みづき)		16500万円(セレクト1)	ノーザンファーム	鹿毛	7	147
(小笹芳央)		7480万円(セレクト当)	ノーザンファーム	栗毛		
小島章義	コルチェスター	1650万円(セレクション1)	中田英樹	黒鹿		159
ヒダカ・ブリーダーズ・ユニオン		2000万円	矢野牧場	栗毛		
キャロットF		5000万円	社台コーポレーション白老ファーム	黒鹿		155
ターフ・スポート	スナイチゴールド	2200万円	酒井牧場	黒鹿	47	141
キャロットF		5000万円	ノーザンファーム	黒鹿	8	147
ノルマンディー	ムルシェラゴ	2560万円	高岸順一	鹿毛		157
(ダノックス)	ダノントルネード	22000万円(セレクト当)	ノーザンファーム	青鹿		
サンデーR	オールアットワンス	4000万円	ノーザンファーム	青鹿		
インゼルレーシング	グランカンタンテ	3200万円	ノーザンファーム	鹿毛	8	67・161・194
(早野誠)	ヴァリージア	7920万円(ミックス当)	ノーザンファーム	青鹿		155
DMMドリームクラブ	バイシュラバナ	9000万円	千代田牧場	栗毛	27	93・157
石川達絵			杵臼牧場	栗毛		
阿部雅英	ダノングロワール	14850万円(セレクト1)	ノーザンファーム	黒鹿	8	147・195・196・198
	チベリウス		ノーザンファーム	鹿毛		
社台RH	フォーキャンドルズ	2800万円	前谷牧場	鹿毛	52	144
	トウシンモンブラン		社台ファーム	黒鹿	27	95・198
	ハーランズハーツ		千代田牧場	鹿毛		158
	アサマノイタズラ		下屋敷牧場	鹿毛		
G1レーシング	リリーフィールド	2000万円	前野牧場	黒鹿	47	140
キャロットF	レヴォルタード	4000万円	追分ファーム	栗毛		157
シルクR		4500万円	ノーザンファーム	鹿毛		157・192
	ニューバラード		ノーザンファーム	青鹿		
(草間庸文)	ロジリオン	6600万円(セレクト1)	坂東牧場	鹿毛	57	121
	エンデミズム		ノーザンファーム	鹿毛		76
社台オーナーズ	ズバットマサムネ	4000万円	ノーザンファーム	鹿毛		
岡浩二	オオバンブルマイ		サンデーヒルズ	鹿毛		157
ローレルR	フルデプスリーダー	2500万円	村田牧場	黒鹿		
サンデーR	ダノンアーリー	5000万円	ノーザンファーム	鹿毛		160
キャロットF	フェルミスフィア	3600万円	ノーザンファーム	栗毛		
藤田晋	モアザンワンス	9900万円(セレクト当)	追分ファーム	青鹿		189
サンデーR		6000万円	ノーザンファーム	鹿毛		74
三木正浩	エコロレイズ	5720万円(セレクション1)	タイヘイ牧場	黒鹿		157
(安原浩司)	エルマーゴ	4730万円(セレクト当)	アスラン	栗毛		155
TNレーシング		23100万円(セレクト1)	ノーザンファーム	黒鹿	14	78・160

馬名	性別	誕生日	厩舎	父名	母名	誕生時母年齢	母父名
セルジュバローズ	牡	5.15	栗・池江	サートゥルナーリア	ホワットアスポット	13	Arch
カラバッシュ	牡	1.20	栗・寺島	サートゥルナーリア	ミスセレンディピティ	15	Not For Sale
	牝	2.01		サートゥルナーリア	ミスマリア	7	ハーツクライ
フェスティバルヒル	牝	1.08	栗・四位	サートゥルナーリア	ミュージアムヒル	8	ハーツクライ
セイロンブリーズ	牝	3.04	栗・杉山晴	サートゥルナーリア	ミリッサ	9	ダイワメジャー
アメテュストス	牡	2.20	美・加藤士	サートゥルナーリア	メガン	9	ディープインパクト
	牡	3.03	栗・池江	サートゥルナーリア	メジロスプレンダー	17	シンボリクリスエス
モーブプリエール	牝	1.27	美・鈴木慎	サートゥルナーリア	モーベット	6	オルフェーヴル
	牡	3.25		サートゥルナーリア	ユーロシャーリーン	12	Myboycharlie
	牡	3.31		サートゥルナーリア	ラキシス	13	ディープインパクト
オドラタス	牝	3.06	美・林	サートゥルナーリア	ラテュロス	8	ディープインパクト
レイジングサージ	牡	1.10	美・田中博	サートゥルナーリア	ラドラーダ	17	シンボリクリスエス
ザフォロワーズ	牝	3.31	栗・杉山晴	サートゥルナーリア	ラブディラン	14	Dylan Thomas
パナテナイア	牝	3.10	栗・吉岡	サートゥルナーリア	リカビトス	9	ディープブリランテ
	牝	1.18	栗・友道	サートゥルナーリア	リトルゲルダ	14	Closing Argument
テンユウ	牡	2.28	美・奥村武	サートゥルナーリア	レーヌミノル	9	ダイワメジャー
ショウナンバーボン	牡	4.07	美・加藤士	サートゥルナーリア	レッドアルジーヌ	8	ハーツクライ
	牝	3.18	美・田中博	サートゥルナーリア	レネーズタイタン	13	Bernstein
	牡	4.11		サトノアラジン	アイムユアドリーム	12	フジキセキ
ナイトシンフォニー	牝	2.20	栗・今野	サトノアラジン	エアシンフォニー	8	ルーラーシップ
リーガルスプレンダ	牝	4.08	栗・庄野	サトノアラジン	クイーンカトリーン	12	Acclamation
マカナアネラ	牝	4.16	栗・角田	サトノアラジン	ブリスフルデイズ	8	キングカメハメハ
	牡	4.11		サトノアラジン	ミスエリカ	11	Blame
	牡	3.17		サトノアラジン	レーヴドゥラメール	7	ロードカナロア
	牝	5.05	栗・前川	サトノインプレッサ	ベガスナイト	23	Coronado's Quest
ロージーキャンドル	牝	1.19	栗・小栗	サトノクラウン	アドヴェントス	10	ジャングルポケット
ファインクローネ	牝	3.07	栗・緒方	サトノクラウン	エリンズロマーネ	8	ノヴェリスト
	牝	3.13		サトノクラウン	カレンオプシス	11	サムライハート
テイクザスローン	牡	2.04	栗・武英	サトノクラウン	トロイメント	7	ダイワメジャー
ギルランダ	牝	4.20	美・中舘	サトノクラウン	ネオフレグランス	9	ネオユニヴァース
	牡	3.25	美・鹿戸	サトノクラウン	フェータルイヴ	7	ノヴェリスト
シュタットパーク	牡	2.10	美・金成	サトノクラウン	フロールデセレッソ	19	スウェプトオーヴァーボード
ラヴリーティアラ	牝	3.25	栗・須貝	サトノクラウン	ラヴアンドドラゴン	10	ディープインパクト
タイセイカラーズ	牡	3.24	美・奥村武	サトノクラウン	レインボーラヴラヴ	12	マイネルラヴ
サトノスターライト	牝	2.28		サトノジェネシス	サトノシュテルン	9	Distorted Humor
ディグニダドレアル	牡	4.08	美・宮	サトノダイヤモンド	アイアムルビー	16	Saint Liam
	牡	2.01	栗・松永幹	サトノダイヤモンド	イースト	7	Frankel
	牡	2.03		サトノダイヤモンド	インクルードベティ	11	Include
	牝	2.07		サトノダイヤモンド	ヴィクトリアピース	7	ヴィクトワールピサ
サトノユリシーズ	牡	3.19	美・鹿戸	サトノダイヤモンド	エリーシエズワールド	10	Champs Elysees
アッパーウォーター	牝	4.24	美・千葉	サトノダイヤモンド	オープンウォーター	14	Include
	牝	2.11	栗・池江	サトノダイヤモンド	オールドタイムワルツ	9	War Front
ビクスバイト	牝	1.24	栗・	サトノダイヤモンド	カリスペル	13	Singspiel
ラヴィレット	牡	5.03	栗・池江	サトノダイヤモンド	ギエム	9	Medaglia d'Oro
セヴェロ	牡	1.14	栗・池江	サトノダイヤモンド	クインアマランサス	9	キングカメハメハ

2歳馬リスト

馬主(落札者)	兄姉	取引価格・募集価格	生産者(国)	毛色	写真	記事
猪熊広次	ヘラルドバローズ		服部牧場	栗毛		154
シルクR	ホウオウセレシオン	5000万円	ノーザンファーム	鹿毛		
	スクレイピング		ノーザンファーム	栗毛		
社台オーナーズ	ミュージアムマイル	3600万円	ノーザンファーム	栗毛		
キャロットF		4000万円	ノーザンファーム	栗毛		
G1レーシング	ミッキーブンブン	2400万円	社台コーポレーション白老ファーム	鹿毛		158
	ダノンスプレンダー		レイクヴィラファーム	栗毛		154
シルクR		3500万円	ノーザンファーム	鹿毛		
	アンセーニュ		ノーザンファーム	鹿毛		
	マキシ		ノーザンファーム	鹿毛		
G1レーシング	ラウルベア	3600万円	社台コーポレーション白老ファーム	黒鹿		
キャロットF	レイデオロ	10000万円	ノーザンファーム	鹿毛		152・160
ヒダカ・ブリーダーズ・ユニオン	カシアス	4000万円	谷岡牧場	黒鹿		
キャロットF		4000万円	ノーザンファーム	青鹿		82・157
(里見治)	グレイイングリーン	8360万円(セレクト当)	追分ファーム	黒鹿		156
(井山登)	エンジェルブリーズ	6160万円(セレクション1)	フジワラファーム	鹿毛		157
(湘南)		1210万円(サマー1)	信岡牧場	芦毛		158
	ホウオウタイタン		三嶋牧場	鹿毛		160
(松山毅)	ユアヒストリー	2750万円(セレクト1)	ノーザンファーム	鹿毛		
社台RH	オールセインツ	2000万円	社台ファーム	鹿毛		
社台オーナーズ	サトノゼノビア	1400万円	追分ファーム	鹿毛		
(グランホース)	シアブリス	2200万円(セレクション1)	橋本牧場	黒鹿		121
(保坂和孝)	クリスマスパレード	3300万円(ミックス当)	ノーザンファーム	青鹿		
	フィーリウス		ノーザンファーム	鹿毛		
LEX	コレペティトール	880万円	社台ファーム	鹿毛	32	87
キャロットF	フィングステン	2000万円	社台コーポレーション白老ファーム	鹿毛		
社台RH	カペルブリュッケ	1600万円	社台ファーム	黒鹿		
	カレンマックナイト		ノーザンファーム	黒鹿		
G1レーシング		2800万円	追分ファーム	黒鹿		
キャロットF	セントメモリーズ	2000万円	社台コーポレーション白老ファーム	青鹿		
(里見治紀)		2640万円(セレクト当)	社台コーポレーション白老ファーム	黒鹿		159
サンデーR	ポトマックリバー	3000万円	ノーザンファーム	芦毛		
			ノーザンファーム	鹿毛		155
(田中成奉)		1650万円(セレクション1)	千葉飯田牧場	鹿毛		157
	サトノクロシェット		ノーザンファーム	鹿毛		
社台オーナーズ	マリアナトレンチ	2500万円	社台ファーム	鹿毛		
ライオンRH	イーストウィッチ	2800万円	ノーザンファーム	鹿毛		
	ワイルドベティ		ノーザンファーム	鹿毛		
(STレーシング)		2640万円(ミックス当)	ノーザンファーム	鹿毛		
(里見治)		7920万円(セレクト1)	ノーザンファーム	鹿毛		159
社台オーナーズ	ムーンライトラガー	2400万円	ノーザンファーム	鹿毛		
(里見治)	アグリ	12100万円(セレクト当)	ノーザンファーム	鹿毛		154
社台オーナーズ	オーロイプラータ	2400万円	ノーザンファーム	鹿毛		
サンデーR	ショウナンバシット	3600万円	ノーザンファーム	鹿毛		154
シルクR	クレーキング	3000万円	ノーザンファーム	鹿毛		154

馬名	性別	誕生日	厩舎	父名	母名	誕生時母年齢	母父名
ミスティユニバンス	牝	2.18		サトノダイヤモンド	ケルシャンス	12	Dubawi
	牡	4.18	栗・河 嶋	サトノダイヤモンド	コマノレジェンド	9	ストリートセンス
サーブルディアマン	牡	3.29	栗・坂 口	サトノダイヤモンド	サーブルクーリール	10	Tale of the Cat
サトノカスターニャ	牝	3.06	栗・吉 岡	サトノダイヤモンド	サミター	14	Rock of Gibraltar
サンクレゾン	牝	1.28	美・大 竹	サトノダイヤモンド	サンクボヌール	11	ハービンジャー
マイコンチェルト	牡	4.27	栗・大久保	サトノダイヤモンド	テディーズプロミス	15	Salt Lake
サンヴァランタン	牝	2.14	栗・高柳大	サトノダイヤモンド	トゥリフォー	9	Frankel
	牝	2.24	美・千 葉	サトノダイヤモンド	ハーランズワンダー	10	Awesome Again
	牡	3.04	栗・斉藤崇	サトノダイヤモンド	ハーレクイーン	10	Canford Cliffs
ダイヤモンドパレス	牝	2.08	美・手塚久	サトノダイヤモンド	パレスルーマー	20	Royal Anthem
ピュアエンブレム	牝	3.31	美・小手川	サトノダイヤモンド	ピースエンブレム	17	ウォーエンブレム
	牝	3.23	美・国 枝	サトノダイヤモンド	ファインハッピー	5	Runhappy
ローベルクランツ	牝	2.11	栗・小 林	サトノダイヤモンド	ブルーメンクローネ	8	キングカメハメハ
	牡	3.15		サトノダイヤモンド	ブレステイキングルック	8	Bated Breath
	牝	3.26	栗・辻 野	サトノダイヤモンド	ベルスール	7	スウェプトオーヴァーボード
ブリリアンブルーム	牝	2.04	栗・西 村	サトノダイヤモンド	マイアミバウンド	7	Reliable Man
	牝	2.27	栗・池 江	サトノダイヤモンド	メチャコルタ	11	El Corredor
フレットローソ	牝	2.14	栗・高橋義	サトノダイヤモンド	モルトアレグロ	8	Speightstown
	牝	2.16	栗・斉藤崇	サトノダイヤモンド	ヤマニンパピオネ	15	スウェプトオーヴァーボード
オルネーロ	牡	4.02	美・宮 田	サトノダイヤモンド	ライフフォーセール	15	Not For Sale
ボルフュロゲネトス	牡	2.15	美・矢 嶋	サトノダイヤモンド	ライラックローズ	11	Henrythenavigator
ガードオブオナー	牡	4.21	美・林	サトノダイヤモンド	ルミナスパレード	12	シンボリクリスエス
レディホークダイヤ	牝	2.24	美・田中剛	サトノダイヤモンド	レディホークフィールド	17	Hawk Wing
レヴェランジェ	牝	3.23	美・鈴木慎	サングレーザー	スキャトレディビーダンシング	11	Scat Daddy
シュビラー	牡	1.31	美・高 木	サンダースノー	アロンザモナ	9	ストリートセンス
	牝	4.29	栗・高橋義	サンダースノー	ニードルクラフト	21	Mark of Esteem
パーフェクトスノー	牝	3.02	美・田 村	サンダースノー	パーフェクトラヴ	6	オルフェーヴル
	牡	3.20	栗・東 田	サンダースノー	プレシャスクルー	8	ノヴェリスト
コスモファーブロス	牝	2.20	栗・吉 田	シスキン	アクロアイト	6	ハーツクライ
	牡	4.14	栗・角 田	シスキン	アンリミテッドピサ	15	シンボリクリスエス
アトリ	牝	4.24	栗・清水久	シスキン	ウィキッドリーパーフェクト	15	Congrats
サントルドパリ	牡	4.22	栗・小 林	シスキン	エスプリドパリ	11	ハーツクライ
ファニーバニー	牝	2.05	栗・杉山佳	シスキン	カゼルタ	11	ハービンジャー
ゴディアンフィンチ	牡	1.24	栗・安 田	シスキン	カラフルデイズ	15	フジキセキ
	牝	5.15		シスキン	ギーニョ	20	サンデーサイレンス
	牝	2.18		シスキン	クッカーニャ	14	フジキセキ
ライヒスアドラー	牡	3.25	美・上原佑	シスキン	クライリング	12	ハーツクライ
ゼフィルス	牝	3.12		シスキン	ケアレスウィスパー	19	フジキセキ
ラルルジェンヌ	牝	3.30	美・和田正	シスキン	サンソヴール	12	キングカメハメハ
サルワールカミーズ	牝	4.16	美・矢 嶋	シスキン	シャクンタラー	10	ゼンノロブロイ
マジカルアメジスト	牡	4.02	栗・吉 岡	シスキン	スペルオンミー	12	ダイワメジャー
ソレイユルヴァン	牝	1.18	栗・辻 野	シスキン	タイガーオーキッド	5	ディープインパクト
トップデュオ	牡	3.07	美・尾 関	シスキン	デュアルネイチャー	6	ゴールドシップ
	牡	4.11		シスキン	ノーブルリーズン	11	ネオユニヴァース
キャリアビジョン	牝	3.21	美・西 村	シスキン	パラレルキャリア	7	シンボリクリスエス

2歳馬リスト

馬主(落札者)	兄姉	取引価格・募集価格	生産者(国)	毛色	写真	記事
(亀井哲也)	ウィズダムハート	2860万円(セレクト当)	ノーザンファーム	鹿毛		
(塚田義広)	ジンセイ	1485万円(セレクション1)	新井牧場	鹿毛		141
社台オーナーズ		1800万円	追分ファーム	鹿毛		
(里見治)	ダノンチェイサー	3300万円(セレクト当)	ノーザンファーム	鹿毛		157
社台オーナーズ	ストキャスティーク	1800万円	社台コーポレーション白老ファーム	鹿毛		
インゼルレーシング	マイラプソディ	4000万円	ノーザンファーム	鹿毛		
キャロットF	レヴァンジル	2400万円	ノーザンファーム	鹿毛		
(田中成奉)	インテンスシチー	825万円(サマー1)	村田牧場	鹿毛	49	127
(早野誠)	テーオーアリエス	11550万円(セレクト当)	ノーザンファーム	鹿毛		155
サンデーR	ジャスティンパレス	4000万円	ノーザンファーム	鹿毛		161
キャロットF	ブルーペクトライト	1800万円	ノーザンファーム	鹿毛		
			千代田牧場	鹿毛		158
キャロットF		3000万円	ノーザンファーム	鹿毛		
			ノーザンファーム	鹿毛		
ライオンRH		2200万円	社台ファーム	鹿毛		
宮崎俊也		374万円(オータム1)	ノーザンファーム	鹿毛		
(里見治)	ダイヤモンドハンズ	8140万円(セレクト1)	ノーザンファーム	鹿毛		154
社台RH		2400万円	社台コーポレーション白老ファーム	黒鹿		
	ヤマニンウルス		錦岡牧場	芦毛		155
キャロットF	ダノンファンタジー	5000万円	ノーザンファーム	鹿毛		161
社台オーナーズ		3000万円	ノーザンファーム	鹿毛		
サンデーR	ソングライン	5000万円	ノーザンファーム	鹿毛		78
シルクR	レディスビーク	2000万円	ノーザンファーム	鹿毛		
中山栄一	スキャッターシード		追分ファーム	鹿毛	36	102
古賀禎彦		1100万円(セレクション1)	ディアレストクラブ	鹿毛	49	126
	ファインニードル		ダーレー・ジャパン・ファーム	栗毛	28	119
広尾レース		1400万円	木村秀則	鹿毛		
(水上行雄)		1540万円(サマー1)	ノースガーデン	鹿毛	47	140
コスモ		1700万円	ビッグレッドファーム	黒鹿	23	111
(松本好雄)	ルチェカリーナ	2310万円(セレクション1)	大狩部牧場	黒鹿	57	120
シルクR	ハートレー	2800万円	ノーザンファーム	芦毛	8	147
社台オーナーズ	ヒロシクン	2400万円	社台コーポレーション白老ファーム	芦毛		
谷崎森吾	フォーザボーイズ	2310万円(セレクト当)	ノーザンファーム	黒鹿		
G1レーシング	カラフルキューブ	3600万円	社台コーポレーション白老ファーム	黒鹿	36	105
(ビープロジェクト)	ロンギングエース	792万円(オータム1)	ノーザンファーム	鹿毛		
(高橋文男)	アーモロート	2310万円(セレクト当)	ノーザンファーム	黒鹿		
G1レーシング	ベルフィーヌ	3000万円	追分ファーム	鹿毛		
(ケイズジャパン)	トーセンバジル	4400万円(セレクト1)	ノーザンファーム	黒鹿		
G1レーシング	クールミラボー	2000万円	ノーザンファーム	黒鹿		
シルクR		2500万円	社台コーポレーション白老ファーム	黒鹿		
サンデーR	エルフストラック	2400万円	ノーザンファーム	黒鹿		157
近藤英子		4840万円(セレクト当)	ノーザンファーム	鹿毛		
G1レーシング		2800万円	社台コーポレーション白老ファーム	黒鹿		
(田畑利彦)		2200万円(ミックス当)	ノーザンファーム	鹿毛		
社台RH		1400万円	社台コーポレーション白老ファーム	黒鹿		

馬名	性別	誕生日	厩舎	父名	母名	誕生時母年齢	母父名
グッドディーズ	牝	2.17	地・	シスキン	ピリカプル	8	オルフェーヴル
アラムシャピラス	牡	4.17	栗・池江	シスキン	マローブルー	12	ディープインパクト
エコロディアン	牝	2.27	栗・牧浦	シスキン	メッシーナ	7	ディープインパクト
ロックターミガン	牡	3.17	栗・石坂	シスキン	リリカルホワイト	10	ダイワメジャー
ホローチャージ	牡	3.26	美・宮田	シニスターミニスター	アップトゥユー	9	サウスヴィグラス
ボーントゥウォリア	牡	3.20	栗・奥村豊	シニスターミニスター	ヴァローア	11	エンパイアメーカー
ローゾフィア	牝	4.29	栗・宮本	シニスターミニスター	キエレ	9	Distorted Humor
ラクホマレ	牡	4.16	栗・福永	シニスターミニスター	ギンコイエレジー	8	ヴィクトワールピサ
サルサブラヴァ	牡	4.27	美・奥村武	シニスターミニスター	サルサドゥーラ	13	ゴールドアリュール
	牡	3.05	栗・西村	シニスターミニスター	サンタテレサ	9	ドリームジャーニー
	牡	1.23	美・鹿戸	シニスターミニスター	サンレーン	13	Oasis Dream
	牡	2.03	栗・斉藤崇	シニスターミニスター	ジェセニア	5	サウスヴィグラス
ベルバロン	牡	4.02	栗・須貝	シニスターミニスター	スズカモナミ	9	キンシャサノキセキ
リベンジャー	牡	3.13	栗・杉山晴	シニスターミニスター	ソングオブハート	6	マジェスティックウォリアー
	牡	2.20	美・嘉藤	シニスターミニスター	ポートナイトサイト	8	ダノンシャンティ
		3.17		ジャスタウェイ	イイナヅケ	10	ワークフォース
ロードイリュール	牡	2.21	美・田中博	ジャスタウェイ	ヴィーヴル	11	ディープインパクト
サトノエスケープ	牡	4.01		ジャスタウェイ	エルフィンコーブ	10	Adios Charlie
レッドリアライズ	牡	2.15	美・黒岩	ジャスタウェイ	オンラインドリーム	5	Frankel
		2.26		ジャスタウェイ	コンプリートベスト	9	エンパイアメーカー
レプレセンタル	牡	5.13	美・池上	ジャスタウェイ	サクレディーヴァ	10	クロフネ
ニミッツハイウェイ	牡	3.02	栗・梅田	ジャスタウェイ	デアリングエッジ	10	キングカメハメハ
	牝	3.20	栗・小栗	ジャスタウェイ	ポプラ	8	Frankel
	牡	1.30		ジャスタウェイ	マゲバ	6	Wootton Bassett
ファイヤーナイフ	牡	3.16	栗・中村	ジャスタウェイ	レッドカーラ	11	マンハッタンカフェ
ウェイアップゼア	牝	3.19	地・	ジャスタウェイ	ロッタラブ	9	タートルボウル
シンギュラリティ	牡	5.28	美・西田	シャンハイボビー	アルマミーア	12	ディープインパクト
コパノキャメロン	牡	3.20	美・手塚久	シャンハイボビー	コパノジョウオー	7	ゴールドアリュール
ルサフィール	牡	3.13	美・矢野	シャンハイボビー	デフィニール	10	ブラックタイド
	牝	1.31		シュヴァルグラン	イルミナル	6	ロードカナロア
ドヴィーグラン	牡	2.10	栗・友道	シュヴァルグラン	カヴェルナ	8	キングカメハメハ
	牝	2.28	栗・高橋一	シュヴァルグラン	メサルティム	8	ディープブリランテ
	牡	4.11	栗・	シュヴァルグラン	ラリズ	19	Bernstein
オパールテソーロ	牝	4.15	美・高橋文	シュヴァルグラン	ロマンシエール	18	アグネスデジタル
アエログラム	牡	1.27	美・菊沢	シルバーステート	アエロリット	9	クロフネ
ジェンティール	牡	3.09	栗・須貝	シルバーステート	アンコンソールド	14	Smart Strike
ダンデノン	牝	2.09	栗・田中克	シルバーステート	インザスポットライト	9	Exceed And Excel
ウインアベリア	牝	5.20	美・和田正	シルバーステート	ウインアキレア	11	コンデュイット
ルージュスプリヤ	牝	4.07	栗・斉藤崇	シルバーステート	エクセレントデザイン	9	Exceed And Excel
	牡	3.16		シルバーステート	エレクトラム	12	High Chaparral
レインボーステート	牡	2.05	栗・茶木	シルバーステート	カイルアコナ	6	キンシャサノキセキ
	牝	3.27	栗・須貝	シルバーステート	カシシ	11	ジャングルポケット
キトゥンズシルバー	牡	4.07	美・武井	シルバーステート	キトゥンズミトゥン	9	Medaglia d'Oro
オーロアルジェント	牡	4.05	栗・高野	シルバーステート	キューティゴールド	19	フレンチデピュティ
	牡	5.21	栗・橋口	シルバーステート	クルソラ	21	Candy Stripes

2歳馬リスト

馬主(落札者)	兄姉	取引価格・募集価格	生産者(国)	毛色	写真	記事
社台オーナーズ	ピンポイントドロー	1000万円	社台ファーム	黒鹿		
	チザルピーノ		日高大洋牧場	黒鹿		154
原村正紀		4180万円(セレクト1)	ノーザンファーム	鹿毛		
キャロットF	クールブロン	3200万円	社台コーポレーション白老ファーム	黒鹿		
竹下浩一	マイティマイティー		グランド牧場	鹿毛		161
ターフ・スポート		5000万円	谷川牧場	栗毛	42	125
ノースヒルズ	ハイウェイスター		ノースヒルズ	鹿毛		
幅田昌伸			フジワラファーム	鹿毛		151・157
G1レーシング	サルサディーバ	2800万円	社台コーポレーション白老ファーム	栗毛		157
京都HR	フルム	2970万円	高橋ファーム	鹿毛		
	コンプラセンシア		ダーレー・ジャパン・ファーム	青鹿		159
			グランド牧場	鹿毛		155
宮崎俊也			辻牧場	鹿毛		155
中辻明			中本牧場	鹿毛		
ライオンRH		1800万円	三嶋牧場	栗毛		
	ヒヒーン		ノーザンファーム	鹿毛		
ロードHC	ロードアヴニール	3400万円	ケイアイファーム	鹿毛		160
(里見治)	ピストンボーイ	4510万円(ミックス当)	ノーザンファーム	鹿毛		
東京HR		5400万円	社台ファーム	鹿毛		159
(野田みづき)		5170万円(セレクト当)	社台コーポレーション白老ファーム	栗毛		
ノースヒルズ	ゲンジ	1430万円(セレクション1)	アスラン	芦毛		
社台RH	ソードマスター	2000万円	社台ファーム	栗毛		
ロードHC	ロードラディウス	2500万円	ケイアイファーム	栗毛		
(レッドホース)		9900万円(セレクト当)	社台ファーム	黒鹿		
社台オーナーズ	アスターブジエ	2500万円	社台ファーム	黒鹿		
社台オーナーズ		600万円	社台ファーム	芦毛		
ノースヒルズ	レヴール		平山牧場	青鹿		
小林祥晃			ヤナガワ牧場	鹿毛		161
ローレルR	ユイノマチブセ	1000万円	川島牧場	青鹿	53	145
(田畑利彦)		1980万円(ミックス当)	ノーザンファーム	栗毛		
			ノーザンファーム	栗毛		156
ライオンRH		1600万円	社台コーポレーション白老ファーム	鹿毛		
ライオンRH	ヒシイグアス	5400万円	ノーザンファーム	青毛		
了徳寺健二ホールディングス	ローズテソーロ		リョーケンファーム	栗毛		182
サンデーR		10000万円	ノーザンファーム	黒鹿		
杉山忠国	クリアサウンド		明治牧場	黒鹿		155
TNレーシング	ライトバック	6820万円(セレクト1)	レイクヴィラファーム	鹿毛		75
ウイン	ウインアキレウス	1600万円	コスモヴューファーム	鹿毛	38	115
東京HR		2200万円	オカモトファーム	黒鹿		155
(田中成奉)	コンテソレーラ	4620万円(ミックス当)	ノーザンファーム	鹿毛		
シルクR		4000万円	ノーザンファーム	鹿毛		
	アンリーロード		静内山田牧場	鹿毛		155
(井山登)		2200万円(セレクション1)	森永聡	青鹿		160
シルクR	ショウナンパンドラ	3500万円	社台コーポレーション白老ファーム	黒鹿		
京都HR	ピオネロ	2310万円	グランデファーム	黒鹿		

馬名	性別	誕生日	厩舎	父名	母名	誕生時母年齢	母父名
アーミル	牝	2.24	栗・高柳大	シルバーステート	コロナシオン	9	キングカメハメハ
オラヴィンリンナ	牝	2.26	栗・吉岡	シルバーステート	サイマー	10	Zoffany
スクランプシャス	牡	3.17	栗・橋口	シルバーステート	サボールアトリウンフォ	14	Dance Brightly
ウインスターリング	牡	5.05	美・畠山	シルバーステート	サマーエタニティ	18	アドマイヤコジーン
ナオミオールイン	牝	1.19		シルバーステート	シーズオールエルティッシュ	18	Eltish
	牝	3.06	栗・石橋	シルバーステート	スマートオーシャン	15	Mr. Greeley
セットエトワール	牝	3.27	美・鹿戸	シルバーステート	セブンスセンス	10	キングカメハメハ
シェリデュース	牝	3.20	栗・友道	シルバーステート	ダストアンドダイヤモンズ	15	Vindication
リアアーテシアン	牝	1.23	美・武井	シルバーステート	チェルシークロイスターズ	7	First Samurai
	牡	3.26	美・加藤征	シルバーステート	ツルマルワンピース	15	キングカメハメハ
ドロワ	牡	3.26	美・田中博	シルバーステート	ディレクタ	6	Anodin
リリージョワ	牝	1.12		シルバーステート	デサフィアンテ	8	キングカメハメハ
サンプレクス	牡	1.27	美・大竹	シルバーステート	トロシュナ	7	スクリーンヒーロー
ニシノサリーナ	牝	4.10	栗・橋口	シルバーステート	ハイノリッジ	12	マンハッタンカフェ
シルバーリム	牝	4.22	栗・中村	シルバーステート	ヒカルアモーレ	19	クロフネ
コスモメイウェザー	牝	1.19	美・高木	シルバーステート	ベルヴォーグ	5	ジャスタウェイ
シャインアルプス	牝	3.08	美・中川	シルバーステート	マイエンフェルト	7	ハービンジャー
ハヤテノオジョー	牡	1.27		シルバーステート	マイタイムオブデイ	7	Australia
ヴィスコンテッサ	牝	4.22	栗・松永幹	シルバーステート	マルケッサ	8	オルフェーヴル
ルナフィオーレ	牝	4.03	栗・庄野	シルバーステート	マレキアーレ	7	Pioneerof the Nile
ラルス	牡	6.12	栗・吉田	シルバーステート	ミリオンウィッシーズ	21	Darshaan
ランウェイミューズ	牝	3.19	美・竹内	シルバーステート	ランウェイデビュー	8	ストロングリターン
レッドマジェスタ	牡	2.19	美・国枝	シルバーステート	リュズキナ	15	Storm Cat
	牝	4.23	栗・斉藤崇	シルバーステート	ルネイション	10	アドマイヤムーン
	牡	3.01		シルバーステート	レディイヴァンカ	8	Tiz Wonderful
ロジスカヤ	牝	2.13	美・国枝	シルバーステート	ロジモーリス	5	モーリス
	牝	3.20	美・国枝	スクリーンヒーロー	イプスウィッチ	13	Danehill Dancer
ポストクレジット	牝	1.21	美・鹿戸	スクリーンヒーロー	シークエル	8	クロフネ
メテオレムナント	牡	3.07	美・中川	スクリーンヒーロー	プロキシマ	9	ステイゴールド
	牝	3.20		スクリーンヒーロー	レッドジェノヴァ	9	シンボリクリスエス
マオノサルート	牝	4.15	美・黒岩	スマートファルコン	ロックンルージュ	9	カジノドライヴ
クールドリオン	牡	4.06	栗・庄野	スワーヴリチャード	アポロフィオリーナ	15	スニッツェル
カイショー	牝	1.28	栗・長谷川	スワーヴリチャード	アルモニカ	8	ロードカナロア
ジャスティンルマン	牡	4.16	栗・	スワーヴリチャード	イルーシヴハピネス	9	Frankel
ジュナベーラ	牝	2.20	美・木村	スワーヴリチャード	エクセランフィーユ	7	Frankel
ジャスティンシカゴ	牡	2.13	美・宮田	スワーヴリチャード	エリカブライト	5	キングカメハメハ
アールグレイ	牝	5.12	美・蛯名正	スワーヴリチャード	オピュレンス	14	Giant's Causeway
	牝	2.16		スワーヴリチャード	ザクイーン	9	ヴィクトワールピサ
	牝	3.24	栗・須貝	スワーヴリチャード	サクソンブライド	6	Macho Uno
オーブフレッシュ	牝	2.20	栗・辻野	スワーヴリチャード	サラトガ	19	クロフネ
	牡	1.29		スワーヴリチャード	シンバルⅡ	18	Singspiel
	牝	3.20	美・黒岩	スワーヴリチャード	ステファニーズシスター	7	Kitten's Joy
ヴィスクレス	牡	4.11	美・矢嶋	スワーヴリチャード	スプリングイズヒア	5	キングカメハメハ
ラデアベンダータ	牝	1.18	栗・河嶋	スワーヴリチャード	スペランツァデーア	12	マンハッタンカフェ
リアライズステラ	牡	4.24	栗・須貝	スワーヴリチャード	トラウム	12	Dansili

2歳馬リスト

馬主(落札者)	兄姉	取引価格・募集価格	生産者(国)	毛色	写真	記事
シルクR	エデルクローネ	3000万円	ノーザンファーム	黒鹿		
G1レーシング	サンライズジパング	3200万円	追分ファーム	鹿毛	36	105・157
社台RH	レッドバリエンテ	4000万円	社台ファーム	鹿毛	33	87
ウイン	ウインブライト	3400万円	コスモヴューファーム	黒鹿	38	114
(塩澤正樹)	アドマイヤオウジャ	2970万円(セレクト)	ノーザンファーム	黒鹿		
	スマートダンディー		三嶋牧場	青鹿	47	141
G1レーシング		1800万円	社台コーポレーション白老ファーム	青鹿		159
インゼルレーシング	ドウデュース	7000万円	ノーザンファーム	黒鹿	8	147・156
フィールドレーシング	ヴェーヌドール	4400万円(セレクト)	追分ファーム	黒鹿		160
(TM GROUP)	ブラストワンピース	14300万円(セレクト1)	ノーザンファーム	黒鹿	8	147
G1レーシング		4000万円	追分ファーム	黒鹿		160
(Gリビエール・レーシング)		5060万円(セレクト当)	ノーザンファーム	黒鹿		
シルクR		3500万円	ノーザンファーム	黒鹿		
	セイウンハーデス		鮫川啓一	黒鹿	19	107・198
キャロットF	シュペルミエール	2400万円	社台コーポレーション白老ファーム	黒鹿	70	70・198
コスモ		12000万円	ノーザンファーム	鹿毛	26	112
シルクR		2500万円	ノーザンファーム	鹿毛		
(佐藤範夫)		1760万円(セレクト1)	ノーザンファーム	鹿毛		
キャロットF	ドゥラエレーデ	5000万円	ノーザンファーム	青鹿		
YGGホースクラブ		1680万円	北星村田牧場	青鹿		
ターフ・スポート	マカオンドール	3300万円	グランデファーム	黒鹿		
キャロットF		2400万円	ノーザンファーム	黒鹿		
東京HR	レッドジェネシス	4000万円	ノーザンファーム	鹿毛		158
			ダーレー・ジャパン・ファーム	黒鹿		155
(林正道)		7700万円(セレクト1)	ノーザンファーム	黒鹿		
久米田正明			村田牧場	鹿毛		158
	ヴェローチェエラ		木村牧場	栗毛		158
ノルマンディー		2080万円	岡田スタッド	鹿毛		159
社台RH		2400万円	社台ファーム	青鹿		
(ワイズマン)		9680万円(セレクト1)	社台ファーム	青鹿		
湯浅健司			日西牧場	栗毛		159
DMMドリームクラブ	スカイキャンバス	3400万円	平野牧場	鹿毛		
嶽崎元彦			三嶋牧場	黒鹿		123
三木正浩	エバーハピネス	13200万円(セレクト1)	ノーザンファーム	鹿毛		
サンデーR		5000万円	ノーザンファーム	鹿毛		
			ノーザンファーム	栗毛		161
広尾レース	ティファニードンナ	4600万円	三嶋牧場	栗毛		
			ノーザンファーム	鹿毛		
		主取(セレクト1)	Blooming Farm	鹿毛		155
	サラトガスピリット		白井牧場	芦毛	53	144
(鈴江崇文)	ダイム	10120万円(セレクト1)	辻牧場	栗毛		
			辻牧場	栗毛		159
ターフ・スポート		2400万円	スカイビーチステーブル	黒鹿		
社台RH		2000万円	社台コーポレーション白老ファーム	黒鹿		
今福洋介	トラウンシュタイン	7920万円(セレクト1)	追分ファーム	黒鹿		155

馬名	性別	誕生日	厩舎	父名	母名	誕生時母年齢	母父名
	牡	4.04	美・斉藤崇	スワーヴリチャード	ノッツダルジェント	11	バゴ
シャルムグリーン	牡	3.29	美・相沢	スワーヴリチャード	ファータグリーン	10	タニノギムレット
ニシノエースサマ	牡	2.26	美・鹿戸	スワーヴリチャード	ブルージャ	10	Sidney's Candy
ベルバード	牝	1.26	美・武井	スワーヴリチャード	ベルスリーブ	18	シンボリクリスエス
ウイントリベルガ	牡	3.26	栗・杉山晴	スワーヴリチャード	マリアヴェロニカ	15	ジャングルポケット
	牡	2.01		スワーヴリチャード	ミスティックリップス	19	Generous
	牡	4.17	美・手塚久	スワーヴリチャード	ラントゥザリード	15	タニノギムレット
オレンジリバー	牝	3.26	美・黒岩	スワーヴリチャード	リフタスフェルト	7	ヨハネスブルグ
タイセイドゥマーニ	牡	2.20	栗・	ダイワメジャー	ギブユースマイル	8	エンパイアメーカー
エバイダンス	牝	3.03	栗・鈴木孝	ダイワメジャー	ストレプトカーパス	6	War Front
ソニックキャット	牡	4.06	美・田村	ダイワメジャー	セレスティアルキャット	12	Tale of the Cat
マルクダムール	牡	4.07	栗・松下	ダイワメジャー	メダリアダムール	17	Medaglia d'Oro
	牝	4.28	美・森一	ダノンキングリー	アナスタシアブルー	14	ファルブラヴ
ラショナルポイント	牝	2.22		ダノンキングリー	ウィラビーオーサム	14	Awesome Gambler
シャンデリュイーズ	牝	4.21	栗・小栗	ダノンキングリー	エマソング	16	Unbridled's Song
	牝	2.15	栗・武英	ダノンキングリー	カレドニアレディ	14	Firebreak
	牝	3.13	美・尾関	ダノンキングリー	クイックメール	17	タイキシャトル
	牝	4.22	栗・田中克	ダノンキングリー	サラーバ	12	New Approach
	牡	4.08		ダノンキングリー	ショウリュウムーン	16	キングカメハメハ
マイネルカイザー	牡	3.05	栗・宮	ダノンキングリー	スクービドゥー	19	Johan Cruyff
	牝	1.23		ダノンキングリー	ダノンオスカル	6	キングカメハメハ
	牝	3.23	美・西田	ダノンキングリー	ダノンコスモス	9	アイルハヴアナザー
パテントプール	牡	4.20	美・萩原	ダノンキングリー	トップライセンス	10	キンシャサノキセキ
	牝	3.19	美・萩原	ダノンキングリー	プライマリーコード	12	クロフネ
ホーリーステップ	牝	3.16	栗・斉藤崇	ダノンキングリー	ホーリーシュラウド	11	Cape Cross
フュルスティン	牝	3.08	美・加藤士	ダノンキングリー	ヤンチャヒメ	7	クロフネ
	牡	3.28		ダノンキングリー	レッドマニッシュ	13	シンボリクリスエス
	牡	3.29	美・黒岩	ダノンキングリー	レローヴ	9	ヴィクトワールピサ
	牡	4.19	美・新開	ダノンスマッシュ	カニヨット	18	Sunray Spirit
アルファリラエ	牝	2.27	美・田島	ダノンスマッシュ	ゴールデンハープ	11	ステイゴールド
サンデースマッシュ	牡	2.09	美・嘉藤	ダノンスマッシュ	サンデースマイルⅡ	20	Sunday Silence
トラスコンガーデン	牝	4.07	美・竹内	ダノンスマッシュ	ジャルディナージュ	12	Bernardini
	牝	3.25	美・千葉	ダノンスマッシュ	セルディアーナ	5	ハーツクライ
	牝	2.20	美・国枝	ダノンスマッシュ	ダノンポピー	8	ダイワメジャー
	牡	4.20	栗・千田	ダノンスマッシュ	ナスケンアイリス	16	フレンチデピュティ
ラフロレゾン	牝	3.05	栗・新谷	ダノンスマッシュ	ブルジュオン	13	ダイワメジャー
	牝	2.18		ダノンスマッシュ	ミッキーローズ	6	ディープインパクト
コスモエルヴァル	牡	2.17	美・黒岩	ダノンバラード	ヴァニティールールズ	13	New Approach
マイネルグレート	牡	2.13	美・鹿戸	ダノンバラード	オーサムボス	9	Street Boss
コスモナエマ	牝	3.20	美・手塚久	ダノンバラード	サザンスピード	16	Southern Image
	牡	3.03	美・牧	ダノンバラード	ツインクルスター	14	サクラバクシンオー
コスモギガンティア	牡	2.20	川・河津	ダノンバラード	ツウローゼズ	11	スターリングローズ
マイネルスラーヴァ	牡	4.27	美・高木	ダノンバラード	ハイタップ	17	Tapit
トリアングルレディ	牝	3.15	美・尾関	ダノンバラード	プリンシプルレディ	16	アグネスデジタル
カタフラクト	牡	4.08	美・加藤士	ダノンバラード	ホッコータビタン	8	サウスヴィグラス

2歳馬リスト

馬主(落札者)	兄姉	取引価格・募集価格	生産者(国)	毛色	写真	記事
(中水英紀)	ゴッドファーザー	4400万円(セレクト1)	スマイルファーム	黒鹿		155
斎藤光政	ガルブグリーン		本間牧場	黒鹿	47	138
	エルゲルージ		ヤナガワ牧場	栗毛	20	106・159
(重野心平)	カセドラルベル	5940万円(セレクト当)	ノーザンファーム	鹿毛		160
ウイン	ウインシャーロット	4200万円	コスモヴューファーム	鹿毛	38	115
(前田良平)	ハーメティキスト	2860万円(ミックス当)	ノーザンファーム	栗毛		
(TM GROUP)	カレンレベンティス	3410万円(セレクト1)	社台ファーム	黒鹿		161
G1レーシング		2000万円	追分ファーム	栗毛		159
(田中成奉)	タイセイブロウ	1650万円(セレクト当)	千代田牧場	黒鹿	27	93
ノースヒルズ			ノースヒルズ	鹿毛		
G1レーシング	トーセンクライスト	2400万円	追分ファーム	栗毛		
社台オーナーズ	ブラゾンダムール	1600万円	追分ファーム	栗毛		
ライオンRH	ブルーロワイヤル	1600万円	坂東牧場	青鹿		
(池谷誠一)	ハッピーオーサム	3630万円(セレクト当)	ノーザンファーム	鹿毛		
社台RH	アップストローク	1800万円	社台ファーム	黒鹿		
(吉川ホールディングス)	スコールユニバンス	5500万円(セレクト当)	ノーザンファーム	黒鹿	9	70
LEX	シュエットヌーベル	1848万円	岡田スタッド	鹿毛	17	135
	マッドマックス		三嶋牧場	黒鹿	40	122
	ショウリュウイクゾ		ノーザンファーム	黒鹿		
ラフィアン	サウンドビバーチェ	3000万円	浜口牧場	鹿毛	23	111
	ダノンフェルゼン		ノーザンファーム	鹿毛		
	ダノンザボルケーノ		白井牧場	青鹿	47	141
サンデーR	クロスライセンス	3000万円	ノーザンファーム	黒鹿		
LEX		1650万円	社台ファーム	黒鹿		
	ホーリーブラッサム		富田牧場	青鹿	45	128
橋本実		1650万円(サマー1)	アイズスタッド	青鹿		158
(里見治)	レッドアウレア	7040万円(セレクト当)	社台ファーム	青鹿		
			小倉スタッド	鹿毛		159
(ディアレストクラブ)	メイアルーア	550万円(セプテンバー1)	カケハムポニークラブ	黒鹿	50	126
G1レーシング	ホーエリート	1800万円	社台コーポレーション白老ファーム	黒鹿		
シルクR	フルーキー	2500万円	ノーザンファーム	黒鹿		
由井健太郎	ローズパンラズナ		下河辺牧場	黒鹿	44	116・191
ロードHC		2700万円	林孝輝	栗毛		
			ノーザンファーム	鹿毛		158
(瀬野尾裕久)	モジアナフレイバー	1870万円(セレクション1)	桜井牧場	鹿毛	48	140
ノースヒルズ	レストア		土居牧場	黒鹿		184
			ノーザンファーム	黒鹿		
コスモ		2200万円	ビッグレッドファーム	鹿毛	21	108・159
ラフィアン	マイネルオーサム	3600万円	ビッグレッドファーム	黒鹿	24	111・159
コスモ	コスモキュランダ	4000万円	ビッグレッドファーム	黒鹿	26	113・161
LEX	ツインクルトーズ	1518万円	岡田スタッド	鹿毛	17	135
コスモ		1400万円	荒井ファーム	鹿毛	21	109
ラフィアン	ソウキュウ	3000万円	ビッグレッドファーム	鹿毛	26	113
ターフ・スポート	コパノパサディナ	1600万円	大北牧場	鹿毛		
ライオンRH	ワンダーカモン	3200万円	高昭牧場	青鹿		158

馬名	性別	誕生日	厩舎	父名	母名	誕生時母年齢	母父名
コスモクラシック	牡	2.06	美・嘉 藤	ダノンバラード	マーマレードガール	7	タイキシャトル
マイネルゼーロス	牡	3.29	美・相 沢	ダノンバラード	マイネアルデュール	18	アドマイヤコジーン
マイネルテオドロス	牡	2.19	美・菊 川	ダノンバラード	マイネフェリックス	16	アグネスデジタル
ベストパラディア	牝	3.04	栗・西園正	ダノンバラード	ラッフォルツァート	11	グラスワンダー
	牡	5.02	美・斎藤誠	ダノンプレミアム	キャサリンオブアラゴン	15	Holy Roman Emperor
シャンティフレーズ	牝	3.10	美・加藤士	ダノンプレミアム	シャンテリー	6	スクリーンヒーロー
	牝	2.24		ダノンプレミアム	ショウリュウハル	6	ジャスタウェイ
	牡	3.19	栗・四 位	ダノンプレミアム	ゼスト	7	Tapit
レディトゥランブル	牡	3.05	美・武 井	ダノンプレミアム	ダイストウショウ	13	サクラバクシンオー
アームズレジェンド	牡	2.14	栗・上 村	ダノンレジェンド	アームズトウショウ	17	コロナドズクエスト
	牝	2.26	美・高 木	ダノンレジェンド	ウイニフレッド	14	スペシャルウィーク
ルナノーヴァ	牝	5.05	栗・緒 方	ダノンレジェンド	ルナマーレ	4	キタサンブラック
	牝	2.08	美・嘉 藤	タワーオブロンドン	ヴァラークラウン	6	ダノンシャンティ
	牝	4.03	美・高柳瑞	タワーオブロンドン	ギフトオブアート	7	ヴィクトワールピサ
エターナルギア	牡	4.21	美・加藤士	タワーオブロンドン	ノンストップ	7	オルフェーヴル
ウインハルフォード	牡	3.31	栗・西園翔	タワーオブロンドン	ハイキートーン	13	ハーツクライ
ソルティアーラ	牡	5.03	美・西 田	タワーオブロンドン	ルナティアーラ	7	ディープインパクト
	牝	2.20		ダンカーク	オウケンビリーヴ	10	クロフネ
ラップサイディング	牝	3.03	地・	ダンカーク	コロニアルスタイル	9	ゴールドアリュール
モラール	牝	4.21	美・鈴木慎	ダンカーク	ハキ	4	マジェスティックウォリアー
	牝	4.28		ディーマジェスティ	ヴァンフレーシュ	13	サクラバクシンオー
ビョウブガウラ	牡	5.02	美・国 枝	ディーマジェスティ	ミスミーチャン	9	ファスリエフ
キミガハマ	牝	4.17	美・国 枝	ディーマジェスティ	メイショウツバクロ	13	フレンチデピュティ
	牡	5.31		ディーマジェスティ	ヤマニンアドーレ	13	ダイワメジャー
リノルアナ	牡	3.07	栗・坂 口	ディーマジェスティ	リノマカナ	10	マンハッタンカフェ
	牝	4.07	栗・吉 岡	ディスクリートキャット	スタリア	14	アルカセット
	牝	4.04	美・上原博	ディスクリートキャット	フラマブル	10	パイロ
	牝	3.25	栗・寺 島	ディスクリートキャット	ブルーミスト	6	スクリーンヒーロー
	牝	2.26	栗・大久保	ディスクリートキャット	ホットミスト	6	パイロ
	牡	3.23	栗・小 栗	ディスクリートキャット	レディナデシコ	16	ワイルドラッシュ
レディトゥアタック	牡	4.13	栗・清水久	デクラレーションオブウォー	オールスマイル	10	エンパイアメーカー
	牝	3.28	美・林	デクラレーションオブウォー	オムニプレゼンス	6	ディープインパクト
ウォーブレイク	牡	3.22	栗・辻 野	デクラレーションオブウォー	グレイスフルダンス	6	ノヴェリスト
ベルトラッキ	牡	3.11	美・加藤士	デクラレーションオブウォー	ロマンチックキス	7	ルーラーシップ
エコロヴァン	牡	4.30	美・菊 沢	トーセンラー	ワイルドウインド	15	Danehill Dancer
イーガービーバー	牡	5.04	美・和田正	トランセンド	スーリール	12	スペシャルウィーク
	牡	3.16	栗・鈴木孝	ドリームバレンチノ	グランドサッチャー	10	ダイワメジャー
ローレルアイビー	牝	2.18	栗・杉山佳	ドレフォン	アドマイヤカグラ	16	スペシャルウィーク
アクアアイ	牝	2.06	栗・四 位	ドレフォン	アドマイヤセプター	15	キングカメハメハ
ロスパレドネス	牡	4.09	美・木 村	ドレフォン	アロマティコ	14	キングカメハメハ
アンバーウェイヴス	牝	4.22	栗・友 道	ドレフォン	ヴィブロス	10	ディープインパクト
ルージュアイラ	牝	2.18	栗・池 江	ドレフォン	ヴィルトゥース	8	ディープインパクト
パンパネイラ	牝	1.19	栗・上 村	ドレフォン	ヴィレンスクラフト	5	ダイワメジャー
	牡	3.23	栗・福 永	ドレフォン	エトピリカ	16	キングカメハメハ
スターアニス	牝	2.04	栗・高 野	ドレフォン	エピセアローム	14	ダイワメジャー

240

2歳馬リスト

馬主(落札者)	兄姉	取引価格・募集価格	生産者(国)	毛色	写真	記事
コスモ	コスモキャバリエ	2400万円	ブルースターズファーム	黒鹿	24	111
ラフィアン	ペルソナリテ	1700万円	ビッグレッドファーム	黒鹿	22	108
ラフィアン	コスモコラッジョ	1700万円	金石牧場	鹿毛	26	113
ラフィアン	マイネルフォルツァ	1400万円	ブルースターズファーム	鹿毛	24	111
ロードHC	メイズオブオナー	2800万円	ケイアイファーム	鹿毛		
橋本実		847万円(サマー1)	T ホースランチ	黒鹿		158
			ノーザンファーム	鹿毛		
ロードHC		2800万円	ケイアイファーム	鹿毛		
古賀慎一	ショウナンアイビー	1210万円(サマー1)	秋田育成牧場	黒鹿		160
杉山忠国	アームズレイン		明治牧場	黒鹿		154
ノルマンディー	アールブリッツ	1840万円	オリオンファーム	鹿毛		137
ノルマンディー		1520万円	岡田スタッド	黒鹿		137
			ダーレー・ジャパン・ファーム	鹿毛	29	119
	アートコレクション		ダーレー・ジャパン・ファーム	鹿毛	29	119
兼松康太	テイエムタリスマ		諏訪牧場	鹿毛		158
ウイン	ミントティー	1800万円	スウィングフィールド牧場	鹿毛	39	114
DMMドリームクラブ		800万円	オリオンファーム	鹿毛		
			ノーザンファーム	栗毛		
社台オーナーズ	フェデラルスタイル	1200万円	社台ファーム	芦毛		
広尾レース		1000万円	木村秀則	黒鹿		
(嶋田賢)	アルムブラスト	3850万円(セレクト1)	ノーザンファーム	鹿毛		
	ディマイザキッド		服部牧場	鹿毛		158
	メイショウタバル		三嶋牧場	鹿毛		158
	ヤマニンデンファレ		錦岡牧場	芦毛		185
ヒポファイル		715万円	谷岡牧場	栗毛		
	クルゼイロドスル		ダーレー・ジャパン・ファーム	栗毛		157
	キャットファイト		ダーレー・ジャパン・ファーム	栗毛	29	118
			ダーレー・ジャパン・ファーム	鹿毛	29	118
			ダーレー・ジャパン・ファーム	栗毛	29	118・198
京都HR	エクトゥシュタール	1320万円	さとう	黒鹿		
ノースヒルズ			ノースヒルズ	黒鹿		
	ナルカミ		ダーレー・ジャパン・ファーム	栗毛	29	119
杉山忠国			明治牧場	栗毛	48	140・196
小田吉男	ロマンスライト	990万円(サマー1)	びらとり牧場	鹿毛		158
原村正紀	ゼッフィーロ	6160万円(セレクト1)	社台ファーム	鹿毛		
ノースヒルズ	エミュー		土居牧場	鹿毛		
ライオンRH	アンナプルナ	920万円	高昭牧場	黒鹿		
ローレルR	ローレルアイリス	1500万円	新冠橋本牧場	鹿毛		
TNレーシング	デシエルト	9240万円(セレクト1)	ノーザンファーム	鹿毛	9	147
サンデーR	ジオグリフ	7000万円	ノーザンファーム	栗毛	66	65・197
	シヴァース		ノーザンファーム	青鹿		156
東京HR		5000万円	ノーザンファーム	栗毛		154
(雅苑興業)		2750万円(ミックス当)	ノーザンファーム	栗毛		154
	スキップ		タバタファーム	鹿毛		157
社台オーナーズ	バルサムノート	4000万円	ノーザンファーム	栗毛		

馬名	性別	誕生日	厩舎	父名	母名	誕生時母年齢	母父名
ガルディエンヌ	牝	3.22	栗・高橋亮	ドレフォン	エリティエール	9	ディープインパクト
	牝	4.27	栗・杉山佳	ドレフォン	カフジビーナス	10	ディープインパクト
ジュピターバローズ	牡	1.29	栗・友道	ドレフォン	キャレモンショコラ	12	サクラバクシンオー
シェリアドレ	牝	4.06	美・奥村武	ドレフォン	クイーングラス	8	ルーラーシップ
アースアクシス	牝	3.09	美・栗田	ドレフォン	クロノロジスト	20	クロフネ
ティルベリー	牝	1.17	美・宮田	ドレフォン	グロリアーナ	7	ハーツクライ
サンアントワーヌ	牝	2.04	美・鹿戸	ドレフォン	サンティール	9	ハービンジャー
アンジュプロミス	牝	3.27	栗・矢作	ドレフォン	サンビスタ	14	スズカマンボ
ギャニミード	牝	2.25	美・木村	ドレフォン	シーリア	8	キングカメハメハ
アルジェンテーラ	牝	4.10	栗・斉藤崇	ドレフォン	ジェンティルドンナ	14	ディープインパクト
	牝	2.10		ドレフォン	シフォンカール	10	クロフネ
プラネタリーアワー	牝	3.19	美・加藤征	ドレフォン	シャインサンデー	9	トワイニング
ショウナンサイオウ	牡	1.30	美・奥村武	ドレフォン	ショウナンパンドラ	12	ディープインパクト
ミニュイ	牡	4.04	栗・秋山	ドレフォン	シンデレラ	8	ハーツクライ
	牝	1.26		ドレフォン	スリジエ	6	ダイワメジャー
キミガスキダ	牝	3.25	栗・牧田	ドレフォン	セシリア	14	アグネスタキオン
カーマインジュエル	牝	3.01	美・尾関	ドレフォン	ダイアナブライト	7	ディープインパクト
ドレドレ	牝	3.17	美・矢嶋	ドレフォン	ダイワドレッサー	10	ネオユニヴァース
クアロアランチ	牝	3.01	美・西田	ドレフォン	タンタラス	7	キングカメハメハ
ベルセア	牝	2.16	美・武井	ドレフォン	テルモードーサ	7	キンシャサノキセキ
	牝	2.24		ドレフォン	ドナブリーニ	20	Bertolini
ジャミールアイン	牝	4.08	栗・藤原	ドレフォン	ドバイマジェスティ	18	Essence of Dubai
ノチェセラーダ	牡	2.18	栗・杉山佳	ドレフォン	ノチェブランカ	8	ディープインパクト
ハングローズ	牝	2.23	美・奥村武	ドレフォン	ハワイアンローズ	12	キングカメハメハ
	牝	3.22	栗・奥村豊	ドレフォン	ファイナライズ	7	ロードカナロア
グランビスタ	牝	2.06	栗・池添	ドレフォン	ブエナビスタ	17	スペシャルウィーク
フォーカスリング	牝	4.18	栗・橋口	ドレフォン	フォトコール	12	Galileo
インシオン	牡	5.09	栗・藤原	ドレフォン	プラウドベル	18	Proud Citizen
	牡	4.16	美・堀	ドレフォン	ブラックエンブレム	18	ウォーエンブレム
	牝	4.12	栗・手塚久	ドレフォン	ブラックパイン	7	King's Best
フィアスゲイル	牝	4.09	栗・武幸	ドレフォン	ブランシェクール	10	ダイワメジャー
コックピットサイト	牝	4.27	美・鹿戸	ドレフォン	ベラポーサ	10	Tapit
シャンドラファール	牡	5.02	栗・斉藤崇	ドレフォン	ベルディーヴァ	11	ダイワメジャー
イヌボウノキラメキ	牡	3.12	美・国枝	ドレフォン	ホクラニミサ	12	ディープインパクト
	牡	2.21		ドレフォン	ポンデザール	8	ハーツクライ
	牡	3.04	美・田中博	ドレフォン	マーヴェラスクイン	7	ダンカーク
	牝	2.08		ドレフォン	マハーバーラタ	15	ディープインパクト
シャンパンクォーツ	牝	4.05	美・久保田	ドレフォン	マリアライト	12	ディープインパクト
マルシュボヌール	牝	4.05	栗・矢作	ドレフォン	マルシュロレーヌ	7	オルフェーヴル
	牝	4.03	栗・手塚久	ドレフォン	マルターズディオサ	6	キズナ
	牡	1.29		ドレフォン	マンディ	9	ディープインパクト
シャフメラン	牝	3.17	栗・新谷	ドレフォン	ミラクルレジェンド	16	フジキセキ
	牡	2.15	栗・池添	ドレフォン	メイショウショウブ	7	ダイワメジャー
アクシュラ	牝	4.18	栗・橋口	ドレフォン	ユメノトビラ	9	Bernardini
レッドフレーザー	牡	2.15	栗・矢作	ドレフォン	ラーゴブルー	9	ハーツクライ

2歳馬リスト

馬主(落札者)	兄姉	取引価格・募集価格	生産者(国)	毛色	写真	記事
キャロットF	バースライト	3000万円	ノーザンファーム	鹿毛		
	カワキタレブリー		川島牧場	黒鹿	53	145
猪熊広次	サイクロトロン	4950万円(セレクト1)	ノーザンファーム	鹿毛		156
遠藤良一	オールパルフェ		カタオカファーム	鹿毛		157
シルクR	クロノジェネシス	5000万円	ノーザンファーム	鹿毛		
サンデーR	ヴァルキリーバース	3600万円	ノーザンファーム	栗毛		161
社台オーナーズ	ビックデムッシュ	3600万円	ノーザンファーム	鹿毛		159
竹下浩一	ジレトール		グランド牧場	鹿毛		
キャロットF	ヴィンセンシオ	4400万円	ノーザンファーム	黒鹿	15	148
サンデーR	ジェラルディーナ	8000万円	ノーザンファーム	鹿毛		155
	カールスタード		ノーザンファーム	鹿毛		
社台RH		2400万円	社台ファーム	栗毛		
国本哲秀	パンドレア		社台コーポレーション白老ファーム	栗毛		157
インゼルレーシング	レイピカケ	3000万円	杵臼牧場	鹿毛		
			ノーザンファーム	黒鹿		
(ディアレストクラブ)	ワールドリバイバル	1870万円(セレクション1)	天羽牧場	鹿毛	50	127
キャロットF		4000万円	ノーザンファーム	鹿毛		
(犬飼優)		1100万円(セレクション1)	矢野牧場	鹿毛		141
サンデーR		3600万円	ノーザンファーム	鹿毛		
社台オーナーズ		3000万円	ノーザンファーム	黒鹿		160
(Karson Ka Ching CHENG)	ジェンティルドンナ	23100万円(セレクト当)	ノーザンファーム	栗毛		
サンデーR	シャフリヤール	6000万円	ノーザンファーム	鹿毛	9	72
サンデーR	ウィンターベル	4000万円	ノーザンファーム	芦毛	9	147
	ハウゼ		辻牧場	鹿毛		157
ロードHC		2800万円	ケイアイファーム	鹿毛		
サンデーR	ソシアルクラブ	6000万円	ノーザンファーム	鹿毛		
シルクR	アドマイヤアストラ	4500万円	ノーザンファーム	鹿毛		
シルクR	グレートウォリアー	6000万円	ノーザンファーム	青鹿		
(小笹芳央)	アストラエンブレム	7920万円(セレクト1)	ノーザンファーム	栗毛	9	147
			ダーレー・ジャパン・ファーム	鹿毛		161
キャロットF		3200万円	ノーザンファーム	鹿毛		
(山田弘)		2860万円(セレクション1)	追分ファーム	鹿毛		159
キャロットF		4400万円	ノーザンファーム	黒鹿		155
	マイトレジャーフジ		服部牧場	黒鹿		158
			ノーザンファーム	鹿毛		
			木村秀則	栗毛		160
	ヒンドゥタイムズ		ノーザンファーム	青鹿		
キャロットF	オーソクレース	4000万円	ノーザンファーム	黒鹿		
キャロットF		7000万円	ノーザンファーム	栗毛		
			天羽禮治	黒鹿		161
			ノーザンファーム	鹿毛		
社台オーナーズ	グレートタイム	3500万円	社台ファーム	栗毛		
			三嶋牧場	栗毛	40	123
ノースヒルズ	モンネトワ		ノースヒルズ	鹿毛		
東京HR	オコタンペ	6000万円	ノーザンファーム	栗毛		

243

馬名	性別	誕生日	厩舎	父名	母名	誕生時母年齢	母父名
	牡	2.13	栗・友道	ドレフォン	ラスティングソング	16	フジキセキ
アルファローバ	牡	2.01	栗・小栗	ドレフォン	リアリゾンルーヴ	10	Lemon Drop Kid
	牡	4.21		ドレフォン	ルナシオン	6	ディープインパクト
モデレートゲイル	牡	3.20	美・戸田	ドレフォン	レインボーダリア	16	ブライアンズタイム
ヴァンデスペランス	牡	4.23	美・中舘	ドレフォン	レスペランス	11	キングカメハメハ
ジョーカー	牡	2.19	栗・友道	ドレフォン	ローズベリル	8	キングカメハメハ
ロジシーザ	牡	2.09	美・古賀	ドレフォン	ロジネイア	5	エピファネイア
プレースメント	牡	3.13	美・蛯名正	ナダル	アサクサティアラ	13	ディープインパクト
ヴァレンティーニ	牝	3.12	美・新開	ナダル	アラゴネーゼ	7	ゴールドアリュール
グラティアム	牝	1.29	美・嘉藤	ナダル	アリア	8	ダイワメジャー
フィアーブル	牝	4.26	栗・長谷川	ナダル	アルアマーナ	14	ディープインパクト
パスリヤージュ	牡	4.17	栗・荒川	ナダル	ヴェルメンティーノ	12	ダイワメジャー
イーグルロック	牡	1.29	美・相沢	ナダル	カービングパス	11	ハービンジャー
アリハム	牡	2.22	栗・武幸	ナダル	ジルダ	11	ゼンノロブロイ
	牝	4.16	栗・宮地	ナダル	ステイウィズアンナ	9	ステイゴールド
スマイルガーデン	牝	2.25	栗・西村	ナダル	スマイルシャワー	12	シンボリクリスエス
	牡	4.20	美・加藤征	ナダル	スミレ	10	ダイワメジャー
トロフィーポーズ	牡	4.21	美・国枝	ナダル	ディーパワンサ	9	ディープブリランテ
トリグラフヒル	牡	2.13	栗・大久保	ナダル	トリプライト	10	ワイルドラッシュ
ポッドアッシュ	牡	4.12		ナダル	ネイビーアッシュ	8	キングカメハメハ
	牡	4.14		ナダル	フランジヴェント	6	キンシャサノキセキ
エクストラプッシュ	牡	2.05	栗・奥村豊	ナダル	ヘアケイリー	5	ディープインパクト
アーガイルショア	牝	4.11	栗・安田	ナダル	ベルプラージュ	12	キングカメハメハ
ザンシュトーム	牝	2.19	栗・斉藤崇	ナダル	マエストラーレ	17	ネオユニヴァース
ヨルヴィック	牝	2.20	美・稲垣	ナダル	マラムデール	12	フレンチデピュティ
	牡	2.22	栗・松永幹	ナダル	メイショウササユリ	9	スズカマンボ
	牝	2.27	美・斎藤誠	ナダル	モンオール	7	オルフェーヴル
グラムエッジ	牡	5.05	美・手塚久	ナダル	ランズエッジ	17	ダンスインザダーク
ラジャブルック	牡	3.23	栗・高野	ナダル	リャスナ	7	ディープインパクト
	牝	1.25		ナダル	ルリエーヴル	6	ロードカナロア
バスキュール	牡	3.26	美・林	ナダル	レティキュール	7	ハーツクライ
オテンバプリンセス	牝	4.03	美・加藤士	ナダル	ロゼリーナ	10	キングカメハメハ
ロイヤルアデレード	牡	2.03		ニューイヤーズデイ	アデレードヒル	10	ゴールドヘイロー
アチーヴァー	牡	2.24	栗・石坂	ニューイヤーズデイ	アドラータ	8	オルフェーヴル
	牝	3.08	栗・宮地	ニューイヤーズデイ	アンティフリーズ	16	タップダンスシチー
ハツアカネ	牝	4.12	栗・小崎	ニューイヤーズデイ	アンバーミニー	9	ダイワメジャー
キュレーション	牝	4.16	地・	ニューイヤーズデイ	イントロダクション	12	デュランダル
エーデルクラフト	牝	4.28	美・辻	ニューイヤーズデイ	ウルクラフト	7	ディープインパクト
エブリポッシブル	牝	3.18	栗・新谷	ニューイヤーズデイ	オールポッシブル	9	ダイワメジャー
レイオブファイア	牝	2.18	美・加藤士	ニューイヤーズデイ	オンクーラン	5	ジャスタウェイ
アニマレイ	牡	3.07	栗・須貝	ニューイヤーズデイ	ガルデルスリール	12	ダイワメジャー
リクスダラー	牝	4.30	美・上原佑	ニューイヤーズデイ	キャットコイン	11	ステイゴールド
ティナンヴァランタ	牝	1.26	美・森一	ニューイヤーズデイ	グルファクシー	7	ハービンジャー
	牡	3.23	栗・高橋義	ニューイヤーズデイ	コンゴウレイワ	6	アイルハヴアナザー
	牝	2.15	美・上原佑	ニューイヤーズデイ	シャルロワ	6	ハーツクライ

2歳馬リスト

馬主(落札者)	兄姉	取引価格・募集価格	生産者(国)	毛色	写真	記事
(TM GROUP)	クィーンズベスト	6600万円(セレクト当)	ノーザンファーム	黒鹿		156
(雅苑興業)	シャドウルバン	3410万円(セレクト当)	追分ファーム	鹿毛	36	105
			ノーザンファーム	鹿毛		
G1レーシング		2400万円	追分ファーム	栗毛		
シルクR	アイアゲート	4000万円	ノーザンファーム	黒鹿		
石川達絵	ビップデイジー	3300万円(セレクト当)	ノーザンファーム	鹿毛		80・156
久米田正明			石川牧場	鹿毛		121
社台RH	アサクサヴィーナス	2400万円	社台コーポレーション白老ファーム	黒鹿		
G1レーシング		2400万円	ノーザンファーム	黒鹿		
社台オーナーズ		1800万円	社台コーポレーション白老ファーム	黒鹿		
G1レーシング	フラッフィクラウド	1600万円	追分ファーム	鹿毛		
社台オーナーズ	ボッドベイダー	2000万円	社台ファーム	栗毛		
サンデーR	スクルトゥーラ	3600万円	ノーザンファーム	栗毛		
TNレーシング	シャウビンダー	11000万円(セレクト1)	社台ファーム	青鹿		
(小野建)		1430万円(サマー1)	三好牧場	黒鹿		141
社台オーナーズ	スマイルスルー	2400万円	ノーザンファーム	鹿毛		74
	スミレファースト		ノーザンファーム	鹿毛		78
キャロットF	チューラワンサ	5000万円	ノーザンファーム	鹿毛		158
サンデーR	マスグラバイト	3600万円	ノーザンファーム	栗毛		
(小川眞査雄)		3080万円(ミックス当)	ノーザンファーム	鹿毛		
			ノーザンファーム	鹿毛		
(亀井哲也)		2970万円(セレクト当)	ノーザンファーム	鹿毛		192
キャロットF	ロスコフ	3000万円	追分ファーム	栗毛		
G1レーシング	ルヴァンスレーヴ	3600万円	社台コーポレーション白老ファーム	鹿毛		155
社台オーナーズ	ワーフデール	2400万円	ノーザンファーム	栗毛		
			三嶋牧場	栗毛	40	123
LEX		2640万円	ノーザンファーム	鹿毛		
キャロットF	ヴァルコス	4400万円	ノーザンファーム	鹿毛		161
キャロットF		5000万円	ノーザンファーム	栗毛		
(Repole Stable Inc.)	シュブロンレーヴル	8580万円(セレクト1)	ノーザンファーム	栗毛		
サンデーR		3600万円	ノーザンファーム	鹿毛		
(田畑利彦)	ザローズハーツ	3630万円(ミックス当)	レイクヴィラファーム	栗毛		82・158
(丸山担)	ロジアデレード	5170万円(セレクト当)	ノーザンファーム	鹿毛		
社台RH		2800万円	社台コーポレーション白老ファーム	鹿毛		
京都HR	ナイトブリーズ	1320万円	前谷牧場	黒鹿		
インゼルレーシング	フィンガークリック	3200万円	社台ファーム	黒鹿		
社台オーナーズ	サンフィニティ	600万円	社台ファーム	黒鹿		
キャロットF		2400万円	社台コーポレーション白老ファーム	鹿毛		
G1レーシング		3200万円	ノーザンファーム	黒鹿		
			山田政宏	鹿毛		158
(Gリビエール・レーシング)	モリアーナ	6380万円(セレクト当)	ノーザンファーム	青鹿		155
サンデーR	グロッシェン	4000万円	社台コーポレーション白老ファーム	黒鹿		
G1レーシング		2400万円	社台コーポレーション白老ファーム	栗毛		
(松本好雄)		1595万円(サマー1)	まるとみ冨岡牧場	黒鹿	55	131
			追分ファーム	鹿毛	36	103

馬名	性別	誕生日	厩舎	父名	母名	誕生時母年齢	母父名
ルガルパンダ	牡	1.27	地・	ニューイヤーズデイ	シュクルダール	9	シンボリクリスエス
ガーネットフレア	牝	1.18	栗・杉山佳	ニューイヤーズデイ	スペクトロライト	13	ディープインパクト
	牡	3.26		ニューイヤーズデイ	テイエムソレイユ	8	ヘニーヒューズ
バイラノーチェ	牝	2.06	地・	ニューイヤーズデイ	バイラオーラ	17	トワイニング
オーシャンミューズ	牝	2.10	美・堀 内	ニューイヤーズデイ	ビーチパラソル	11	ダイワメジャー
フォルクスザーゲ	牡	4.14	美・中 川	ニューイヤーズデイ	フォークテイル	7	ロードカナロア
	牡	1.26		ニューイヤーズデイ	フラーテイシャスミス	19	Mr. Greeley
	牡	4.16		ニューイヤーズデイ	プロレタリアト	12	ハーツクライ
ブリーゼプリマベラ	牝	1.20	美・武 井	ニューイヤーズデイ	ボカイウヴァ	12	Teofilo
ブリスフルイヤー	牝	4.15	美・新 開	ニューイヤーズデイ	メイクハッピー	7	Square Eddie
ショルタメンテ	牝	3.16	栗・田中克	ニューイヤーズデイ	リトミカメンテ	7	オルフェーヴル
キャピタル	牡	4.29	美・堀	ニューイヤーズデイ	リュラ	10	ステイゴールド
ノースミソロジー	牡	4.18	栗・岡 田	ニューイヤーズデイ	レジェンディスト	8	エンパイアメーカー
エイシンディアマン	牝	4.17	栗・中 尾	ネロ	エイシントパーズ	12	アドマイヤムーン
コウユーネロガ	牡	3.28	栗・斉藤崇	ネロ	シャイニングアロー	10	キンシャサノキセキ
フィラーエ	牝	2.20	栗・高橋康	ノーブルミッション	イシス	11	キングヘイロー
チアファンファーレ	牝	3.21	美・田中博	ハービンジャー	アリシア	6	キズナ
	牝	2.22	美・宮 田	ハービンジャー	インナーアージ	13	ディープインパクト
ブルースカイブルー	牡	1.26		ハービンジャー	エマノン	10	ハーツクライ
ワインダークシー	牡	3.01	美・中 舘	ハービンジャー	クエストフォーラヴ	5	キズナ
トゥスコラーナ	牝	5.01	栗・松永幹	ハービンジャー	グランデストラーダ	7	ハーツクライ
クラリティサウンド	牡	3.19	栗・中 村	ハービンジャー	クリアサウンド	6	キズナ
	牡	2.04		ハービンジャー	クリッパー	8	ディープインパクト
ラヴィニアパーク	牡	1.27	美・萩 原	ハービンジャー	コンダクトレス	8	ホワイトマズル
リュネヴィル	牝	3.08	栗・梅 田	ハービンジャー	サイモンミラベル	9	ダイワメジャー
フルールロイヤル	牝	4.06	美・青 木	ハービンジャー	サングレアル	12	ゼンノロブロイ
	牡	2.18	栗・福 永	ハービンジャー	シャンボールフィズ	14	キングカメハメハ
	牝	4.08	栗・黒 岩	ハービンジャー	ジョブックコメン	8	ドリームジャーニー
ノーブルフォルテ	牡	5.16	栗・長谷川	ハービンジャー	デビュタント	11	ディープインパクト
ウインタープレス	牡	2.12	美・竹 内	ハービンジャー	フェイブルネージュ	12	ディープインパクト
フォーチュンローズ	牝	3.20	美・上原佑	ハービンジャー	フェータルローズ	14	タニノギムレット
パシフィックドーン	牡	3.26	栗・池 添	ハービンジャー	プルメリアスター	11	ゼンノロブロイ
	牡	4.06		ハービンジャー	ベラフォレスタ	12	ゼンノロブロイ
ヴィラジョヴィス	牝	3.04	栗・小 栗	ハービンジャー	ベルカプリ	9	ダイワメジャー
ショウナンガルフ	牡	1.16	栗・須 貝	ハービンジャー	ミカリーニョ	8	ハーツクライ
	牝	1.28		ハービンジャー	ミディオーサ	7	ディープインパクト
イベントホライゾン	牡	4.16	栗・池 江	ハービンジャー	ライツェント	16	スペシャルウィーク
リービングサイン	牝	5.01	美・武 藤	ハービンジャー	リープオブフェイス	16	クロフネ
ロジマギー	牝	3.07	美・宮 田	ハービンジャー	ロジマギーゴー	4	ハーツクライ
ウンナターシャ	牝	2.17	栗・高柳大	パイロ	インディアマントゥアナ	9	Wilburn
	牝	2.19	栗・角 田	パイロ	エオリア	9	ストリートセンス
ビッキーセカンド	牡	3.02	美・武 井	パイロ	ノイエクローネ	9	ネオユニヴァース
レディサン	牝	4.05	美・栗 田	パイロ	ノーブルライラック	6	キンシャサノキセキ
	牡	3.30	美・東 田	パイロ	ホウオウサファイア	10	サウスヴィグラス
	牡	5.03	美・加藤士	ハクサンムーン	サウンドウェーブ	16	シンボリクリスエス

246

2歳馬リスト

馬主(落札者)	兄姉	取引価格・募集価格	生産者(国)	毛色	写真	記事
社台オーナーズ		2000万円	ノーザンファーム	黒鹿		
キャロットF	ライトウォーリア	3600万円	ノーザンファーム	鹿毛		
			ノーザンファーム	黒鹿		
キャロットF	アシセバイラ	2000万円	社台コーポレーション白老ファーム	栗毛		
社台RH	カサブランカキッド	1200万円	社台ファーム	芦毛		
サンデーR		2400万円	ノーザンファーム	栗毛		
(吉澤ステーブル)	オクラホマ	4840万円(セレクト1)	ノーザンファーム	栗毛		
(保坂和孝)	リックスター	1870万円(ミックス当)	ノーザンファーム	鹿毛		
フィールドレーシング	ヴァルガス	1540万円(セレクション1)	スマイルファーム	鹿毛		160
社台RH		1800万円	社台ファーム	黒鹿		
社台RH		1800万円	社台コーポレーション白老ファーム	栗毛		
石川達絵	ヒシタイカン	5060万円(セレクト1)	ノーザンファーム	黒鹿		
社台オーナーズ	アリュールテーラー	1800万円	社台ファーム	鹿毛		
			吉永ファーム	黒鹿	59	132
			長谷川牧場	青毛		155
ターフ・スポート	ドゥーラ	3300万円	グランデファーム	鹿毛		
ノースヒルズ			平山牧場	栗毛		160
	ブレイディヴェーグ		ノーザンファーム	栗毛		161
	エマヌエーレ		ノーザンファーム	鹿毛		
広尾レース		2600万円	木村秀則	鹿毛		
シルクR		3000万円	ノーザンファーム	鹿毛		
杉山忠国			明治牧場	鹿毛	53	145
(田畑利彦)		3850万円(ミックス当)	ノーザンファーム	黒鹿		
キャロットF	コンアフェット	4000万円	社台コーポレーション白老ファーム	鹿毛		
社台オーナーズ		1400万円	社台コーポレーション白老ファーム	栗毛		
社台オーナーズ	メルキオル	3000万円	ノーザンファーム	黒鹿		
(TM GROUP)	カズミクラーシュ	6600万円(セレクト当)	ノーザンファーム	鹿毛		157
			池田スタッド	鹿毛		159
ノースヒルズ	ロングトレーン		ノースヒルズ	栗毛		
社台RH	ルミッキ	2000万円	社台ファーム	栗毛		
社台RH	テンハッピーローズ	3000万円	社台ファーム	栗毛		
キャロットF	ココクレーター	5000万円	ノーザンファーム	鹿毛		
(伊藤弘人)	チャオベラ	5720万円(セレクト1)	社台ファーム	鹿毛		
ライオンRH	ポマール	3400万円	レイクヴィラファーム	鹿毛	15	148・195・196・198
(国本哲秀)	メディテラニアン	23100万円(セレクト当)	ノーザンファーム	鹿毛	82	81・155・194・197・198
(保坂和孝)		5060万円(セレクト1)	ノーザンファーム	鹿毛		
(金子真人ホールディングス)	ディアドラ	30800万円(セレクト1)	ノーザンファーム	鹿毛		154
G1レーシング	クレデンザ	1600万円	追分ファーム	鹿毛		
久米田正明			ノーザンファーム	鹿毛		161
社台RH	ジャンタルマンタル	4000万円	社台ファーム	黒鹿		
			ダーレー・ジャパン・ファーム	黒鹿	30	119
TNレーシング		2200万円(セレクション1)	船越伸也	青鹿		160
(岡井元憲)	ザクシス	1100万円(サマー1)	ガーベラパークスタッド	鹿毛	50	127
京都HR		1485万円	山田政宏	栗毛		
	ハクサンベリー		鮫川啓一	鹿毛		158

馬名	性別	誕生日	厩舎	父名	母名	誕生時母年齢	母父名
	牡	4.26	美・宮田	バゴ	ミッドサマーコモン	8	ディープインパクト
プリヴィマーク	牡	3.17	美・池上	バゴ	ローズノーブル	14	ディープインパクト
アヴァンフライト	牝	4.02	美・上原佑	パドトロワ	フラミンゴフライト	6	Flatter
モータリゼーション	牡	4.08	美・鈴木慎	パドトロワ	レトロフィット	7	エンパイアメーカー
ロックバンド	牡	2.16		バンドワゴン	ハッピーテレサ	12	フジキセキ
	牝	2.06	美・加藤士	ビーチパトロール	レイトブルーマー	9	ジャングルポケット
バラクーダ	牡	3.27	栗・藤岡	ビッグアーサー	オールドフレイム	9	ゼンノロブロイ
ナオミライトニング	牝	4.02	栗・矢作	ビッグアーサー	ナオミエキスプレス	6	リアルインパクト
	牡	3.01	栗・羽月	ビッグアーサー	ブライトガーランド	10	ダイワメジャー
	牝	5.10	美・高柳瑞	ビッグアーサー	ユキノマーメイド	20	スペシャルウィーク
	牝	3.07	栗・吉村	ファインニードル	プリディカメント	8	ハードスパン
ウィズアバウンス	牡	3.22	美・武藤	フィエールマン	アイルビーバウンド	18	タニノギムレット
	牝	2.24		フィエールマン	エラクレーア	10	Raven's Pass
パトローナス	牡	2.21	栗・高橋亮	フィエールマン	エルビッシュ	10	キングカメハメハ
	牡	2.02	美・田村	フィエールマン	カスタディーヴァ	9	High Chaparral
	牝	1.14		フィエールマン	グランワルツ	5	ロードカナロア
	牝	2.10	美・黒岩	フィエールマン	ゴールドスカイ	9	Kyllachy
ウルフマン	牡	3.04	美・手塚久	フィエールマン	シンハディーバ	13	ウォーエンブレム
ソラネルマン	牡	3.24	美・手塚久	フィエールマン	ソシアルクラブ	8	キングカメハメハ
	牡	4.22	美・手塚久	フィエールマン	トップオブドーラ	19	Grand Slam
	牡	3.08		フィエールマン	パロネラ	7	ロードカナロア
	牡	4.03	栗・斉藤崇	フィエールマン	メモリーコロネット	8	ロードカナロア
	牝	2.07		フィエールマン	リーチング	14	Dansili
ニュークリアス	牡	1.15		フィエールマン	リエヴェメンテ	5	ドゥラメンテ
フォルテアンジェロ	牡	2.03	美・上原佑	フィエールマン	レディアンジェラ	6	Dark Angel
インチジオーネ	牡	3.18	美・和田雄	フィレンツェファイア	フィビュラ	10	クロフネ
サルタトリウム	牡	2.22	地・	フィレンツェファイア	マリアロワイヤル	16	Montjeu
ライドハイ	牡	2.07	地・	フォーウィールドライブ	ヨナグッチ	18	Yonaguska
オルキデアロッサ	牝	3.17	地・	フォーウィールドライブ	レッドアマビリス	10	キングカメハメハ
タイドグラフ	牡	3.11	美・上原博	ブラックタイド	マッチレスギフト	5	Frankel
	牝	4.03	栗・吉村	ブラックタイド	マルーンドロップ	12	コンデュイット
	牡	3.21	美・加藤士	フリオーソ	クールマジョリック	10	エンパイアメーカー
アーデルブリックス	牡	4.20	栗・坂口	ブリックスアンドモルタル	アーデルハイト	16	アグネスタキオン
	牡	4.19		ブリックスアンドモルタル	アヴェンチュラ	15	ジャングルポケット
ヘルメスギャング	牡	4.05	美・武井	ブリックスアンドモルタル	アディクション	7	ハーツクライ
チャナッカレ	牝	2.21	栗・佐々木	ブリックスアンドモルタル	アルティマリガーレ	7	ハービンジャー
	牝	4.20	栗・安田	ブリックスアンドモルタル	アルテラローザ	7	ディープインパクト
リアライズブライト	牡	4.27	栗・武幸	ブリックスアンドモルタル	アンブレラデート	5	エイシンフラッシュ
レゼルフォート	牡	4.18	栗・渡辺	ブリックスアンドモルタル	エールデュレーヴ	10	ディープインパクト
コウソクユノ	牝	4.30		ブリックスアンドモルタル	エルディアマンテ	8	キングカメハメハ
ダイヤモンドノット	牡	3.29	栗・福永	ブリックスアンドモルタル	エンドレスノット	14	ディープインパクト
ノヴァキュライト	牝	1.26	栗・高橋義	ブリックスアンドモルタル	オージャイト	10	キングカメハメハ
カバルア	牡	3.23		ブリックスアンドモルタル	カイザーバル	10	エンパイアメーカー
	牡	3.16	栗・池江	ブリックスアンドモルタル	グアン	8	オルフェーヴル
クォリティショコラ	牝	2.25	栗・須貝	ブリックスアンドモルタル	クォリティシーズン	15	トワイニング

2歳馬リスト

馬主(落札者)	兄姉	取引価格・募集価格	生産者(国)	毛色	写真	記事
			ダーレー・ジャパン・ファーム	鹿毛		161
キャロットF	ジュビリーヘッド	4000万円	ノーザンファーム	黒鹿		
インゼルレーシング		1200万円	社台ファーム	芦毛		
社台RH		1600万円	社台ファーム	鹿毛		
	バンドマスター		ノーザンファーム	鹿毛		
(田畑憲士)	ブルーミンデザイン	1870万円(セレクト当)	社台ファーム	黒鹿		158
幅田昌伸	シリウスコルト	4400万円(セレクト1)	千代田牧場	鹿毛	28	94
DMMドリームクラブ		2800万円	ヒダカファーム	鹿毛		
ライオンRH	エフォートレス	1600万円	秋場牧場	栗毛		
	トウシンマカオ		服部牧場	栗毛	48	141
	インブロイオ		ダーレー・ジャパン・ファーム	鹿毛	30	119
シルクR	パフォーマプロミス	2200万円	ノーザンファーム	鹿毛		
	フミバレンタイン		ノーザンファーム	鹿毛		
社台オーナーズ	トールキン	3000万円	ノーザンファーム	黒鹿		77
	アオラキ		ディアレストクラブ	白毛	50	127
(杉立健次郎)		2860万円(セレクト1)	ノーザンファーム	鹿毛		
(小島章義)		880万円(セレクション1)	門別牧場	鹿毛		159
藤田晋	シンハリング	6600万円(セレクト1)	ノーザンファーム	黒鹿		161・189
サンデーR		4000万円	ノーザンファーム	鹿毛		161
	マルターズディオサ		天羽禮治	青鹿		161
	カルプスペルシュ		ノーザンファーム	青鹿		
			下河辺牧場	青鹿		155
(Charles-de-Gaulle)	ブロードリーチ	1320万円(ミックス当)	ノーザンファーム	鹿毛		
(池谷誠一)		5940万円(セレクト1)	ノーザンファーム	鹿毛		
シルクR		3000万円	ノーザンファーム	鹿毛		
G1レーシング		1800万円	ノーザンファーム	黒鹿		
社台オーナーズ	テトラルキア	1200万円	社台ファーム	鹿毛		
社台オーナーズ	ストームゾーン	1400万円	追分ファーム	鹿毛		
社台オーナーズ		1200万円	ノーザンファーム	黒鹿		
社台オーナーズ		1500万円	社台ファーム	黒鹿		
ノルマンディー	ヴェルミセル	1760万円	岡田スタッド	鹿毛	17	135
	セイレジーナ		上村勇人	鹿毛		158
シルクR	エーデルブルーメ	3000万円	ノーザンファーム	黒鹿		
	サファル		ノーザンファーム	栗毛		
フィールドレーシング		2310万円(セレクト当)	オリオンファーム	芦毛		160
社台RH		2000万円	社台ファーム	黒鹿		
ロードHC		2500万円	ケイアイファーム	青鹿		
今福洋介		13200万円(セレクト1)	社台ファーム	黒鹿		
キャロットF		3000万円	ノーザンファーム	黒鹿		
(野﨑昭夫)	セングンバンバ	2200万円(セレクト1)	ノーザンファーム	黒鹿		
	ゾンニッヒ		坂東牧場	栗毛	57	120・157
サンデーR	エクロジャイト	3000万円	ノーザンファーム	栗毛		
(寺田寿男)	エレクトリックブギ	13750万円(セレクト当)	社台ファーム	鹿毛		
	フェデラー		三嶋牧場	栗毛		154
	テンザワールド		社台ファーム	栗毛		156

馬名	性別	誕生日	厩舎	父名	母名	誕生時母年齢	母父名
ヴォーカライズ	牡	4.23	栗・高野	ブリックスアンドモルタル	ザガールインザットソング	12	My Golden Song
トラカイキャッスル	牝	3.05	栗・西村	ブリックスアンドモルタル	サラス	8	オルフェーヴル
ギレイ	牡	4.18	栗・清水久	ブリックスアンドモルタル	ザレマ	19	ダンスインザダーク
ロンボワン	牝	1.29	栗・辻野	ブリックスアンドモルタル	シャンペルゼリーゼ	6	Elzaam
	牝	5.09	栗・宮本	ブリックスアンドモルタル	デグラーティア	17	フジキセキ
リベルタアーラ	牝	3.21	美・深山	ブリックスアンドモルタル	デスティノアーラ	5	ディープインパクト
ポリメトリック	牝	3.12	栗・池江	ブリックスアンドモルタル	テンダリーヴォイス	11	ディープインパクト
ドナディクオーレ	牝	4.12	美・上原佑	ブリックスアンドモルタル	ドナアトラエンテ	7	ディープインパクト
リーベンスヴェルト	牝	5.02	栗・池江	ブリックスアンドモルタル	ノーブルジュエリー	15	Smarty Jones
アルディメント	牡	5.20	栗・上村	ブリックスアンドモルタル	バードオンアスク	12	マンハッタンカフェ
ハイヤーマーク	牡	4.14	美・手塚久	ブリックスアンドモルタル	ハイヤーアプシス	9	ダノンシャンティ
キングオブストーム	牡	5.13	栗・田中克	ブリックスアンドモルタル	フィーユダムール	10	ディープインパクト
	牡	3.26	美・高木	ブリックスアンドモルタル	ブラックオニキス	9	ブラックタイド
	牡	4.11	栗・西村	ブリックスアンドモルタル	ブルーダイアモンド	12	ディープインパクト
メーテルリンク	牝	2.14	美・深山	ブリックスアンドモルタル	ブルーバード	5	リーチザクラウン
カリドーラ	牝	4.05	美・田村	ブリックスアンドモルタル	フローレスダンサー	11	ハービンジャー
	牝	4.10	美・奥村武	ブリックスアンドモルタル	ホウオウマリリン	10	ダイワメジャー
オーブレーヌ	牝	3.24	美・和田正	ブリックスアンドモルタル	ムーンライトナイト	8	ステイゴールド
アグアフレスカ	牝	2.27	美・国枝	ブリックスアンドモルタル	ラセレシオン	11	ゼンノロブロイ
	牝	2.11		ブリックスアンドモルタル	レイズアベール	9	ハーツクライ
コズミックボックス	牝	3.08	美・中舘	ブリックスアンドモルタル	レーヴデトワール	12	ゼンノロブロイ
ラクシオンデクラ	牡	5.03	美・尾関	ブリックスアンドモルタル	レッドオーラム	12	ダイワメジャー
	牡	2.28	美・菊沢	ブリックスアンドモルタル	レディトリス	10	エンパイアメーカー
	牝	2.17		ブリックスアンドモルタル	レネットグルーヴ	13	キングカメハメハ
	牡	2.19		ブリックスアンドモルタル	ワイルドフラッパー	14	Ghostzapper
	牡	4.06	美・黒岩	ベストウォーリア	キークッキー	13	フサイチコンコルド
モアザンファイア	牡	4.06	美・武井	ベストウォーリア	マッシヴエレガンス	9	ディープブリランテ
マジックアロマ	牝	2.09		ヘニーヒューズ	アドマイヤアロマ	12	ネオユニヴァース
	牡	5.18	美・加藤士	ヘニーヒューズ	ケイティバローズ	13	マンハッタンカフェ
マルコシアス	牡	4.11	栗・上村	ヘニーヒューズ	シゲルゴホウサイ	11	パイロ
ブレイズエッジ	牝	1.24	地・	ヘニーヒューズ	シャーペンエッジ	17	クロフネ
セイウンブシドウ	牡	5.17	美・伊藤大	ヘニーヒューズ	ダンシングロイヤル	15	サクラバクシンオー
コサージュ	牝	3.02	栗・清水久	ヘニーヒューズ	ハイヒール	8	トーセンホマレボシ
	牡	5.03	美・鹿戸	ベンバトル	アドニータ	19	Singspiel
	牡	5.16	美・奥村武	ベンバトル	アフロディシアス	15	ジャングルポケット
マイネルラジェム	牡	5.03	美・水野	ベンバトル	アンネリース	9	ヴィクトワールピサ
ウインマニフィーク	牡	5.10	美・鈴木慎	ベンバトル	ウインファビラス	10	ステイゴールド
トライアンフバス	牝	4.01	栗・宮	ベンバトル	エントリーチケット	9	マツリダゴッホ
ファムクラジューズ	牝	2.19	美・黒岩	ベンバトル	キューンハイト	9	ディープインパクト
	牝	5.05	栗・中村	ベンバトル	シュヴァリエ	12	フレンチデビュティ
ロングミックス	牡	3.30	美・村田	ベンバトル	ステレオグラム	9	ローエングリン
	牝	2.21	美・武井	ベンバトル	ナスノフォルテ	6	ジャスタウェイ
マイネルトレマーズ	牡	4.01	美・手塚久	ベンバトル	ネイティヴコード	12	アグネスデジタル
オモイヲノセテ	牝	3.10	栗・高橋義	ベンバトル	ピカロ	9	スズカマンボ
スタニングレディ	牝	2.03	美・高木	ベンバトル	フォクシーレディ	5	ディープインパクト

2歳馬リスト

馬主(落札者)	兄姉	取引価格・募集価格	生産者(国)	毛色	写真	記事
G1レーシング	シングザットソング	5000万円	社台コーポレーション白老ファーム	青鹿		
社台オーナーズ		3500万円	社台ファーム	鹿毛		
社台RH	バレッティ	4000万円	社台ファーム	栗毛	33	87
社台RH		4000万円	社台ファーム	鹿毛		
グリーンF	ドミナートゥス	2000万円	ノーザンファーム	栗毛		
キャロットF		2400万円	ノーザンファーム	黒鹿		
	マリアエレーナ		日高大洋牧場	栗毛		154
サンデーR		3600万円	ノーザンファーム	鹿毛		
社台RH	ノーブルカリナン	3200万円	社台ファーム	栗毛		154
ノルマンディー	アンバードール	2200万円	藤原牧場	青鹿		154
G1レーシング		3200万円	追分ファーム	黒鹿		161
G1レーシング		2800万円	追分ファーム	黒鹿		
LEX		1738万円	岡田スタッド	鹿毛	18	137
ライオンRH	アリストテレス	3800万円	ノーザンファーム	黒鹿		
ラフィアン		1600万円	ビッグレッドファーム	黒鹿	26	113
社台RH	バジオウ	5000万円	社台ファーム	栗毛		
	ホウオウバーナード		社台ファーム	栗毛		157
シルクR		2500万円	社台コーポレーション白老ファーム	黒鹿		
社台RH	アスクワイルドモア	6000万円	社台ファーム	栗毛		158
	レイフロレット		ノーザンファーム	鹿毛		
社台オーナーズ	レーヴドゥラプレリ	3000万円	ノーザンファーム	黒鹿		
G1レーシング	ハイコースト	2800万円	社台ファーム	栗毛		
LEX	ショウナンバサロ	1738万円	上水牧場	栗毛		137
(K2)	ローシャムパーク	9460万円(セレクト1)	ノーザンファーム	黒鹿		
(廣崎利洋HD)	フラッパールック	20900万円(セレクト当)	社台ファーム	黒鹿		
	キージョーカー		中本牧場	栗毛		159
(星加浩一)	センタースリール	935万円(サマー1)	高山博	栗毛		160
(雅苑興業)	フラグランツァ	2640万円(セレクト当)	ノーザンファーム	鹿毛		
(橋詰弘一)	キョウエイフロイデ	1430万円(セレクション1)	天羽禮治	鹿毛		158
(江馬由将)		2750万円(ミックス当)	ノーザンファーム	鹿毛	9	147・154
社台オーナーズ	ファルコンビーク	2000万円	坂東牧場	鹿毛		
(成田隆好)	イツカハシャチョウ	3520万円(サマー1)	村上欽哉	黒鹿	20	106
石川達絵			ノーザンファーム	栗毛		
	モダスオペランディ		ダーレー・ジャパン・ファーム	栗毛		159
	シゲルバクハツ		岡田スタッド	鹿毛		137・157
ラフィアン		1800万円	ビッグレッドファーム	鹿毛	22	109
ウイン	ウインファヴォリ	3800万円	コスモヴューファーム	芦毛	39	115
ラフィアン	マイネルチケット	1500万円	ビッグレッドファーム	栗毛	22	109
ラフィアン		1300万円	ビッグレッドファーム	鹿毛	26	113・159
	プリュムドール		岡田スタッド	栗毛	18	136
社台オーナーズ	レッドソリッド	1500万円	社台ファーム	鹿毛	33	87
グリーンF		2500万円	那須野	鹿毛		160
ラフィアン	シャマル	8000万円	岡田スタッド	鹿毛	27	113・161
ターフ・スポート	ピカレスクノベル	1400万円	大狩部牧場	鹿毛		
ラフィアン		3000万円	ビッグレッドファーム	鹿毛	24	110

251

馬名	性別	誕生日	厩舎	父名	母名	誕生時母年齢	母父名
マイネルヴェーゼン	牡	3.07	美・相沢	ベンバトル	ペルソナリテ	10	ステイゴールド
ペレーバスク	牝	4.28	美・清水英	ベンバトル	マイネサヴァラン	14	マンハッタンカフェ
シーガルワールド	牝	3.28	美・栗田	ベンバトル	メーヴェ	15	Motivator
シェーロドラート	牝	4.28	美・加藤士	ベンバトル	ルシェルドール	7	オルフェーヴル
コロナドブリッジ	牡	4.12	栗・庄野	ベンバトル	ローズマンブリッジ	13	ディープインパクト
ホワイトフレイムス	牡	2.24	栗・吉岡	ポエティックフレア	イルーシヴゴールド	8	ステイゴールド
ポエティックデール	牝	4.07	栗・高野	ポエティックフレア	インヘリットデール	9	ルーラーシップ
バンデラス	牡	2.05	美・上原佑	ポエティックフレア	ウエスタンマンデラ	12	ネオユニヴァース
アルヴァルディ	牡	3.26	栗・長谷川	ポエティックフレア	ヴェルザンディ	18	アグネスタキオン
ホウオウアシュリン	牝	3.05	栗・吉岡	ポエティックフレア	オートクレール	12	デュランダル
タイムレスキス	牝	2.03	栗・吉村	ポエティックフレア	ガロシェ	7	ルーラーシップ
	牝	4.10	栗・佐藤悠	ポエティックフレア	クラリスピンク	15	ネオユニヴァース
フレアオブセンス	牡	4.10		ポエティックフレア	ザイラ	6	フェノーメノ
シーズナルワーズ	牝	2.08	美・畠山	ポエティックフレア	サブルマインド	10	ディープインパクト
クリムゾンバースト	牡	3.12	栗・長谷川	ポエティックフレア	サンシャイン	14	ハーツクライ
タイムレスフレアー	牡	2.12	栗・橘口	ポエティックフレア	タイムトラベリング	19	ブライアンズタイム
サトノヴァンクル	牡	2.09	美・木村	ポエティックフレア	トーセンソレイユ	13	ネオユニヴァース
サンヴィクトワール	牝	4.25	美・武井	ポエティックフレア	ナスノシンフォニー	8	ハーツクライ
バランソワール	牝	2.15	美・矢野	ポエティックフレア	パドゥヴァルス	6	エピファネイア
レクランフランセ	牝	4.12	美・稲垣	ポエティックフレア	フィルムフランセ	9	シンボリクリスエス
	牡	1.16		ポエティックフレア	プリンセスロック	11	スウィフトカレント
リヒトミューレ	牡	3.09	栗・中村	ポエティックフレア	ラシンティランテ	14	アグネスタキオン
フーディエラン	牝	4.13	美・田中剛	ポエティックフレア	ラナンキュラス	16	スペシャルウィーク
ターンザテーブルス	牝	2.05	美・西田	ポエティックフレア	リバースシンキング	9	ディーププランテ
	牝	4.25		ポエティックフレア	リンフォルツァンド	8	ディープインパクト
リアライズシリウス	牡	3.14	美・手塚久	ポエティックフレア	レッドミラベル	9	ステイゴールド
フレアリングベリー	牡	3.03	美・池上	ポエティックフレア	ワイルドラズベリー	16	ファルブラヴ
	牝	4.27	美・奥村武	ホークビル	シティリズム	6	エイシンフラッシュ
アースインハマー	牡	3.22	美・奥村武	ホッコータルマエ	ヴィヴァマリアンヌ	8	ヘニーヒューズ
コテツハマー	牡	4.01	栗・吉岡	ホッコータルマエ	キンショーオトヒメ	18	マーベラスサンデー
マルベック	牝	3.31	栗・坂口	ホッコータルマエ	ダイワバーガンディ	17	ブライアンズタイム
	牡	2.20	美・国枝	ホッコータルマエ	タカラジェニファ	12	ヨハネスブルグ
	牝	2.23	栗・吉岡	ホッコータルマエ	ハルサカエ	7	ゴールドアリュール
ヘスペリス	牝	2.22	地・	ホッコータルマエ	ブリトマルティス	19	スペシャルウィーク
クラックアスマイル	牝	2.13	美・田島	マインドユアビスケッツ	アイムオールレディセクシー	13	Ready's Image
セスティーナ	牡	3.11	栗・須貝	マインドユアビスケッツ	アムールポエジー	13	ネオユニヴァース
レザーアンドレース	牝	3.18	栗・平田	マインドユアビスケッツ	ガールズバンド	8	ディープインパクト
サンシュノジンギ	牡	4.22	美・奥村武	マインドユアビスケッツ	グランマリアージュ	6	スウェプトオーヴァーボード
トリエンナーレ	牡	3.03	美・森一	マインドユアビスケッツ	サンヴァンサン	16	クロフネ
ブルースプレイヤー	牡	3.13	美・高橋亮	マインドユアビスケッツ	ジェラテリアパール	13	マンハッタンカフェ
シシリアンマインド	牝	4.03	地・	マインドユアビスケッツ	シシリアンブリーズ	15	ゼンノロブロイ
ソプリンズオーブ	牝	2.26	栗・小栗	マインドユアビスケッツ	ジュエルタワー	6	クロフネ
	牡	5.22	美・稲垣	マインドユアビスケッツ	ハナズリベンジ	12	ハーツクライ
ニュークチュール	牝	5.08	地・	マインドユアビスケッツ	ビジューミニョン	11	ダイワメジャー
	牡	2.07	栗・武英	マインドユアビスケッツ	ファビュラスギフト	7	エイシンフラッシュ

2歳馬リスト

馬主(落札者)	兄姉	取引価格・募集価格	生産者(国)	毛色	写真	記事
ラフィアン		1800万円	ビッグレッドファーム	鹿毛	24	110
ラフィアン	ガトーフレーズ	1400万円	ビッグレッドファーム	黒鹿	24	111
	タイトルホルダー		岡田スタッド	鹿毛	18	136・191・193
ラフィアン	コラゾンビート	1800万円	ビッグレッドファーム	鹿毛	22	109・158・191・193・198
G1レーシング	ドゥアイズ	4000万円	ノーザンファーム	鹿毛		
盛学志	ニューファウンド	2310万円(ミックス当)	ノーザンファーム	芦毛		157
シルクR	インファイター	3500万円	ノーザンファーム	黒鹿	15	148
藤田晋			ノーザンファーム	鹿毛		189
シルクR	ヴェルスパー	3500万円	ノーザンファーム	鹿毛		
(小笹芳央)	ブローザホーン	3850万円(セレクト当)	岡田スタッド	栗毛	18	136・157
サンデーR		3000万円	社台コーポレーション白老ファーム	青鹿		77
LEX	ピラティス	1980万円	社台ファーム	鹿毛	33	87
(泉新キャピタル)		2530万円(セレクト1)	ノーザンファーム	栗毛		
社台RH	ラテラルシンキング	2400万円	社台ファーム	鹿毛		
社台RH	アラタ	3200万円	社台ファーム	鹿毛		
G1レーシング	タイムフライヤー	4000万円	社台コーポレーション白老ファーム	黒鹿		
(里見治)		7920万円(セレクト当)	ノーザンファーム	鹿毛	10	69
			那須野	鹿毛		160
キャロットF		2400万円	社台コーポレーション白老ファーム	鹿毛		
社台オーナーズ	マピュース	2000万円	社台ファーム	栗毛	33	87
(寺田千代乃)	ブトンドール	6380万円(セレクト当)	ノーザンファーム	鹿毛		
サンデーR	ラズルダズル	3600万円	ノーザンファーム	鹿毛		
ノースヒルズ	レザネフォール		ノースヒルズ	鹿毛		
G1レーシング	リバースザトレンド	1600万円	社台コーポレーション白老ファーム	黒鹿		
	ショウナンハウル		ノーザンファーム	鹿毛		
今福洋介	ランツフート	4400万円(セレクト1)	社台ファーム	芦毛		161
シルクR	ミッキーワイルド	3000万円	ノーザンファーム	鹿毛	10	71
(グランデファーム)		429万円(オータム1)	ノースガーデン	鹿毛		158
(チャンピオンズファーム)		2200万円(サマー1)	中脇一幸	鹿毛		158
(チャンピオンズファーム)	メイショウベンガル	3300万円(サマー1)	多田善弘	鹿毛		157
ターフ・スポート	サヴァ	1600万円	大北牧場	黒鹿		
	ドーバーホーク		大栄牧場	黒鹿		158
			下河辺牧場	鹿毛		157
社台オーナーズ	ラビュリントス	1500万円	新冠橋本牧場	鹿毛		
社台RH	エールレヴリー	2000万円	社台ファーム	鹿毛		
(金子真人ホールディングス)	デルマソトガケ	17050万円(セレクト1)	社台ファーム	栗毛		156
社台オーナーズ		2000万円	社台ファーム	鹿毛		
グリーンF		1600万円	那須野	鹿毛		158
社台RH	プリマヴィスタ	1800万円	社台コーポレーション白老ファーム	栗毛		
社台オーナーズ	バールデュヴァン	1500万円	社台ファーム	鹿毛		
キャロットF	ヴァルディノート	1800万円	ノーザンファーム	栗毛		
G1レーシング		1400万円	社台コーポレーション白老ファーム	鹿毛		
	ヒストリックノヴァ		岡田スタッド	鹿毛	18	136
社台オーナーズ	クイーンオブソウル	1200万円	社台ファーム	栗毛		
グリーンF		1800万円	社台ファーム	鹿毛	33	87

馬名	性別	誕生日	厩舎	父名	母名	誕生時母年齢	母父名
ブリッジエフェクト	牡	4.26	美・斎藤誠	マインドユアビスケッツ	ベッサメモー	6	Uncle Mo
アルティマローネ	牝	1.27	美・武 市	マインドユアビスケッツ	マルーンエンブレム	8	オルフェーヴル
パルミエ	牝	2.16	美・宮田	マインドユアビスケッツ	モードフランス	7	アサクサキングス
	牡	3.08	美・伊藤圭	マインドユアビスケッツ	ラトーナ	13	Dansili
ストラドーネ	牡	4.05	栗・中 竹	マインドユアビスケッツ	ランブリングアレー	7	ディープインパクト
エスティヴァリス	牝	3.25	栗・高橋康	マインドユアビスケッツ	ロングホットサマー	11	Street Boss
ルリスタン	牝	5.05	美・中 舘	マクフィ	アイトマコト	7	ディープインパクト
ヴレパリジャン	牡	2.14	栗・武 英	マクフィ	エトワールドパリ	8	クロフネ
ガイストライヒ	牡	4.25	栗・高柳大	マクフィ	カラフルブラッサム	13	ハーツクライ
ブルーリュバン	牡	2.11	地・	マクフィ	ジョリーリュバン	8	ノヴェリスト
ナムラトレビアン	牡	2.19	栗・長谷川	マクフィ	ナムラアン	11	エンパイアメーカー
オカノティアラ	牝	1.27		マクフィ	フィニフティ	8	ディープインパクト
クータモ	牡	4.21	栗・大久保	マクフィ	ブライトムーン	9	ルーラーシップ
ステライヴ	牝	2.04	栗・杉山晴	マクフィ	ベルミュール	13	キングカメハメハ
イナンナ	牝	3.06	美・奥村武	マジェスティックウォリアー	アンミ	11	アッミラーレ
トリーア	牝	3.25	栗・渡辺	マジェスティックウォリアー	ウィッシュハピネス	11	ゴールドアリュール
	牝	3.03	栗・新 谷	マジェスティックウォリアー	オリーブティアラ	7	キングカメハメハ
チェカ	牝	4.22	栗・小 崎	マジェスティックウォリアー	キングベイビー	13	マンハッタンカフェ
デアアテナ	牝	2.17	栗・田中克	マジェスティックウォリアー	ゴッドフロアー	13	ハーツクライ
ブライトテラ	牡	3.22	地・	マジェスティックウォリアー	ディミータ	16	ダンスインザダーク
マクシーン	牡	2.19	美・稲 垣	マジェスティックウォリアー	マックスユーキャン	12	ゴールドアリュール
	牝	3.12	美・柄 崎	マジェスティックウォリアー	レッドソンブレロ	11	キングカメハメハ
クッカユフラ	牝	3.22	美・池 上	マジェスティックウォリアー	ロニセラ	6	ディープインパクト
アヴァランチ	牡	4.16	美・加藤士	マジェスティックウォリアー	ワイルドシンガー	13	ワイルドラッシュ
デザートイーグル	牡	2.14	美・加藤士	マテラスカイ	マリーンワン	7	サウスヴィグラス
	牝	2.10		マテラスカイ	ミニーアイル	5	ミッキーアイル
ゲレイロ	牡	1.25	栗・今 野	ミスターメロディ	キタサンテンビー	7	ダイワメジャー
エリオステモン	牝	1.14	美・	ミスターメロディ	クロウエア	7	トーセンホマレボシ
	牡	3.11	美・柄 崎	ミスターメロディ	サイエン	8	バゴ
シャンデヴィーニュ	牝	2.14	栗・秋 山	ミスターメロディ	シュペトレーゼ	13	ディープインパクト
ミラキュラスアース	牝	1.25	栗・奥村豊	ミスターメロディ	スピークソフトリー	14	アルカセット
	牡	2.20		ミスターメロディ	テキサスルビー	15	スペシャルウィーク
	牝	2.09		ミスターメロディ	ブルーメンブラット	20	アドマイヤベガ
	牝	2.28		ミスターメロディ	リズムオブラヴ	6	ディープインパクト
ルージュビバーチェ	牝	1.29	栗・橋 口	ミスターメロディ	レッドクラウディア	14	アグネスタキオン
ヘリテージブルーム	牝	3.15	美・伊藤圭	ミスチヴィアスアレックス	オールドパサデナ	14	Empire Maker
マーガレットクレア	牝	3.18	美・黒 岩	ミスチヴィアスアレックス	マーガレットスカイ	8	ディープブリランテ
エシェックオロワ	牡	3.05	栗・千 田	ミッキーアイル	ウィズエモーション	10	クロフネ
スペシャルムーヴ	牡	4.07	栗・宮 本	ミッキーアイル	エクロジオン	10	エンパイアメーカー
マックスアイル	牝	2.24	栗・吉 岡	ミッキーアイル	ガタイフロール	7	Forestry
ブレイロックホール	牡	1.23	美・武 井	ミッキーアイル	サバンナズチョイス	16	Redoute's Choice
メドウセージ	牝	2.01	栗・藤 岡	ミッキーアイル	サマーローズ	11	ハービンジャー
ナムラロダン	牡	4.13	栗・長谷川	ミッキーアイル	サンクイーンⅡ	15	Storm Cat
ティンクルバレット	牝	3.01	栗・池 添	ミッキーアイル	シルバーバレットムーン	18	Vindication
ルクスアンジュ	牝	4.02	美・鹿 戸	ミッキーアイル	スマートエリス	7	サウスヴィグラス

2歳馬リスト

馬主(落札者)	兄姉	取引価格・募集価格	生産者(国)	毛色	写真	記事
社台RH		2800万円	社台ファーム	鹿毛		
シルクR		2000万円	社台コーポレーション白老ファーム	栗毛		
DMMドリームクラブ		2200万円	社台ファーム	鹿毛		161
ライオンRH	ディロス	3800万円	ノーザンファーム	鹿毛		
社台RH		3200万円	社台ファーム	鹿毛		
社台RH	ミスボニータ	2400万円	社台ファーム	鹿毛		
ノースヒルズ			土居牧場	栗毛		
ヒポファイル	マルカオペラ	1320万円	社台ファーム	芦毛		
社台オーナーズ	コスタノヴァ	4000万円	ノーザンファーム	栗毛		
DMMドリームクラブ		2000万円	ハシモトファーム	鹿毛		
奈村睦弘	ナムラエイハブ		谷川牧場	栗毛	42	124
(岡崎敏彦)	ロンドボス	264万円(オータム1)	ノーザンファーム	芦毛		
ノースヒルズ			ノースヒルズ	鹿毛		
広尾レース	ハッピーマン	3400万円	桑田牧場	栗毛		
			まるとみ冨岡牧場	鹿毛		158
ノースヒルズ	バスタードサフラン		ノースヒルズ	黒鹿		
	コスモストーム		千代田牧場	栗毛	28	
ノースヒルズ	レオノーレ		ノースヒルズ	黒鹿		
広尾レース		2400万円	木村秀則	黒鹿		
社台オーナーズ		1400万円	追分ファーム	栗毛		
ノルマンディー	マックスウォリアー	1640万円	岡田スタッド	栗毛		196
LEX	レッドソルダード	2200万円	ノーザンファーム	鹿毛		
ノースヒルズ			ノースヒルズ	黒鹿		
	プロヴィデンス		槙本牧場	鹿毛		158
兼松康太			ヤスナカファーム	栗毛		158
			ノーザンファーム	芦毛		
山田貢一	コシュデリ	3080万円(セレクション1)	村田牧場	黒鹿	57	121・196
キャロットF		1600万円	ノーザンファーム	栗毛		
ノルマンディー		1200万円	二風谷ファーム	栗毛	18	136
シルクR	アンクルテイオウ	2000万円	坂東牧場	鹿毛		
NYレーシング	グリーズマン	2310万円(セレクト1)	ノーザンファーム	鹿毛		
	ナンヨープランタン	欠場(セレクト当)	ノーザンファーム	黒鹿		
	シュトラウス		ノーザンファーム	鹿毛		
(保坂和孝)		4400万円(セレクト1)	ノーザンファーム	栗毛		
東京HR	レッドロムルス	2000万円	ノーザンファーム	鹿毛		
社台オーナーズ	ローズボウル	2000万円	社台ファーム	黒鹿	34	87
迎徹			沖田牧場	鹿毛		159
社台オーナーズ	テンプーシャオン	2000万円	社台コーポレーション白老ファーム	鹿毛		
ノースヒルズ			平山牧場	栗毛		
KRジャパン			谷川牧場	青毛		157
キャロットF		3600万円	ノーザンファーム	鹿毛		160
G1レーシング	フローラルセント	1600万円	社台コーポレーション白老ファーム	鹿毛		
奈村睦弘	ナムラクレア		谷川牧場	栗毛	42	124
DMMドリームクラブ	サトノアイオライト	1800万円	ノーザンファーム	鹿毛		
			ルクス	鹿毛		159

255

馬名	性別	誕生日	厩舎	父名	母名	誕生時母年齢	母父名
	牝	5.30	栗・藤 野	ミッキーアイル	セトノミッシー	13	ゴールドアリュール
トルネードアイル	牡	2.04	美・鹿 戸	ミッキーアイル	チャイマックス	10	Congrats
シルバーナイツ	牡	4.12	栗・西園正	ミッキーアイル	チリーシルバー	9	Malibu Moon
	牡	1.29		ミッキーアイル	トリフォリウム	4	ドゥラメンテ
	牡	4.08	美・武 井	ミッキーアイル	トルミロス	7	ルーラーシップ
	牡	2.19	美・森 一	ミッキーアイル	ネオイリュージョン	17	ネオユニヴァース
セイウンリメンバー	牡	2.17	美・千 葉	ミッキーアイル	ビートゴーズオン	12	Curlin
キャルキュラス	牝	2.02		ミッキーアイル	プリマグラード	6	ヘニーヒューズ
ヒーナシャム	牝	1.19	栗・橋 口	ミッキーアイル	ミーアシャム	6	キンシャサノキセキ
	牡	3.28	美・田中博	ミッキーアイル	ミッキーディナシー	10	ハービンジャー
	牡	3.07		ミッキーアイル	ミッキーラズベリー	6	キングカメハメハ
ムーンリットアイル	牡	4.13	栗・武 英	ミッキーアイル	ムーングロウ	14	Nayef
レッドブライトン	牡	4.23	栗・奥村豊	ミッキーアイル	レーゲンボーゲン	21	フレンチデピュティ
	牡	5.24	美・蛯名正	ミッキーグローリー	タニノジュレップ	18	コロナドズクエスト
イモータリス	牡	3.04	美・手塚久	ミッキーロケット	シャルルヴォア	16	スペシャルウィーク
エイシンピリオン	牡	2.21	栗・今 野	モーニン	エイシンコアー	12	エイシンデピュティ
グレートロッタリー	牡	3.27	地・	モーニン	フィロンルージュ	17	フレンチデピュティ
タイダルロック	牡	2.15	美・武 井	モーリス	アースライズ	11	マンハッタンカフェ
プロメサアルムンド	牡	1.15	美・国 枝	モーリス	アーモンドアイ	8	ロードカナロア
ベルグランボヌール	牝	2.20	栗・西 村	モーリス	アウェイク	10	ディープインパクト
	牝	1.24		モーリス	アソルータ	15	ゼンノロブロイ
ゾロアストロ	牡	3.01	美・宮 田	モーリス	アルミレーナ	9	ディープインパクト
セレーノ	牝	4.09	栗・高橋亮	モーリス	アングルティール	8	ディープインパクト
	牡	3.01		モーリス	アンセラン	5	ドゥラメンテ
ニシノグラシアス	牝	1.16	美・伊藤圭	モーリス	イェーガーオレンジ	9	ダイワメジャー
グロリアスマーチ	牡	3.10	栗・須 貝	モーリス	ヴィクトリーマーチ	16	アグネスタキオン
ヴェルメロディ	牝	2.26	栗・福 永	モーリス	ヴィラ	12	ディープインパクト
ガヴァルニー	牡	4.06	美・伊藤大	モーリス	エンジェルフォール	14	ジャングルポケット
	牝	1.13		モーリス	オーサムウインド	7	ディープインパクト
ココナッツコースト	牡	5.05	美・木 村	モーリス	カウアイレーン	17	キングカメハメハ
	牡	4.13		モーリス	ガラアフェアー	14	ダイワメジャー
シークレット	牝	2.18		モーリス	キープシークレット	8	ダイワメジャー
ドゥボヌール	牡	2.12	栗・奥村豊	モーリス	キャンディスイート	7	ヴィクトワールピサ
	牡	1.23	栗・橋 口	モーリス	クイーンズキトゥン	5	ディープインパクト
ヴィータリッカ	牝	2.17	栗・斉藤崇	モーリス	グラマラスライフ	8	ハーツクライ
キンダーブンシュ	牡	3.16	栗・大久保	モーリス	グリューヴァイン	11	ゴールドアリュール
グレイシエーション	牝	2.10	美・栗 田	モーリス	グレイシア	10	ダイワメジャー
パープルガーネット	牝	2.25	美・森 一	モーリス	コーディエライト	8	ダイワメジャー
ガロアモジュール	牡	2.12	美・萩 原	モーリス	サトノジュピター	14	アグネスタキオン
	牡	4.07	栗・斉藤崇	モーリス	サマーセント	7	ハービンジャー
ヒシアイラ	牡	4.04	栗・池 江	モーリス	ジングルベルロック	10	Rock of Gibraltar
アビヤント	牡	4.22	美・鹿 戸	モーリス	スパイクナード	9	ハーツクライ
ルージュマデイラ	牝	3.12	栗・上 村	モーリス	ダーヌビウス	6	キングカメハメハ
アルヴァンドルード	牡	1.14	栗・池 添	モーリス	ティグラーシャ	7	ディープインパクト
チュウワカーネギー	牡	3.01	栗・大久保	モーリス	デックドアウト	10	Street Boss

2歳馬リスト

馬主(落札者)	兄姉	取引価格・募集価格	生産者(国)	毛色	写真	記事
ノルマンディー	キャンユーキッス	1360万円	滝本健二	鹿毛		137
村木隆	タイセイレスポンス	2970万円(セレクト当)	ノーザンファーム	栗毛		159
サンデーR		3000万円	ノーザンファーム	鹿毛		
		欠場(セレクト1)	ノーザンファーム	鹿毛		
(伊藤潤)		627万円(サマー1)	長谷川牧場	栗毛		160
(田中成奉)	マテンロウマジック	2310万円(セレクション1)	秋田牧場	鹿毛		141
(西山茂行)	ハヤブサウィッシュ	3740万円(セレクション1)	下屋敷牧場	黒鹿	20	106
(池谷誠一)		3410万円(セレクト1)	ノーザンファーム	黒鹿		
フィールドレーシング		4620万円(セレクト当)	ノーザンファーム	黒鹿		
			坂東牧場	青鹿		160
			ノーザンファーム	鹿毛		
キャロットF	モントライゼ	3000万円	ノーザンファーム	鹿毛	10	147
東京HR	レインボーライン	2400万円	ノーザンファーム	鹿毛		
ノルマンディー	グルアーブ	1000万円	岡田スタッド	鹿毛	19	137
(落合幸弘)	ナンヨーイザヨイ	2640万円(ミックス当)	ノーザンファーム	鹿毛		161
			栄進牧場	栃栗	59	132
社台オーナーズ	トラモント	1200万円	ノーザンファーム	栗毛		
サンデーR	ラスカンブレス	5000万円	ノーザンファーム	鹿毛		160
シルクR	アロンズロッド	20000万円	ノーザンファーム	栗毛	15	148・159
宮崎俊也	ショウナンバルドル	6820万円(ミックス当)	ノーザンファーム	鹿毛		
(STレーシング)	タイセイモナーク	4730万円(セレクト1)	ノーザンファーム	鹿毛		
サンデーR	ヘルヴェティオス	5000万円	ノーザンファーム	芦毛		161
ノースヒルズ			ノースヒルズ	鹿毛		
(ムサシレーシング)		6600万円(セレクト1)	ノーザンファーム	青鹿		
	ホウオウブースター		村上欽哉	栗毛	20	107
G1レーシング	ビーオンザマーチ	3200万円	追分ファーム	青鹿		105・156
	ルークズネスト		ノーザンファーム	鹿毛		151・157
キャロットF	グランサバナ	3200万円	ノーザンファーム	鹿毛		
(重野心平)	ブエナオンダ	5280万円(セレクト当)	ノーザンファーム	鹿毛		
社台RH	ステイフーリッシュ	5000万円	社台ファーム	黒鹿	34	87
	ボンオムトゥック		ノーザンファーム	鹿毛		
(メイプルクラブ)	シークレットキー	5280万円(セレクト当)	ノーザンファーム	黒鹿		
社台RH		2400万円	社台ファーム	鹿毛		
ライオンRH		3200万円	ノーザンファーム	鹿毛		
シルクR		2800万円	社台コーポレーション白老ファーム	鹿毛		155
キャロットF	リューデスハイム	3000万円	ノーザンファーム	栗毛		
社台オーナーズ		3600万円	ノーザンファーム	鹿毛		
G1レーシング		3600万円	ノーザンファーム	鹿毛		
(池谷誠一)	アステロイドベルト	5720万円(セレクト当)	ノーザンファーム	鹿毛	10	68
	センツブラッド		ダーレー・ジャパン・ファーム	鹿毛		155
阿部雅英			坂東牧場	黒鹿		154
ノースヒルズ			ノースヒルズ	黒鹿		159
東京HR		3200万円	三嶋牧場	鹿毛		154
サンデーR		5000万円	ノーザンファーム	鹿毛		
(中西忍)	ダノンマカルー	3410万円(セレクト1)	レイクヴィラファーム	青鹿	79	79・197・198

馬名	性別	誕生日	厩舎	父名	母名	誕生時母年齢	母父名
リンリスゴー	牡	3.21		モーリス	ドゥラモット	6	ルーラーシップ
ノイエンブリエ	牝	2.12	栗・田中克	モーリス	ドナウデルタ	7	ロードカナロア
ニシノトリビュート	牡	3.31	栗・新 谷	モーリス	ドリームアンドホープ	12	Royal Applause
ブリューテツァイト	牝	2.09	栗・本 田	モーリス	ナイトオブイングランド	8	Lord of England
	牝	4.27		モーリス	ビートマッチ	9	ルーラーシップ
エルハーベン	牡	2.28	栗・藤 岡	モーリス	ピュアチャプレット	17	クロフネ
ラヴノー	牝	1.24		モーリス	フィールザレース	12	Orpen
マルガ	牝	2.09	栗・須 貝	モーリス	ブチコ	11	キングカメハメハ
	牡	4.03	栗・吉 岡	モーリス	フラワーパレイ	10	Discreet Cat
	牡	3.28		モーリス	フレイムタワー	5	ハーツクライ
レッドリガーレ	牡	4.28	栗・斉藤崇	モーリス	ペイフォワード	8	ディープインパクト
ニルマーネル	牝	2.28	美・小 島	モーリス	ボロンナルワ	15	Rahy
スーホ	牡	2.25	美・上原佑	モーリス	マーブルケーキ	12	キングカメハメハ
ラテラルパーム	牡	4.02	美・栗 田	モーリス	マジックリアリズム	7	ディープインパクト
	牝	2.28		モーリス	モアナアネラ	7	キングカメハメハ
モートンアイランド	牡	3.19	美・手塚久	モーリス	モシーン	15	Fastnet Rock
グレースジェンヌ	牝	3.19	栗・上 村	モーリス	モルガナイト	17	アグネスデジタル
レイヌドプランタン	牝	3.04	美・矢 嶋	モーリス	レイヌドネージュ	13	フジキセキ
ルージュフローラ	牝	2.02	美・森 一	モーリス	レッドアウローラ	7	ディープインパクト
	牝	2.17		モーリス	レッドラヴィータ	12	スペシャルウィーク
ジョイアミーア	牝	3.16	美・高柳瑞	モズアスコット	ヴィータアレグリア	12	ネオユニヴァース
アイアンクラッド	牡	5.03	美・上原博	モズアスコット	オールウェイズラブ	13	ディープインパクト
フィクセルリリア	牝	4.03	美・田中博	モズアスコット	クイックモーション	10	ディープインパクト
モズプリフォール	牡	4.04	栗・矢 作	モズアスコット	グランプリエンゼル	17	アグネスデジタル
トレッチェ	牝	4.03	栗・渡 辺	モズアスコット	ケープジャスミン	14	クロフネ
スプリングドリーム	牝	3.02	美・加藤士	モズアスコット	ゴールドゲッコー	6	クロフネ
ジーモンスター	牡	5.02	栗・佐藤悠	モズアスコット	ジーベロニカ	10	キングカメハメハ
	牝	5.07		モズアスコット	チョコレートバイン	12	ディープインパクト
	牝	3.13	美・菊 川	モズアスコット	トウカイパシオン	8	ヨハネスブルグ
レピュニット	牝	4.21	美・宮 田	モズアスコット	ピエモンテ	14	フジキセキ
	牝	4.23		モズアスコット	ヤマトサクラコ	14	ディープインパクト
クレマチス	牝	4.29	栗・杉山佳	ラニ	ジャルダンスクレ	13	Medaglia d'Oro
エロイーズ	牝	4.12		ラブリーデイ	グレーパール	10	クロフネ
ウィロークリーク	牡	5.05		ラブリーデイ	クロウキャニオン	21	フレンチデビュティ
ファランギーナ	牡	4.28	栗・福 永	ラブリーデイ	サヴァニャン	5	ディープインパクト
エマーブ	牡	2.21	美・青 木	リアルインパクト	テスタオクローチェ	11	Orpen
スウィートハピネス	牝	4.04	栗・北 出	リアルインパクト	フラル	7	ワークフォース
ハッピーローヴァー	牡	3.13	栗・渡 辺	リアルスティール	アーズローヴァー	7	キンシャサノキセキ
レダアトミカ	牝	3.13	美・上原佑	リアルスティール	アトミカオロ	9	Orpen
カナルサンマルタン	牡	4.27	美・宮 田	リアルスティール	アメリ	13	Distorted Humor
	牝	1.26		リアルスティール	ヴァフラーム	11	ハービンジャー
エッチェレンテ	牝	2.18	美・鹿 戸	リアルスティール	エクセレンスⅡ	12	Champs Elysees
ヤマメファイト	牡	4.24		リアルスティール	オリオンムーン	14	Manduro
	牡	2.27		リアルスティール	キャンブロック	10	Myboycharlie
サトノクラシカル	牡	4.16	美・宮 田	リアルスティール	クラシックココア	6	Fastnet Rock

2歳馬リスト

馬主(落札者)	兄姉	取引価格・募集価格	生産者(国)	毛色	写真	記事
			ノーザンファーム	黒鹿		
サンデーR		4000万円	吉田俊介	鹿毛		
	ニシノイストワール		メイタイファーム	鹿毛	20	106
社台オーナーズ		2000万円	社台ファーム	栗毛		
(阿部幸広)	バズアップビート	4510万円(セレクト1)	ノーザンファーム	鹿毛		
社台オーナーズ	リリーノーブル	4000万円	ノーザンファーム	芦毛		
(徳永雅樹)	ベストフィーリング	3300万円(セレクト当)	ノーザンファーム	鹿毛		
	ソダシ		ノーザンファーム	白毛	15	83・156
	ウィズユアドリーム		出口牧場	黒鹿	42	125・157
			ノーザンファーム	黒鹿		
東京HR	マサハヤウォルズ	2400万円	杵臼牧場	黒鹿	48	139・155
キャロットF	アヌラーダプラ	3600万円	ノーザンファーム	栗毛		
藤田晋	ルージュエクレール	20900万円(セレクト1)	ノーザンファーム	白毛	65	64・189
社台RH		3200万円	社台ファーム	鹿毛		
			ノーザンファーム	鹿毛		
シルクR	プリモシーン	8000万円	ノーザンファーム	鹿毛		161
(福盛訓之)	ブラックスピネル	5720万円(セレクト当)	ノーザンファーム	鹿毛		154
社台オーナーズ		1600万円	追分ファーム	青鹿		
東京HR		2400万円	オカモトファーム	栗毛		145
(野田みづき)	マテンロウスカイ	6820万円(セレクト当)	ノーザンファーム	栗毛		
キャロットF	グランジョルノ	2800万円	ノーザンファーム	黒鹿		
ノースヒルズ	エピックジョイ		土居牧場	鹿毛		
(鈴木剛史)	コスモバイオレット	1320万円(サマー1)	野坂牧場	鹿毛		160
キャピタル・システム	モズピンポン		上村清志	栗毛		145
ノースヒルズ	ブリッツシュラーク		ノースヒルズ	芦毛		
			日高大洋牧場	鹿毛		158
	ジーサイクロン		アサヒ牧場	栗毛	42	125
	レイトカンセイオー		社台ファーム	鹿毛	34	87
			松栄牧場	鹿毛	50	126
小田吉男	カンパーニャ	1210万円(サマー1)	村下清志	栗毛		161
	ウインドラブリーナ		岡田スタッド	鹿毛		137
ノースヒルズ	ローズオブシャロン		ノースヒルズ	栗毛		
	ガレストロ		ノーザンファーム	鹿毛		
	ヨーホーレイク		ノーザンファーム	黒鹿		
			坂東牧場	鹿毛		157
社台RH	ヘッズオアテールズ	1800万円	社台コーポレーション白老ファーム	鹿毛		
ノースヒルズ			平山牧場	栗毛		
インゼルレーシング		3000万円	ノーザンファーム	鹿毛		
キャロットF	プリーミー	3600万円	ノーザンファーム	鹿毛		
サンデーR	ガンダルフ	3200万円	ノーザンファーム	鹿毛		161
(武田修)		4840万円(セレクト1)	ノーザンファーム	鹿毛		
社台オーナーズ	レクセランス	4000万円	ノーザンファーム	鹿毛		159
(越村哲男)	デルマオシダシ	5720万円(セレクト当)	社台ファーム	鹿毛		
(山口功一郎)	ローレルキャニオン	8800万円(セレクト当)	ノーザンファーム	鹿毛		
(里見治)		5500万円(ミックス当)	ノーザンファーム	鹿毛		161

馬名	性別	誕生日	厩舎	父名	母名	誕生時母年齢	母父名
クロスボーダー	牝	4.10	栗・小林	リアルスティール	クロスセル	6	ルーラーシップ
	牡	4.13		リアルスティール	シャルマント	7	エンパイアメーカー
アンヴデット	牝	1.30	美・高橋文	リアルスティール	シングルゲイズ	11	Not A Single Doubt
シュガーシャック	牡	3.01	美・古賀	リアルスティール	スイートセント	7	ワークフォース
アラクラン	牡	5.10	美・田村	リアルスティール	セルキス	15	Monsun
ソフィア	牝	2.11	美・鹿戸	リアルスティール	ソブラドリンク	11	Include
アルダ	牡	2.25	栗・石坂	リアルスティール	チャームザワールド	8	ロードカナロア
カレイジャスビート	牡	2.11	栗・高野	リアルスティール	ティールグリーン	10	Scat Daddy
	牡	1.23	栗・友道	リアルスティール	デイトライン	6	Zoffany
	牝	2.05		リアルスティール	ティロレスカ	12	Roman Ruler
	牝	3.05	栗・矢作	リアルスティール	トレジャリング	8	Havana Gold
ハイライトニング	牝	2.11	美・嘉藤	リアルスティール	マニクール	8	ヘニーヒューズ
モノポリオ	牡	4.23	美・森一	リアルスティール	ミスエーニョ	16	Pulpit
フローマジック	牡	2.15	栗・辻野	リアルスティール	メジャーマジック	8	ダイワメジャー
ルヴレアール	牡	3.03	栗・角田	リアルスティール	ラカリフォルニー	10	Dutch Art
	牡	2.09		リアルスティール	ラサルダン	9	Kingsalsa
ランブレイ	牡	4.10	美・黒岩	リアルスティール	ルヴァンクレール	18	Danehill Dancer
ショウナンカリス	牝	2.09	美・加藤士	リアルスティール	ロシアンサモワール	5	American Pharoah
バートラガッツ	牡	2.04	栗・池添	リアルスティール	ロッテンマイヤー	10	クロフネ
クラウニングカップ	牡	5.12	地・	リーチザクラウン	サンダーカップ	18	Thunder Gulch
	牡	3.22		リーチザクラウン	セイウンヒロイン	6	スクリーンヒーロー
ノットボーダー	牡	4.23	地・	リーチザクラウン	ノットオーソリティ	12	スウェプトオーヴァーボード
リーチグローリー	牝	3.13	栗・浜田	リーチザクラウン	リュミエールドール	9	ルーラーシップ
ノーブルサヴェージ	牡	4.04	美・森一	リオンディーズ	アグレアーブル	10	マンハッタンカフェ
ベネサルート	牡	3.25	栗・渡辺	リオンディーズ	アッラサルーテ	10	ダイワメジャー
	牡	2.10	美・宮田	リオンディーズ	アドマイヤシーマ	12	ディープインパクト
	牝	3.12		リオンディーズ	アンソロジー	19	サクラバクシンオー
グラディオール	牝	3.23	栗・寺島	リオンディーズ	インダクティ	15	ハーツクライ
ウインポーシャ	牝	2.23	美・矢嶋	リオンディーズ	ウインオリアート	12	ステイゴールド
クレパスキュラー	牝	2.19	栗・栗田	リオンディーズ	エリスライト	8	ディープインパクト
ルナティックブルー	牝	2.01	栗・今野	リオンディーズ	オーシャンティ	9	ダノンシャンティ
ソチミルコ	牝	2.03	美・宮田	リオンディーズ	キラープレゼンス	7	ハーツクライ
カムアップローゼス	牡	4.03	栗・浜田	リオンディーズ	クライミングローズ	11	マンハッタンカフェ
クライストヒル	牡	1.27	栗・田中克	リオンディーズ	コルコバード	10	ステイゴールド
	牡	2.09	栗・辻野	リオンディーズ	シュレンヌ	5	ディープインパクト
	牝	3.15		リオンディーズ	セリユーズ	7	ディープインパクト
デュードロップ	牝	1.24	栗・平田	リオンディーズ	ディーコンセンテス	5	ディープインパクト
	牝	4.03	美・黒岩	リオンディーズ	デルニエリアリテ	8	ゼンノロブロイ
	牡	4.18	美・黒岩	リオンディーズ	トウカイシェーン	10	ダイワメジャー
チェファルー	牡	2.20	栗・上村	リオンディーズ	トレースイスラ	8	サウスヴィグラス
	牡	3.11	栗・福永	リオンディーズ	ハニートリップ	9	マンハッタンカフェ
ゴディアーモ	牝	2.08	美・森一	リオンディーズ	パルティアーモ	7	ワークフォース
マイネルシンペリン	牡	4.19	美・武市	リオンディーズ	フォトジェニック	15	Sinndar
	牝	3.13		リオンディーズ	ベルエポック	5	モーリス
ライツェントライゼ	牝	4.05	栗・梅田	リオンディーズ	マイネイディール	15	アドマイヤマックス

2歳馬リスト

馬主(落札者)	兄姉	取引価格・募集価格	生産者(国)	毛色	写真	記事
G1レーシング		2800万円	ノーザンファーム	鹿毛		
	トロヴァトーレ		ノーザンファーム	鹿毛		
シルクR		4000万円	ノーザンファーム	鹿毛		
シルクR		3500万円	ノーザンファーム	鹿毛		
シルクR	ヴェロックス	4500万円	ノーザンファーム	鹿毛		
フィールドレーシング	ドゥレイクパセージ	2310万円(セレクト1)	ノーザンファーム	鹿毛		160
社台オーナーズ		2000万円	追分ファーム	鹿毛		
キャロットF	ニューノーマル	4000万円	ノーザンファーム	鹿毛	79	79・179・197・198
(近藤旬子)		7260万円(セレクト当)	ノーザンファーム	鹿毛		156・192
(小濱忠一)	サンライズプライド	3080万円(セレクト当)	ノーザンファーム	鹿毛		
(TM GROUP)	バニーラビット	5170万円(セレクト当)	ノーザンファーム	鹿毛	10	147
(TNレースホース)	センチュリボンド	2420万円(セレクト当)	千代田牧場	鹿毛	94	93
サンデーR	ミアネーロ	6000万円	ノーザンファーム	鹿毛		77
DMMドリームクラブ	ドルチアーリア	4800万円	社台ファーム	鹿毛		
ライオンRH	モンテシート	1800万円	畠山牧場	鹿毛	53	144
(ライフハウス)		7920万円(セレクト当)	ノーザンファーム	鹿毛		
長谷川祐司	モンブランテソーロ	5280万円(セレクション1)	市川ファーム	鹿毛		159
(国本哲秀)		3080万円(セレクト当)	ノーザンファーム	鹿毛		158
シルクR	エンブロイダリー	4000万円	ノーザンファーム	鹿毛		
社台オーナーズ	ペルクナス	1800万円	社台ファーム	黒鹿		
			村上欽哉	鹿毛		186
社台オーナーズ	ウィンドフォール	2600万円	社台ファーム	黒鹿		
社台オーナーズ	バロンドール	3000万円	社台ファーム	鹿毛		
シルクR	ドリーミンマン	4000万円	ノーザンファーム	青鹿		
サンデーR	アスティスプマンテ	4000万円	ノーザンファーム	黒鹿		
	アドマイヤハレー		ノーザンファーム	鹿毛		161
(重野心平)	アナザーリリック	4290万円(セレクト1)	ノーザンファーム	鹿毛		
サンデーR	ケイデンスコール	4000万円	ノーザンファーム	黒鹿		
ウイン		2500万円	コスモヴューファーム	黒鹿	39	115
キャロットF		4000万円	ノーザンファーム	黒鹿		
			大北牧場	黒鹿	45	129
(雅苑興業)		2860万円(ミックス当)	ノーザンファーム	鹿毛		161
ノースヒルズ	フォーチュンテラー		ノースヒルズ	青鹿	62	91
キャロットF	ヘデントール	4000万円	ノーザンファーム	鹿毛		
ロードHC		2800万円	ケイアイファーム	黒鹿		
			ノーザンファーム	黒鹿		
シルクR		2500万円	ノーザンファーム	鹿毛		
			信岡牧場	鹿毛		159
(小島章義)	トウカイポワール	2750万円(セレクション1)	二風谷ファーム	青鹿	48	139・159
	ウォーターパラディ		三嶋牧場	青毛	40	123・154
	アスクムービーオン		三嶋牧場	青毛		157
サンデーR		3200万円	ノーザンファーム	鹿毛		
ラフィアン	ストンライティング	3000万円	築紫洋	鹿毛		
			ノーザンファーム	青鹿		
ラフィアン	マイネルヒッツェ	1200万円	真歌田中牧場	青鹿	22	109

馬名	性別	誕生日	厩舎	父名	母名	誕生時母年齢	母父名
カグヤヒメ	牝	1.18	美・加藤士	リオンディーズ	ムーンザムーン	9	ローエングリン
メジロピオラ	牝	3.11	美・武井	リオンディーズ	メジロシャレード	17	マンハッタンカフェ
	牡	3.06	美・黒岩	リオンディーズ	モーニングコール	13	ブライアンズタイム
	牡	1.24		リオンディーズ	ラティーンセイル	7	ヴァーミリアン
	牡	2.24	栗・武幸	リオンディーズ	ラルケット	18	ファルブラヴ
シーギリヤロック	牡	2.01	美・田中博	リオンディーズ	リラヴァティ	12	ゼンノロブロイ
アストロレガシー	牡	2.06	栗・武英	リオンディーズ	ルナステラ	8	ディープインパクト
ルージュダリア	牝	2.06	美・林	リオンディーズ	レイリオン	10	ダイワメジャー
タイガーゲイト	牡	4.26	美・大和田	リオンディーズ	ロイヤルヴォルト	11	ディープインパクト
バーヴァンシー	牝	5.04	美・村田	リオンリオン	スイートメドゥーサ	13	アグネスタキオン
	牝	4.23		リオンリオン	プリモンディアル	12	ディープインパクト
	牡	3.13		リオンリオン	レディアリエッタ	9	ディープインパクト
	牝	4.05		ルヴァンスレーヴ	アイスパステル	9	Shackleford
ラエトゥス	牝	2.14	栗・池添	ルヴァンスレーヴ	アミークス	6	オルフェーヴル
ヴィエントデコラ	牡	4.30	栗・寺島	ルヴァンスレーヴ	イッツオンリーアクティングダッド	11	Giant's Causeway
イントゥザウインド	牡	3.03	美・尾関	ルヴァンスレーヴ	イリュミナンス	13	マンハッタンカフェ
パルフェ	牝	4.21	美・高柳瑞	ルヴァンスレーヴ	エンパイアブルー	11	エンパイアメーカー
サングラント	牡	3.25	美・金成	ルヴァンスレーヴ	カールファターレ	16	キングカメハメハ
シホノソルジェンテ	牡	2.02		ルヴァンスレーヴ	カリンバ	9	ルーラーシップ
ドゥブルヴェ	牝	3.12		ルヴァンスレーヴ	カンデラ	11	ダイワメジャー
ヴォンドゥ	牝	3.04	栗・小栗	ルヴァンスレーヴ	キティ	17	Northern Afleet
リアライズブルーム	牝	2.01	栗・須貝	ルヴァンスレーヴ	クレイドル	4	クロフネ
シルバーレシオ	牡	2.11	栗・野中	ルヴァンスレーヴ	シルバーボジー	10	クロフネ
リペッチオ	牡	3.12	栗・杉山晴	ルヴァンスレーヴ	スーブレット	8	ゴールドアリュール
ライジングステップ	牡	2.20	地・	ルヴァンスレーヴ	ステップオブダンス	9	ゴールドアリュール
シュテフィ	牝	2.17		ルヴァンスレーヴ	スプレンダークラン	9	ルーラーシップ
メルカントゥール	牡	2.21	栗・杉山晴	ルヴァンスレーヴ	セラドン	16	Gold Halo
パドゼフィール	牝	5.01	栗・新谷	ルヴァンスレーヴ	ソロダンサー	10	ゴールドアリュール
リアライズタキオン	牡	1.31	美・手塚久	ルヴァンスレーヴ	タイムハンドラー	7	ディープブリランテ
フォンドルレール	牡	4.01	美・戸田	ルヴァンスレーヴ	ダンスウィズキトゥン	13	Kitten's Joy
ウリズンベー	牡	4.14	美・萩原	ルヴァンスレーヴ	ヌチバナ	15	キングカメハメハ
プレザントトーン	牡	4.06	栗・武幸	ルヴァンスレーヴ	フィーリングトーン	17	ワイルドラッシュ
シルフ	牝	2.01	栗・藤野	ルヴァンスレーヴ	プロミストリープ	8	ヘニーヒューズ
	牡	4.27	栗・渡辺	ルヴァンスレーヴ	ベルキューズ	7	ヘニーヒューズ
カリヨンアヴォン	牝	2.10	美・勢司	ルヴァンスレーヴ	ベルクワイア	7	ロードカナロア
	牝	2.13		ルヴァンスレーヴ	ペルペトゥオ	8	Pioneerof the Nile
	牝	1.27		ルヴァンスレーヴ	ミスドバウィ	10	Dubawi
ケファロニア	牡	3.11	美・高柳瑞	ルヴァンスレーヴ	メリッサーニ	8	ゴールドアリュール
ルミテュット	牝	1.23	美・萩原	ルヴァンスレーヴ	ユキチャン	18	クロフネ
ワンモメンタム	牝	3.09	美・萩原	ルヴァンスレーヴ	ワンブレスアウェイ	10	ステイゴールド
ヌーベルシケイン	牝	4.23	美・萩原	ルヴァンスレーヴ	ワンミリオンス	10	ゴールドアリュール
ミアルーチェ	牝	3.27	美・加藤士	ルーラーシップ	アースマリン	18	マリエンバード
ルーリングクラス	牡	4.10	美・森一	ルーラーシップ	アップライトスピン	7	ディープインパクト
テリオスレイ	牡	3.16	美・田島	ルーラーシップ	アンジュシャルマン	9	マンハッタンカフェ
ナーサリーテイル	牝	3.24	地・	ルーラーシップ	アンブルサイド	13	ウォーエンブレム

2歳馬リスト

馬主(落札者)	兄姉	取引価格・募集価格	生産者(国)	毛色	写真	記事
是枝浩平		1650万円(セレクション1)	グランド牧場	黒鹿		158
フィールドレーシング	ヴァントシルム	5720万円(セレクト1)	レイクヴィラファーム	青毛		160
(山口功一郎)	シューラヴァラ	2200万円(セレクト当)	千代田牧場	黒鹿		159
			ノーザンファーム	鹿毛		
(KYカンパニー)	ステルヴィオ	15950万円(セレクト当)	ノーザンファーム	鹿毛	81	81・194・197・198
キャロットF	ストゥーティ	5000万円	ノーザンファーム	黒鹿		152・160
シルクR		4000万円	ノーザンファーム	黒鹿		
東京HR	ラレーヌデリス	3000万円	ノーザンファーム	黒鹿		
(栗坂崇)	シールドヴォルト	2860万円(セレクション1)	千代田牧場	青鹿	28	92
ノースヒルズ	エクロール		ノースヒルズ	黒鹿		
	マテンロウブレイブ		ノーザンファーム	鹿毛		
			ノーザンファーム	鹿毛		
(毛利元昭)	レッドラグラス	2200万円(セレクト1)	ノーザンファーム	黒鹿		
スリーエイチレーシング			ノーザンファーム	鹿毛		
G1レーシング	ファムスパーブ	3000万円	追分ファーム	黒鹿		
社台RH	クロミナンス	3000万円	社台コーポレーション白老ファーム	鹿毛		
広尾レース	マジックブルー	3800万円	木村秀則	鹿毛		
野田努	アドマイヤルプス	3740万円(セレクト1)	ノーザンファーム	鹿毛		
(村瀬寛紀)	チェレスタ	5940万円(セレクト1)	ノーザンファーム	鹿毛		
	スペキオサレジーナ		ノーザンファーム	栗毛		
ヒダカ・ブリーダーズ・ユニオン	インティ	2200万円	中神牧場	鹿毛		
今福洋介		4400万円(セレクト当)	ノーザンファーム	鹿毛		156
サンデーR	シルバーカレッジ	3600万円	ノーザンファーム	鹿毛		
シルクR		3500万円	ノーザンファーム	鹿毛		
社台オーナーズ	ソニックステップ	2500万円	ノーザンファーム	栗毛		
(永田和彦)	ブリヨンカズマ	2200万円(セレクト1)	ノーザンファーム	黒鹿		
(雅苑興業)	セラドナイト	7480万円(セレクト1)	ノーザンファーム	青鹿		
G1レーシング	スクーバー	2000万円	追分ファーム	栗毛		
今福洋介	ルージュミレネール	4950万円(セレクト当)	社台コーポレーション白老ファーム	鹿毛	37	104・161・179
G1レーシング	リンクスティップ	2800万円	社台コーポレーション白老ファーム	鹿毛		
G1レーシング	ミッキーヌチバナ	3600万円	追分ファーム	栗毛	37	104
社台オーナーズ	エマージングロール	2000万円	社台コーポレーション白老ファーム	黒鹿		
シルクR	プロミストジーン	3000万円	ノーザンファーム	鹿毛		
(カナヤマホールディングス)		1760万円(サマー1)	村田牧場	鹿毛	58	121
キャロットF		2800万円	ノーザンファーム	栗毛		
(保坂和孝)		1870万円(ミックス当)	ノーザンファーム	鹿毛		
	セッション		ノーザンファーム	黒鹿		
G1レーシング		3000万円	ノーザンファーム	鹿毛		
シルクR	アマンテビアンコ	4000万円	ノーザンファーム	鹿毛		
サンデーR		4000万円	社台コーポレーション白老ファーム	黒鹿		
サンデーR	アルナイル	3600万円	ノーザンファーム	鹿毛		
	アースイオス		アイオイファーム	鹿毛		158
キャロットF		3000万円	社台コーポレーション白老ファーム	鹿毛		
鈴木美江子	レシェルドランジュ	2420万円(ミックス当)	ノーザンファーム	黒鹿		
社台オーナーズ	ラフリッグフェル	1200万円	社台ファーム	黒鹿		

馬名	性別	誕生日	厩舎	父名	母名	誕生時母年齢	母父名
	牝	3.15		ルーラーシップ	エバーシャルマン	11	ハーツクライ
ミウ	牝	2.19	美・加藤征	ルーラーシップ	エレナレジーナ	7	ノヴェリスト
ムーンリットビーチ	牝	4.02	栗・西園翔	ルーラーシップ	シーオブザムーン	7	ブラックタイド
	牡	2.15		ルーラーシップ	シーオブラブ	11	ディープインパクト
	牡	2.27		ルーラーシップ	ジーナアイリス	7	ゴールドアリュール
シャマレル	牡	4.26	栗・渡辺	ルーラーシップ	シャワークライム	7	ローエングリン
ルストラーレ	牡	4.21	美・黒岩	ルーラーシップ	スーンシャイン	7	ジャスタウェイ
チャームドウイング	牡	3.07	美・大竹	ルーラーシップ	チャームドヴェール	13	ネオユニヴァース
ニシノヒノトリ	牡	5.07	美・手塚久	ルーラーシップ	ニシノアカツキ	12	オペラハウス
ヘルック	牝	2.16	栗・友道	ルーラーシップ	ピエリーナ	12	チチカステナンゴ
ジェネラスキング	牡	1.24	美・久保田	ルーラーシップ	ピュリティゴールド	9	ゴールドアリュール
ヴィリアズソング	牝	3.31	栗・松下	ルーラーシップ	メリーウィドウ	12	ゴールドアリュール
ホールオブミラーズ	牡	3.20	栗・高野	ルーラーシップ	ラテラス	11	Harlan's Holiday
	牡	2.03		ルーラーシップ	ラトゥールレディー	5	キンシャサノキセキ
	牡	2.18		ルーラーシップ	ルナベイル	5	ハーツクライ
ベアサナエチャン	牝	2.25	美・杉浦	レイデオロ	アシュリン	8	マンハッタンカフェ
リコラピッド	牝	4.27	美・森一	レイデオロ	アディクティド	17	Diktat
	牡	5.08		レイデオロ	アルーシャ	8	ディープインパクト
アリス	牝	2.26	栗・上村	レイデオロ	アルル	11	Monsun
ベイツリー	牝	2.28	美・村田	レイデオロ	アロマドゥルセ	9	ディープインパクト
フィサブロス	牡	4.10	栗・橋口	レイデオロ	アンジュエ	13	アグネスタキオン
ミスティパープル	牝	3.24	栗・茶木	レイデオロ	ヴィルデローゼ	9	エンパイアメーカー
ヴァロアーク	牡	1.16	美・木村	レイデオロ	ヴィンクーロ	6	キズナ
ジュジュドール	牝	2.04		レイデオロ	エクシードリミッツ	11	Exceed And Excel
エルナト	牡	4.19	栗・斉藤崇	レイデオロ	エルノルテ	12	ディープインパクト
ノンブルドール	牝	3.29	栗・西園翔	レイデオロ	オーロトラジェ	7	オルフェーヴル
オドワローズ	牝	5.01	栗・渡辺	レイデオロ	オーロラエンブレム	9	ディープインパクト
	牝	2.22		レイデオロ	クィーンズベスト	10	ワークフォース
ガウディ	牡	3.22	栗・上村	レイデオロ	グラディーヴァ	7	ハービンジャー
フロレセール	牝	2.20	美・辻	レイデオロ	クレアドール	12	ハーツクライ
	牝	4.05	栗・杉山晴	レイデオロ	ゴールデンフレアー	13	Medaglia d'Oro
	牝	2.22	栗・石坂	レイデオロ	コンダレイト	13	Dansili
ジャケットポケット	牡	3.06	美・奥村武	レイデオロ	サビアウォーフ	7	クロフネ
ロジタイガー	牝	1.15	美・古賀	レイデオロ	シーズメジャー	6	ダイワメジャー
	牝	1.20		レイデオロ	ジェラシー	10	ハービンジャー
ギルドホール	牝	4.05	美・嘉藤	レイデオロ	シャンデリアハウス	11	ヴァーミリアン
	牡	2.19		レイデオロ	ジョディー	7	ダイワメジャー
パノラマステージ	牝	2.06	栗・牧浦	レイデオロ	スターリーステージ	8	ディープインパクト
パラディオン	牝	1.20	栗・高柳大	レイデオロ	ステラリード	16	スペシャルウィーク
	牝	3.09	栗・福永	レイデオロ	ストーミーエンブレイス	9	Circular Quay
	牝	2.24	栗・奥村豊	レイデオロ	ソムニアシチー	13	メイショウサムソン
ポッドクロス	牝	3.24	美・大竹	レイデオロ	ダイワミランダ	11	ハービンジャー
	牝	3.27	栗・池江	レイデオロ	ダノンチェリー	8	ディープインパクト
	牝	3.01	栗・坂口	レイデオロ	ダノンファンタジー	7	ディープインパクト
レッドリファインド	牡	2.13	美・奥村武	レイデオロ	ディエンティ	16	Storm Cat

2歳馬リスト

馬主(落札者)	兄姉	取引価格・募集価格	生産者(国)	毛色	写真	記事
	シーズンリッチ		ノーザンファーム	鹿毛		
広尾レース		2000万円	木村秀則	鹿毛		
サンデーR		2400万円	ノーザンファーム	黒鹿		
	ワンダフルタウン		ノーザンファーム	鹿毛		
(田畑利彦)		2750万円(セレクト1)	ノーザンファーム	鹿毛		
社台RH		2400万円	社台ファーム	鹿毛		
広尾レース		2200万円	木村秀則	鹿毛		159
DMMドリームクラブ	サトノアルベジオ	2800万円	ノーザンファーム	鹿毛		
	セイウンクルーズ		ガーベラパークスタッド	黒鹿		161
中辻明	トウセツ		杵臼牧場	鹿毛		156
G1レーシング	ピューリファイ	2400万円	社台コーポレーション白老ファーム	黒鹿		
シルクR	ジュディッタ	3000万円	社台コーポレーション白老ファーム	鹿毛		
サンデーR	サンダーユニバンス	3600万円	ノーザンファーム	鹿毛		
			ノーザンファーム	黒鹿		
(野田みつき)		13200万円(セレクト当)	ノーザンファーム	黒鹿		
熊木浩	ヒシアマン	3630万円(セレクト1)	ノーザンファーム	鹿毛		
キャロットF	クルーガー	3000万円	ノーザンファーム	黒鹿		
			ノーザンファーム	黒鹿		
(長谷川守正)	アルヴィエンヌ	5940万円(セレクト当)	ノーザンファーム	鹿毛		154
キャロットF		3200万円	ノーザンファーム	鹿毛		
ノースヒルズ	レーヌブランシュ		土居牧場	栗毛		
キャロットF		2800万円	ノーザンファーム	黒鹿		
DMMドリームクラブ		3600万円	ノーザンファーム	鹿毛	10	147
(雅苑興業)	エルムラント	2860万円(ミックス当)	ノーザンファーム	栗毛		
社台オーナーズ	イミグラントソング	4000万円	ノーザンファーム	鹿毛		155
キャロットF	ショウヘイ	3000万円	ノーザンファーム	鹿毛		
シルクR	ジーティーマン	2500万円	ノーザンファーム	黒鹿		
	リアレスト		ノーザンファーム	鹿毛		
近藤英子			レイクヴィラファーム	栗毛		155
シルクR	アセレラシオン	2500万円	ハシモトファーム	黒鹿		
(草間庸文)		6820万円(セレクト当)	岡田牧場	鹿毛		
			笠松牧場	鹿毛	48	138
(髙橋美雄)		2310万円(セレクション1)	天羽禮治	鹿毛		158
久米田正明		7920万円(セレクト当)	ノーザンファーム	栗毛		
(K S Research)	グレイスフル	5500万円(セレクト当)	ノーザンファーム	鹿毛		
サンデーR	ギャンブルルーム	4000万円	ノーザンファーム	青鹿		
			ノーザンファーム	鹿毛		
社台オーナーズ		2800万円	ノーザンファーム	鹿毛		
広尾レース	キングエルメス	5100万円	木村秀則	栗毛		
(里見治)	ドンパッショーネ	5170万円(ミックス当)	レイクヴィラファーム	栗毛		157
友駿	プレリュードシチー	2400万円	ノタオカファーム	栗毛	45	129
小川眞査雄	エイカイマッケンロ	7700万円(セレクト1)	社台ファーム	栗毛		
	ダノンホイットニー		ノーザンファーム	鹿毛	11	148・154
			ノーザンファーム	鹿毛	11	148
東京HR	ルージュカルミア	2400万円	奥山ファーム	黒鹿		158

馬名	性別	誕生日	厩舎	父名	母名	誕生時母年齢	母父名
	牡	4.16	美・黒岩	レイデオロ	ヒストリックレディ	13	ネオユニヴァース
ホウオウファミリー	牡	2.20	美・田中博	レイデオロ	ファシネートダイア	14	アグネスタキオン
	牝	1.14		レイデオロ	フィリアプーラ	7	ハービンジャー
イブキ	牡	2.20	栗・須貝	レイデオロ	ブリッジクライム	14	ゼンノロブロイ
ゼルノードゥス	牝	1.25	栗・中竹	レイデオロ	フルマークス	12	Kitten's Joy
	牡	3.08	美・矢嶋	レイデオロ	マチカネハヤテ	18	サクラバクシンオー
	牡	4.28	栗・武幸	レイデオロ	メイショウマンボ	13	スズカマンボ
	牝	3.16		レイデオロ	メジャーエンブレム	10	ダイワメジャー
ボンドマティーニ	牡	2.09	栗・池添	レイデオロ	ラクアミ	11	ダイワメジャー
サンジルダール	牝	3.07	栗・牧浦	レイデオロ	ラブリーベルナデット	9	Wilburn
ボニープリンス	牡	1.16	美・大竹	レイデオロ	ルージュバック	11	マンハッタンカフェ
アイキャンストップ	牡	3.25	美・宮田	レイデオロ	レーヴディソール	15	アグネスタキオン
	牡	4.22		レイデオロ	レッドオリヴィア	12	ジャングルポケット
	牝	1.23		レイデオロ	レディスキッパー	16	クロフネ
ロサドラーダ	牝	4.30	栗・藤岡	レイデオロ	ローザフェリーチェ	8	エンパイアメーカー
ブルーメンガルテン	牡	3.02	地・	レッドファルクス	ウラララ	17	ワイルドラッシュ
エンリッチザハート	牡	4.28	地・	レッドファルクス	プロネルクール	8	ゴールドアリュール
レッドスティンガー	牡	3.26	美・矢嶋	レッドファルクス	マレーナ	12	ダイワメジャー
	牡	3.05	美・稲垣	ロージズインメイ	ブレッシングテレサ	10	マンハッタンカフェ
	牝	1.31	美・手塚久	ロードカナロア	アイリッシュシー	9	Galileo
	牡	3.08		ロードカナロア	アカノニジュウイチ	6	ブラックタイド
	牝	1.27		ロードカナロア	アドマイヤミモザ	6	ハーツクライ
イネガラーブル	牝	3.15	美・久保田	ロードカナロア	アブソリュートレディ	17	Galileo
マイケルバローズ	牡	4.19	栗・上村	ロードカナロア	アルーリングハート	10	ダイワメジャー
	牝	3.16	栗・上村	ロードカナロア	イトワズマジック	7	War Front
	牝	2.01	美・宮田	ロードカナロア	インナーレルム	15	Galileo
	牡	1.31		ロードカナロア	インピード	8	Bated Breath
	牡	1.29	栗・野中	ロードカナロア	ウィンディスペル	6	ディープインパクト
	牝	3.25	栗・中内田	ロードカナロア	ウーマンズハート	6	ハーツクライ
カーヴドヴァン	牝	4.11	美・大和田	ロードカナロア	エクセラントカーヴ	14	ダイワメジャー
ダゴベルト	牡	2.03	美・宮田	ロードカナロア	カセドラルベル	7	ハーツクライ
ウインドオブヘヴン	牡	4.24	美・戸田	ロードカナロア	キストゥヘヴン	20	アドマイヤベガ
スレイクイーン	牝	5.13	栗・吉岡	ロードカナロア	キャトルフィーユ	14	ディープインパクト
	牝	1.30	栗・吉岡	ロードカナロア	キャリコ	9	ディープインパクト
フィンガーレイクス	牝	3.26	栗・藤原	ロードカナロア	クイーンズリング	11	マンハッタンカフェ
アクロフェイズ	牡	2.08	栗・奥村豊	ロードカナロア	クルミネイト	7	ディープインパクト
	牝	4.14	美・田中博	ロードカナロア	グレイトタイミング	13	Raven's Pass
	牡	3.18	栗・友道	ロードカナロア	コンテスティッド	14	Ghostzapper
シニャンガ	牝	3.04	美・鹿戸	ロードカナロア	ザズー	15	Tapit
	牝	3.09	栗・斉藤崇	ロードカナロア	サトノアクシス	7	ディープインパクト
	牡	3.02	美・斎藤誠	ロードカナロア	サトノワルキューレ	8	ディープインパクト
サンダーストラック	牡	2.10	美・木村	ロードカナロア	シーブルック	8	Hinchinbrook
エフハリスト	牝	2.27	美・奥村武	ロードカナロア	シグナライズ	8	Frankel
	牝	4.18	栗・上村	ロードカナロア	シタディリオ	7	Equal Stripes
ジッピーチューン	牝	4.10	美・林	ロードカナロア	ジペッサ	11	City Zip

266

2歳馬リスト

馬主(落札者)	兄姉	取引価格・募集価格	生産者(国)	毛色	写真	記事
	ジュリオ		ノーザンファーム	鹿毛		159
(小笹芳央)	シンティレーション	8580万円(セレクト当)	ノーザンファーム	黒鹿		160
			ノーザンファーム	鹿毛		
(Gリビエール・レーシング)	キャニオニング	2530万円(セレクト当)	社台ファーム	栗毛		156
ロードルR	ナインティゴット	1600万円	松浦牧場	栗毛		
ライオンRH	レッドアネモス	2000万円	社台ファーム	鹿毛		
	メイショウイチヒメ		高昭牧場	鹿毛	58	121
	プレミアエンブレム		ノーザンファーム	栗毛		
スリーエイチレーシング	アルマヴェローチェ	7920万円(セレクト当)	ノーザンファーム	栗毛		
社台RH	グランベルナデット	2000万円	社台ファーム	栗毛		
キャロットF	フレーヴァード	6000万円	ノーザンファーム	栗毛		
スリーエイチレーシング	アラバスター	6600万円(セレクト1)	ノーザンファーム	芦毛		161
			ノーザンファーム	鹿毛		
(村上龍太郎)	グランアルマダ	2750万円(セレクト1)	ノーザンファーム	栗毛		
シルクR	ヤングローゼス	3000万円	ノーザンファーム	鹿毛		
社台オーナーズ	フラップシグナス	2000万円	社台ファーム	黒鹿		
社台オーナーズ		1400万円	社台ファーム	芦毛		
東京HR	レッドゲイル	2400万円	信岡牧場	芦毛	58	121
LEX		1628万円	岡田スタッド	鹿毛	19	137
	キャリックアリード		ノーザンファーム	黒鹿		161
			ノーザンファーム	鹿毛		
			ノーザンファーム	鹿毛		
社台RH	アーティット	6000万円	社台ファーム	鹿毛		
猪熊広次	イルクオーレ		杵臼牧場	鹿毛		155
ロードHC	ロードフォアエース	4800万円	ケイアイファーム	鹿毛		155
(近藤旬子)		4730万円(セレクト1)	ノーザンファーム	鹿毛		161
(廣崎利洋HD)	フランクスピード	9460万円(セレクト当)	ノーザンファーム	鹿毛		
ロードHC		3500万円	ケイアイファーム	鹿毛		
			ダーレー・ジャパン・ファーム	黒鹿	30	119
社台RH	ブルームスベリー	3000万円	社台ファーム	鹿毛		
サンデーR		7000万円	ノーザンファーム	鹿毛		161
DMMドリームクラブ	タイムトゥヘヴン	4800万円	オリオンファーム	鹿毛	58	120
ロードHC	アルジーヌ	4800万円	ケイアイファーム	鹿毛		157
(田畑利彦)	ミッキーフローガ	6380万円(セレクト1)	ノーザンファーム	鹿毛		157
社台RH	シャザーン	7000万円	社台ファーム	鹿毛	34	87
キャロットF	アルテヴェローチェ	5000万円	ノーザンファーム	鹿毛		
	ライトオンキュー		ダーレー・ジャパン・ファーム	黒鹿		160
(TM GROUP)	ギベオン	18700万円(セレクト1)	社台ファーム	鹿毛		156
サンデーR	アルーシャ	4000万円	ノーザンファーム	芦毛		160
	サトノエンパイア		ノーザンファーム	鹿毛		155
			下河辺牧場	鹿毛	44	117
キャロットF		8000万円	ノーザンファーム	鹿毛		
ロードHC		2800万円	ケイアイファーム	鹿毛		158
ライオンRH		3600万円	ノーザンファーム	鹿毛		155
社台オーナーズ	ユティタム	3500万円	社台ファーム	鹿毛		

馬名	性別	誕生日	厩舎	父名	母名	誕生時母年齢	母父名
パピヨンヴェール	牝	2.01	栗・吉岡	ロードカナロア	シャンティローザ	9	ダノンシャンティ
	牡	5.01	栗・安田	ロードカナロア	シュンドルボン	12	ハーツクライ
スイープセレニティ	牝	2.17	栗・宮田	ロードカナロア	スイープセレリタス	7	ハーツクライ
アウトリュコス	牡	4.24	栗・安田	ロードカナロア	スナッチマインド	12	ディープインパクト
	牡	3.21	栗・上村	ロードカナロア	セコンドピアット	14	ハーツクライ
	牡	2.22		ロードカナロア	ダンサール	8	ハーツクライ
ライトオブジアース	牝	2.10	栗・松永幹	ロードカナロア	デイアウトオブジオフィス	5	Into Mischief
トゥルージョワ	牡	4.03	栗・福永	ロードカナロア	ディヴァインラヴ	5	エピファネイア
	牡	2.20	栗・友道	ロードカナロア	ドリームアンドゥ	6	Siyouni
ブーケドリス	牝	4.19	美・宮田	ロードカナロア	トワイライトライフ	9	ゴールドアリュール
ダーコ	牝	3.09		ロードカナロア	ノーワン	7	ハーツクライ
トランスマリーン	牡	5.17	栗・平田	ロードカナロア	パシフィックギャル	12	ゼンノロブロイ
	牝	2.21	美・上原佑	ロードカナロア	フェリス	13	ジャングルポケット
	牝	3.20	栗・上村	ロードカナロア	フラーティングアウェイ	11	Distorted Humor
プリモマーレ	牝	2.18	栗・中内田	ロードカナロア	プリモシーン	8	ディープインパクト
イヌボウノツキ	牝	5.02	美・国枝	ロードカナロア	ブレイクマイハート	10	ディープインパクト
フーガカンタービレ	牝	3.15	栗・大久保	ロードカナロア	ベルカント	12	サクラバクシンオー
	牝	3.19		ロードカナロア	ホウオウパフューム	9	ハーツクライ
マリブサーフ	牝	4.14	栗・牧浦	ロードカナロア	マストバイアイテム	16	アフリート
スワッシュバクラー	牡	5.07	栗・友道	ロードカナロア	ムードインディゴ	18	ダンスインザダーク
	牡	3.31	栗・長谷川	ロードカナロア	メイズオブオナー	9	ハーツクライ
メリオルヴィア	牝	3.29	栗・辻野	ロードカナロア	メリオーラ	11	Starspangledbanner
エルヴィッタ	牝	2.06	栗・武英	ロードカナロア	メンディド	10	Broken Vow
ラガルドゲラン	牡	4.14	栗・杉山佳	ロードカナロア	ラクレソニエール	10	Le Havre
エリカアズーラ	牝	1.30	栗・友道	ロードカナロア	ラシグネア	8	Siyouni
セントゴーデンス	牡	3.02	美・黒岩	ロードカナロア	ラッキーダイム	6	Creative Cause
ペスキエーラ	牝	3.20	栗・須貝	ロードカナロア	リナーテ	9	ステイゴールド
サントマーレ	牝	4.07	美・尾関	ロードカナロア	リミニ	9	ディープインパクト
	牝	4.21	栗・上村	ロードカナロア	リリーオブザヴァレー	16	Galileo
ルクリーシア	牝	2.20	栗・黒岩	ロードカナロア	リングネブラ	14	ハーツクライ
ロックフューリー	牡	4.12	美・金成	ロードカナロア	リンディーホップ	8	ハーツクライ
ルールザウェイヴ	牝	2.07	美・宮田	ロードカナロア	ルールブリタニア	10	ディープインパクト
	牝	1.26	栗・杉山晴	ロードカナロア	レキシールー	12	Sligo Bay
	牡	3.18	美・栗田	ロードカナロア	レッドティー	10	Sakhee
ルージュソムニウム	牝	4.03	栗・須貝	ロードカナロア	レッドリヴェール	12	ステイゴールド
	牡	3.06	栗・友道	ロードカナロア	ワンダーガドット	8	Medaglia d'Oro
インキュナブラ	牝	1.30	地・	ロゴタイプ	デロングスター	9	ヴィクトワールピサ
ミスバレンシア	牝	4.09	美・武井	ロジャーバローズ	オレンジティアラ	16	サクラバクシンオー
ロジクリスエス	牡	3.14	美・国枝	ロジユニヴァース	ロジマジェスティ	6	エピファネイア
	牡	4.13	栗・友道	ワールドエース	コケレール	19	Zamindar
ドリームプレミア	牡	4.06	栗・友道	ワールドプレミア	アドマイヤシリウス	6	キングカメハメハ
ロブチェン	牡	4.09		ワールドプレミア	ソングライティング	10	Giant's Causeway
	牝	2.18		ワールドプレミア	ドゥシャンベニュ	7	ロードカナロア
ワールドブレイヴ	牡	4.20	美・宮田	ワールドプレミア	リブエターナル	6	クロフネ
アンニャンクッキー	牝	4.15	美・黒岩	ワールドプレミア	ロフティードリーム	9	キングズベスト

2歳馬リスト

馬主(落札者)	兄姉	取引価格・募集価格	生産者(国)	毛色	写真	記事
(雅苑興業)		3850万円(セレクト当)	ノーザンファーム	鹿毛		157
	ピンクマクフィー		下河辺牧場	鹿毛	55	131
シルクR		6000万円	ノーザンファーム	鹿毛		161
シルクR	メイクアスナッチ	6000万円	社台コーポレーション白老ファーム	鹿毛		
	トロワゼトワル		社台ファーム	鹿毛		155
	カラマティアノス		ノーザンファーム	鹿毛		
社台RH		7000万円	社台ファーム	鹿毛	34	86
モンレーヴ		欠場(セレクト当)	グランド牧場	鹿毛		151・157
(大空企画)		18700万円(セレクト1)	ノーザンファーム	鹿毛	11	148・156
G1レーシング		3000万円	社台コーポレーション白老ファーム	鹿毛		161
(MKレーシング)		10560万円(セレクト1)	社台ファーム	黒鹿		
G1レーシング	コースタルテラス	5000万円	ノーザンファーム	芦毛		
ロードHC	ロードマイウェイ	4800万円	ケイアイファーム	鹿毛		
ロードHC	ロードフロンティア	3800万円	ケイアイファーム	鹿毛		155
シルクR		6000万円	ノーザンファーム	黒鹿	15	148
	スピーディブレイク		辻牧場	鹿毛		159
ノースヒルズ	ベルジュロネット		ノースヒルズ	鹿毛	62	91
	ホウオウドラッカー		ノーザンファーム	鹿毛		
YGGホースクラブ	ドライスタウト	4800万円	下河辺牧場	青鹿		
	ユーキャンスマイル		ノーザンファーム	鹿毛		156
ロードHC		3500万円	ケイアイファーム	鹿毛		
G1レーシング	メリオーレム	3200万円	追分ファーム	鹿毛	37	103
社台オーナーズ	ポリーフォリア	3000万円	社台ファーム	黒鹿		
社台オーナーズ	ルモンドブリエ	3500万円	社台ファーム	鹿毛		
三木正浩			グランド牧場	鹿毛		156・179
キャロットF	マーキュリーダイム	7000万円	ノーザンファーム	黒鹿		159
サンデーR	フォルラニーニ	4000万円	ノーザンファーム	黒鹿	11	73・156
シルクR	フラミニア	6000万円	ノーザンファーム	鹿毛		
(林田祥来)	ビヨンドザヴァレー	20900万円(セレクト1)	社台ファーム	鹿毛		155
社台オーナーズ	メイプルリッジ	4000万円	ノーザンファーム	鹿毛		159
社台RH		4000万円	社台コーポレーション白老ファーム	黒鹿		
(大塚亮一)	エピファニー	7260万円(セレクト当)	ノーザンファーム	鹿毛		161
ロードHC	ダノンスコーピオン	5500万円	ケイアイファーム	鹿毛		
(山口功一郎)		6600万円(ミックス当)	ノーザンファーム	鹿毛	11	148
東京HR	レーヴジーニアル	3600万円	社台ファーム	黒鹿	86	86・156
			ケイアイファーム	黒鹿		156
社台オーナーズ	パシフィックハイ	1200万円	社台ファーム	鹿毛		
社台オーナーズ	ポメランチェ	1600万円	社台ファーム	鹿毛		160
久米田正平			村田牧場	黒鹿		159
(ムサシレーシング)	スティルディマーレ	2860万円(ミックス当)	ノーザンファーム	栗毛		156
			隆栄牧場	栗毛	49	139・156
(雅苑興業)	ブラックボイス	2310万円(ミックス当)	ノーザンファーム	黒鹿		
			ノーザンファーム	青鹿		
			隆栄牧場	栗毛	45	128・161
(藤岡稔大)		440万円(セプテンバー1)	高村牧場	黒鹿		159

『POG直球勝負』の制作にあたり、
たくさんの方にお力添えをいただきました。
心より感謝申し上げます。

『POG直球勝負』編集部一同

2025年5月4日　初版第一刷発行

著　　　者	POG直球勝負編集部
発　行　者	柿原正紀
取材／編集	松山崇、岸端薫子、菊池グリグリ、柿原正紀
写　　　真	村田利之、橋本健
写真提供	ノーザンファーム、下河辺牧場、ノルマンディーファーム、谷川牧場、富田ステーブル
デ ザ イ ン	oo-parts design
協　　　力	市川智美
発　行　所	オーパーツ・パブリッシング 〒235-0036　神奈川県横浜市磯子区中原2-21-22　グレイス杉田303号 電話：045-513-5891　URL：https://oo-parts.jp
発　売　元	サンクチュアリ出版 〒113-0023　東京都文京区向丘2-14-9 電話：03-5834-2507　FAX：03-5834-2508
印刷・製本	株式会社シナノ

本書の内容の一部あるいは全部を無断で複写・複製することは、法律で認められた場合を除き、著作者および出版社の権利の侵害となりますので、その場合は予め発行元に許諾を求めて下さい。

©POG Chokkyushoubu Henshubu 2025 Printed in Japan　ISBN978-4-8014-9081-9

「今週勝つ!」を叶える
馬券カレンダー

立川優馬／著
定価2200円(本体2000円＋税10%)　好評発売中　　[紙の本] [電子書籍]

1年52週。週ごとに勝つためのロジックがある!

競馬は毎年、ほぼ同じレーシングスケジュールで行われ、その週ごとに「再現性の高い勝つためのロジック」が存在します。それらのロジックを頭に入れておくだけで、毎週、漫然とその週の競馬新聞を開いているような、言わば丸腰で競馬に臨んでいる競馬ファンに圧倒的な差をつけることができます。

中央競馬 妙味度名鑑 2025
1億5000万円稼いだ馬券裁判男が教える儲かる騎手・種牡馬・厩舎

卍／著
定価1650円(本体1500円＋税10%)　好評発売中　　[電子書籍]

「競馬は勝てる!」を完全証明した男による"究極のデータブック"

馬券裁判男こと卍氏が開発した美味しさ指数「妙味度」で、騎手・種牡馬・厩舎の"正しい評価"と"馬券のツボ"を浮き彫りにします。儲かる銘柄を儲かる条件で買うこと。儲からない銘柄を買わないこと。この二つを組み合わせることが、競馬で勝つための王道であり、最短ルートです。

血統ビーム 一発レッスン vol.2
フォーメーションと合成オッズを使いこなして効率的に馬券で儲ける方法

亀谷敬正／著
定価330円(本体300円＋税10%)　好評発売中　　[電子書籍]

第二弾のテーマは「効率的に儲けるための買い方」

亀谷敬正が馬券で一発当てる方法を、一発でわかるようにレッスンするシリーズ企画。第二弾では、フォーメーションと合成オッズを駆使した「儲かりやすい買い方」を一発でわかるように解説します。実践すれば回収率40％UPも可能! 知っているだけでも有利になります。

マンガでわかる
勝つための競馬入門 血統編

田端到／著　ねこあか／作画　K3／構成・シナリオ
定価1980円(本体1800円＋税10%)　好評発売中　　[紙の本] [電子書籍]

「血統予想の核心」を最短距離で学べる競馬入門書

競馬予想をする際に血統を知っていると何かと便利ですが、「血統は難しそう」「何から勉強していいかわからない」とためらっている方も多いはずです。本書ではそんな問題を解決するために、効率重視の「血統の近道」をマンガと記事でわかりやすく解説します。